U0890729

Practice of Foreign Trade Documents 第4版

富媒体 智能化

应用型高等教育“十四五”规划教材

高等院校教育教学改革特色教材·财经商贸大类核心课程

外贸单证实务

李　贺◎编著

- 项目引导
- 任务驱动
- 产教融合
- 书证融通
- 以做促学
- 做学结合
- 课程思政
- 素质教育

上海财经大学出版社

图书在版编目(CIP)数据

外贸单证实务/李贺编著．—4版．—上海：上海财经大学出版社，2023．5
（应用型高等教育"十四五"规划教材）
（高等院校教育教学改革特色教材·财经商贸大类核心课程）
ISBN 978-7-5642-4093-6/F·4093

Ⅰ．①外…　Ⅱ．①李…　Ⅲ．①进出口贸易-原始凭证-高等学校-教材
Ⅳ．①F740.44

中国版本图书馆CIP数据核字(2022)第220057号

□策　　划　台啸天
□责任编辑　台啸天
□封面设计　张克瑶
□联系信箱　404485100@qq.com

外贸单证实务
（第四版）

李　贺　编著

上海财经大学出版社出版发行
（上海市中山北一路369号　邮编200083）
网　　址：http://www.sufep.com
电子邮箱：webmaster@sufep.com
全国新华书店经销
上海新文印刷厂有限公司印刷装订
2023年5月第4版　2025年11月第4次印刷

787mm×1092mm　1/16　22印张　549千字
印数：36 001—37 500　定价：56.00元

前　言

《外贸单证实务》(第四版)依据教育部“十四五”教育教学改革发展方向、新时代课程教材体系、教育教学方法、推进教育“四个回归”以及高等院校应用技能型教育人才培养目标和培养模式的要求,注重理论联系实际,以培养学生应用能力、实践能力和创新能力为目标,采用以做促学、做学合一的方式,依照“原理先行、实务跟进、案例同步、实训到位”的原则,结合“以能力为本位、以就业为导向”的思想理念,在注重培养学生外贸单证业务实践应用能力的同时,结合最新外贸政策改革和企业具体实践编写而成。第四版教材以习近平新时代中国特色社会主义思想为指导,践行社会主义核心价值观,立足国际贸易发展新阶段、新理念、新格局、新形态,我们对教材进行了全面的更新修改和高质量的编写,紧紧围绕国际贸易业务实践,把外贸单证理论与实务知识和国际贸易“单一窗口”紧密协同衔接。

本教材涵盖 9 个项目、36 个任务。在结构安排上,以外贸单证具体操作过程为导向构建教材体系,采用“项目引领、任务驱动、实操技能”的编写方式,力求结构严谨、层次分明;在教材表述上,力求语言平实凝练、通俗易懂,规避繁琐的复杂理论知识,以实践应用为核心;在内容安排上,考虑到高等院校财经商贸类专业不同层次的不同需求,每一个项目都设有“知识目标”“技能目标”“素质目标”“思政目标”“课程思政”“思政反思”“同步案例”“做中学”“学中做”“拓展阅读”“职场指南”;课后编排了“应知考核”(包括单项选择题、多项选择题、判断题、计算题)、“应会考核”(包括观念应用、技能应用、案例分析)、“项目实训”(包括实训项目、实训情境、实训任务和实训报告)。其中,应知考核和应会考核结合每个项目的具体工作技能要求而编写,以使读者在学习每一个项目内容时做到有的放矢,增强学习效果。

为培养普通高等教育应用技能型人才,第四版教材力求体现以下特色。

1. 内容全面,体系规范

教材以外贸单证业务具体工作过程为内涵展开编写,涉及外贸单证业务中最基本和最核心的内容,进行了深入细致的讲解,图文并茂。本教材以工作过程为导向,对实践应用的具体方法做了系统而全面的介绍,以便读者进行比较、分析,增强其提出问题、发现问题、分析问题和解决问题的能力培养。

2. 结构新颖,栏目丰富

为便于读者学习,本教材力求在结构上有所突破,激发读者的学习兴趣和学习热情,每一个项目中都有“知识目标”“技能目标”“素质目标”“思政目标”“课程思政”“思政反思”“拓展阅读”“二维码动漫视频”“提示”“注意”“教与学、学导练”等栏目;课后编排了单项选择题、多项选择题、判断题、观念应用、技能应用、案例分析、项目实训,以呼应本教材实践性和应用性的特色。

3. **与时俱进，紧跟政策**

本教材及时反映"关检融合、单一窗口"、外贸单证业务中涉及的外贸政策、UPC 600、INCOTERMS 2020 等最新动态和学术前沿，并将相关内容融入所涉及的项目及任务中，做到了与国家的相关政策规定同步，内容所涉及的政策调整截至出版前当月。

4. **学练结合，学以致用**

鉴于本课程实践应用性较强的特点，为了便于学生及时复习所学的知识，提高学习效率，增强学习信心，本教材在内容中安排了完整商贸业务单证的"教与学、学导练"、应知考核、应会考核、项目实训，主要引导学生"学中做"和"做中学"，以做促学、做学合一，一边学理论，一边将其加以应用，充分体现应用型财经商贸人才的培养目标，遵循"以应用为目的，以够用为原则"，实现理实一体化。

5. **产教融合，书证融通**

本教材能满足读者对外贸单证实务基础知识学习的基本需要，为夯实学生可持续发展基础，鼓励院校学生在获得学历证书的同时，积极取得多类职业技能等级证书，拓展就业创业本领，缓解结构性就业矛盾，本教材与单证员考试大纲、技能大赛相衔接，做到考证对接、书证融通、双证融合。

6. **理实一体，素能共育**

在强化应用技能型教育特色的同时，特别注重学生人文素养的培养。我们力求在内容上有所突破，在注重培养的同时，把社会主义核心价值观的教育融入教材内容，以课程思政工作贯穿全过程，营造全员育人环境，全面提升人文素质；以培养和提高学生在特定业务情境中能力的培养，从而强化学生的职业道德素质。

7. **校企合作，接近实际**

为培养应用技能型人才，践行知行合一，本教材由企业单位大连悦丰万鑫国际物流有限公司和中国外运东北有限公司的一线工作人员参与。教材以校企合作单位共建为依托，把实践教学作为深化教学改革的关键环节，推动校企共同开发该课程。为此，教材对接了最新的职业标准、行业标准和岗位规范，内容以职业岗位"工作过程"所需的知识要素、技能要素和素质要素为主。

8. **职业技能，提升能力**

本书配合新形势需要，把握行业发展前沿，以全国高等院校技能大赛为导向，注重基础知识和实操技能的结合，做到岗课赛证融通，目的是提高学生整体素质和综合职业技能，特别是创新能力和实践应用能力，使学生掌握专业知识技能 ，突出培养学生的实践操作能力，注重实用性与知识性。

9. **教辅资源，配备齐全**

为了配合课堂教学，我们精心设计和制作了教学资源（含有教师课件、参考答案、教学大纲、实训素材、教师教案、配套习题、模拟试卷、课程标准、学习指南与习题指导、教与学、学导练等)并实现网上运行。鉴于篇幅的限制,我们制作了全书相关附件的二维码,实现线上线下的融合。

本教材由李贺编著,校企合作单位的李纲、赵毅给予点评和指导,赵昂、王海涛、王玉春、李洪福、李虹和武岩 6 人负责全书教学资源包的制作。本教材既适用于国际经济与贸易、物流管理、跨境电商、商务英语、国际贸易实务等财经商贸类专业方向的应用技能型高等院校使用,也适用于外贸行业的培训、职业技能大赛、从事国际交流和对外贸易的从业人员自学等。本书配有前导课程《国际贸易实务》(第三版)、《外贸英语函电》(第二版),后续课程《国际商务英语会话》(第二版)、《国际货运代理》(第二版)、《报关实务》等姊妹书籍。

本教材在编写过程中参阅了参考文献中作者的教材和著作,同时,本教材的出版还得到了校企合作单位和出版单位的大力支持,谨此一并表示感谢!由于编写时间仓促,加之编者水平有限,本教材难免存在一些不足之处,恳请专家、学者批评指正,以便我们不断地更新、改进与完善。

编 者

2023 年 1 月

内容更新与修订

目 录

项目一　外贸单证导论

◇ 知识目标

理解：外贸单证的概念和作用；外贸单证工作的发展趋势。

熟知：与单证相关的国际贸易惯例；外贸单证岗位；外贸单证流程。

掌握：外贸单证的缮制依据与要求；外贸单证工作的基本环节；外贸单证的分类。

◇ 技能目标

能够在理解外贸单证概念及分类的基础上，初步掌握与外贸业务相关的国际贸易惯例，具备财经商贸英语的表达能力。

◇ 素质目标

能够运用所学知识研究相关案例，培养和提高学生在特定业务情境中分析与解决问题的能力；能够初步认识外贸单证员的职业，分析外贸行为的善恶，并对自己的外贸职业生涯进行规划。

◇ 思政目标

能够正确地理解"不忘初心"的核心要义和精神实质；树立正确的世界观、人生观和价值观，做到学思用贯通、知信行统一；通过外贸单证导论的知识学习，开启外贸单证岗位工作的职业生涯，提升自己的审美素养，激发自己的创新能力、职业认知、职业成就和职业素养。

◇ 课程思政

制单工作疏漏导致大损失

2022 年 2 月，大连经济技术开发区某 A 进出口公司在出口美国一批纺织品时，信用证内规定商品的规格是 13″×36″，货物实际出运时与信用证和合同的描述完全相符。但是在制单时，由于单证员乔皓的疏忽，在敲打键盘时误将 36″写成 33″。单证到了国外后，因市场行情和疫情的影响，经济状况不好，无利可图，进口商 B 公司抓住 A 公司在发票上的一字之错，拒付货款。经过磋商，A 公司只能将货物运回，因而造成了巨大的损失。

思政反思　本案例告诉我们，制单工作上的任何疏忽大意都可能会给公司或个人造成巨大的经济损失。工作责任心强可及时解决并杜绝差错事故的发生，避免带来不必要的经济损失。

当代大学生要不断提高专业技能，为今后人生职业生涯的规划奠定基础，刻苦钻研学术和前沿知识，努力提高自身的专业知识技能和知识水平，培养自己学以致用的认知能力。

◇ 知识精讲

任务一　外贸单证概述

一、外贸单证的概念和作用

（一）外贸单证的概念

外贸单证的使用与进出口贸易程序密切相关，单证工作贯穿于进出口企业的外销、进货、运输、收汇的全过程，具有工作量大、时间性强、涉及面广的特点，除了进出口企业内部各部门之间的协作和配合外，还必须与银行、海关、交通运输部门、保险公司以及有关的行政管理机关发生多方面的联系和沟通，环环相扣、互有影响、互为条件。

从范围上外贸单证有广义和狭义之分，广义的外贸单证（International Trade Documents）是指国际贸易中使用的各种单据、文件与证书的统称。通常，凭借外贸单证来处理进出口货物的支付、运输、保险、商检、报关、结汇等业务。狭义的外贸单证是指结算单证，特别是信用证支付方式项下的结算单证。

动漫视频

外贸单证

（二）外贸单证的作用

1. 外贸单证是保证合同履行的必要手段

国际贸易是跨国的商品买卖，由于这种跨国交易的特殊性，即买卖双方分处不同国家，相距遥远，在绝大多数情况下，货物与货款不能进行简单的直接交换，而只能以单证作为交换的媒介和手段。外贸单证使得货物买卖通过单证来实现，卖方交货不仅要将实际货物装运出口，而且要向买方提交包括货物所有权凭证（Document of title to goods）在内的一整套单证（Full a set of documents），以表示让渡物权。卖方交单意味着交付了货物，而买方付款则以取得了物权凭证代表买到了商品，双方的交易不再以货物（Goods）为核心，而是以单证（Document）为核心。

2. 外贸单证是外贸经营管理的重要工具

外贸单证是由参与国际贸易的进出口企业和国家政府管理机构签发的。从进出口企业的角度看，外贸单证工作是进出口业务的一个重要环节。实际业务中，不论是合同内容、信用证条款，还是落实货源、控制交货品质和数量，以及运输、保险、商检、报关、结汇等诸多业务经营管理环节，最后都会在单证工作上集中反映出来。

【提示】单证是合同履行后期处理争议与纠纷的重要依据。

3. 外贸单证是企业提高效益的重要保证

外贸单证工作与进出口企业的经济效益密切相关，单证管理工作的加强、单证质量的提高，不仅可以有效地防止外贸业务差错事故的发生，弥补了经营管理上的缺陷，还可以加速资金回笼，提高进出口企业的经济效益。

4. 外贸单证是企业形象的重要内涵体现

外贸单证不仅是商务和法律文件，而且能起到塑造和完善进出口企业对外形象、对外扩大宣传的作用。美观、整洁、清楚的单证，即能展示进出口企业高水平的业务素质、高质量的工作成果、一流水准的管理规范，又为企业塑造良好的形象，更有利于外贸业务的展开。

二、外贸单证的分类

（一）《托收统一规则》(URC 522)的分类

URC 522 总则与定义的第 2 条 B 款将单据分为金融单据(Financial Documents)和商业单据(Commercial Documents)两大类，这是根据国际贸易单证性质所做的分类。①金融单据具有货币属性，如汇票、本票、支票及其他用于取得付款资金的类似凭证。②商业单据具有商品属性，如商业发票。

【注意】商业单据可以进一步细分为基本单据和附属单据。①基本单据在实际业务中使用频率很高，通常包括商业发票、海运提单和保险单。②附属单据通常根据约定由买方要求、卖方提供，可分为两类：一类是进口国官方要求的单据，如领事发票、海关发票、原产地证明等；另一类是买方要求说明货物及相关情况的单据，如装箱单、重量单、品质证书、寄单证明、寄样证明、装运通知、船龄证明等。

【学中做 1—1】（单项选择题）《托收统一规则》将单据分为两类：一类具有商品属性，另一类具有(　　)属性。

A. 物质　　B. 无形　　C. 货币　　D. 有形

（二）《跟单信用证统一惯例》(UCP 600)的分类

UCP 600 将信用证项下的单据分为四大类：①运输单据(Transport Documents)。它包括海运提单，非转让海运单，租船合约提单，多式联运单据，空运单据，公路、铁路和内陆水运单据，快递和邮包收据，运输代理人的运输单据等。②保险单据(Insurance Documents)。它包括保险单、保险凭证、承保证明、预约保单等。③商业发票(Commercial Invoice)。它是出口贸易结算中最重要的单据之一，其他所有单据都以它为中心来缮制。④其他单据(Other Documents)。它包括装箱单、重量单、产地证明书、普惠制单据、检验检疫证书、受益人证明或受益人声明等。

（三）UN/EDIFACT 的分类

联合国欧洲经济委员会从事国际贸易程序简化工作的第四个工作组(UN/ECE/WP4)将 EDI 国际标准分为 3 个领域：行政、商业和运输，并于 1986 年发布了 EDI 国际通用标准——UN/EDIFACT(United Nations/Electronic Data Interchange for Administration，Commerce and Transport)

UN/EDIFACT 标准将国际贸易单证分为九大类：①生产单证。②订购单证。③销售单证。④银行单证。⑤保险单证。⑥货运代理服务单证。⑦运输单证。⑧出口单证。⑨进口和转口单证。

（四）按照单证形式分类

外贸单证按照单证的形式分为纸面单证和电子单证。根据国际商会《国际贸易术语解释通则》，纸面单证和电子单证具有同等效力，在实际业务中，出口商既可以使用纸面单证，也可以使用电子单证。目前，全程“无纸化办单”不仅简化了业务办理手续、提升了外贸业务效率，还能产生可观的经济、社会和环境效益。“无纸化办单”将是未来发展的必然趋势，在“人工智能时代”的今天，外贸业务结合了互联网技术的“无纸化办单”。随着区块链技术的更新和发展，实现了数据安全的问题，区块链技术数据不可篡改的特性从根本上改变了我们的信任方式，因为机器是不会说谎的。从个人信任、制度信任到机器信任，我们正在经历一个新时代进化的新征程。

【注意】在外贸单证缮制业务中，要注意如下基本缮制规范。

(1)“国家和地区名称代码”采用两字母代码。例如，中国 CN、美国 US、德国 DE、法国 FR、英国 GB、俄罗斯 RU、日本 JP。

(2)“中华人民共和国口岸及相关地点代码”前两位为国家代码，后三位为地点代码。

(3)《国际贸易用标准运输标志》由收货人(买方)、参考号、目的地、件数编号 4 个数据元依次组成，分 4 行，每行限 17 个字母或数字(使用大写英文字母、数字，不允许使用几何图形或其他图案，不允许用彩色编码作为运输标志)。

动漫视频

运输标志

运输标志(Shipping Mark)习惯上称为“唛头”或“唛”(见图 1—1)。它通常由 4 行内容组成：①收货人名称的英文缩写(代号)或简称。②参考号(如合同号、订单号、发票号码、信用证号码等)。③目的港(地)名称。④件号，包括顺序件号和总件数。

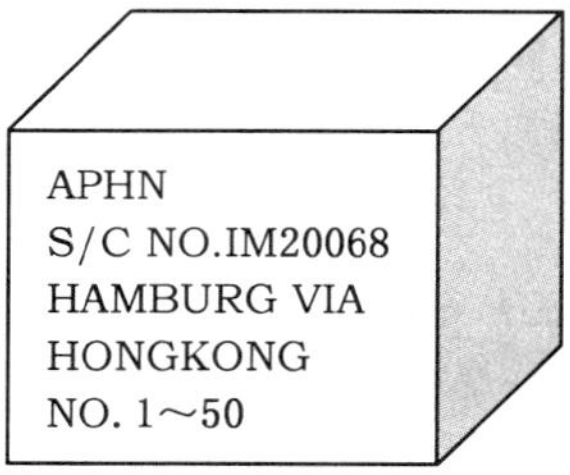

图 1—1 运输标志

(4)货币采用三字母代码，其中前两个字母代表国名，后一个字母代表货币名，如人民币 CNY、美元 USD、欧元 EUR、英镑 GBP、卢布 RUB、日元 JPY。

(5)日期、时间和时间期限采用数字表示法。例如，2022 年 3 月 16 日表示为“20220316”。

(6)《国际贸易计量单位代码》采用国际公制计量单位，如千克(kg)、米(m)、小时(h)。

(7)中国及世界主要海运贸易港口代码(见表 1—1)。

表 1—1 中国及世界主要海运贸易港口代码

中文名称	英文名称	代　码
中国	CHINA	CN
中国丹东	Dandong	CNDDG
中国大连	Dalian	CNDLC
中国营口	Yingkou	CNYIK
中国香港	Hong Kong	HKHKG
新加坡	Singapore	SGSIN
韩国釜山	Busan	KRPUS
韩国仁川	Incheon/Inchon	KRICH
德国汉堡	Hamburg	DEHAM

续表

中文名称	英文名称	代 码
美国洛杉矶	Los Angeles	USLSA
日本大阪	Osaka	JPOSK
日本东京	Tokyo	JPTYO
荷兰鹿特丹	Rotterdam	NLRTM
科威特	Kuwait	KWKWI

(五)其他分类

1. 从要式上划分

(1)要式单证。指外单位制作签发的,有固定格式的,不能由进出口商自己设计和制作的单证,如:提单、一般原产地证书、普惠制产地证书、报关单、商检证书、许可证等。

(2)非要式单证。指由进出口商自己设计、制作和签发的没有固定格式的单证,如发票、包装单、装运通知、受益人证明等。

2. 从本质上划分

(1)基本单证。商业发票是指单位或个人在购销商品、提供劳务或接受劳务、服务以及从事其他经营活动,提供给对方的收付款的书面证明,是财务收支的法定凭证,是会计核算的原始依据,也是审计机关、税务机关执法检查的重要依据。在各种外贸单据中,商业发票处于核心地位。

(2)附属单证。附属单证也称辅助单证,指除商业发票外的其他单证,如发票、包装单据、品质证书、数量证书、原产地证明书、进出口许可证等。

3. 从功能上划分

(1)议付单证。为办理议付手续而制作和办理的单证,如发票、包装单、品质证书、保险单等。

(2)非议付单证。不是为了办理议付手续而制作和办理的单证,如:许可证、报关等。

三、与单证相关的国际贸易惯例

1. UCP 600

即《跟单信用证统一惯例》(The Uniform Customs and Practice for Documentary Credit)2007年修订版,国际商会第600号出版物,由国际商会(International Chamber of Commerce, ICC)起草,于2006年10月在国际商会巴黎年会上通过,新版本自2007年7月1日起实施。

UCP 600是信用证领域最权威、影响最广泛的国际贸易惯例,包括39个条款。它对信用证项下各当事人的职责、权利和义务,以及主要信用证单据填写、提交的要求和一些有关单据的特殊规定等都做了比较详尽的规定,对统一、规范信用证支付的操作起着不可替代的重要作用。

2. ISBP 745

即《审核跟单信用证项下单据的国际标准银行实务》(International Standard Banking Practice for the Examination of Documents under Documentary Credits, ISBP),简称《国际标

准银行实务》(ISBP 645),国际商会 2002 年制订,2007 年修订为 ISBP 681,2013 年修订为 ISBP 745。修改版本提供了一套审核适用《跟单信用证统一惯例》(UCP 600)的信用证项下单据的国际惯例,对于各国正确理解和使用 UCP 600、统一和规范各国信用证审单实务、减少拒付争议的发生具有重要的意义。

ISBP 是国际商会在信用证领域编纂的国际惯例,不仅是各国银行、进出口公司信用证业务单据处理人员工作中的必备工具,也是法院、仲裁机构和律师在处理信用证纠纷案件时的重要依据,对各国的金融界、企业界、法律界具有重要影响。

《国际标准银行实务》(ISBP 745)的主要变化:《国际标准银行实务》(ISBP 745)进一步对《跟单信用证统一惯例》(UCP 600)条款反映的信用证审单实务的进行了补充和细化,ISBP 745 与 ISBP 681 相比,主要修改有:(1)明确了信用证的非单据化条件。(2)重新解释了分期装运。(3)新增了装运港、卸货港无需显示国别。(4)改变了"仓至仓"条款用于认定保险生效日期的规定。

《国际标准银行实务》(ISBP 745)的具体变化:《国际标准银行实务》(ISBP 745)较《国际标准银行实务》(ISBP 681)发生了 141 项变化:先期事项部分有 2 项变化;总则部分有 14 项变化;分项单据部分(共 14 个分项),共有 48 项变化。

3. URC 522

URC 522 即《托收统一规则》(The Uniform Rules for Collection,URC)国际商会第 522 号出版物。国际商会为统一托收业务的做法,减少托收业务各有关当事人可能产生的矛盾和纠纷,曾于 1958 年草拟了《商业单据托收统一规则》。为了适应国际贸易发展的需要,国际商会在总结实践经验的基础上,1978 年对该规则进行了修订,改名为《托收统一规则》,1995 年再次修订,即 URC 522,自 1996 年 1 月 1 日起实施。《托收统一规则》自公布实施以来,被各国银行所采用,已成为托收业务的国际惯例。

动漫视频

承兑交单

《托收统一规则》(URC 522)共 7 部分 26 条,包括总则及定义、托收的形式和结构、提示方式、义务与责任、付款,利息、手续费和其他费用以及其他规定。根据《托收统一规则》的规定,托收是指银行根据所收到的指示,处理金融单据和/或商业单据,目的在于取得付款和/或承兑,凭付款和/或承兑交单,或按其他条款及条件交单。上述定义中所涉及的金融单据是指汇票、本票、支票或其他用于付款或款项的类似凭证;商业单据是指发票、运输单据、物权单据或其他类似单据,或除金融单据之外的任何其他单据。

4. INCOTERMS

动漫视频

付款交单

动漫视频

Incoterms

INCOTERMS 即《国际贸易术语解释通则》(International Rules for the Interpretation of Trade Terms,INCOTERMS)。它是国际商会为统一对各种贸易术语的不同解释于 1936 年制定的,随后,为适应国际贸易实践发展的需要,国际商会先后于 1953 年、1967 年、1976 年、1980 年、1990 年、2000 年、2010 年和 2020 年对其进行了多次修订和补充。其最新版本是《2020 年国际贸易术语解释通则》(以下简称为《2020 年通则》或 INCOTERMS 2020)。它是国际商会根据国际货物贸易的发展对《2010 年国际贸易术语解释通则》(以下简称为《2010 年通则》或 INCOTERMS 2010)的修订,该规则于 2020 年 1 月 1 日全球正式生效。

任务二　外贸单证岗位

一、外贸单证员

动漫视频

外贸单证员

外贸单证员又称国际商务单证员。2001 年 12 月 11 日，中国加入 WTO，在加入 WTO 以前，大多数外贸公司的业务，从寻找客户、交易洽谈、履行合同到制单结汇，基本上都是由外贸业务员“一条龙”式完成的。加入 WTO 以后，为了与国际接轨，国际贸易业务开始实行专业分工，由此出现了许多专业性岗位，如单证员、跟单员、报关员、报检员、国际货运代理员等。为了弄清楚专业性岗位之间的关系，我们以示意图的方式明确外贸业务中的各专业岗位，并对单证员做个定位，如图 1—2 所示。

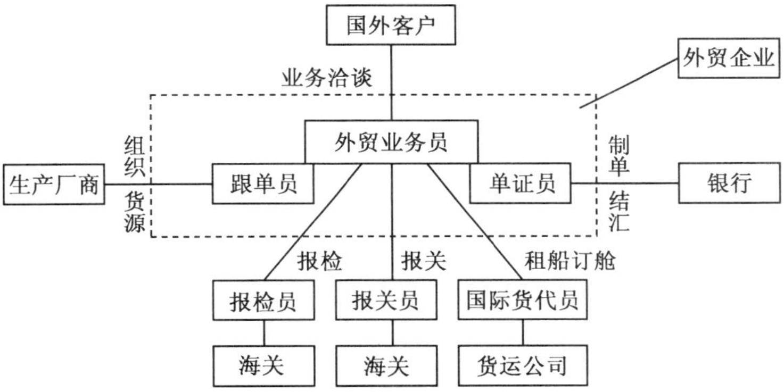

图 1—2　外贸业务中的各专业岗位

在外贸行业，核心是从事产品进出口的外贸企业，其他单位都是为外贸企业提供相关服务的。外贸企业里的核心业务人员有外贸业务员、跟单员和单证员，报关员、报检员和国际货运代理员等都是为外贸业务人员提供服务的。

在外贸企业中，外贸业务员居于核心地位。在出口业务中，外贸业务员负责寻找国外客户、洽谈业务、签订合同以及全程履约；跟单员和单证员从属于外贸业务员，相当于外贸业务员在履行合同过程中的左膀右臂。在外贸业务员签订合同后，跟单员负责联系生产厂商（在此种情况下，该外贸企业属于流通型的贸易公司），组织货源；单证员负责缮制相关单据，向银行办理结汇。

二、外贸单证员专业素养

在国际贸易结算业务中，根据销售合同或信用证条款，缮制和出具各种对外贸易结算单据和证书，提交给银行办理议付手续或委托银行收款的人员叫单证员。单证工作的质量如何，往往取决于单证员的专业知识、专业技能和职业素质。

（一）掌握专业知识和外语水平

（1）熟悉进出口业务流程的专业知识，具备审核信用证、缮制中英文合同，读懂、看懂和起草英文函电。

（2）掌握进出口各项基础知识，包括价格条件、各种支付方式。

（3）熟悉国际贸易惯例和法则，如国际商会 URC 522 和 UCP 600，以及与我国有贸易关系的国家（地区）的贸易惯例、有关法令和对单证的要求，并能实际应用，做学合一。

（4）掌握国际经贸地理和有关装运概况，包括航线、港口、运输方式、运费计算等。

（5）了解中国人民保险公司及伦敦保险协会的保险险别和有关条款，以及商检法、海关法、对外贸易法等。

【注意】英文函电的基本要求。

（1）礼貌。函电磋商是买卖双方不见面的往来，因此，在函电的用语上要礼貌；此外，在对待对方的来电时要及时答复。通常在信函的开头，要表现出客气与尊重，如：

- Thanks for…
- We thank you for…
- It is a great pleasure to…
- Received your fax—and many thanks for your…
- We have received with many thanks your letter of…
- We take the pleasure of…

（2）清晰。商业信函要求意思表达清晰、明确，不能含混不清。在用词上要准确，不能引起歧义。

（3）简洁。英文函电要求用最简单的词语表达准确的商务信息，因此书写中应避免繁琐、重复。例如，在表示金额时直接用 for 就可以了，不必用 in the amount of 表述。

（4）完整。函电书面磋商已经形成了一定的固定模式，有关的国际公约或各国的法律对函电书面磋商也有一定的约定。例如，构成一项发盘要内容完整，应包括主要的交易条件。

（二）具备较强的沟通和协调能力

外贸单证业务中涉及的单位与部门很多，如银行、保险公司、海关和货运代理公司等，在与各部门的工作联系中，会遇到各方面的问题，这就要求单证员具备较强的沟通和协调能力。

【拓展阅读 1－1】　　外贸业务中相关部门及其业务关系

①政府部门。通常是指主管外贸的商务部或当地的商务局。企业主要与之进行两个方面的业务：申办外贸经营权；申请进出口许可证或配额。

②供货厂商。商贸流通企业，自己不生产商品，一旦对外签订出口合同，就需要联系供货厂商，组织生产和备货。外贸企业通常会安排外贸跟单员负责与之联系。

③海关。外贸企业在备妥货物以后，按照外方的要求，进行产品的检验，由官方出具检验证书，或出具原产地证书。对出入国境的一切商品和物品进行监督、检查并照章征收关税的国家机关。按照海关的要求，只有具有报关资格的报关员才能办理。

④船运公司。负责进出口货物的运输，外贸企业最常打交道的是国际货运代理，简称货代，货代不仅要负责租船订舱，还可以代办很多业务，如报检、报关等一条龙服务，不过在选择代理公司时要慎重。相对应的岗位是货代员。

⑤保险公司。进出口业务中的货物在运输过程中必须投保，以防止货物灭失的风险。进

出口贸易中货物风险存在着不可预知性，所以收、发货人不会为了省下保险费而不去投保，我国的保险公司主要是中国人民保险公司，现在有许多保险公司都参与国际贸易货物保险的竞争，使外贸企业有了更多的选择余地。

⑥银行。进出口业务中的结算是不可缺少的环节，不论采用何种支付方式（汇付、托收、信用证）和支付工具（汇票、本票、支票），进出口货物的货款都要通过银行来进行结算。这是单证员应需主要沟通的部门。

⑦国家外汇管理局。根据我国外汇管理规定，进出口收汇后必须及时办理进出口收汇核销。

⑧税务。对于享受出口退税待遇的商品，外贸企业在办理完上述业务后，可以享受出口退税。我国对出口实行零税率，这是我国鼓励出口的一项政策措施。

（三）强化职业道德和奉献精神

外贸单证工作的质量如何，不仅关系到能否安全收汇和顺利收货，在一定程度上也代表着一个国家和一个企业对外贸易的技术水平。因此，外贸单证员要熟悉和掌握国家有关外贸的方针、政策，遵守外贸纪律和本企业的规章制度；热爱本职工作，增强责任心，不计较个人得失，努力学习专研专业学术前沿知识，充实自己，在新形态的外贸形势和环境背景下，不断掌握新的国际法规和惯例，不断更新相关知识。

（四）严谨工作态度和工作作风

外贸单证工作内容繁琐，工作量大，时间性强，所以外贸单证员必须具备一丝不苟、踏实细致的工作作风和认真负责的工作态度；否则，一单之错甚至一字之差都有可能给合同的履行造成障碍和困难，给国家和企业造成经济损失。

三、外贸单证的缮制依据与要求

（一）外贸单证的缮制依据

外贸单证是进出口业务中使用的各种单据和证书，如信用证、商业发票、装箱单、原产地证明书、保险单、检验检疫证书、报关单、提单、装运通知和汇票等，买卖双方凭借这些单证来办理货物的交付、运输、保险、商检、报关和结汇等手续。外贸制单是指按信用证、合同和其他有关要求，并根据货物与运输等实际情况缮制有关单据，它是单证工作的基础。

出口外贸单证的缮制主要包括审证、制单、审单、交单和归档五个方面，贯穿于出口贸易合同履行的整个过程中。其基本要求是做到单证一致、单单一致、单合一致和单货一致。“四个一致”是相互独立、互为依存的有机关系，在审证、制单、审单、交单和归档的具体工作中，要合理把握。

出口单据缮制的主要依据是：①信用证支付条件下的单据，必须按信用证有关条款的内容制单，如未规定，可参照合同条款的有关内容。②托收、汇付条件下的单据，必须以买卖合同的有关内容作为缮制的依据。③如有特殊要求，应参照相应文件或资料。

进口单据缮制的主要依据是：根据贸易合同条款的有关内容开立信用证，依据不同的贸易术语和买方的义务备齐各类空白单据，并按信用证和贸易合同的要求缮制订舱委托书、预约保险合同和进口货物报关单等单据。

（二）外贸单证的缮制要求

外贸单证的缮制应做到以下五个方面要求。

1. 正确(Correctness)

在制单工作的各项要求中,正确是最重要的一条。正确是单证工作的前提,不管是托收还是信用证项下,单据不正确,买方都有拒付货款的权利。

"正确"至少包括两个方面的内容:①要求各种单据必须做到"三相符",即单据与信用证相符、单据与单据相符、单据与贸易合同相符,即单证相符、单单相符、单合相符;②要求各种单据必须符合有关国际惯例和进口国的有关法令和规定。

【注意】从银行角度来说,他们负责控制"单证相符"和"单单相符";而对外贸出口企业来说,除以上三个"相符"外,还有"单货相符"同样需要严密控制,这样单证才能真实代表出运的货物,不致错发、错运。

2. 完整(Completeness)

单证的完整,是指信用证规定的各项单据种类必须齐全,不能短缺。单证完整的另一含义是每种单据本身的内容必须完备齐全,每种单据的特殊作用都通过特定的格式、栏目、文字和签章得以体现;如果格式使用不当、项目漏填、内容不完整、签章不符合要求,就不能构成有效文件,就会招致银行拒收。此外,单证的完整还要求出口人所提供的各种单据的份数要按照合同或信用证的有关规定如数交齐,不能短缺。

3. 及时(In time;Punctuality)

进出口单据的时效性极强,必须在信用证规定的期限内提交,以保证整套单据的完整无缺。有一些单据需要办一定的手续,必须及时催办,防止误期。

(1)出单及时。各种单据的出单日期必须合理可行,不能超过信用证规定的有效期或按商业习惯的合理日期。保险单日期必须早于或等于提单的签发日期,提单日期不得迟于装运期,装运通知书必须在货物装运后立即发出。

【提示】各单据日期早晚次序:①发票日期——检验证书日期或保险单日期。②提单装船日期——信用证最迟装运日期。③汇票出票日期——信用证最迟交单日期或信用证有效期。

(2)结汇及时。向银行交单议付的日期不能超过信用证规定的交单有效期。按照国际商会《跟单信用证统一惯例》的规定,"除交单到期日以外,每个要求运输单据的信用证还应该规定一个运输单据出单日期后必须交单付款、承兑或议付的特定期限,如果信用证未规定交单期,银行将拒收迟于运输单据出单日期 21 天后提交的单据,但单据也不得迟于信用证到期日提交"。

【做中学 1—1】 外贸业务中的有效期、交单期、装运期

提单签发日期为 2022 年 2 月 4 日,信用证议付有效期为 2022 年 2 月 27 日。问卖方最迟的交单期为哪一天?

分析:有效期:根据 UCP 600 的规定,一切信用证均需规定一个到期日和一个交单付款、承兑的地点。规定的付款、承兑或议付的到期日,将被解释为信用证的有效期。①交单期:信用证还应规定一个运输单据出单日期后必须提交符合信用证条款的单据的特定期限,即"交单期"。②装运期:是指卖方将货物装上运往目的港的运输工具或交付给承运人的日期。信用证可以没有装运期,只有有效期,在实际业务中叫作"双到期"。

因此,本例卖方最迟的交单期为 2022 年 2 月 25 日。

【学中做 1—2】在信用证支付条件下,应在信用证有效期和交单期内向银行交单办理结汇。如果信用证未作交单时间的规定,应在信用证有效期内,不得晚于提单签发日后(　　)。

（单项选择题）

A. 第1天　　B. 第11天　　C. 第21天　　D. 第31天

4. 简明(Conciseness)

单证的内容应力求简洁，不要画蛇添足，弄巧成拙。国际商会《跟单信用证统一惯例》指出："为了防止混淆和误解，银行应劝阻在信用证或其任何修改书中加注过多细节的内容。"其目的就是避免单证的复杂化。

5. 整洁(Tidiness)

整洁是指单证表面的清洁、整齐、美观、大方；单证内容的清楚易认、一目了然。单证内容的表述应简明，从某种角度上来说，它反映了一个企业的业务水平。单证是否整洁，不但反映出制单人制单的熟练程度和工作态度，而且会直接影响出单效果。因此，在制作单据时，单据格式的设计和缮制应力求标准化和规范化，单证内容的排列要行次整齐、主次有序、重点突出、字迹清晰、语法和文句流畅、词句简明扼要、恰如其分。制作单据时，不能在一份单据上多次涂改，如有更改，一定要盖校对章或手签。如涂改过多，应重新缮制单据。

【学中做1-3】（单项选择题）单证缮制必须正确、完整、及时、简明和整洁，其中（　　）是单证工作的前提。

A. 正确　　B. 完整　　C. 及时　　D. 简明

四、外贸单证工作的基本环节

外贸单证工作的基本环节包括制单、审单、交单和归档。

【提示】在信用证支付方式下，在制单环节前还有审证环节。

(1)制单。它是指依据买卖合同、信用证、有关商品的原始资料、相关国际惯例、相关国内管理规定和相关国外客户的要求等缮制单证。其中：

①买卖合同是制单和审单的首要依据，商品名称、规格、数量、价格条件以及运输方式、支付方式等均应符合买卖合同的规定。另外，买卖双方往来的业务函电也可作为制单和审单的依据。

②在信用证支付方式下，信用证取代买卖合同而成为主要的制单依据，因为银行的付款原则是"只凭信用证而不问合同"，各种单据必须完全符合信用证的规定，银行才承担付款责任。

【注意】如果信用证条款与买卖合同互相矛盾，应该修改信用证，以求得"证单一致"；否则，应以信用证为准，才能达到安全收汇的目的。

③有关商品的原始资料，一般包括生产单位提供的交货单和货物出厂装箱单等，以显示货物具体的数量、重量、规格、尺码等。

④相关国际惯例主要指国际商会的《跟单信用证统一惯例》(即UCP 600)、《跟单信用证项下银行间偿付统一规则》(即URR 725)、《关于审核跟单信用证项下单据的国际标准银行实务》(即ISBP 745)、《托收统一规则》(即URC 522)、《国际贸易术语解释通则》(即INCOTERMS 2020)等。

【提示】制单的主要方法包括：①核对出仓单或提单上的货物与信用证或合同的规定是否相符。②核算单据中的计算数字，如FOB价、佣金、保险费等。③备齐信用证或合同要求出具的全部空白单证，从发票缮制入手，并将其作为其他单据的参照。

(2)审单。它是指审核已经缮制完成的各种单证是否符合买卖合同、信用证、有关商品原始资料、相关国际惯例、相关国内管理规定、相关国外客户的要求等。如发现不符，应进一步采取修改、重新缮制或更换等措施。

①审单依据。信用证支付方式下的单据必须以信用证条款为准，托收支付方式下的单据则应以合同条款为准，其他因素只能为作参考。

②审单方法。审单的目的是保证收汇的安全与及时。审单方法因人而异，通常做法是：对照信用证、合同条款逐条逐字审核；再以发票为依据，审核相同栏目的内容是否一致。

【提示】审单的手段应不断更新，要善于利用现代计算机技术来提高审单的准确性和效率性。

③审单要求。审单要做到内容准确、格式完整、单据齐全、份数不缺、单证相符和单单相符，还要保证各种单据的签发日期无逻辑、惯例和条款规定上的矛盾。

【同步案例 1－1】　　信用证品名与合同品名不符行吗？

中国某食品公司出口苹果酒一批，合同品名为“Cider”，标签纸由客户免费提供，但信用证货名为“Apple Wine”，于是我方所有单证均用“Apple Wine”为品名。不料货物到达后遭到进口国海关扣留，因为苹果酒的内外包装上均是“Cider”。结果进口商要求该食品公司赔偿其罚款损失。问：我方对此有无责任？

精析：我方应该赔偿。作为出口公司，理应知道所售货物的品名，况且标签纸是客户免费提供的。信用证品名与合同品名不符，早就应该更改信用证。如果只是考虑自己方便，任由单证不一致，势必会给客户办理进口手续带来严重后果。

(3)交单。它是指在合同、信用证规定的时间内，以正确的方式，将符合要求的单证交给正确的当事人。通常，在托收和信用证方式下，应到银行交单；在汇付方式下，应直接向进口人交单。在收到运输单据前，先将其他各种单据备齐，并进行审核；一收到运输单据，便可立刻审毕，及时送至银行议付。此做法一般可提前 2～3 天收汇，从而增加外汇利息，加快资金周转。

【注意】交单应做到单据齐全、内容准确、提交及时。

(4)归档。它是指在合同履行过程中，随时注意将那些我方已经缮制好的单证留底、存档(如商业发票、装箱单等)；将那些由他人缮制并经我方审核无误的单证妥善保存，必要时复印备份，留待交单或事后备查(如海运提单、商检证书等)；随时跟踪那些已经交给有关部门办理业务、应退回但尚未退回的单证(如报关单核销联等)，一旦退回，立刻归档或进入下一业务环节。

(5)审证。它是指银行和受益人合理谨慎地审核信用证，针对发现的问题区别其性质，根据合同条款的规定及履行合同各个环节中出具单据的各当事人的具体做法和意见，做出是否修改信用证的决定。审核进口商开来的信用证的主要依据是买卖双方签订的贸易合同，并参照国际贸易惯例和 UCP 600 的有关规定。审证由通知行和出口企业分别审核。通知行着重审核信用证的真伪、开证行的资信和付款责任及索汇路线等；出口企业则着重审核信用证的内容与合同条款是否一致、能否接受。重点关注信用证的金额与货币名称、信用证规定的装运期和对货物情况的描述，以及单据的要求。

【提示】对于不能接受的条款或不符点，应及时向开证人提出改证。

任务三　外贸单证流程

由于国际贸易中所使用的单据极为复杂，种类繁多，因此，经常发生由于单证工作差错而造成延迟收款或收不到款的情况。由此可见，传统的制单方式已经成为影响国际贸易发展的障碍，要扫清这些障碍，外贸单证和外贸业务程序必须走国际化与电子化的道路。

一、外贸单证工作发展趋势

（一）制单设计国际化

降低单据制作费用和差错率的一种有效方法是制作“套合一致”的单据。瑞典在 1957 年最早创造了这种单据格式。“套合一致”的具体做法是：统一各种单据的大小，并将各种单据上的相同项目放在同一位置上；制单时，只需用打字机将各项内容全部打印在一张总单据（又称母子单据）上，然后根据业务制出所需要的单据。

（二）单证传输电子化

外贸企业能够利用电子商务运作的各种手段开展国际贸易活动，它反映的是现代信息技术所带来的国际贸易过程的电子化，主要表现形式包括互联网（Internet）、传真（Fax）、国际电话（IDD）、电子数据交换（EDI）、电子邮件（E-mail）、电子公告牌、电子转账、安全认证等技术的广泛应用。

国际电子商务的发展使国际贸易伙伴之间以及贸易伙伴与相关银行、运输部门、保险部门、海关和政府部门等之间传输订单及相关单据与文件实现了电子化，这就大大简化了单证处理程序，提高了国际贸易活动的效率。

目前，单证发展过程中最引人注目的是制单中 EDI 方式的出现及信用证业务中大量使用的 SWIFT 方式。

（1）EDI（Electronic Data Interchange），即电子数据交换，是利用计算机和网络技术在部门之间乃至世界范围内进行贸易信息和资料交换，也就是将传统的有效信息转变为无形的电子信息，从而使贸易信息数据交换的效率大大提高。EDI 单证被称为“无纸单证”。

（2）SWIFT（Society for Worldwide Interbank Financial Telecommunication），即环球银行金融电信协会，该组织于 1973 年在比利时的首都布鲁塞尔成立，总部位于比利时，SWIFT 的报文传送平台、产品和服务对接了全球超过 11 000 家银行、证券机构、市场基础设施和企业用户，覆盖 200 多个国家和地区。目前该网络已遍布全球 206 个国家，支援 80 多个国家和地区的实时支付清算系统。该协会的自动化国际金融电信网，办理成员银行间的资金调拨、汇款结算和信用证资料传递手续。SWIFT 使得国际结算更加便捷、迅速且安全可靠。

动漫视频

SWIFT

（三）作业通关无纸化

作业通关无纸化适应了信息社会的发展趋势，满足了进出口企业国际贸易、商业交接电子化的实际需要，现在只要在办公室花 3～5 分钟，通过互联网就可以完成所有申报、通关流程，不需要企业到海关现场提交纸质单证，可以节省企业一整天的时间，从而可以使企业多产出。海关无纸化放行通知单可以自助打印流程：

（1）无纸化放行通知书是单证备案所需要的一个单证，海关用无纸化放行通知书来代替场站收据。登陆单一窗口网站：https://www.singlewindow.cn/。用户登录有两种方式，一种是账号登录，需要先注册；一种卡介质登录，可以直接使用电子口岸卡登录，不需要注册。

(2)登录成功后，在应用列表中选择货物申报——货物申报。

(3)登录货物申报模块后，选择数据查询/统计一报关数据查询。

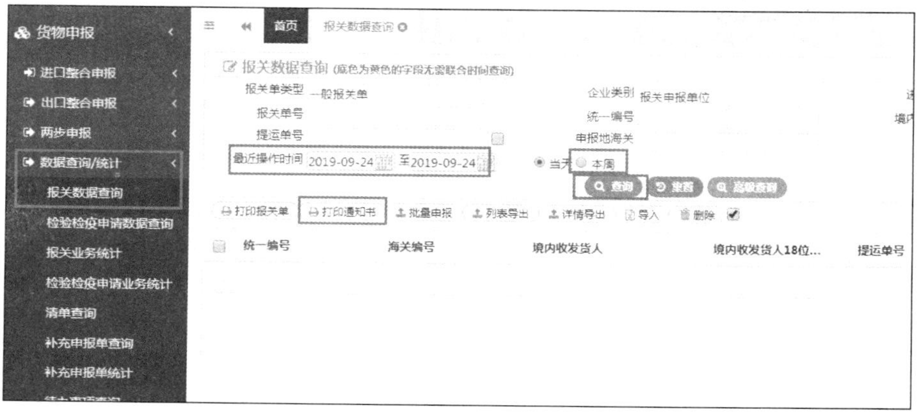

【注意】在查询条件中有几个选项需要修改:①企业类型要选择报关收发货人。②进出口标志要选择出口。③最近操作日期要按照报关单申报日期选择,一次只能选择7天区间。

(4)点击"打印通知单"可以选择打印通关无纸化放行通知书。

二、外贸单证业务流转流程

外贸单证流程如图1—3所示。外贸单证业务流转流程中涉及的单证如表1—2所示。

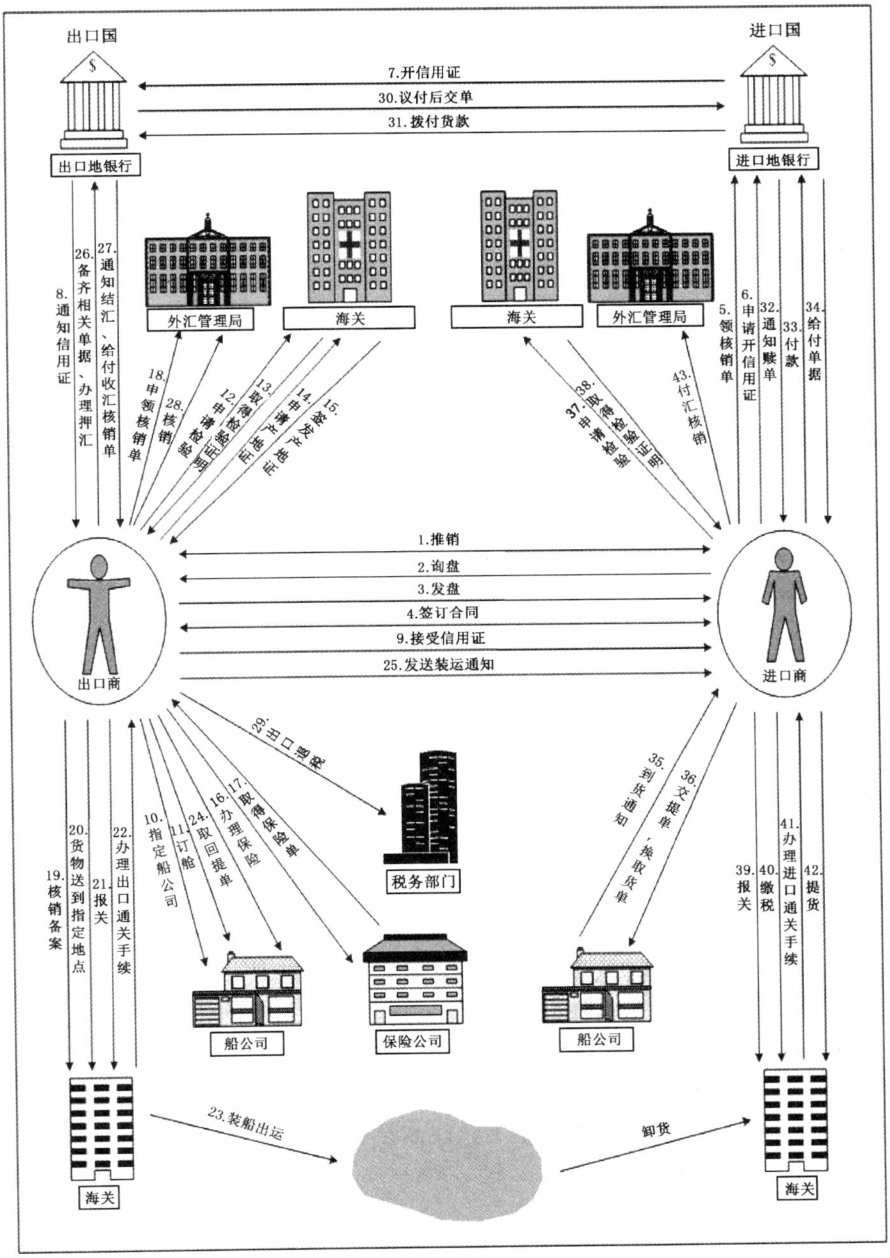

图1—3　外贸单证业务流转程序

表 1—2 外贸业务中涉及的单证

前期单证	出口流程	结汇单证
出口许可证	备货、落实信用证	—
—	租船订舱	发票、装箱单
关检融合报关单	报检、报关	商检证书、产地证
投保单	办保险	保险单
托运单	装船	海运提单
—	制单、交单	汇票
—	结汇	—
—	核销、退税	—

应知考核

一、单项选择题

1. UN/EDIFACT 标准将国际贸易单证分为(　　)大类。

A. 九　　B. 四　　C. 两　　D. 五

2. 根据 URC 522 的规定,以下单据不属于基本单据的是(　　)。

A. 商业发票　　B. 海运提单　　C. 保险单　　D. 船龄证明

3. 与国际贸易单证常用代码中的“日期、时间和时间期限的数字表示”相符的是(　　)。

A. Sep. 16,2022　　B. Sept. 16,2022　　C. 20220916　　D. 2022,09,16

4. 各种进、出口单证原则上应该做到(　　)。

A. 完整、及时、无差错　　B. 完整、简洁、清晰

C. 及时、正确、完整、无差错、清晰　　D. 正确、完整、及时、简洁、整洁

5. 根据 URC 522 的分类,(　　)不属于进口国官方要求的单据。

A. 原产地证明　　B. 船龄证明　　C. 领事发票　　D. 海关发票

6. 根据 URC 522 的分类,(　　)不属于进口方要求说明货物及相关情况的单据。

A. 装箱单或重量单　　B. 装运通知

C. 原产地证明　　D. 寄单或寄样证明

7. UCP 600 对信用证项下的单据所做的分类不包括(　　)。

A. 包装单据　　B. 保险单据　　C. 运输单据　　D. 商业发票

8. 按照单证形式,国际贸易单证分为(　　)。

A. 金融单据和商业单据　　B. 纸面单据和电子单据

C. 基本单据和附属单据　　D. 保险单据和保证单据

9. 信用证支付方式下,国际贸易单证工作除基本环节外,还有(　　)环节。

A. 制单　　B. 审单　　C. 交单　　D. 审证

10. 信用证支付方式下,制单和审单的首要依据是(　　)。

A. 信用证　　B. 买卖合同

C. 相关国际惯例　　D. 有关商品的原始资料

二、多项选择题

1. 国际贸易单证通常用于处理进出口货物的(　　)。

A. 交付　　B. 运输与保险　　C. 检验检疫　　D. 报关

2. 国际贸易单证工作可能涉及的部门包括(　　)。

A. 银行　　B. 海关

C. 交通运输部门和保险公司　　D. 进出口企业内部各部门

3. 下列单证中具有商品属性的有(　　)。

A. 商业发票　　B. 本票　　C. 装箱单　　D. 支票

4. 下列单证中具有货币属性的有(　　)。

A. 质量检验证书　　B. 本票　　C. 原产地证明书　　D. 汇票

5. UCP 600 将信用证项下的单据分为(　　)。

A. 运输单据　　B. 保险单据　　C. 包装单据　　D. 其他单据

6. 根据 UCP 600 对信用证项下的单据的分类,(　　)属于运输单据。

A. 快递和邮包收据　　B. 非转让海运单

C. 空运单据　　D. 租船合约提单

7. 国际贸易单证工作的基本环节包括(　　)。

A. 归档　　B. 审单　　C. 审证　　D. 交单

8. 外贸单证缮制的基本要求有(　　)。

A. 正确　　B. 完整　　C. 及时　　D. 简明

9. 信用证支付方式下,出口企业制单必须做到(　　)。

A. 单据与进口国有关法令和规定相符　　B. 单据与信用证相符

C. 单据与单据相符　　D. 单据与贸易合同相符

10. 信用证支付方式下,银行处理单据时主要关注(　　)。

A. 单据与货物相符　　B. 单据与贸易合同相符

C. 单据与单据相符　　D. 单据与信用证相符

三、判断题

1. 纸质单据和电子单据具有同等效力。(　　)

2. 买卖双方往来的业务函电不可以作为制单和审单的依据。(　　)

3. 在审证环节,如果发现信用证条款与买卖合同条款彼此矛盾,应提出修改信用证。(　　)

4. 信用证条款与买卖合同条款彼此矛盾时,如果不能修改或同意接受信用证的条件,则必须以买卖合同为制单和审单的依据,这样才能达到安全收汇的目的。(　　)

5. 由生产、制造厂商提供的货物出厂装箱单中显示的货物具体规格、型号、数量、毛重、净重、尺码等是缮制装箱单的基本依据。(　　)

6. 单证员在处理信用证项下的单据时,不仅需要熟悉 UCP 600,还要了解 ISBP 745 和 URR 725。(　　)

7. 按照 UCP 600 的规定,除交单到期日以外,每个要求运输单据的信用证还应该规定一个运输单据出单日期后必须交单付款、承兑或议付的特定期限，如未规定该限期，银行将拒收迟于运输单据出单日期 21 天后提交的单据，但无论如何，单据也不得迟于信用证到期日提交。（　）

8. 在 CIF 交易中，卖方向买方提供的单证至少应有发票、装箱单和保险单。（　）

9. 交单是指在合同、信用证规定的时间，以正确的方式，将符合要求的单证交给正确的当事人。通常，在后 T/T 方式下，出口企业应到银行交单。（　）

10. 根据 UCP 600，公路、铁路和内陆水运单据，快件和邮包收据，以及装箱单、重量单都属于其他单据。（　）

应会考核

■ 观念应用

某外贸公司接到国外开来的信用证，证内规定："数量共 6 000 箱，1—6 月分 6 批装运，每月装运 1 000 箱。"该公司在 1～3 月每月装运 1 000 箱，银行已分批议付了货款。对于第四批货物，原定于 4 月 25 日装船出运，但由于受台风影响，该批货物延至 5 月 1 日才装船，当该公司凭 5 月 1 日的装船提单向银行议付时，却遭银行拒付。该公司曾以"不可抗力"为由要求银行通融，也遭银行拒绝。

试问：在上述情况下，开证行有无拒付的权利？为什么？

■ 技能应用

我国 A 公司向巴基斯坦 B 公司以 CIF 条件出口货物一批。国外来证中单据条款规定："商业发票一式两份；全套(Full Set)清洁已装船提单，注明运费预付，做成指示抬头空白背书；保险单一式两份，根据中国人民保险集团股份有限公司 1981 年 1 月 1 日生效的海洋运输货物保险条款投保一切险和战争险。"信用证内还注明"按 UCP 600 办理"。A 公司在信用证规定的装运期限内将货物装上船，并于到期日前向议付行交单议付，议付行随即向开证行寄单索偿。开证行收到单据后来电表示拒绝付款，其理由是单证有下列不符：①商业发票上没有受益人的签字。②正本提单由一份组成，不符合全套要求。③保险单上的保险金额与发票金额相等，因此，投保金额不足。

【考核要求】

试分析：开证行单证不符的理由是否成立，并说明理由。

■ 案例分析

1. 2022 年 2 月，广东一家贸易公司向新加坡出口一批玩具，按照 CIF 新加坡条件成交，货物已在规定的期限在广州黄埔港装船，但受载船只在离港 4 小时后因船舱起火，货物全部被毁。第二天，当卖方凭提单、保险单、发票等单证要求买方付款时，买方以货物已经全部损失为由，拒绝接受单证和付款。

【考核要求】

在上述情况下，卖方是否有权凭规定的物权单证要求买方付款？

2. 上海某外贸公司与日商签订一份出口合同，我方按合同规定的品质、数量、交货时间等履行合同后，持全套单据进行了议付。货物到达目的地后，日商发现货物数量短缺，便直接向我方提出索赔，我方对此予以拒绝。

【考核要求】

为什么日方向我方提出索赔，我方予以拒绝？

项目实训

【实训项目】

外贸单证人员的业务素质。

【实训情境】

我国某进出口公司向国外某公司出口一批货物，信用证所表示的合同号为“DH(83)89461564”，而实际双方签订的合同号为“DH83—89461564”，制单人员按实际合同号在发票上表示，但交单时遭到开证行拒付。

【实训任务】

1. 根据实训情境，结合本项目内容，分析开证行的拒付是否有理，为什么？
2. 撰写“外贸单证人员的业务素质”实训报告。

<table>
<tr><th colspan="3">“外贸单证人员的业务素质”实训报告</th></tr>
<tr><td>项目实训班级：</td><td>项目小组：</td><td>项目组成员：</td></tr>
<tr><td>实训时间：　　年　月　日</td><td>实训地点：</td><td>实训成绩：</td></tr>
<tr><td colspan="3">实训目的：</td></tr>
<tr><td colspan="3">实训步骤：</td></tr>
<tr><td colspan="3">实训结果：</td></tr>
<tr><td colspan="3">实训感言：</td></tr>
<tr><td colspan="3">不足与今后改进：</td></tr>
</table>

项目组长评定签字：　　　　　　　　　　项目指导教师评定签字：

项目二　国际贸易术语

◇ **知识目标**

理解:国际贸易术语的概念和作用。

熟知:国际贸易术语的国际贸易惯例、性质。

掌握:INCOTERMS 2010 中 11 个贸易术语的基本概念及其应用;INCOTERMS 2020 的变化。

◇ **技能目标**

具备正确地选用贸易术语的能力,并能领悟其在实践工作中的运用,掌握每种贸易术语的基本技能知识要领。

◇ **素质目标**

能够根据交易条件,划分买卖双方的风险、责任和费用,选择对自己有利的贸易术语进行价格谈判。

◇ **思政目标**

能够正确地理解"不忘初心"的核心要义和精神实质;树立正确的世界观、人生观和价值观,做到学思用贯通、知信行统一;通过国际贸易术语知识的学习,具备在外贸业务中基本的职业要领、职业态度和职业能力,提升专业知识储备,获得职业认同感和职业审美,同时能够挑战因国内外环境的变化而带来的知识革新和实践要领。

◇ **课程思政**

CIF 术语下的象征性交货

大连某公司以 CIF 条件进口一批货物。货物自装运港启航不久,载货船舶因遇风暴而沉没。在这种情况下,卖方仍将包括保险单、提单、发票在内的全套单据寄给买方,要求其支付货款。请问:进口方是否有义务付款?

思政反思　本案中进口方有义务付款。因为 CIF 合同中的卖方是凭单履行交货任务的,是象征性交货。卖方按期在约定的地点完成了装运,并向买方提供了合同规定的有关单证(包括物权凭证/提单),就算完成了交货任务,而无须保证到货。在象征性交货方式下,卖方凭单交货,买方凭单付款。只要卖方如期向买方提供了合同规定的全套合格单证,即使货物在运输途中损坏或灭失,买方也必须付款。卖方将有关单证交给买方后,使买方与轮船公司、保险公司建立了直接的关系,如果货物在运输途中发生灭失,买方可以凭货运单据或保险单据与船方或保险公司交涉。

作为新生代的大学生,要不断地充实自身的业务理解与运用能力,践行社会主义核心价值观,不仅要具有充实的知识储备,而且要把实务应用于实践,增强职业成就感。

◇ 知识精讲

任务一 国际贸易术语概述

一、国际贸易术语的概念和作用

(一)国际贸易术语的概念

国际贸易中商品的价格远比国内市场所述商品的价格要复杂,除了要表明“价格”外,还要明确货物在交接过程中有关风险、责任如何划分和费用由谁来承担等问题。

【注意】国际贸易货物的价格一般包括四部分:货物的单位价格金额、计价数量单位、计价货币名称、贸易术语。例如,每吨100英镑CIF伦敦(CIF London GBP100 per ton)。在此,“吨”为计价数量单位(计量单位);“100”为单位价格金额;“英镑”为计价货币名称;“CIF伦敦”即贸易术语。

动漫视频

国际贸易术语

国际贸易术语(International Trade Terms)又称价格术语,是在长期的国际贸易实践中逐渐产生和发展起来的。在国际贸易中,确定一种商品的成交价,不仅取决于其本身的价值,还要考虑商品从产地运至最终目的地的过程中有关的手续由谁办理、费用由谁负担以及风险如何划分等一系列问题。如果由卖方承担的风险大、责任大、费用多,其价格自然要高一些;反之,如果由买方承担较多的风险、责任和费用,货价则要低一些,这样买方才能接受。

【提示】贸易术语具有两重性:①用来确定交货条件,即说明买卖双方在交接货物时各自承担的风险、责任和费用。②用来表示该商品的价格构成因素。这两者是密切相关的。

综上所述,贸易术语是用来表明商品的价格构成,说明货物交接过程中有关风险、责任和费用划分问题的专门术语。

【学中做2—1】吴先生在一家商场购买彩电,60寸彩电的标价是“6 888元,送货上门”。问:该如何解读“送货上门”?

分析:注意以下问题:①谁负责安排市内运输的车辆?——责任;②谁承担彩电上门以前的风险?——风险;③谁支付市内运费?——费用。

(二)国际贸易术语的作用

1. 有利于买卖双方简化交易手续,缩短洽商时间,节省交易费用

由于每种贸易术语都有其特定的含义,因此,买卖双方只要商定按何种贸易术语成交,即可明确彼此在交接货物方面所应承担的责任、费用和风险。这就简化了交易手续,缩短了洽商交易的时间,从而有利于买卖双方迅速达成交易和订立合同。图2—1显示了贸易术语关于风险的划分。

2. 有利于买卖双方核算价格和成本

由于贸易术语表示价格的构成因素,所以买卖双方确定成交价格时,必然要考虑采用的贸易术语中包含哪些从属费用,这就有利于买卖双方进行比价和加强成本核算。

3. 有利于解决履约当中的争议

买卖双方商订合同时,如对合同条款考虑欠周,使某些事项规定不明确或不完备,致使履

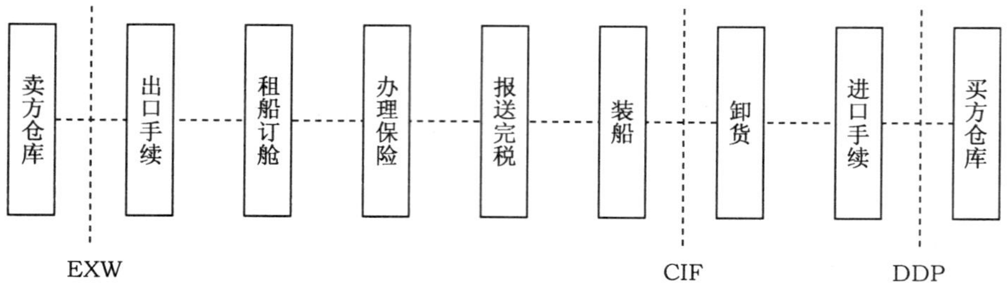

图 2—1　贸易术语关于风险的划分

约当中产生的争议不能依据合同的规定解决，在此情况下，可以援引有关贸易术语的一般解释来处理。因为贸易术语的一般解释已成为国际惯例，它是大家所遵循的一种类似行为规范的准则。

二、与国际贸易术语有关的国际贸易惯例

国际贸易惯例是国际组织或权威机构为减少贸易争端和规范贸易行为，在长期、大量的贸易实践的基础上制定出来的。

【注意】贸易惯例与习惯做法是有区别的。国际贸易中反复实践的做法经权威机构加以总结、编纂与解释，形成国际贸易惯例。惯例不同于法律，没有强制约束力，它是由当事人在意思自治的基础上采纳和运用的，但对贸易实践具有重要的指导作用。

国际贸易惯例本身虽然不具强制性，但它对国际贸易实践的指导作用却不容忽视。不少国际贸易惯例被广泛采纳、沿用，说明它们是行之有效的。在我国的对外贸易中，在平等互利的前提下，适当采用这些惯例，有利于外贸业务的开展，而且学习、掌握有关国际贸易惯例的知识，可以帮助我们避免或减少贸易争端，即使在出现争议时，也可以引用某项惯例，争取有利时机，减少不必要的损失。

有关贸易术语的国际贸易惯例主要有 3 种，即《华沙—牛津规则》《1941 年美国对外贸易定义修订本》《国际贸易术语解释通则》。

（一）《华沙—牛津规则》（Warsaw-Oxford Rules）

《华沙—牛津规则》是国际法协会专门为解释 CIF 合同而制定的。19 世纪中叶，CIF 术语在国际贸易中得到广泛采用，然而对使用这一术语时买卖双方各自承担的具体义务，并没有统一的规定和解释。对此，国际法协会于 1928 年在波兰首都华沙开会，制定了关于 CIF 买卖合同的统一规则，称为《1928 年华沙规则》，共包括 22 条。其后，经过 1930 年的纽约会议、1931 年的巴黎会议和 1932 年的牛津会议，最终将此规则修订为 21 条，并更名为《华沙—牛津规则》，沿用至今。这一规则对 CIF 的性质、买卖双方所承担的风险、责任和费用的划分以及货物所有权转移的方式等问题都做了比较详细的解释。

（二）《1941 年美国对外贸易定义修订本》（Revised American Foreign Trade Definitions 1941）

《1941 年美国对外贸易定义修订本》原称为《美国出口报价及其缩写条例》，最早于 1919 年在纽约由美国几个商业团体制定，1941 年在美国第 27 届全国对外贸易会议上对该条例做了修订，更名为现名。这一修订本经美国商会、美国进口商协会和全国对外贸易协会所组成的

联合委员会通过，由全国对外贸易协会予以公布。《1941 年美国对外贸易定义修订本》中所解释的贸易术语分别为：①Ex(Point of Origin)（产地交货）。②FOB(Free on Board)（在运输工具上交货）。③FAS(Free alongside)（在运输工具旁交货）。④C&F(Cost and Freight)（成本加运费）。⑤CIF(Cost，Insurance and Freight)（成本加保险费、运费）。

【提示】《1941 年美国对外贸易定义修订本》主要在北美国家采用，由于它对贸易术语的解释，特别是对第②③的解释与国际商会制定的《国际贸易术语解释通则》有明显的差异，所以，在同北美国家进行交易时应加以注意。

（三）《国际贸易术语解释通则》(International Rules for the Interpretation of Trade Terms，INCOTERMS)

《国际贸易术语解释通则》（以下简称《通则》）是国际商会为了统一对各种贸易术语的解释而制定的。最早的《通则》产生于 1936 年，后来为适应国际贸易业务发展的需要，先后于 1953 年、1967 年、1976 年、1980 年、1990 年、2000 年、2010 年和 2020 年对 INCOTERMS 做了 8 次修订和补充。2019 年 9 月 10 日，国际商会正式在全球发布《国际贸易术语解释通则 2020》(INCOTERMS 2020)，于 2020 年 1 月 1 日全球正式生效。

迄今为止，在有关贸易术语的国际贸易惯例中，INCOTERMS 已成为在全球商界最具影响力和权威性、使用范围最广、认同度最高的国际贸易惯例。

【拓展阅读 2—1】　　国际商会

国际商会(The International Chamber of Commerce，ICC)于 1919 年在美国大西洋城举行的国际贸易会议上发起，1920 年 6 月在巴黎成立，总部设在巴黎，是世界上最重要的民间经贸组织、联合国一级咨询机构。国际商会制定了许多国际商界规则和惯例，为营造有利于自由贸易和投资的环境做出了巨大贡献。我国于 1994 年 11 月加入国际商会，并于 1995 年 1 月 1 日正式成立国际商会中国国家委员会。

(1)INCOTERMS 1953，包括 9 种贸易术语：Ex Works、FOR/FOT、FAS、FOB、C&F、CIF、DCP、Ex Ship、Ex Quay。

(2)INCOTERMS 1967，包括 11 种贸易术语，即在 1953 年版的基础上为适应边境贸易的发展，增加了 DAF 和 DDP。

(3)INCOTERMS 1976，包括 12 种贸易术语，即在 1967 年版的基础上为适应航空货运业务的发展，增加了起运地机场交货术语 FOA。

(4)INCOTERMS 1980，包括 14 种贸易术语，即在 1976 年版的基础上为适应集装箱多式联运业务的要求，增加了 FRC 和 CIP。

(5)INCOTERMS 1990，包括 13 种贸易术语，即删掉只适用于单一运输方式的 FOR/FOT、FOA，新增了 DDU；首次将贸易术语的名称规范为三字母代码，变 FRC 为 FCA、变 C&F 为 CFR、变 DCP 为 CPT、变 Ex Ship 为 DES、变 Ex Quay 为 DEQ；首次将 13 种贸易术语按英文缩写字头分为 E、F、C、D4 个组；首次列出买卖双方各自对应的 10 项义务；首次确立电子单证与纸质单证具有同等效力。

动漫视频

INCOTERMS 2010

(6)INCOTERMS 2000，包括 13 种贸易术语，与 1990 年版相比，只有 FCA、FAS、DEQ 涉及内容上的实质性变更。

(7)INCOTERMS 2010，包括 11 种贸易术语，即删掉了 INCOTERMS 2000 中的 DAF、DES、DEQ 和 DDU，增加了 DAT 和 DAP 两个新的贸易术语。按适

用范围，共分为两类：适用于各种运输方式的术语，包括 EXW、FCA、CPT、CIP、DAT、DAP 和 DDP；仅适用于海运及内河运输方式的术语，包括 FAS、FOB、CFR 和 CIF。

表 2—1 至表 2—4 归纳了 INCOTERMS 2010 的主要内容。

表 2—1　　INCOTERMS 2010 的 11 种贸易术语

适用范围	国际代码	中英文全称
任何单一或多种运输方式	EXW	Ex Works(insert named place of delivery)工厂交货(插入指定交货地点)
	FCA	Free Carrier(insert named place of delivery)货交承运人(插入指定交货地点)
	CPT	Carriage Paid to(insert named place of destination)运费付至(插入指定目的地)
	CIP	Carriage and Insurance Paid to(Insert named place of destination)运费和保险费付至(插入指定目的地)
	DAT	Delivered at Terminal(insert named terminal at port or place of destination)运费终端交货(插入指定港口或目的地的运输终端)
	DAP	Delivered at Place(insert named place of destination)目的地交货(插入指定目的地)
	DDP	Delivered Duty Paid(insert named place of destination)完税后交货(插入指定目的地)
海运和内河水运	FAS	Free alongside Ship(insert named port of shipment)装运港船边交货(插入指定装运港)
	FOB	Free on Board(insert named port of shipment)装运港船上交货(插入指定装运港)
	CFR	Cost and Freight(insert named port of destination)成本加运费(插入指定目的港)
	CIF	Cost Insurance and Freight(insert named port of destination)成本、保险费加运费(插入指定目的港)

表 2—2　　INCOTERMS 2010 按交货地点分类和分组

按交货地点分类	组别	性质	国际代码	交货地点	适用范围
出口国境内	E 组	启运术语	EXW	商品所在地	全能
	F 组	主运费未付术语	FCA	出口国指定地点	全能
			FAS	装运港船边	水运
			FOB	装运港船上	水运
	C 组	主运费已付术语	CFR	装运港船上	水运
			CIF	装运港船上	水运
			CPT	出口国指定地点	全能
			CIP	出口国指定地点	全能
进口国境内	D 组	到达术语	DAT	进口国指定地点	全能
			DAP	进口国指定地点	全能
			DDP	进口国指定地点	全能

表 2—3　**INCOTERMS 2010 买卖双方义务对照**

A　卖方义务	B　买方义务
A1　卖方一般义务	B1　买方一般义务
A2　许可证、授权、安检通关和其他手续	B2　许可证、授权、安检通关和其他手续
A3　运输合同与保险合同	B3　运输合同与保险合同
A4　交货	B4　收取货物
A5　风险转移	B5　风险转移
A6　费用划分	B6　费用划分
A7　通知买方	B7　通知卖方
A8　交货凭证	B8　交货证据
A9　查对—包装—标记	B9　货物检验
A10　协助提供信息及相关费用	B10　协助提供信息及相关费用

表 2—4　**INCOTERMS 2010 买卖双方费用的划分**

	出口清关	装货费	运费	保险费	进口清关	卸货费
EXW	买方	买方	买方	买方	买方	买方
FAS	卖方	买方	买方	买方	买方	买方
FCA	卖方	买方/卖方	买方	买方	买方	买方
FOB	卖方	卖方	买方	买方	买方	买方
CFR	卖方	卖方	卖方	买方	买方	买方
CPT	卖方	卖方	卖方	买方	买方	买方
CIF	卖方	卖方	卖方	卖方	买方	买方
CIP	卖方	卖方	卖方	卖方	买方	买方
DAT	卖方	卖方	卖方	卖方	买方	卖方
DAP	卖方	卖方	卖方	卖方	买方	买方
DDP	卖方	卖方	卖方	卖方	卖方	买方

【职场指南 2—1】　INCOTERMS 2010 应注意的问题

我们在使用 INCOTERMS 2010 时，需要注意以下几点。

第一，在买卖合同中写入 INCOTERMS 2010 术语。如果想在合同中使用 INCOTERMS 2010，应在合同中用类似词句做出明确表示，“所选用的国际贸易术语，包括写明地点，标明 INCOTERMS 2010”。

第二，选择适合的国际贸易术语。对贸易术语的选择应适合于货物性质和运输方式，首先是考虑合同各方是否想给卖方或买方增加额外的义务。但是无论选择何种贸易术语，买卖双方应该清楚，对其合同的解释很可能会受到使用的港口或地点特有的惯例的影响。

第三，尽可能地对地点和港口做出详细说明。只有合同各方写明港口或者地点，所选用的贸易术语才能发挥作用。而对港口或地点写得尽量确切，就更能凸显国际贸易术语的作用。例如："FCA 38 Cours Albert 1er，Paris，France INCOTERMS 2010"。

第四，切记，国际贸易术语并没有给出一个完整的买卖合同。国际贸易术语确实规定了买卖合同中哪方有安排运输、保险的义务，卖方何时向买方交货以及各方应该支付的费用，但是国际贸易术语没有说明应付价格或支付方式，它也没有涉及货物所有权的转让或违约后果。这些问题通常依据买卖合同的明确约定或合同的适用法律处理。合同各方应当清楚强制适用的本地法律可能推翻买卖合同的任何条款，包括所选择的国际贸易术语在内。

相对于 INCOTERMS 2000，INCOTERMS 2010 的主要变化表现在以下几个方面特点。

①新增加两个术语。新增加两个术语 DAT（运输终端交货）和 DAP（目的地交货），即用 DAT 取代了 INCOTERMS 2000 中的 DEQ（目的港码头交货），用 DAP 取代了 DAF（边境交货）、DES（目的港船上交货）和 DDU（未完税交货）三个术语，且扩展至适用于一切运输方式。

②11 个贸易术语分为两大类。贸易术语的数量由原来的 13 种变为 11 种，分类由原来的 E、F、C、D 四组变为两类：第一类是适用于任何运输方式或多种运输方式的术语，包括 EXW、FCA、CPT、CIP、DAT、DAP 和 DDP 七个贸易术语。第二类是适用于海运和内河水运的术语，包括 FAS、FOB、CFR 和 CIF 四个贸易术语。

③国内贸易与国际贸易术语。国际贸易术语传统上用于货物跨越国界的国际货物买卖合同。但是，在世界许多地区，像欧盟一样的贸易同盟已使不同成员方间的边界形式显得不再重要，因此，INCOTERMS 2010 的副标题"国际商会制定的适用国内和国际贸易的术语通则"正式确认这些术语对国际和国内货物买卖合同均可适用。因而，INCOTERMS 2010 在多处明确说明，只有在适用时才产生遵守进出口手续要求的义务。

④使用说明。在每个 INCOTERMS 2010 术语前，均有该术语的使用说明。使用说明解释了每个术语的要点，比如何时适用、风险何时转移和买卖双方如何分摊费用。使用说明不是 INCOTERMS 2010 的构成部分，但期望能帮助使用者在特定交易中准确、高效地选择合适的术语。

⑤电子信息。通则以往版本曾经规定诸多文件可用电子数据信息替代。INCOTERMS 2010 的 A1 和 B1 条款在各方约定或者符合惯例的情况下，赋予电子信息与纸质信息同等效力，这种表述便利了新电子程序在 INCOTERMS 2010 有效期内的发展。

⑥保险合同。INCOTERMS 2010 是《伦敦保险协会海运货物保险条款》修订以来的第一版国际贸易术语，并且已考虑了修订对保险条款的影响。INCOTERMS 2010 将与保险相关的信息义务纳入涉及运输合同和保险合同的 A3 和 B3 条款。这些规定已从 INCOTERMS 2000 的 A10 和 B10 泛泛的条款中抽出。为了明确双方的保险相关义务，A3 和 B3 中有关保险的用语也作了相应调整。

⑦安检通关及其通关所需信息。现在人们对货物移动时的安全问题日益关注，要求确保除了其内在特性外，货物对人的生命和财产不得构成威胁，因此，INCOTERMS 2010 在各术语的 A2/B2 和 A10/B10 条款中，明确了买卖各方完成或协助完成安检通关的义务，比如产销监管链信息。

⑧码头作业费。按照 INCOTERMS 2010 中 CPT、CIP、CFR、CIF、DAT、DAP 和 DDP 术语，卖方必须安排货物运输至指定目的地，运费虽由卖方支付，但买方为实际支付方，因为通常运费已包含在货物总价中。运输费用有时会包括在港口或集装箱码头设施内处理和移动货物

的费用，而承运人或港口运营人很可能向买方索要这些费用。在这种情况下，买方会希望避免为同一服务支付两次费用：一次是在货物总价中向卖方支付，另一次是单独向承运人或港口运营人支付。为了避免此类问题的发生，INCOTERMS 2010 相关术语的 A6 和 B6 条款中明确了此类费用的分摊。

⑨链式销售。与特定产品的销售不同，在商品销售中，货物在运送至销售链终端的过程中常常被多次转卖。出现此种情况时，在销售链中端的卖方实际上不运送货物，因为处于销售链始端的卖方已经安排了运输，因此，处在销售链中间的卖方不是以运送货物的方式，而是以"取得"货物的方式，履行其对买方的义务。为了澄清此问题，INCOTERMS 2010 术语中包括"取得运输中货物"的义务，并以其作为在相关术语中运输货物义务的替代义务。

【学中做 2—2】 根据《2010 年通则》的解释，下列贸易术语中属主要运费未付的是(　　)。(单项选择题)

A. EXW　　　　B. FAS　　　　C. CPT　　　　D. DDP

三、国际贸易惯例的性质

国际贸易中反复实践的习惯做法与行为规范，只有经国际组织加以编纂与解释，才成为国际贸易惯例。国际贸易惯例的适用是以当事人的意思自治为基础的，因为惯例本身不是法律，它对贸易双方不具有强制性，故买卖双方有权在合同中做出与某项惯例不符的规定。但是，国际贸易惯例对贸易实践仍具有重要的指导作用。这体现在两个方面：一方面，如果双方都同意采用某种惯例来约束该项交易，并在合同中做出明确规定，那么这项约定的惯例就具有了强制性；另一方面，如果双方对某一问题没有做出明确规定，也未注明该合同适用某项惯例，在合同执行中出现争议时，受理该争议案的司法和仲裁机构也往往会引用某一国际贸易惯例进行判决或裁决。所以，国际贸易惯例虽然不具有强制性，但它对国际贸易实践的指导作用却不容忽视。

【做中学 2—1】 合同中的规定和贸易术语的解释发生矛盾时，应以什么为准？

分析：应该以合同为准。贸易术语的解释属于国际惯例，不是法律，不具有强制约束力。双方当事人可以完全按贸易术语的解释去做，也可以改变某些做法，通过合同加以确认。

任务二　《国际贸易术语解释通则® 2020》

全球化经济为商业活动进入世界各地市场提供了前所未有的广阔途径，货物正以更大数量、更多种类在更多国家进行买卖。但是，随着全球贸易量的增大与复杂程度的提高，买卖合同起草不当引起误解和高成本纠纷的可能性也随之增加。

《国际贸易术语解释通则®》(INCOTERMS®)是一套国际商会关于国内外贸易术语使用的通则，旨在便利全球贸易活动，避免世界各地贸易商之间不同做法和不同法律解释对国际贸易的阻碍。在买卖合同中使用 INCOTERMS® 中的术语可以帮助简化并明确国际贸易体系下买卖双方有关货物交付、运输及清关手续方面的某些合同义务，为企业的贸易行为提供指导性和可预测性，并减少法律纠纷风险。

自 1936 年国际商会创立 INCOTERMS® 以来，这套全球普遍接受的合同标准不断定期更新以适应国际贸易的发展。值国际商会成立100周年之际,2019年9月10日,国际商会于法国巴黎正式在全球发布INCOTERMS ® 2020(《国际贸易术语解释通则 ® 2020》),该规则于2020年1月1日全球正式生效。INCOTERMS ® 2020在2010版本的基础上更进一步明确了买卖双方的责任,其生效后对贸易实务、国际结算和贸易融资实务等方面都将产生重要的影响,为未来的全球贸易做好准备。

INCOTERMS ® 2020考虑了日益普遍的货物运输安全需求,不同货物及运输性质对保险承保范围的灵活性需求,及FCA(货交承运人)规则下部分融资性销售情形中银行对装船提单的需求。

INCOTERMS ® 2020具体主要修订如下。

一、对FCA规则增加签发装船提单选项

FCA(货交承运人)是指卖方在卖方所在地或其他指定地点将货物交给买方指定的承运人或其他人。在货物海运销售中,货物在卖方运输工具上备妥待卸并置于承运人或买方指定的其他人控制之时,交货即告完成。

FOB(船上交货)是指卖方以在指定装运港将货物装上买方指定的船舶或通过取得已交付至船上货物的交货方式。货物灭失或损坏的风险在货物交到船上时转移,同时买方承担自那时起的一切费用。

FOB可能不适合于货物在上船前已经交给承运人的情况。例如用集装箱运输的货物通常是在集装箱码头交货,货物被储藏在集装箱码头等待船只到达并装船,而不是实际将货物装到船上。该集装箱码头常常由买方的海运承运人指定。因为若集装箱在集装箱码头中损坏,即使卖方与集装箱码头经营者没有任何合同关系,损失仍由卖方承担。此时应当使用FCA术语,因为在FCA规则下,卖方将集装箱交给承运人而无需等待集装箱装船即完成了对买方的交货。

在以上情形中,卖方会坚持使用FCA术语,但同时卖方又希望使用信用证这一付款方式,而信用证通常要求出示提单;根据运输合同,承运人只可能在货物实际装船后才会签发装船提单;而在FCA规则下,卖方的交货义务在货物装船前已经完成,因此,卖方交货时无法从承运人处获得装船提单。

为解决以上问题,INCOTERMS ® 2020中FCA术语A6/B6中增加了一个附加选项。即:买卖双方可以约定买方指示其承运人在货物装运后向卖方签发装船提单,卖方随后方才有义务向买方(通常通过银行)提交提单。尽管国际商会意识到装船提单和FCA项下的交货存在矛盾,但这符合用户需求。值得注意的是,即使采用该附加选项,卖方并不因此受买方签署的运输合同条款的约束。

二、费用划分条款的调整

在INCOTERMS ® 2020规则的条款排序中,费用划分条款列在各术语的A9/B9(INCOTERMS 2010列在A6/B6)。除了序号的改变,在INCOTERMS ® 2020中,A9/B9统一罗列了原INCOTERMS 2010中散见于各不同条款中对应的费用项目,如在FOB2010中,与获得交货凭证相关的费用仅出现在A8"交货凭证",而非A6"费用划分"。因而INCOTERMS ® 2020中的A9/B9较INCOTERMS 2010中的A6/B6篇幅更长。

对费用划分条款的修订目的在于提供给用户一站式费用列表，使买方或卖方得以在一个条款中找到其选择的INCOTERMS术语所对应的所有费用。这使得卖方和买方之间费用的分摊得到了改进和明确。

同时，原散见于各条款的费用项目仍然保留，如FOB术语中获取凭证对应的费用同时出现在A6/B6及A9/B9，方便用户在想了解某一特定事项的费用划分时可直接翻阅相关特定条款而非总括条款。

三、CIP保险条款调整为必须符合《协会货物保险条款》条款(A)的承保范围

在INCOTERMS 2010规则中，CIF(成本、保险费加运费)和CIP(运费和保险费付至)规定了卖方必须自付费用取得货物保险的责任。该保险至少应当符合《协会货物保险条款》(Institute Cargo Clauses，LMA/IUA)"条款(C)"(Clauses C)或类似条款的最低险别。

《协会货物保险条款》条款(C)规定了承保"除外责任"各条款规定以外列明的风险，它只承保"重大意外事故"，而不承保"自然灾害及非重大意外事故"。其具体承保的风险有：①火灾、爆炸。②船舶或驳船触礁、搁浅、沉没或倾覆。③陆上运输工具倾覆或出轨。④在避难港卸货。⑤共同海损牺牲。⑥抛货。

在INCOTERMS ® 2020规则中，对保险义务，CIF规则维持现状，即默认条款(C)，但当事人可以协商选择更高级别的承保范围；而对于CIP规则，卖方必须取得符合《协会货物保险条款》条款(A)承保范围的保险，但当事人可以协商选择更低级别的承保范围。

《协会货物保险条款》条款(A)采用"一切风险减除外责任"的办法，即除了"除外责任"项下所列风险保险人不予负责外，其他风险均予负责。条款(A)承保的风险比条款(C)要大得多，这有利于买方，也导致卖方额外的保费。

这一修订的原因在于CIF更多地用于海上大宗商品贸易，CIP作为多式联运术语更多地用于制成品。

四、FCA、DAP、DPU及DDP允许卖方/买方使用自己的运输工具

INCOTERMS 2010中假定卖方和买方之间的货物运输将由第三方承运人进行，未考虑到由卖方或买方自行负责运输的情况。

INCOTERMS ® 2020中则考虑到卖方和买方之间的货物运输不涉及第三方承运人的情形。因此，在D组规则(DAP(目的地交货)、DPU(目的地交货并卸货及DDP(完税后交货))中，允许卖方使用自己的运输工具。同样，在FCA(货交承运人)中，买方也可以使用自己的运输工具收货并运输至买方场所。

五、DAT更改为DPU

INCOTERMS ® 2010中，DAT(DELIVERED AT TERMINAL运输终端交货)与DAP(DELIVERED AT PLACE目的地交货)唯一的区别是在DAT中卖方将货物从抵达的运输工具上卸下至"运输终端"即完成交付；而在DAP中卖方将货物置于抵达的运输工具上且做好卸载货物的准备，由买方处置无需卸货即完成交付。

INCOTERMS ® 2010DAT的"使用说明"中将"运输终端"广泛地定义为"任何地点，而不论该地点是否有遮盖，例如码头、仓库集装箱堆积场或公路、铁路、空运货站。"

国际商会对 DAT 和 DAP 做了两项修订。首先，INCOTERMS ® 2020 中两个术语的排列位置改变了，交货发生在卸货前的 DAP 现在列在 DAT 前。其次，DAT 更改为 DPU(DELIVERED AT PLACE UNLOADED 目的地交货并卸货)，更强调目的地可以是任何地方而不仅仅是“运输终端”使其更加笼统，符合用户需求，即用户可能想在运输终端以外的场所交付货物(虽然实质内容并无其他改变)。但若目的地不是运输终端，卖方需确保其交货地点可以卸载货物。

六、在运输责任及费用划分条款中增加安保要求

INCOTERMS 2010 各规则的 A2/B2 及 A10/B10 中简单提及了安保要求。随着运输安全(例如对集装箱进行强制性检查)的要求越来越普遍，INCOTERMS ® 2020 将与之相关的安保要求明确规定在了各个术语的 A4“运输合同”及 A7“出口清关”中，因安保要求增加的成本，也在 A9/B9 费用划分条款中作了更明确的规定。

七、升级“使用说明”为“用户注释”

INCOTERMS ® 2020 中各规则首部的“使用说明”为“用户注释”。用户注释阐明了 INCOTERMS ® 2020 中各术语的基本原则，如何时适用，风险何时转移及费用在买卖双方间的划分；旨在帮助用户有效及准确地选择适合其特殊交易的术语及就受 INCOTERMS ® 2020 制约的合同或争议提供部分需要解释问题的指引。

任务三　水运国际贸易术语

INCOTERMS 2010 中所指的“水运国际贸易术语”，主要是适用于海运和内河运输的术语，包括 FOB、CFR、CIF、FAS。

【注意】在 FOB、CFR 和 CIF 三个术语中，取消了以船舷作为交货地点的表述，取而代之的是货物置于“船上”时完成交货。

一、FOB(Free on Board)船上交货

(一)FOB 术语的概念

FOB 的全称是 Free on Board(insert named port of shipment)，即船上交货(插入指定装运港)也称“离岸价”，在 INCOTERMS 2010 中是指卖方以在指定装运港将货物装上买方指定的船舶或通过取得已交付至船上货物的方式交货。货物灭失或损坏的风险在货物交到船上时转移，同时买方承担自那时起的一切费用。

动漫视频

离岸价格

FOB 术语要求卖方办理货物出口清关手续。但卖方无义务办理进口清关、支付任何进口税或办理任何进口海关手续。

该术语仅适用于海运或内河水运。图 2—2 是 FOB 示例。

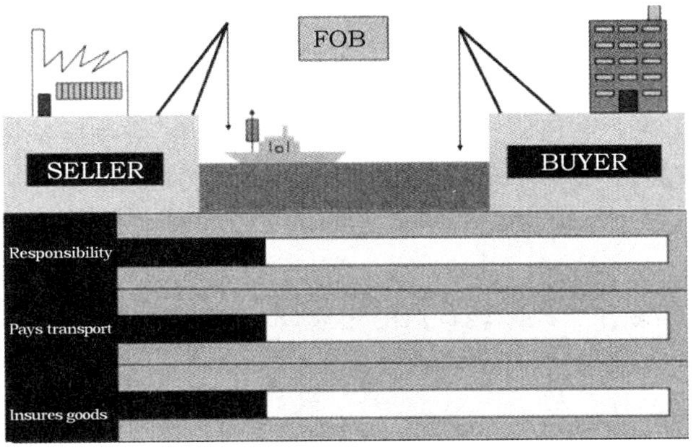

图 2—2　FOB 示例

【提示】根据《2010 年通则》的规定，该术语仅适用于海运或者内河运输，如果货物装在集装箱里并在集装箱码头交货，则应使用 FCA 术语。

(二)买卖双方承担的基本义务

1. 卖方义务

(1)在合同规定的时间和装运港口，将符合合同规定的货物交到买方指派的船上，并及时通知买方。

(2)承担货物交至装运港船上之前的一切费用和风险。

(3)自负风险和费用，取得出口许可证或其他官方批准文件，并且办理货物出口所需的一切海关手续。

(4)提交商业发票和自费提供证明卖方已按规定交货的清洁单据或具有同等作用的电子信息。

2. 买方义务

(1)订立从指定装运港运输货物的合同，支付运费，并将船名、装货地点和要求交货的时间及时通知卖方。

(2)根据买卖合同的规定受领货物并支付货款。

(3)承担受领货物之后所发生的一切费用和风险。

(4)自负风险和费用，取得进口许可证或其他官方证件，并办理货物进口所需的海关手续。

FOB 条件下买卖双方承担的基本义务如表 2—5 所示。

表 2—5　FOB 条件下买卖双方承担的基本义务

卖方义务	买方义务
领取出口许可证，办理出口	领取进口许可证，办理进口
指定时间货物装上船，通知买方	租船订舱，通知卖方
提交相关单据或相等电子信息	接受交货凭证和货物，付款
承担货物装上船之前的一切风险和费用	承担货物装上船之后的一切风险和费用

（三）使用 FOB 术语应注意的问题

1. 风险划分问题

在 INCOTERMS 2010 中，对于风险划分的界限作了重大的修改。在 INCOTERMS 2000 中，船舷是 FOB 术语买卖双方风险划分的界限。“船舷为界”表明货物在装上船之前的风险，包括在装船时货物跌落码头或海中所造成的损失，均由卖方承担。货物上船之后，包括在运输过程中所发生的损坏或灭失，则由买方承担。而在 INCOTERMS 2010 中，为了更符合当今商业现实，且为了避免那种已经过时的风险在一条假想垂直线上摇摆不定的情形出现，在 FOB、CFR、CIF 中取消了以船舷作为风险转移点的表述，取而代之的是货物置于“船上”时构成风险转移。

2. 交货方式问题

在 INCOTERMS 2010 中，FOB 术语下卖方应将货物在船上交付或者取得已在船上交付的货物。此处使用“取得”一词适用于商品贸易中常见的交易链中的链式销售。与特定产品的销售不同，在商品销售中，货物在运送至销售链终端的过程中常常被多次转卖。出现此种情况时，在销售链中间的卖方实际上不运送货物，因为处于销售链始端的卖方已经安排了运输，因此，处在销售链中间的卖方不是以运输货物的方式，而是以“取得”货物的方式，履行其对买方的义务。为了澄清此问题，INCOTERMS 2010 术语中包括“取得运输中货物”的义务，并以其作为在相关术语中运输货物义务的替代义务。

3. 船货衔接问题

按 FOB 术语成交的合同，卖方负责在指定的装运港把货装在买方派来的船上，因此船货衔接就是一个重要的问题。如果船只提前或延迟到达指定的装运港，则船等货或货等船引起的费用损失均要由买方负担，因此在 FOB 合同中，必须对船货衔接问题作明确规定，可在合同中规定，如买方没能按期派船，包括未经卖方同意提前将船派到和延迟派到装运港，卖方有权拒绝交货，并由买方承担由此造成的各种损失和费用，如空舱费（Dead Freight）、滞期费（Demurrage）以及仓储费等。如成交数量不大，只需部分舱位或用班轮装运时，卖方可接受买方委托代为租船或订舱，但这纯属代办性质，运费仍由买方负担；如租不到船只或订不到舱位，其风险由买方自负。

美国对 FOB 术语的特殊解释比较特殊，在《1941 年美国对外贸易定义修订本》中，“在出口地点的内陆运输工具上交货”和“在装运港船上交货”两种术语的在交货地点上有可能相同。比如，都是在纽约交货，卖方可以理解为在纽约港口交货，也可以认为在纽约市内交货，为了避免理解上的误差，双方约定在装运港船上交货时，应在 FOB 和港名之间加上“Vessel”字样，即 FOB Vessel New York 以示区别。另外，该修订本采用 FOB 术语时，买方应办理出口证件并支付税捐和费用，而不是由卖方办理。因此，在与美国、加拿大等国商人洽商采用 FOB 术语成交时，应做出明确规定。

4. 装船费用问题

FOB 合同买卖双方费用的划分是以货物交到船上为界。在班轮运输的情况下，由于班轮运费包括装船费用和在目的港的卸货费用，因此，装船费用实际上由买方负担。但是在买方用定程租船方式装运货物时，涉及与装船有关的理舱费和平舱费由谁负担的问题，需要买卖双方进行洽商。为了明确有关装船费用的划分，也可以在 FOB 术语后加列字母或缩写表示附加条件，即用 FOB 术语的变形来表示。常见的 FOB 术语变形有以下几种。

①FOB班轮条件(FOB Liner Terms),指装船费用如同班轮装运一样,即由船方负担。

②FOB吊钩下交货(FOB Under Tackle),指卖方将货物置于轮船吊钩所及之处,从货物起吊开始的装船费用由买方负担。

③FOB包括理舱(FOB Stowed,FOBS),指卖方负责将货物装入船舱并支付包括理舱费在内的装船费用。

④FOB包括平舱(FOB Trimmed,FOBT),指卖方负责将货物装入船舱并支付包括平舱费在内的装船费用。

⑤FOB包括理舱、平舱(FOB Stowed and Trimmed,FOBST),指卖方负责将货物装入船舱,并支付包括理舱费和平舱费在内的装卸费用。

【提示】使用贸易术语变形可以明确和改变买卖双方关于费用和手续的划分,但不改变交货地点和风险划分的界限。

【注意】INCOTERMS 2010对这些术语后添加的词句不提供任何指导性规定,建议买卖双方在合同中明确规定。

【同步案例2—1】　　FOB贸易术语的应用

我国某外贸公司以FOB中国港口条件与新加坡商人达成一笔出口交易,新商开来信用证的金额和单价均按FOB中国港口计,要求货运日本横滨港,并在提单上表明“运费已付”字样,试分析新商为什么要这样做?我方应如何处理?

精析:我公司以FOB中国港口条件与新加坡商人成交,因此无需支付运费,新商却要求提单上表明“运费已付”字样,可能是新商是一个中间商,将货物转售下家时采用了主运费已付类的术语,比如CIF等,下家要求提单上表明“运费已付”字样,所以他向我公司提出此要求。为了便于新商的交易,我公司可以答应该要求,但前提是新商要把运费事先付给我公司。

【学中做2—3】(单项选择题)FOBS术语是(　　)。

A. 卖方负责支付装船费和卸货费　　B. 卖方负责支付装船费和理仓费

C. 卖方负责支付装船费和平仓费　　D. 卖方负责支付装船费,不负责卸货费

二、CFR(Cost and Freight)成本加运费

(一)CFR术语的概念

动漫视频

CFR

CFR的全称是Cost and Freight(insert named port of destination),即成本加运费(插入指定目的港),在INCOTERMS 2010中是指卖方在船上交货或以取得已经这样交付的货物方式交货。货物灭失或损坏的风险在货物交到船上时转移。卖方必须签订合同,并支付必要的成本和运费,将货物运至指定的目的港。卖方按照所选择的方式将货物交付给承运人时,即完成其交货义务,而不是货物到达目的地之时。

如适用时,CFR术语要求卖方办理出口清关,但卖方无义务办理进口清关、支付任何进口税或办理任何进口海关手续。

该术语仅适用于海运或内河水运。图2—3是CFR示例。

(二)买卖双方承担的基本义务

1. 卖方义务

(1)签订从指定装运港承运货物运往约定目的港的合同;在买卖合同规定的时间和港口,

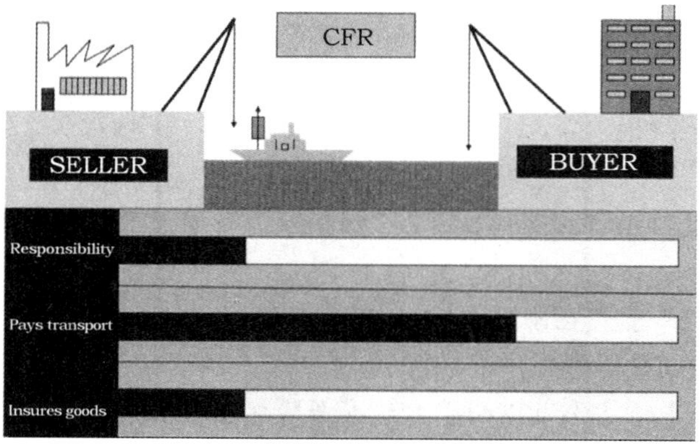

图 2—3　CFR 示例

将符合合同要求的货物装上船并支付至目的港的运费;装船后及时通知买方。

(2)承担货物在装运港越过船舷之前的一切费用和风险。

(3)自负风险和费用,取得出口许可证或其他官方证件,并办理出口所需的一切海关手续。

(4)提交商业发票,及自费向买方提供买方在目的港提货所用的通常的运输单据,或具有同等作用的电子信息。

2. 买方义务

(1)接受卖方提供的有关单据,受领货物并按合同规定支付货款。

(2)承担货物在装运港越过船舷以后的一切风险。

(3)自负风险和费用,取得进口许可证或其他官方证件,并且办理货物进口所需的海关手续,支付关税及其他有关费用。

CFR 条件下买卖双方承担的具有义务如表 2—6 所示。

表 2—6　CFR 条件下买卖双方承担的基本义务

卖方义务	买方义务
领取出口许可证,办理出口手续	领取进口许可证,办理进口手续
租船订舱,并在规定时间将货物装上船,通知买方	接受交货凭证和货物,付款
提交相关单据或对等电子信息	
承担货物装上船前的一切风险和费用	承担货物装上船后的一切风险和费用

(三)使用 CFR 术语应该注意的问题

(1)CFR 术语的两个关键点

由于风险转移和费用转移的地点不同,该术语有两个关键点。虽然合同通常都会指定目的港,但不一定都会指定装运港,而装运港是风险转移至买方的地方。如果装运港对买方具有特殊意义,特别建议双方在合同中尽可能准确地指定装运港。

(2)明确规定目的港指定地点

在 CFR 术语下,由于卖方要承担将货物运至目的港的具体地点的费用,特别建议双方应尽可能确切地在指定目的港内明确该点。建议卖方取得完全符合该选择的运输合同。如果卖方按照运输合同在目的港交付点发生了卸货费用，则除非双方事先另有约定，卖方无权向买方要求补偿该项费用。

(3)CFR 术语交货问题

在 INCOTERMS 2010 中，CFR 术语下卖方需要将货物在船上交付，或以取得已经这样交付运往目的港的货物的方式交货。此外，卖方还需要签订一份运输合同，或者取得一份这样的合同。此处使用"取得"一词适用于商品贸易中常见的交易链中的链式销售。

(4)CFR 术语下装船通知的重要性

装船通知也称装运通知(Shipping Advice)，指的是出口商在货物装船后发给进口方的包括货物详细装运情况的通知，其内容通常包括货名、装运数量、船名、装船日期、合同或信用证号码等，其目的在于让进口商做好付款、购买保险或准备提货手续，在 CFR 术语下，卖方负责安排运输，而买方自行办理保险，因此 INCOTERMS 2010 强调卖方必须向买方发出已装船通知，以便买方采取收取货物通常所需要的措施。

按照国际惯例，如果卖方未能及时向买方发出已装船通知，致使买方未能及时办理保险，则货物在运输途中发生灭失或损坏，其风险仍由卖方承担。所以，CFR 术语下的装船通知具有重要的作用。

【同步案例 2—2】　　　CFR 贸易术语的应用

我方以 CFR 贸易术语与 B 国的 H 公司成交一批消毒碗柜的出口合同，合同规定装运时间为 4 月 15 日前。我方备妥货物，并于 4 月 8 日装船完毕，由于业务繁忙，我公司业务员忘记及时向买方发出装运通知，导致买方未能及时办理投保手续，而货物在 4 月 8 日晚因发生了火灾被烧毁。问：货物损失责任由谁承担？为什么？

精析：损失责任由卖方承担。按照 INCOTERMS 2010 的规定，卖方在装船完毕后应及时向买方发出装运通知，以便买方办理投保手续，否则，则此而产生的风险应由卖方承担。本案中，因为我方未及时发出装运通知，导致买方未能及时办理投保手续，未能将风险及时转移给保险公司，因而，风险应由我方承担。

(5)CFR 术语下租船订舱问题

INCOTERMS 2010 规定，在 CFR 术语下，卖方必须签订或取得运输合同，将货物自交货地内的约定交货地点运送至指定目的港或该目的港的交付点。必须按照通常条件订立合同，由卖方支付费用，经由通常航线，由通常来运输该类商品的船舶运输。基于此，如果买方为了降低自身承担的风险，对船龄、船籍、船级、船型以及指定某航运公司的船只等提出限制性要求，卖方可以拒绝接受，如果卖方接受了买方限制性的条件，则必须严格执行。

(6)关于卸货费用的划分

在班轮运输情况下，由于班轮运费包括装船费用和在目的港的卸货费用，因此，CFR 条件下的卸货费用实际上由卖方负担，但大宗商品的交易通常采用程租船运输。在多数情况下，船公司一般是不负担装卸费的，因此，在 CFR 条件下，买卖双方容易在装卸费由何方负担的问题上产生争议。船方是否承担装卸责任，即运费中是否包括装卸费用，要由租船合同另行规定。故买卖双方在商定买卖合同时，应明确装卸费用由谁负担。CFR 术语中有关卸货费用负担通常采用 CFR 术语的变形来说明。常见的 CFR 术语变形有以下几种。

①CFR 班轮条件(CFR Liner Terms)：指卸货费由承运人支付，实际上由卖方支付。

②CFR 舱底交货(CFR E× ship's Hold):指买方负担将货物从舱底吊卸到码头的费用。

③CFR 吊钩下交货(CFR E× Tackle):指卖方负责将货卸离船舶吊钩。如船不能靠泊在锚地卸货,买方须承担风险和费用租用驳船,在载货船的吊钩下接收货物。

④CFR 卸到岸上(CFR Landed):指卖方负责将货卸到岸上。如船不能靠泊在锚地卸货,卖方须承担风险和费用租用驳船。

【提示】使用贸易术语变形可以明确和改变买卖双方关于费用和手续的划分,但不改变交货地点和风险划分的界限。

【注意】INCOTERMS 2010 对这些术语后添加的词句不提供任何指导性规定,建议买卖双方在合同中明确规定。

三、CIF(Cost,Insurance and Freight)成本、保险费加运费

(一)CIF 术语的概念

动漫视频

CIF

CIF 的全称是 Cost,Insurance and Freight(insert named port of destination),即成本、保险费加运费(插入指定目的港)又称"到岸价"。在 INCOTERMS 2010 中 CIF 是指卖方在船上交货或以取得已经这样交付的货物方式交货。货物灭失或损坏的风险在货物交到船上时转移。卖方必须签订合同,并支付必要的成本和运费,以将货物运至指定目的港。卖方按照所选择的方式将货物交付给承运人时,即完成其交货义务,而不是货物到达目的地之时。

卖方还要为买方在运输途中货物的灭失或损坏风险办理保险。

CIF 术语要求卖方办理货物出口清关手续,但卖方无义务办理进口清关、支付任何进口税或办理任何进口海关手续。

该术语仅适用于海运和内河水运。图 2—4 是 CIF 示例。

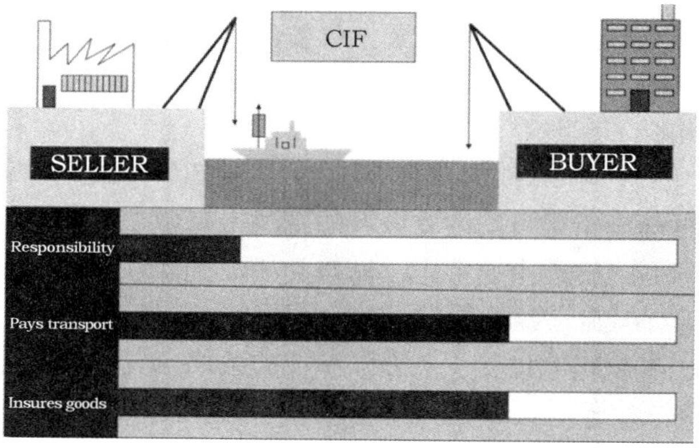

图 2—4 CIF 示例

(二)CIF 术语买卖双方的义务

1. 卖方义务

(1)签订从指定装运港承运货物的合同;在合同规定的时间和港口,将合同要求的货物装上船并支付至目的港的运费;装船后须及时通知买方。

(2)承担货物在装运港越过船舷之前的一切费用和风险。

(3)按照买卖合同的约定,自负费用办理水上运输保险。

(4)自负风险和费用,取得出口许可证或其他官方批准文件,并办理出口所需的一切海关手续。

(5)提交商业发票和在目的港所用的通常的运输单据,或对等的电子信息,并且自费向买方提供保险单据。

2. 买方义务

(1)接受卖方提供的有关单据,受领货物并按合同规定支付货款。

(2)承担货物在装运港越过船舷之后的一切风险。

(3)自负费用和风险,取得进口许可证或其他官方证件,并且办理货物进口所需的海关手续。

CIF 条件下买卖双方承担的基本义务如表 2—7 所示。

表 2—7　　CIF 条件下买卖双方承担的基本义务

卖方义务	买方义务
领取出口许可证,办理出口手续	领取进口许可证,办理进口手续
租船订舱,办理保险缴纳保费,并在规定时间将货物装上船,通知买方	接受交货凭证和货物,付款
提交相关单据或对等电子信息	
承担货物装上船前的一切风险和费用	承担货物装上船后的一切风险和费用

(三)使用 CIF 术语应注意的问题

1. CIF 术语的两个关键点

风险转移和费用转移的地点是该术语的两个关键点。虽然合同通常都会指定目的港,但不一定都会指定装运港,而装运港是风险转移至买方的地方。如果装运港对买方具有特殊意义,特别建议双方在合同中尽可能准确地指定装运港。

2. 应明确规定目的港指定地点

CIF 术语下,由于卖方要承担将货物运至目的港的具体地点的费用,特别建议双方应尽可能确切地在指定目的港内明确该点。建议卖方取得完全符合该选择的运输合同。如果卖方按照运输合同在目的港交付点发生了卸货费用,则除非双方事先另有约定,卖方无权向买方要求补偿该项费用。

【注意】CIF 合同属于“装运合同”。由于 CIF 术语后所注明的是目的港,而且我国曾将 CIF 术语译作“到岸价”,所以 CIF 合同的法律性质常被误解为“到货合同”。为此,必须明确指出,CIF 与 FCA、FAS、FOB、CFR、CPT、CIP 等术语一样,卖方在装运地完成交货义务,采用这些术语订立的买卖合同均属“装运合同”性质。卖方按合同规定在装运地将货物交付装运后,对货物可能发生的任何风险不再承担责任。

3. CIF 术语交货问题

在 INCOTERMS 2010 中,CIF 术语下卖方需要将货物在船上交付,或以取得已经这样交付运往目的港的货物的方式交货。此外,卖方还需要签订一份运输合同,或者取得一份这样的合同。此处使用“取得”一词适用于商品贸易中常见的交易链中的链式销售。

4. 关于卸船费用的划分问题

同 CFR 术语一样的,CIF 术语有关卸货费用的划分也是通过变形来说明的,主要包括:

①CIF 班轮条件(CIF Liner Terms)。指卸货费由承运人支付,实际上由卖方支付。

②CIF 舱底交货(CIF E× Ship's Hold)。指买方负担将货物从舱底吊卸到码头的费用。

③CIF 吊钩交货(CIF E× Tackle)。指卖方负责将货卸离船舶吊钩。如船不能靠泊在锚地卸货,买方须承担风险和费用租用驳船,在载货船的吊钩下接收货物。

动漫视频

驳船

④CIF 卸到岸上(CIF Landed):指卖方负责将货卸到岸上。如船不能靠泊在锚地卸货,卖方须承担风险和费用租用驳船。

使用贸易术语变形可以明确和改变买卖双方关于费用及手续的划分,但不改变交货地点和风险划分的界限。

INCOTERMS 2010 对这些术语后添加的词句不提供任何指导性规定,建议买卖双方在合同中明确规定。

【同步案例 2—3】　　　　CIF 贸易术语的应用

有一份 CIF 合同,出售一级咖啡豆 50 吨,合同规定"CIF 纽约每吨 569 美元,6 月份装船,卖方在纽约提供单据,由买方支付现金。"货物于 6 月 15 日装船,但卖方一直拖到 7 月 20 日才把单据交给买方,由于当时咖啡豆国际市场价格下跌,买方拒绝接受单据除非卖方赔偿差价损失。试问在上述情况下,买方有无拒绝接受单据的权利?为什么?

精析:按照 CIF 术语,卖方在规定的日期或期间内,在装运港将货物交到船上,即为履行了交货任务。CIF 合同的卖方是凭单履行交货任务的,是象征性交货。现在卖方虽然按时交了货物,却未能如期向买方提供合同规定的全套合格单证。换言之,尽管货物到达目的港了,卖方没有及时交单,就是没有交货。海轮到达目的港以后,买方眼看货物到了,因为没有物权凭证(提单)无法提货,又遭遇咖啡豆国际市场价格下跌,买方损失惨重,当然有权拒绝接受单据。

5. CIF 术语下租船订舱问题

与 CFR 术语一致。

6. 有关保险问题

在 CIF 合同中,卖方要为买方在运输途中货物的灭失或损坏风险办理保险。买方应该注意到,在 CIF 下卖方仅需投保最低险别,如买方需要更多保险保护的话,则需与卖方明确达成协议,或自行做出额外安排。INCOTERMS 2010 对卖方的保险责任有如下规定:卖方必须按照合同规定,自付费用取得货物保险。该保险至少符合《英国伦敦协会海运货物保险条款》(简称《协会货物条款》)或其他类似条款中的最低险别。保险应与信誉良好的承保人或保险公司订立。应使买方或其他对货物有可保利益者有权直接向保险人索赔。如果能投保的话,应买方要求,并由买方负担费用,卖方应办理任何附加险别。最低保险金额应包括合同规定价款另加 10%(即 110%),并应采用合同货币。在实际业务中,为了明确责任,我国外贸企业在与国外客户洽谈交易采用 CIF 术语时,一般都应在合同中具体规定保险金额、保险加成、保险险别和适用的保险条款。

7. 象征性交货问题

象征性交货(Symbolic Delivery)是相对实际交货(Physical Delivery)而言的。前者指卖方只要按期在约定地点完成装运,并向买方提交合同规定的包括物权凭证在内的有关单证,就算完成了交货义务,而无须保证到货。后者则是指卖方要在规定的时间和地点,将符合合同规定的货物提交给买方或其指定人,而不能以交单代替交货。在象征性交货方式下,卖方是凭单交货,买方是凭单付款,只要卖方按时向买方提交了符合合同规定的全套单据,即使货物在运输途中损坏或灭失,买方也必须履行付款义务。反之,如果卖方提交的单据不符合要求,即使货物完好无损地运达目的地,买方仍有权拒付货款。由此可见,CIF 交易实际上是一种单据的买卖。所以,装运单据在 CIF 交易中具有特别重要的意义。

【注意】按 CIF 术语成交,卖方履行其交单义务,只是得到买方付款的前提条件,除此之外,卖方还必须履行交货义务。如果卖方提交的货物不符合要求,买方即使已经付款,仍然可以根据合同的规定向卖方提出索赔。

【同步案例 2—4】 象征性交货的应用

我国某出口公司对加拿大魁北克某进口商出口 500 吨三路核桃仁,合同规定价格为每吨 5 800 加拿大元 CIF 魁北克,装运期不得晚于 10 月 31 日,不得分批和转运并规定货物应于 11 月 30 日前到达目的地,否则买方有权拒收,支付方式为 90 天远期信用证。加方于 9 月 25 日开来信用证。我方于 10 月 5 日装船完毕,但船到加拿大东岸时已是 11 月 25 日,此时魁北克已开始结冰。承运人担心船舶驶往魁北克后出不来,便根据自由转船条款指示船长将货物全部卸在哈利法克斯,然后从该港改装火车运往魁北克。待这批核桃仁运到魁北克已是 12 月 2 日。于是进口商以货物晚到为由拒绝提货,提出除非降价 20%以弥补其损失。几经交涉,最终以我方降价 15%结案,我公司共损失 46 万加拿大元。问:我方做法存在何种失误?

精析:本案中的合同已非真正的 CIF 合同,CIF 合同是装运合同,卖方只负责在装运港将货物装上船,越过船舷之后的一切风险、责任和费用均由买方承担。本案在合同中规定了货物到达目的港的时限条款,改变了合同的性质,使装运合同变成了到达合同,即卖方须承担货物不能按期到达目的港的风险。吸取的教训:①在 CIF 合同中添加到货期等限制性条款将改变合同性质。②象核桃仁等季节性很强的商品,进口方往往要求限定到货时间,卖方应采取措施减少风险。③对货轮在途时间估算不足;对魁北克冰冻期的情况不了解。

【学中做 2—4】(单项选择题)就 CIF 和 CFR 两种术语而言,卖方承担的风险( )。

A. CIF 比 CFR 大 B. CIF 比 CFR 小 C. 两者相同 D. 无法比较

【拓展阅读 2—2】 FOB、CFR 和 CIF 异同点

在国际货物买卖中,FOB、CFR 和 CIF 是最为常用的贸易术语,所占比率约为 90%～95%。根据《2010 年通则》的解释,按照这些贸易术语成交的合同,买卖双方在货物交接方式、交货地点和风险划分等方面相同,区别主要是买卖双方所承担的运输、保险责任和费用。它们的异同之处见表 2—8 所示。

表 2—8 FOB、CFR 和 CIF 异同点一览表

<table>
<tr><td>相同点</td><td colspan="6">①交货方式相同:都是象征性交货,即卖方凭单交货、买方凭单付款;②运输方式相同:都适用于水上运输;③交货地点相同:出口国装运港;④风险划分界限相同:船上交货;⑤出口清关手续义务相同:都是卖方的义务</td></tr>
<tr><td rowspan="3">不同点</td><td colspan="2">运输责任/费用</td><td colspan="2">办理保险/费用</td><td colspan="2">装船通知</td></tr>
<tr><td>FOB</td><td>买方</td><td>FOB/CFR</td><td>买方</td><td>FOB/CFR</td><td>及时通知</td></tr>
<tr><td>CFR/CIF</td><td>卖方</td><td>CIF</td><td>卖方</td><td>CIF</td><td>双方协商</td></tr>
</table>

四、FAS(Free alongside Ship)船边交货

(一)FAS 术语的概念

FAS 的全称是 Free alongside Ship(insert named port of shipment),即船边交货(插入指定目的港)。在 INCOTERMS 2010 中是指当卖方在指定的装运港将货物交到买方指定的船边(如置于码头或驳船上)时,即完成交货。买方必须承担自那时起货物灭失或损坏的一切风险。

动漫视频

FAS

FAS 术语要求卖方办理出口清关手续。但卖方无义务办理进口清关、支付任何进口税或办理任何进口海关手续。

【注意】该术语仅适用于海运或内河运输。

(二)FAS 术语买卖双方的义务

1. 卖方义务

(1)在合同规定的时间和装运港口,将符合合同规定的货物交到买方所派船只的旁边,并及时通知买方。

(2)承担货物交至装运港船边之前的一切费用和风险。

(3)提交商业发票或具有同等作用的电子信息,并且自费提供通常的交货凭证。

(4)自负风险和费用,取得出口许可证或其他官方批准证件,并办理货物出口所需的一切海关手续。

2. 买方义务

(1)订立从指定装运港口运输货物的合同,支付运费,并将船名、装货地点和要求以及交货的时间及时通知卖方。

(2)在合同规定的时间、地点受领卖方提交的货物,并按合同规定支付货款。

(3)承担受领货物之后所发生的一切费用和风险。

(4)自负费用和风险,取得进口许可证或其他官方批准证件,并且办理货物进口的一切海关手续。

(三)使用 FAS 术语应注意的问题

1. 关于装货地点

由于卖方承担在特定地点交货前的风险和费用,而且这些费用和相关作业可能因各港口惯例不同而变化,特别建议双方尽可能清楚地约定指定港口内的装货点。另外,当货物装在集装箱里时,卖方通常将货物在集装箱码头移交给承运人,而非交到船边。这时,FAS 术语不合适,而应当使用 FCA 术语。

2. 关于交货方式

相比 INCOTERMS 2000,在 INCOTERMS 2010 中,对交货作了新的补充,即除了 2000 年版“卖方必须在买方指定的装运港内的装船点,将货物置于买方指定的船舶旁边”外,又增加了“以取得已经在船边交付的货物的方式交货”。此处使用的“取得”一词适用于商品贸易中常见的交易链中的链式销售(String Sales)。与特定产品的销售不同,在商品销售中,货物在运送至销售链终端的过程中常常被多次转卖。出现此种情况时,在销售链中端的卖方实际上不运送货物,因为处于销售链始端的卖方已经安排了运输,因此,处在销售链中间的卖方不是以运输货物的方式,而是以“取得”货物的方式,履行对其买方的义务。为了澄清此问题,INCO-

TERMS 2010 术语中包括“取得运输中货物”的义务，并以其作为在相关术语中运输货物义务的替代义务。

3. 1990 年《美国对外贸易定义修订本》(以下简称《定义》)对 FAS 术语的不同解释

(1)交货地点和适用的运输方式不同

《定义》中的 FAS 是指 Free along Side，说明本定义下 FAS 适用于各种运输方式，包括在轮船等运输工具旁边交货，而 INCOTERMS 2010 的 FAS 只适合海运和内河水运。在《定义》下，只有在 FAS 后面加 Vessel，即 FAS Vessel(在船边或指定的码头交货)，才包括船边交货。

(2)办理出口手续及相关费用的承担不同

《定义》下由买方支付因领取由原产地及/或装运地国家签发的为货物出口或在目的地进口所需的各种证件(但清洁的码头收据或轮船收据除外)而发生的一切费用。买方还要支付出口税及因出口而征收的其他税捐费用，而在 INCOTERMS 2010 中 FAS 由卖方办理上述手续和承担上述费用。

【同步案例 2—5】　　FAS 贸易术语的应用

我国某公司按照 FAS 条件进口一批木材，在装运完成后，此外卖方来电要求我方支付货款，并要求支付装船时的驳船费，对卖方的要求我方应如何处理？

精析：

(1)我方对于卖方支付装船时的驳船费的要求可以拒绝。

(2)按照 INCOTERMS 2010 的解释，采用 FAS 术语成交时，买卖双方承担的风险和费用均以船边为界，即买方所指派的船的船边，在买方所派船只不能靠岸的情况下，卖方应负责用驳船将货物运至船边，驳船的费用是在风险费用转移以前发生的，理应由卖方承担。

(3)故此，在本案例中，国外卖方要求我方承担驳船费用是不合理的，我方有权拒绝。

任务三　全能国际贸易术语

这部分包括 INCOTERMS 2010 中适用于任何运输方式或多种运输方的七个术语，FCA、CPT、CIP、EXW、DAT、DAP 和 DDP。不论其选用何种运输方式，也不论它是否使用一种或多种运输方式，甚至没有海运时也可以使用这些术语。重要的是，在当船舶用于部分运输时，可以使用这些术语。

一、FCA(Free Carrier)货交承运人

(一)FCA 术语的概念

动漫视频

FCA

FCA 的全称是 Free Carrier(insert named place of delivery)，即货交承运人(插入指定交货地点)，在 INCOTERMS 2010 中是指卖方在卖方所在地或其他指定地点将货物交给买方指定的承运人或其他人。由于风险在交货地点转移至买方，特别建议双方尽可能清楚地写明指定交货地内的交付点。如果双方希望在卖方所在地交货，则应将卖方所在地址明确为指定交货地。如果双方希望在其他地点交货，则必须确定不同的特定交货地点。如适用时，FCA 要求卖方办理货物出口清关手续。但卖方无义务办理进口清关、支付任何进口税或办理进口的任何海关

手续。

在 INCOTERMS 2010 术语中，承运人是签约承担运输责任的一方。

该术语可适用于任何一种运输方式，也可适用于多种运输方式。

（二）FCA 术语买卖双方的义务

1. 卖方义务

（1）在合同规定的时间、地点，将符合合同规定的货物置于买方指定的承运人控制之下，并及时通知买方。

（2）承担将货物交给承运人控制之前的一切费用和风险。

（3）自负风险和费用，取得出口许可证或其他官方批准文件，并办理货物出口所需的一切海关手续。

（4）提交商业发票或具有同等作用的电子信息，并自费提供通常的交货凭证。

2. 买方义务

（1）签订从指定地点承运货物的合同，支付有关的运费，并将承运人名称及有关情况及时通知卖方。

（2）根据买卖合同的规定受领货物并支付货款。

（3）承担受领货物之后发生的一切费用和风险。

（4）自负风险和费用，取得进口许可证或其他官方文件，并且办理货物进口所需的海关手续。

FCA 条件买卖双方承担的基本义务如表 2—9 所示。

表 2—9　　FCA 条件下买卖双方承担的基本义务

卖方义务	买方义务
办理出口手续	办理进口手续
在指定日期或期限内，货交承运人，通知买方	指定承运人并通知卖方
提供相关单据	接受货运单据，交付货款，受领货物
承担货物交给承运人前的一切风险和费用	承担货物交给承运人后的一切风险和费用

（三）使用 FCA 术语应注意的问题

1. 卖方交货义务问题

若在卖方所在地交货，则卖方无义务提供运输工具，而应由买方指定的承运人或其代理人提供运输工具。但卖方有装载货物的义务，只有当卖方将货物装到指定的运输工具上并支付相应装货费用，其交货义务才算完成。

若在任何其他情况下，则卖方有义务提供运输工具，负责将货物运到指定交货地点，使货物置于买方指定的承运人或其代理人或其他人的支配之下，此时卖方才完成交货义务。应该指出的是，卖方没有卸货的义务，货物运到指定地点后，在卸货前其交货义务即已完成。

卖方为了避免因交货地点不明确而增加的费用支出，应该在签订买卖合同时，约定卖方将货物交给承运人确定的地点并明确以何种方式向承运人交付或货物是否应装入集装箱内等。卖方即可在货物价格中将承担的费用包括在内，防止造成损失。

2. 货物与运输工具衔接问题

在 FCA 合同中，由买方指定承运人和订立运输合同，卖方负责交货，货物与运输工具衔接是否顺利是一个非常重要的问题。在实际业务中，常常出现货物等待运输工具或运输工具等待货物的现象，这样会引起费用损失，费用损失由买方负担还是由卖方负担往往会产生争议。当买方请求卖方协助与承运人订立合同时，只要买方承担费用和风险，卖方也可以办理。当然，卖方也可以拒绝运输合同，如若拒绝，则应立即通知买方，以便买方另作安排。

3. 风险转移问题

尽管惯例规定，自约定的交货日期或约定的交货期间届满之日起，因买方未指定承运人或其他人，或者买方指定承运人或其他人未接管货物，货物灭失或损坏的风险由买方承担。卖方还要通过法院或仲裁机构的判决或裁决才能得到经济损失的补偿，给卖方带来许多麻烦。为了避免此类情况发生，卖方在签订买卖合同时可以规定："买方不及时指定承运人或其他人，或者买方指定的承运人或其他人不及时接管货物，卖方有权在交货期截止时起代指定承运人或其他人订立运输合同，因此而产生的风险和费用由买方承担。"

【同步案例 2—6】　　FCA 贸易术语的应用

我国某出口企业按 FCA Shanghai Airport 条件向印度 A 进口商出口手表一批，货价 5 万美元，规定交货期为 8 月份，自上海空运至孟买；支付条件：买方由孟买××银行转交的航空公司空运到货通知即期全额电汇付款。我出口企业于 8 月 31 日将该批手表运到上海虹桥机场交由航空公司收货并出具航空运单，并随即向印商用电传发出装运通知。航空公司于 9 月 2 日将该批手表运到孟买，并将到货通知连同有关发票和航运单送孟买××银行。该银行立即通知印商前来收取上述到货通知等单据并电汇付款。此时，国际市场手表价下跌，印商以我方交货延期，拒绝付款、提货。我出口企业则坚持对方必须立即付款、提货。双方争执不下，遂提起仲裁。请问：假如你是仲裁员你认为谁是谁非，应如何处理？说明理由。

精析：该案例规定交货期为 8 月份，我出口企业 8 月 31 日将该批手表运到上海虹桥机场交由航空公司（承运人）即完成交货。印商视 9 月 2 日到货时间为交货期，与 FCA 术语规定相矛盾。仲裁员的仲裁结果有利于买方。

二、CPT(Carriage Paid to)运费付至

(一)CPT 术语的概念

CPT 的全称是 Carriage Paid to(insert named place of destination)，即运费付至（插入指定目的地），在 INCOTERMS 2010 中是指卖方将货物在双方约定地点（如双方已经约定了地点）交给卖方指定的承运人或其他人。卖方必须签订运输合同并支付将货物运至指定目的地所需的费用。在使用该术语时，当卖方将货物交付给承运人时，而不是当货物到达目的地时，即完成交货。

CPT 术语要求卖方办理出口清关手续。但卖方无义务办理进口清关、支付任何进口税或办理进口相关的任何海关手续。

该术语可适用于任何一种运输方式，也可适用于多种运输方式。

(二)CPT 术语买卖双方的义务

动漫视频

CPT

1. 卖方义务

(1)订立将货物运往指定目的地的运输合同，并支付有关运费。

(2)在合同规定的时间、地点，将合同规定的货物置于承运人控制之下，并及时通知买方。

(3)承担将货物交给承运人控制之前的风险。

(4)自负风险和费用,取得出口许可证或其他官方批准文件,并办理货物出口所需的一切海关手续,支付关税及其他有关费用。

(5)提交商业发票和自费向买方提供在约定目的地提货所需的通常的运输单据,或具有同等作用的电子信息。

2. 买方义务

(1)接受卖方提供的有关单据,受领货物,并按合同规定支付货款。

(2)承担自货物在约定交货地点交给承运人控制之后的风险。

(3)自负风险和费用,取得进口许可证或其他官方证件,并办理货物进口所需的一切海关手续,支付关税及其他有关费用。

CPT 条件下买卖双方承担的基本义务如表 2—10 所示。

表 2—10　　CPT 条件下买卖双方承担的基本义务

<table>
<tr><th>卖方义务</th><th>买方义务</th></tr>
<tr><td>办理出口手续</td><td>办理进口手续</td></tr>
<tr><td>办理运输,支付运费,货交承运人,通知买方</td><td rowspan="2">接受货运单据,交付货款,受领货物</td></tr>
<tr><td>提供相关单据</td></tr>
<tr><td>承担货物交给承运人前的一切风险和费用</td><td>承担货物交给承运人后的一切风险和费用</td></tr>
</table>

(三)使用 CPT 术语应注意的问题

1. 卖方须及时发出交货通知

INCOTERMS 2010 规定,卖方必须向买方发出已按照规定交货的通知;卖方必须向买方发出任何所需通知,以便买方能够为受领货物采取通常必要的措施。交货通知的作用在于使买方及时办理货物运输保险和办理进口手续、报关和接货。交货通知的内容通常包括合同号或订单号、信用证号、货物名称、货物数量、货物总值、运输标志、启运地、启运日期、运输工具名称及预计到达目的地的日期等。如果买方需要卖方提供特殊信息,应在买卖合同中约定或在信用证中进行规定。

【提示】按照国际惯例,若卖方未按惯例规定发出或未及时发出交货通知,使买方投保无依据或造成买方漏保,货物在运输过程中一旦发生灭失或损坏,应由卖方承担赔偿责任。

2. 卖方须应买方请求提供投保信息

该贸易术语规定由卖方根据买方的请求,提供投保信息,这是卖方合同中的运输与保险合同中卖方的义务。买方在选择保险公司的地点和保险公司时完全是自由的,买方有可能选择卖方所在国的保险公司办理保险,所以要求卖方将指定保险公司的保险条款等情况提供给买方。

【提示】按惯例规定,若买方请求卖方提供投保信息,卖方未能提供该信息,致使买方来不及或无法为货物投保,一旦货物在运输途中出现灭失或损坏,卖方应承担过错导致损失的赔偿责任。

3. 该术语的两个关键点

风险转移和费用转移的地点是该术语的两个关键点,特别建议双方尽可能确切地在合同中明确交货地点(风险在这里转移至买方)以及指定的目的地(卖方必须签订运输合同至目的地)。如果运输到约定目的地涉及多个承运人,且双方不能就交货地点达成协议时,可以推定:当卖方在某个完全由其选择且买方不能控制的地点将货物交付给第一个承运人时,风险转移至买方。如双方希望风险晚些转移的话(如在某港或机场转移),则须在合同中订明。

由于卖方须承担将货物运到目的地具体地点的费用,特别建议双方尽可能确切地在指定目的地内明确地点。建议卖方取得完全符合该选择的运输合同。如果卖方按照运输合同在指定的目的地卸货发生了费用,除非双方另有约定,否则卖方无权向买方要求偿付。

【同步案例 2—7】　　CPT 贸易术语的应用

我国某出口商和澳大利亚某进口商签订了黄豆的出口合同。合同规定每吨 180 美元,共计 1 000 吨,采用 CPT 条件。我国出口商委托运输公司 B 负责全程运输,并在指定时间和地点将货物交付给 B 公司,同时及时告知进口商货物已装运。但在 B 公司进行海上运输停靠在中途港加油时,船只被 B 公司的债权方强行扣押,并通过法庭进行了拍卖。货物被滞留在加油港港口仓库中。澳大利亚进口商多次来电催促,我方又重新和另一家运输公司签订运输合同,才将货物运达了澳大利亚目的港。之后,我方向 B 公司进行索赔,要求 B 公司承担其再次委托其他运输公司代为运输的费用。但 B 公司认为我方多此一举,是我方自愿和其他运输公司签订运输合同的,这部分费用应由我方承担。试分析此案例。

精析:本案中进出口双方以 CPT 条件成交,卖方风险自货交卖方指定的 B 承运方时转移,无需保证货物安全到达目的地,货物在运输途中的风险应由买方承担,本案发生的意外以及由此产生的赔偿事宜,都应由买方亲自出面办理或委托卖方办理,而不应由卖方自身采取行动。

三、CIP(Carriage and Insurance Paid to)运费和保险费付至

(一)CIP 术语的概念

CIP 的全称是 Carriage and Insurance Paid to(insert named place of destination),即运费和保险费付至(插入指定目的地),在 INCOTERMS 2010 中是指卖方将货物在双方约定地点交给指定的承运人或其他人。卖方必须签订运输合同并支付将货物运至指定目的地所需的费用,还必须为买方在运输途中货物的灭失或损坏风险签订保险合同。

动漫视频

CIP

【提示】买方应注意 CIP 术语只要求卖方投保最低限度的保险险别。如买方需要更高的保险险别,则需要与卖方明确地达成协议,或者自行做出额外的保险安排。

CIP 术语要求卖方办理出口清关手续。但是卖方无义务办理进口清关、支付任何进口税或办理进口相关的任何海关手续。在使用 CIP 术语时,当卖方将货物交付给承运人时,而不是当货物到达目的地时,即完成交货。

该术语可适用于任何一种运输方式,也可适用于多种运输方式。

(二)CIP 术语买卖双方的义务

1. 卖方义务

(1)订立将货物运往指定目的地的运输合同,并支付有关运费。

(2)在合同规定的时间、地点,将合同规定的货物置于承运人控制之下,并及时通知买方。

(3)承担将货物交给承运人控制之前的风险。

(4)按照买卖合同的约定,自负费用投保货物运输险。

(5)自负风险和费用,取得出口许可证或其他官方批准文件,并办理货物出口所需的一切

海关手续，支付关税及其他有关费用。

(6)提交商业发票和在约定目的地提货所用的通常运输单据或具有同等作用的电子信息，并且自费向买方提供保险单据。

2. 买方义务

(1)接受卖方提供的有关单据，受领货物，并按合同规定支付货款。

(2)承担货物在约定地点交给承运人控制之后的风险。

(3)自负风险和费用，取得进口许可证或其他官方批准文件，并且办理货物进口所需的一切海关手续，支付关税及其他有关费用。

CIP条件下买卖双方承担的基本义务如表2—11所示。

表2—11　　CIP条件下买卖双方承担的基本义务

卖方义务	买方义务
办理出口手续	办理进口手续
办理运输，支付运费，货交承运人，办理保险，通知买方	接受货运单据，交付货款，受领货物
提供相关单据	
承担货物交给承运人前的一切风险和费用	承担货物交给承运人后的一切风险和费用

(三)使用CIP术语应注意的问题

1. 关于办理保险的问题

按照INCOTERMS 2010的规定，在CIP贸易术语条件下由卖方负责办理货物保险，与保险人签订保险合同，支付保险费。在CIP条件下，卖方投保的性质与CIF条件一样都是卖方为买方利益保险，是卖方代替买方投保的性质，可以从投保险别的选择、保险金额的确定、保险期限和保险权利转让等几个方面充分说明这一点。

①投保险别的选择是由买卖双方根据使用不同运输方式而在合同中明确规定卖方投保的险别，也可以在信用证中规定卖方投保险别。如果买方未能提出任何投保的险别，卖方也必须按照不同运输方式货物保险条款中投保最低承保范围的险别，但不包括投保战争、罢工、暴动和民变险等特殊附加险，在买方提出请求并由其承担费用的条件下，卖方可以予以投保。

②保险金额的确定是由买卖双方按CIP合同的规定做一定的加成，至于加成率多少是根据买方要求加以确定的。如果买方未提出任何加成要求，卖方必须按CIP价款加成10%，并应当以买卖合同货币的币种投保。

③保险期限已在CIP贸易术语中做出明确规定。尽管保险条款规定保险人承担责任起讫是"仓至仓条款"，但在"仓至仓条款"中却有两个可保利益阶段，即在货物交给承运人或其他人接管时止为卖方可保利益阶段；在货物交给承运人或其他人接管时起直至到目的地指定收货地点时止为买方可保利益阶段，因此惯例规定，在CIP条件下，卖方投保期限为本术语买方承担风险区间和从买方接受交货时起，也就是买方可保利益阶段。

④保险权利转让是卖方投保的根本目的。按照CIP的规定，卖方必须使买方或任何其他对货物有可保利益的人有权直接向保险人索赔。为了实现上述目标，卖方在投保后，必须在保险单或其他保险单据上背书，实施保险权利转让。买方合法取得保险单据后，一旦货物在运输

途中遭受承保范围内的风险，造成货物灭失或损坏，买方或任何其他对货物有可保利益的人有权持保险单据向保险公司索赔。

按照CIP贸易术语签订的进口合同，由国外的卖方办理保险。尽管在惯例中规定，卖方必须与信誉良好的保险人或保险公司订立保险合同，但是，在实际进口业务中，国外卖方为了节省保险费而选择资信较差的保险公司办理保险，如果货物发生重大损失，保险公司可能无力赔偿。

2. 订立运输合同问题

CIP贸易术语适合各种运输方式，其中包括空运、陆运、铁路运输和多式联运。卖方订立运输合同是有条件的，只限“按照通常方式经惯常路线”，按照通常条件订立运输合同。这里所指的“惯常路线”应该是从事此类贸易人士的经常性的或一般做法必经的路线。就是说，如果卖方在订立运输合同时，惯常路线发生不可抗力受阻，卖方对订立运输合同可以免责，因此而造成的延迟交货或不交货，卖方不承担责任。

3. 装卸费和过境海关费用问题

在CIP条件下，卖方应该在合同规定日期或期间内将货物交给承运人或其他人或第一承运人接管。若交货地点在卖方所在地，卖方应该负担装货费；若在其他地点交货，卖方则不负担装货费。至于在目的地(港)的卸货费则由买方负担。按照惯例规定，根据运输合同应由卖方负担装货费和在目的地的任何卸货费是指CIP贸易术语采用班轮运输，运费中已包括装卸费用，均由托运人即卖方负担。

按照惯例规定，在CIP条件下，由卖方订立运输合同，需经第三国转运时，由买方或卖方负担经由国家海关的有关费用必须在买卖合同中加以明确，否则会产生争议。在INCOTERMS 2010中提出该类税费原则上由买方负担，这样与买方负责办理途经第三国的进口清关手续相协调。但是，有时根据运输合同的规定，卖方有可能需负担货物经第三国过境运输所产生的有关海关费用，这一点必须引起卖方的注意。

4. 该术语的两个关键点

风险转移和费用转移的地点不同是该术语的两个关键点。特别建议双方尽可能确切地在合同中明确交货地点(风险在这里转移至买方)以及指定的目的地(卖方必须签订运输合同至目的地)。如果运输到约定目的地涉及多个承运人，且双方不能就交货地点达成协议时，可以推定：当卖方在某个完全由其选择且买方不能控制的地点将货物交付给第一个承运人时，风险转移至买方。如双方希望风险晚些转移的话(如在某港或机场转移)，则需要在合同中注明。

由于卖方须承担将货物运到目的地具体地点的费用，特别建议双方尽可能确切地在指定目的地内明确地点，建议卖方取得完全符合该选择的运输合同。如果卖方按照运输合同在指定的目的地卸货发生了费用，除非双方另有约定，否则卖方无权向买方要求偿付。

【同步案例2—8】　“空运方式”到底该是用CIP还是CIF

某出口公司A同新加坡的客户因价格条款发生了一些分歧，一直争执不下。A和这个客户做的业务是空运方式进行运输，A认为“CIF”只是用于“海运及陆运方式”而不是用于“空运方式”，所以坚持用“CIP”条款(并且银行方面也坚持按照国际惯例空运必须使用“CIP”)。可客户坚持要用“CIF”，他们认为“CIP”比“CIF”多一个费用。

A想问到底“CIP”和“CIF”在费用上有什么区别？A的做法是不是正确？

精析：

解决方案一：

CIP指卖方承担的费用为：运费、保险费付至事实上的目的地。CIF指卖方承担的费用为：运费、保险费付至指定的目的港。

上述两条款在费用上的区别是：

如收货人指定的目的地为新加坡可直达或经转运可到达的国际空运港机场（IATA规定）如：北京首都国际机场（Beijing Airport），上海浦东国际机场（Shanghai Pudong Airport），南京禄口国际机场（Nanjing Lukou Airport）等，则上述条款在费用方面无实质上的区别。因为，按国际惯例货物到达目的港机场后所产生的任何费用均由收货人即买方承担，如提货费、仓储费和劳务费等。

如收货人指定的目的地不是国际空港机场，而是国内内陆城市（如江苏无锡、浙江嘉兴）或收货人指定的工厂，就不能使用CIF条款而只能使用CIP条款。

CIF是"港口到港口"条款，空运方式可套用空港到空港（Airport to Airport）。

CIP条款是和任何运输方式的"多式联运"，发货人将承担到"事实上的目的地"的保险费和运费。是用CIP条款航空公司一般无法接受，通常只有航空货运代理公司法可完成上述运输任务。

解决方案二：

CIF是在常用的贸易术语之一，也就是：Cost Insurance and Freight（…named port of destination），成本、保险费加运费（到指定目的港）。CIF在理论上来说，适合的是水上运输方式，并采用的是象征性交货方式，即卖方按照合同规定，在装运港港口将货物装船并提交全套合格单据，就完成了交货义务。在CIF条件下，为了避免一些费用上可能出现的分歧，CIF有一些变形，如：CIF Liner Terms，CIF E× Ship's Hold，CIF Landed等。也有的买卖双方索性用文字在合同中注明各自承担什么费用，以防日后矛盾的发生。

CIP，Carriage and Insurance Paid to（…named place of destination），运费、保险费付至（指定目的地），相对于CIF来说，CIP是用于各种运输方式，包括扩式联运，保险也就相应的可以是各种运输险。在CIP条件下，卖方在合同规定的装运期内将货物交给承运人，或者第一承运人，就完成了交货任务，风险也就转移给了买方。买方承担除了运费、保险费以外的货物从交货地到指定目的地为止的各种费用。

但在实践中，由于CIF过于"深入人心"，所有许多的实际业务，按照理论应该是用CIP术语的，仍然是用了CIF。

【做中学2—2】　FOB、CFR、CIF与FCA、CPT、CIP的异同

FOB、CFR、CIF与FCA、CPT、CIP的异同见表2—12所示。

表2—12　FOB、CFR、CIF与FCA、CPT、CIP的异同

项目比较	FOB、CFR、CIF	FCA、CPT、CIP
运输方式	海运和内河运输	各种运输方式（单式和多式）
承运人	船公司	船公司、铁路局、航空公司或多式联运经营人
交货地点	装运港船上	视不同的运输方式而定
风险界限	装运港船上	货交承运人监管后

续表

项目比较	FOB、CFR、CIF	FCA、CPT、CIP
装卸费用负担	FOB的各种变形明确装船费用由谁负担，CFR、CIF的各种变形明确卸货费用由谁负担	FCA卖方承担装船费 CPT、CIP卖方承担卸货费，不存在术语变形
运输单据	已装船清洁提单	提单、海运单、内河运单、铁路运单、公路运单、航空运单或多式联运单据
后注地点	FOB后加注装运港名称 CFR、CIF后加注目的港名称	FCA后加注装运地名称 CPT、CIP后加注目的地名称

【学中做2—5】（多项选择题）根据《2010年通则》的解释，CPT与CFR的相同之处表现在（　　）。

A. 两者均由卖方负责订立自装运地至目的地的运输契约并负担正常运费

B. 两者均由买方承担货物运输途中的风险

C. 风险转移的界限均为交货地随交货义务的完成而转移

D. 按两者订立的合同均属装运合同

四、EXW(EX Works)工厂交货

(一)EXW术语的概念

EXW的全称是EX Works(insert named place of delivery)，即工厂交货(插入指定交货地点)，在INCOTERMS 2010中是指当卖方在其所在地或其他指定地点(如工厂、车间货仓库等)将货物交由买方处置时，即完成交货。卖方不需将货物装上任何前来接收货物的运输工具，需要清关时，卖方也无须办理出口清关手续。

EXW这一术语代表了在商品的产地或所在地交货的条件，产地可以是工厂、农场、矿山或其他生产地点。所在地一般是指仓库。当买卖双方按照EXW条件谈判成交时，在EXW后面要具体注明产地名称，如EXW××仓库。签约后，卖方要在规定的交货期内将合同规定的货物准备好，并与买方联系，由买方安排运输工具到交货地点接运货物。自卖方将货物交给买方或其代理人控制时起，风险即由卖方转移给买方。这就是说，如果此后再发生货物损坏或者灭失的情况，其后果即由买方自己承担。随着风险的转移，其他相关的责任和费用也相应转移给买方。卖方不必过问货物出境、入境及运输、保险等事项。所以，在卖方与买方达成的契约中可不涉及运输和保险问题。除非合同中有相反规定，卖方一般无义务提供出口包装。如果签约时已明确该货物是供出口的，并对包装的要求作出了规定，卖方则应按规定提供符合出口需要的包装。由此可见，按EXW术语成交时，卖方承担的风险、责任以及费用都是最小的。

该术语可适用于任何一种运输方式，也可适用于多种运输方式。

【同步案例2—9】　　EXW贸易术语的应用案例

某公司按EXW条件出口一批电缆，但在交货时，买方以电缆的包装不适宜出口运输为由，拒绝提货和付款，问：买方的行为是否合理？

精析：

(1)买方的行为是不合理的，我方应拒绝。

(2)本案例涉及EXW条件下交货的问题，根据INCOTERMS 2010的规定：在EXW术语

中，除非合同中有相反规定，卖方一般无义务提供出口包装，如果签约时已明确该货物是供出口的，并对包装的要求作出了规定，卖方则应按规定提供符合出口需要的包装。

(3)结合本案例，卖方在交货时以电缆的包装不适宜出口运输为由拒绝提货和付款，并没有说不符合合同规定，由此说明，在合同中并无有关货物包装的规定，根据惯例，故买方以此借口拒付货款和提货理由是不充分的。

(二)EXW 术语买卖双方的义务

1. 卖方义务

(1)在合同规定的时间、地点，将符合合同要求的货物置于买方的处置之下。

(2)承担将货物交给买方处置之前的一切费用和风险。

(3)提交商业发票或具有同等作用的电子信息。

2. 买方义务

(1)在合同规定的时间、地点，受领卖方提交的货物，并按合同规定支付货款。

(2)承担受领货物之后所发生的一切费用和风险。

(3)自负费用和风险。取得出口和进口许可证或其他官方批准证件，并办理货物的出口和进口的一切海关手续。

(三)使用 EXW 术语应注意的问题

1. 国内贸易问题

按 EXW 贸易术语达成的交易，在性质上类似于国内贸易。因为卖方是在本国的内地完成交货，其所承担的风险、责任和费用也都局限于出口国内，卖方不必过问货物出境、入境及运输、保险等事项，由买方自己安排车辆或其他运输工具到约定的交货地点接运货物，所以，在卖方与买方达成的契约中可不涉及运输和保险的问题。

【注意】EXW 适合国内贸易，而 FCA 一般更适合国际贸易。

2. 装货义务问题

卖方对买方没有装货的义务，即使实际上卖方也许更方便这么做。如果卖方装货，也是由买方承担相关风险和费用。当卖方更方便装货时，FCA 一般更为合适，因为该术语要求卖方承担装货义务(当交货地点是卖方所在地时)，以及与此相关的风险和费用。

3. 出口清关问题

按这一术语成交，买方要承担办理货物出口和进口的清关手续的义务，所以还应考虑在这方面有无困难。如果买方不能直接或间接地办理出口和进口手续，则不应采用这一术语成交。另外，买方仅有限度地承担向卖方提供货物出口相关信息的责任。但是，卖方则可能出于缴税或申报等目的，需要这方面的信息。

【注意】由于在 EXW 条件下，买方要承担过重的义务，所以对外成交时，买方不能仅仅考虑价格低廉，还应认真考虑可能遇到的各种风险以及运输环节等问题，要权衡利弊，注意核算经济效益。

【同步案例 2—10】 EXW 贸易术语中买卖双方的责任

有一份出售茶叶的合同，采用 EXW 条件，数量 10 000 千克，总值为 25 000 美元，合同规定买方应于 10 月份提取货物，卖方于 10 月 8 日将提货单交付给买方，买方也已付清货款，但买方直到 10 月 31 日尚未提走货物，于是卖方将茶叶搬到一个存放牛皮的仓库与牛皮一起存放，当买方于 11 月 15 日提货时，发现有 10%的茶叶已与牛皮串味而失去商销价值，对此双方发生争议。

试分析:(1)本案中买方应承担何种责任?为什么?(2)本案中卖方应承担何种责任?为什么?

精析:

(1)买方应承担延期提货的责任。应赔偿因延期提货而给卖方造成的实际损失。并从11月1日起承担货物的风险。因为在EXW条件下,由买方自理运输并提货,在正常情况下货物风险随货转移;而在本案中,买方依照有关的公约与惯例应从约定受领货物的日期或期限届满之日起承担货物的风险。

(2)因为串味是卖方将茶叶存放不当造成的。本案中,卖方有义务在买方提取货物之前保全货物,保全不当应承担责任。

五、DAT(Delivered at Terminal)运输终端交货

(一)DAT术语的概念

DAT的全称是Delivered at Terminal(insert named terminal at port or place of destination),即运输终端交货(插入指定港口或目的地的运输终端),在INCOTERMS 2010中是指当卖方在指定港口或目的地的指定运输终端,将货物从抵达的载货运输工具上卸下,交给买方处置时,即为交货。卖方承担将货物送至指定港口或目的地的运输终端,并将其卸下期间的一切风险。

"运输终端"意味着任何地点,而不论该地点是否有遮盖,例如码头、仓库、集装箱堆积场或公路、铁路、空运货站。卖方承担将货物送至指定港口或目的地的运输终端,并将其卸下的一切风险。

DAT要求卖方办理出口清关手续。但卖方无义务办理进口清关、支付任何进口税或办理任何进口海关手续。

该术语可适用于任何一种运输方式,也可适用于多种运输方式。

(二)DAT术语买卖双方的义务

1. 卖方义务

(1)订立将货物按照通常路线和习惯方式运往进口国约定地点的运输合同,并支付运费。

(2)在合同规定的时间、地点,将货物置于买方控制之下。

(3)承担在指定港口或目的地运输终端约定地点,将从运输工具上卸下的货物交给买方控制之前的一切费用和风险。

(4)自负费用和风险,取得出口许可证和其他官方文件,并办理货物出口的一切海关手续。

(5)提交商业发票或具有同等作用的电子信息,并自负费用提供通常的交货凭证。

2. 买方义务

(1)接受卖方提供的有关单据,在指定的运输终端受领货物,并支付货款。

(2)承担受领货物后发生的一切费用和风险。

(3)自负费用和风险,取得进口许可证和其他官方文件,并办理货物进口的一切海关手续。

(三)使用DAT术语应注意的问题

1. 关于DAT与INCOTERMS 2000的DEQ异同点

在INCOTERMS 2010中,DAT代替了DEQ。比较来说,在保留DEQ一些解释的同时,

DAT 也有一些变化。相同点是使用 DAT 和 DEQ 时，货物已经从到达的运输工具卸下，交由买方处置，二者都要求卖方为货物办理出口清关(仅当需要时)，但卖方无义务办理任何货物进口清关，支付任何进口税费或者办理进口的任何相关海关手续。但 DAT 与 DEQ 不同的是，DEQ 只适用于海运、内河运输或多式联运且在目的港码头卸货的运输方式，DAT 适合所有的运输方式，DAT 中的指定终端很可能是港口，因此该术语可完全适用于 INCOTERMS 2000 的 DEQ 适用的场合，而且在集装箱运输中，DAT 较之前的 DEQ 更加方便实用。因为在集装箱货物运输中，可能集装箱会在某港口卸下后进入堆场并等待再次运输，而并非直接卸在卸货港码头。这种情况下的交货，是原来的 DEQ 所不涉及的。

2. 费用的划分

根据 INCOTERMS 2010 的规定：卖方必须支付与货物有关的一切费用，直至已按照规定交货为止(按照规定应由买方支付的费用除外)；及交货前发生的，货物出口所需海关手续费用，出口应缴纳的一切关税、税款和其他费用，以及货物从他国过境运输的费用。货物从他国过境运输的费用一般是由卖方承担的。

3. 关于交货地点

由于卖方承担在特定地点交货前的风险，特别建议双方尽可能确切地约定运输终端，或如果可能的话，约定港口或目的地的运输终端内的特定的地点。建议卖方取得的运输合同应与所做的选择确切吻合。但是如果双方希望由卖方承担将货物由运输终端运输和搬运至另一地点的风险和费用，则应当使用 DAP 或 DDP 术语。

【同步案例 2－11】　　DAT 贸易术语的应用

广东一家 A 公司与新加坡一家 B 公司出口服装签订合同，双方约定采用 DAT 术语。5 月份，广东 A 公司备好货后，自付运输和保险费用将货物运到新加坡，并于约定时间通知买方 B 公司于 5 月 20 日到约定地点提货。双方就应由谁从运输工具上卸货并承担相应费用问题发生争议，卖方坚持自己不负责卸货，因为货物已到达目的地，而买方则坚持让卖方卸货，否则构成违约。请分析哪个公司的观点是正确的？

精析：新加坡 B 公司是正确的。根据 INCOTERMS 2010，DAT 术语下卖方在指定港口或目的地的制定运输终端，将货物从抵达的载货运输工具上卸下，交由买方处理时，即完成交货义务。这就意味着卖方要负责卸货费。如果卖方没有卸货，就不能将货物置于买方的处置之下，也就没能完成交货义务。所以，A 公司应承担卸货费，B 公司是正确的。

六、DAP(Delivered at Place)目的地交货

(一)DAP 术语的概念

DAP 的全称是 Delivered at Place(insert named place of destination)，即目的地交货(插入指定目的地)，在 INCOTERMS 2010 中是指当卖方在指定目的地将仍处于抵达的运输工具上，且已做好卸载准备的货物交由买方处置时，即为交货。卖方必须承担货物运到指定地点的一切风险。

动漫视频

DAP

DAP 要求卖方办理出口清关手续。但是卖方无义务办理进口清关、支付任何进口税或办理任何进口海关手续。

(二)DAP 术语买卖双方的义务

1. 卖方义务

（1）订立将货物按照通常路线和习惯方式运往进口国约定地点的运输合同，并支付运费。

（2）在合同规定的时间、地点，将货物置于买方控制之下。

（3）承担在指定地点将尚未从运输工具上卸下的货物交给买方控制之前的一切费用和风险。

（4）自负费用和风险，取得出口许可证和其他官方文件，并办理货物出口的一切海关手续。

（5）提交商业发票或具有同等作用的电子信息，并自负费用提供通常的交货凭证。

2. 买方义务

（1）接受卖方提供的有关单据，在指定的运输终端受领货物，并支付货款。

（2）承担受领货物后发生的一切费用和风险。

（3）自负费用和风险，取得进口许可证和其他官方文件，并办理货物进口的一切海关手续。

（三）使用 DAP 术语应注意的问题

（1）DAP 与 INCOTERMS 2000 的 DAF、DES、DDU。INCOTERMS 2010 删去了 INCOTERMS 2000 中的 DAF、DES、DDU，而用 DAP 取代了这三个术语。DAP 适用于任何运输方式，在该术语下，运输工具仍然可以是船舶，指定的目的地可以是港口。可见，新的 DAP 术语完全可以取代上述术语。

（2）关于卸货义务。不同于 DAT 卖方需要将货物从抵达的运输工具上卸下交由买方处置，DAP 只需要做好卸货准备无须卸货即完成交货。由于卖方承担在特定地点交货前的风险，特别建议双方尽可能清楚地约定指定目的地内的交货地点，建议卖方取得完全符合该选择的运输合同。

【提示】如果卖方按照运输合同在目的地发生了卸货费用，除非双方另有约定，否则卖方无权向买方要求偿付。

（3）买卖双方的通知义务。DAP 条件成交，因同卖方自费订立运输合同或派船送货，故卖方应将船舶预期到达时间通知买方，方便买方做好受领货物的准备，如买方有权确定交货时间和受领货物的地点时，也应当给予卖方充分的通知，方便货物交接工作的顺利进行，如买方未按规定给予通知，或未按时受领货物，则由此引起的额外费用和风险，应由买方承担。

【同步案例 2－12】　　　　DAP 贸易术语的应用

中国清远公司出口一批货物 DAP 术语成交，不可撤销信用证付款，2 月 20 日交货。1 月下旬中国清远公司的货物装船驶向目的港。此时买方要求货装船后卖方将全套提单空邮卖方，以便买方及时凭以办理进口通关手续，中国清远公司即以照办。由于海上风浪过大，船舶迟到几天才到达目的港，遭到买方降价要挟，经过争取，对方才未予以追究。货物到达目的港后，对卸货费用由谁负担的问题，双方发生了争议。最后由中国清远公司负担卸货费用，但中国清远公司却蒙上了不小的损失。

精析：从案例中可以看出，对于出口方来说，D 组术语存在许多可预测的以及不可预测的因素，D 组术语的费用、风险、责任最大、业务环节最多、贸易情况最为复杂、交货时间难以掌控、进口方的不合作以及失去货物控制的、可能出现进口方的信誉不良或支付能力不强、承运人的信誉不佳，不同的国际贸易惯例与贸易做法所带来的潜在风险，可能出现个别商人滥用国际贸易惯例合同或信用证存在软条款。因此，如果要选用 D 组术语，就必须充分了解这组术语的风险，并采取相应的措施，将风险降低到最低的限度。此案中尽管采用了 DAP 卖方不用承担卸货费用，但合同中最好明确规定卸货费用由谁承担。虽然按照按 INCOTERMS 2010

的规定应该由买方承担卸货费用，但最终却由中国清远公司承担。主要是该进口国的习惯做法是由出口方承担卸货费用，这与 INCOTERMS 2010 的有关规定不太一致。所以买卖双方在签订国际货物买卖合同时，最好在合同中明确规定货物到达目的地或目的港后的卸货费用由谁承担，这样会避免买卖双方产生争议与纠纷。

七、DDP(Delivered Duty Paid)完税后交货

(一)DDP 术语的概念

DDP 的全称是 Delivered Duty Paid(insert named place of destination)，即完税后交货(插入指定目的地)，在 INCOTERMS 2010 中是指卖方在指定的目的地将仍处于抵达的运输工具上，但已完成进口清关，且可供卸载的货物交由买方处置时，即为交货。卖方承担将货物运至目的地之前的一切风险和费用，并且有义务完成货物出口和进口清关，支付所有出口和进口的关税和办理所有海关手续。

DDP 术语下卖方承担最大责任。若卖方不能直接或间接地取得进口许可证，则不应使用此术语。除非买卖合同中另行明确规定，任何增值税或其他应付的进口税款由卖方承担。

该术语适用于任何一种运输方式，也可适用于多种运输方式。

(二)DDP 术语买卖双方的义务

1. 卖方义务

(1)订立将货物按惯常路线和习惯方式运往指定目的地的运输合同，并支付有关运费。

(2)在合同规定的时间、地点，将合同规定的货物置于买方的处置之下。

(3)承担在指定目的地的约定地点将货物置于买方处置下之前的风险和费用。

(4)自负风险和费用，取得出口和进口许可证及其他官方批准证件，并且办理货物出口和进口所需的海关手续，支付关税及其他有关费用。

(5)提交商业发票和自负费用，提交提货单或买方为提取货物所需的通常的运输单证，或具有同等作用的电子信息。

2. 买方义务

(1)接受卖方提供的有关单据，在目的地约定地点受领货物，并按合同规定支付货款。

(2)承担在目的地约定地点受领货物之后的风险和费用。

(3)根据卖方的请求，并由卖方负担风险和费用的情况下，给予卖方一切协助，使其取得货物进口所需的进口许可证或其他官方批准证件。

(三)使用 DDP 术语应注意的问题

1. 进口手续与清关问题

在 DDP 交货条件下，卖方是在办理好进口报关手续之后，在指定目的地交货的，这实质上是卖方已将货物运进了进口方的国内市场，这与其他在当地市场就地销售货物的卖方并无多大区别。

【提示】若卖方不能直接或间接地取得进口许可证，则不应使用此术语。如双方希望买方承担所有进口清关的风险和费用，则应使用 DAP 术语。除非买卖合同中另行明确规定，任何增值税或其他应付的进口税款由卖方承担。

2. 卖方办理保险事宜

DDP 卖方本无须办理保险的义务，但由于 DDP 术语是卖方承担责任、费用及风险最大的

术语，为了能在货物受损或灭失时及时得到经济补偿，卖方应该办理货运保险。选择险别的原则，要考虑货物的性质、运输方式等来灵活决定。

3. 关于交货地点和卸货费

由于卖方承担在特定地点交货前的风险，特别建议双方尽可能清楚地约定指定目的地内的交货地点。建议卖方取得完全符合该选择的运输合同。

【注意】如果卖方按照运输合同在目的地发生了卸货费用，除非双方另有约定，否则卖方无权向买方要求偿付。

【同步案例 2—13】　　　DDP 贸易术语的应用

法国出口商向荷兰进口商出口 80 000 件纸巾，合同约定采用 DDP 术语，交货地点在荷兰的鹿特丹，交货时间为 12 月 21 日。卖方通过公路运输将货物于 12 月 21 日运抵鹿特丹交货地点。在卸货费用上，双方发生了争执，买方坚持由卖方承担卸货费用，卖方则援引 INCOTERMS 2010 原文，明确卖方不承担卸货费用，因为运输合同没有规定由卖方承担。你认为应该由哪一方承担卸货费？为什么？

精析：

应由买方期限内，在约定的地点(如果有的话)或指定目的地，以将仍处于抵达的运输工具之上且已经做好卸货准备的承担卸货费。

(1)DDP 术语下，关于卸货费用承担的问题，INCOTERMS 2010(A4)规定，卖方必须在约定日期或货物交由买方处置的方式交货。“做好卸货准备”意味着卖方不负责将货物从抵达的运输工具上卸下。

(2)根据 DDP 术语的 B6 b)的规定，买方必须支付在指定目的地从到达的运输工具上，为收取货物所必须支付的一切卸货费用，但运输合同规定该费用由卖方承担者除外。因此，本案中，既然运输合同没有规定由卖方支付卸货费，则买方应承担卸货费。

任务四　国际贸易术语应用

一、选用贸易术语应注意的问题

如果贸易术语选用不当，可能会造成进出口合同履行中的种种隐患，甚至使企业由此承担巨大的经济损失。贸易术语的合理选用已经成为国际贸易中交易磋商及合同履行的首要问题。在进出口业务中，贸易术语的选用主要考虑下列因素。

(一)安排运输的能力

如果进出口双方中的一方有足够的能力安排运输事宜，且经济上又比较划算，在能争取最低运费的情况下，可争取采用自行安排运输的贸易术语。例如，出口企业可争取使用 CFR、CIF 或 CPT、CIP 等术语，而进口企业则可尽力争取使用 FOB、FCA 或 FAS 等术语。

【注意】如果其中一方无意承担运输或保险责任，则尽量选用由对方负责此项责任的术语。

【提示】我国在进口贸易中，大多使用 FOB 或 FCA 术语；在出口贸易中，则争取按 CIF 或 CIP 方式成交，这有利于本国远洋运输业和保险业的发展，增收减支。

（二）有利于发展双方的合作关系

在国际市场竞争中，贸易术语可以随着行情的变化成为出口企业争取客户的重要手段。出口企业往往为了调动对方的购货积极性，采用对进口商较为有利的DAT、DAP或DDP等目的地交货术语。有些国家规定进口贸易必须在本国投保，有些买方为了谋求保险费的优惠，与保险公司订有预保合同，以扶持本国保险或运输行业的发展，则我方可同意按CFR和CPT方式出口。

【提示】在大宗商品出口时，国外买方为谋求以较低运价租船，卖方也可按FOB或FCA方式与之成交，交易双方也须了解本国及对方国家是否有类似的规定，并作为贸易术语选择的重要因素之一。

（三）运输方式

FOB、CFR和CIF只适合于海洋运输和内河水运。在航空运输和铁路运输情况下，应采取FCA、CPT、CIP术语。对于海洋运输，在以集装箱方式运输时，出口商在将货交给承运人后即失去了对货物的控制，因而作为出口方，应尽量采用FCA、CPT和CIP方式成交。此类贸易术语还有利于出口方提早转移风险，提前出具运输单据，早日收汇，加快资金周转。

（四）风险规避

在出口贸易中，出口企业尽量采用CIF、CIP术语成交，由卖方负责签订运输合同，保证运输工具与货物的衔接，因为卖方对运输公司和货代状况比较了解，降低了无单放货的可能性。在进口贸易中，进口企业原则上应采用FOB或FCA方式，由买方自行订立运输合同、自行投保，以避免出口方与承运方勾结，利用提单骗取货款。

（五）运费和附加费的变动趋势

运费和附加费也是货价的构成因素之一，在选用贸易术语时还要考虑到租船市场运价的变化，把运费看涨或看跌的风险考虑到货价中。一般来说，如果运费和附加费（例如燃油费）等看涨时，为避免承担有关成本，可选择由对方安排运输的术语，如进口时可选用CIF、CFR、CIP、CPT或DAT、DAP和DDP术语，出口时可选用FAS、FOB和FCA术语；当有关运费和附加费看跌时，则相反。

（六）运输路线

运输路线不仅关系到运费的高低，更重要的是关系到风险的大小和有关保险事宜的办理。如果出口企业不愿意承担过多风险，不要选择DAT、DAP和DDP术语；相反，如果进口企业不愿意承担货物在运输途中的风险，则可选用以上三个术语。

（七）货源情况

选择贸易术语时，还需要考虑货物的特性、成交量的大小并选择相应的运输工具。如果货物需要特定的运输工具，而出口企业无法完成时，可选用FOB、FAS和FCA术语，交由进口企业负责安排运输。如果成交量太小而又无班轮直达运输时，其中一方企业如果负责安排运输，则费用太高且风险也加大，最好选用由对方负责安排运输的术语。当然，进出口企业还需要考虑本国租船市场的行情。

（八）通关的难易程度

在国际贸易中，办理货物的通关手续是进出口双方的重要责任。通常由进口商负责进口通关，由出口商负责出口通关。但是按照INCOTERMS 2010的规定，EXW术语进出口通关工作都由进口商负责，而DDP术语项下进出口通关工作都由出口商负责。所以，当选用这两个术语时,负责通关工作的一方必须对对方国家通关工作的政策规定、手续和费用负担等事宜详细了解,如果没有能力完成此项工作,应尽量选用其他的术语,例如,进口商可将 EXW 改为 FCA。

(九)外汇管制情况

在使用 EXW、DAT、DAP 或 DDP 等术语出口时,如果国内存在外汇管制问题,卖方将遇到很多困难和风险,因此,对于存在外汇管制的国家,尽量少用上述术语成交。一般在外汇管制的国家或地区可要求进口商使用 FAS 和 FOB 等术语进口,出口时可要求出口商使用 CIF 或 CFR 术语成交。

二、E 组、F 组、C 组、D 组贸易术语的特点

(一)E 组贸易术语

按 E 组的 EXW 这一贸易术语达成的交易,在性质上类似于国内贸易。因为卖方是在本国的内地完成交货,其所承担的风险、责任和费用也都局限于出口国内,卖方不必过问货物出境、入境及运输、保险等事项,由买方自己安排车辆或其他运输工具到约定的交货地点接运货物,所以,在卖方与买方达成的契约中可不涉及运输和保险的问题。而且,除非合同中有相反规定,卖方一般无义务提供出口包装,也不负责将货物装上买方安排的运输工具。如果签约时已明确该货物是供出口的,并对包装的要求作出了规定,卖方则应按规定提供符合出口需要的包装。如果双方约定卖方要承担将货物装上买方安排的运输工具的义务,则应在合同中对此作出明确的规定。但国际商会在 INCOTERMS 2010 的引言中指出,人们认为理想的是仍然保留 EXW 条件下卖方义务最小的传统原则,其目的是适用于那些卖方不愿意承担任何装货义务的情况。

【注意】由于在 EXW 条件下,买方要承担过重的义务,所以对外成交时,买方不能仅仅考虑价格低廉,还应认真考虑可能遇到的各种风险以及运输环节等问题,要权衡利弊,注意核算经济效益。另外,按这一术语成交,买方要承担办理货物出口和进口的清关手续的义务,所以还应考虑在这方面有无困难。如果买方不能直接或间接地办理出口和进口手续,则不应采用这一术语成交。

(二)F 组贸易术语

F 组中包括的三种贸易术语 FCA、FAS 和 FOB,它们在交货地点、风险划分界限以及适用的运输方式等方面并不完全相同,然而它们也有相同之处,其共同点是按这些术语成交时,卖方要负责将货物按规定的时间运到双方约定的交货地点,并按约定的方式完成交货。从交货地点到目的地的运输事项由买方安排,运费由买方负担。买方要指定承运人,订立从交货地至目的地的运输合同,并通知卖方。可见,按这些术语达成交易,卖方承担的费用在交货地点随着风险的转移而相应地转移给了买方。另外,按照 INCOTERMS 2010 的解释,采用这三种贸易术语成交时,均由卖方负责货物出口报关的手续和费用;由买方负责货物进口报关的手续和费用。

【提示】由于按 F 组术语成交时,卖方负责在交货地点提交货物,而由买方安排运输工具到交货地点接运货物,所以,如何做好船货的衔接工作至关重要。为了避免因货等船或船等货而造成当事人的损失,卖方和买方之间应加强联系,将备货和派船的情况及时通知对方,遇到问题加强协商,妥善解决。

（三）C组贸易术语

C组贸易术语中的CFR和CIF是在装运港交货，风险划分均以装运港船上为界，适用于水上运输方式；CPT和CIP则是在约定地点向承运人交货，风险划分以货交第一承运人为界，适用于各种运输方式。但它们同为一组也具有共同之处，那就是卖方在约定的装运港（地）交货后，还要负责办理货物从装运港（地）到目的港（地）的运输事项，并承担相关费用，因按本组术语成交，货价构成因素中都包括运费，故国际商会在INCOTERMS 2010的引言中称本组术语项下“主要运费已付”。当然，其中的CIF和CIP下，卖方还要负责办理货运保险，并承担保险费用。由于卖方承担的风险仍然是在装运港（地）交货时转移，所以，不应将它们看作是到货合同。

【注意】C组术语下，风险划分和费用划分是两个不同的含义，风险划分在装运港（地），费用划分则是在目的港（地）。就是说，卖方虽然承担从交货地至目的地的运输责任，并负担相关费用，但是，他并不承担从交货地至目的地的运输途中货物发生损坏、灭失及延误的风险。

（四）D组贸易术语

D组包括的三种贸易术语中，都是在进口国的目的港或目的地交货，这就与前面各组术语有了明显的区别。按照D组术语成交的合同称到货合同（Arrival Contract），到货合同是与装运合同（Shipment Contract）相对而言的，按照F组、C组术语成交的合同称作装运合同，在装运合同下，卖方要支付将货物按照惯常航线和习惯方式运至约定地点所需的通常运输费用，而货物灭失或损坏的风险以及在货物以适当方式交付运输之后发生意外而导致的额外费用，则由买方承担。按D组术语成交时，卖方要负责将货物安全及时地运达指定地点，包括边境地点、目的港口以及进口国内地，实际交给买方处置，才算完成交货。卖方要承担货物运至该地点之前的一切风险和费用。

可见，D组术语条件下，卖方所承担的风险要大于前面各组，特别是按照DDP术语成交时，卖方负责将货物交到进口国内的约定地点，承担在此之前的一切风险、责任和费用，其中包括办理货物出口和进口的手续以及相关费用。所以，作为卖方在对外成交时，一定要认真考虑该项业务中可能会遇到的各种风险以及可以采取的防范措施。另外，在打算采用DDP条件对外成交时，卖方还应考虑办理进口手续有无困难，如果卖方不能直接或间接地取得进口许可证，则不应采用DDP条件成交。

【学中做2—6】（多项选择题）按照INCOTERMS 2010的解释，C组术语的共同特点是（　　）。

A. 均为风险转移在前，费用、责任转移在后

B. 均由卖方订立运输契约并承担运费

C. 均由买方承担货物运输途中的风险

D. 成交的合同性质均为装运合同

三、INCOTERMS 2010的最大变化

（1）增设DAT和DAP两个新术语，取代DAF、DES、DEQ和DDU。此次增加是以DAP取代了先前的DAF、DES和DDU3个术语，而以DAT取代了先前的DEQ，且扩展至适用于一切运输方式。

DAT是指在指定目的地（港）集散站卸货后，将货物交给买方处置，即完成交货。卖方应

承担将货物运至指定目的地(港)的一切风险和费用(除进口费用外),该术语适用于任何运输方式。“Terminal”可以是任何地点,如码头、仓库、集装箱堆场以及铁路、公路或航空货运站等。

DAP是指卖方在指定的目的地(港)交货,只需做好卸货准备,无须卸货,即完成交货。卖方应承担将货物运至指定目的地(港)的一切风险和费用(除进口费用外),该术语适用于任何运输方式。

DAT和DAP的差异并不明显,两者的主要差异是DAT下卖方需要承担把货物由目的地(港)运输工具上卸下的费用;DAP下卖方只需在指定目的地(港),把货物处于买方控制之下,而无须承担卸货费(见表2—13)。

表2—13　　DAT、DAP、DDP三种术语的应用

交付地点为港口:Seattle Port	交货地点为货运站:Chicago Terminal
DAP Seattle Port,是指在西雅图港船上交货,相当于DES	DAP Chicago Terminal,是指在芝加哥目的地的集散站车上交货
DAT Seattle Port,是指在西雅图港终点站交货,相当于DEQ	DAT Chicago Terminal,是指在芝加哥目的地的集散站从车上把货卸下交货
DDP Seattle Port,是指在西雅图港船上交货+进口通关+缴交关税	DDP Chicago Terminal,是指在芝加哥目的地的集散站车上交货,并办理通关手续,缴交关税

(2)贸易术语的分类与数量变化。INCOTERMS 2010最大的变化是将原来的13个贸易术语减至11个,4组术语亦减为2组用语,分别是适用于所有运输方式的用语,包括EXW、FCA、CPT、CIP、DAT、DAP和DDP;适用于水路运输的用语,包括FAS、FOB、CFR和CIF。

(3)取消了“船舷”的概念。与INCOTERMS 2000之越过船舷不同,INCOTERMS 2010中FOB、CFR、CIF要求卖方将货物运送至指定装载港,并将其装载于买方所指定之船舶上(…placing them on board)。换句话说,在INCOTERMS 2010下,对于FOB、CFR和CIF术语,只有货物越过船舷,并安全装上船或卸下船,卖方才算完成交货。

【注意】INCOTERMS 2010实施之后,并非INCOTERMS 2000就自动作废。因为国际贸易惯例本身不是法律,对国际贸易当事人不产生必然的强制性约束力。国际贸易惯例在适用的时间效力上并不存在“新法取代旧法”的说法,当事人在订立贸易合同时,仍然可以选择适用INCOTERMS 2000甚至INCOTERMS 1990。

应知考核

一、单项选择题

1. 某出口公司对外以CFR报价,如果该货物采用多式联运方式,以采用(　　)术语为宜。

A. FCA　　B. CIP　　C. DDP　　D. CPT

2. 按照INCOTERMS 2010,以CIF汉堡成交,卖方对货物风险应负责至(　　)。

A. 船到汉堡港为止　　B. 在汉堡港卸下船为止

C. 货在装运港装上船为止　　D. 货在装运港越过船舷为止

3. FOB/CIF术语下,办理保险者为(　　)。

A. 买方/买方　　B. 卖方/买方　　C. 买方/卖方　　D. 卖方/卖方

4. 按 INCOTERMS 2010,CPT 术语下买卖双方风险划分的界限是(　　)。

A. 装运港船舷　　B. 货交承运人　　C. 目的港船上　　D. 目的港码头

5. 对于象征性交货,卖方的交货义务为(　　)。

A. 不交货　　B. 既交单又实际交货

C. 凭单交货　　D. 实际性交货

6. 下述术语中,既属内陆交货又属象征性交货的是(　　)。

A. EXW　　B. FCA　　C. FOB　　D. DDP

7. 某公司与法国一家公司以 DAT 的条件达成一笔交易,按国际惯例,该笔交易的货物在目的港的卸货费用应由(　　)承担。

A. 买方　　B. 卖方　　C. 船方　　D. 港务部门

8. 下列关于 CIF 和 CIP 的说法正确的是(　　)。

A. 适用范围相同　　B. 买卖双方风险划分的界限相同

C. 价格构成相同　　D. 交货地点相同

9. 某外贸公司按 FOB 条件从国外进口一批散装化肥,采用程租船运输,如买方不愿意负担装船费用,应在合同中规定使用(　　)。

A. FOB Liner Terms　　B. FOB under Tackle

C. FOB Trimmed　　D. FOB Stowed

10. 按 CFR 贸易术语成交的国际货物,应由(　　)。

A. 卖方负责租船订舱并办理海上保险

B. 买方负责租船订舱并办理海上保险

C. 卖方负责租船订舱,买方负责办理海上保险

D. 买方负责租船订舱,卖方负责办理海上保险

二、多项选择题

1. 贸易术语又称价格术语,用来说明(　　)。

A. 价格构成　　B. 物权所有　　C. 风险划分　　D. 费用划分

2. 我某进口公司按 FOB 条件进口一批货物,采用程租船运输,如我方不愿承担装船费用,应采用(　　)。

A. FOB Liner Terms　　B. FOB under Tackle

C. FOB Stowed　　D. FOB Trimmed

3. INCOTERMS 2010 包括 11 种贸易术语,其中适用于海运和内河水运的术语有(　　)。

A. FAS　　B. FOB　　C. CFR　　D. CIF

4. 根据 INCOTERMS 2010,适用于任何运输方式的贸易术语有(　　)。

A. DAT　　B. DAP　　C. DDP　　D. FAS

5. 有关贸易术语的国际惯例包括(　　)。

A.《1932 年华沙—牛津规则》　　B.《1941 年美国对外贸易定义修订本》

C.《国际贸易术语解释通则》　　D.《海牙—维斯比规则》

6. 选用贸易术语时应考虑的因素包括(　　)。

A. 承运人风险控制　　B. 货物特性及运输条件
C. 运输方式及运价　　D. 海上风险程度
7. 下列贸易术语中，出口报关责任和进口报关责任由一方承担的是(　　)。
A. EXW　　B. FAS　　C. CIF　　D. DDP
8. 下列贸易术语中，风险转移界限在进口国的有(　　)。
A. FCA　　B. DES　　C. DAP　　D. CIP
9. 下列贸易术语中，(　　)的风险划分以货交第一承运人为界，并适用于各种运输方式。
A. FAS　　B. CPT　　C. CIF　　D. FCA
10. 下列贸易术语中，在装运港完成交货的有(　　)。
A. FOB　　B. FAS　　C. CFR　　D. CIF

三、判断题

1. INCOTERMS 2010 中由买方办理出口报关手续的贸易术语有 EWX、FAS 和 FCA。(　　)
2. 按 CIF 成交的合同，属于在目的港交货的合同。(　　)
3. CPT 与 CFR 术语一样，卖方不必承担货物自交货地点至目的地的运输途中的风险。(　　)
4. FOB、CIF、CFR 三个贸易术语在风险划分上是一样的。(　　)
5. 在出口业务中，采用 CIF 纽约成交与采用 FOB 上海成交的主要区别在于：前者卖方要负责租船订舱，办理货运保险，支付运费和保险费，并将货物交至纽约港船上；而后者卖方只需将货物交至上海港买方指定的船上。(　　)
6. INCOTRMS 2010 中 C 组贸易术语的主要特点之一是费用和风险划分相分离。(　　)
7. 某出口商使用 FOB Liner Terms 条件成交，则其必须使用班轮运输。(　　)
8. 在装运合同下，卖方在约定的时间和地点将货物交给承运人或装上运输工具，即算完成交货，他无义务保证货物按时抵达目的地。(　　)
9. 采用“CIF Ex Ship’s Hold 纽约”贸易术语变形，卖方要负责将货物运送至纽约港，但不负责卸货。(　　)
10. 从商业观点来看，可以说 CFR 合同交易的不是货物，而是与货物有关的单据。(　　)

应会考核

■ 观念应用

某出口公司 A 同新加坡的客户因价格条款产生了一些分歧，一直争执不下。A 和这个客户做的业务是以空运方式进行运输，A 认为 CIF 只适用于海运及陆运方式，而不适用于空运方式，所以坚持用 CIP 条款(并且银行方面也坚持按照国际惯例空运必须使用 CIP)。可客户坚持要用 CIF，他们认为 CIP 比 CIF 多一个费用。

A 想问到底 CIP 和 CIF 在费用上有什么区别？A 的做法是不是正确？

■ 技能应用

印度孟买一家电视机进口商与日本京都电器制造商洽谈买卖电视机交易。从京都(内陆城市)至孟买有集装箱多式运输服务,京都当地的货运商以订约承运人的身份可签发多式运输单据。货物在京都距制造商5千米的集装箱堆场装入集装箱后,由货运商用卡车经公路运至横滨,然后再装上船运至孟买。京都制造商不愿承担公路和海洋运输的风险,孟买进口商则不愿承担货物交运前的风险。

【考核要求】

试对以下问题提出你的意见,并说明理由:

(1)京都制造商是否可以向孟买进口商按FOB、CFR和CIF术语报价?

(2)京都制造商是否应提供已装船运输单据?

(3)按以上情况,你认为京都制造商应该采用何种贸易术语?

■ 案例分析

1. 大连某公司2022年1月出口一级大米300吨,按FOB条件成交,装船时货物经公证人检验,符合合同规定的品质条件,卖方在装船后已及时发出装船通知。但航行途中由于风浪过大,大米被海水浸泡,品质受到影响。当货物抵达目的港后,只能按三级大米的价格出售,因而买方要求卖方赔偿差价损失。

【考核要求】

请问:在上述情况下,卖方对该项损失是否负责?为什么?

2. 我国无锡某公司采用FOB上海向美国出口货物一批,装运期为5月份,集装箱装运。我方4月26日收到买方发来的装船通知,告知我方载货船舶将于5月15日到达装运港。为了及时装运,该公司业务员于5月10日将货物从无锡运至上海码头仓库,不料货物因当夜仓库发生火灾而全部损失。

【考核要求】

(1)以上损失是否应该由我方承担?为什么?

(2)若采用FCA无锡交货,该损失是否应该由我方承担?为什么?

(3)采用FCA贸易术语和FOB贸易术语在交货地点、运输方式和单据、结汇时间等方面存在哪些不同?

项目实训

【实训项目】

贸易术语的应用。

【实训情境】

根据下列材料,运用贸易术语向外商报价:

(1)上海某公司拟向美国纽约某客商出口一批货物,每件(100磅)48美元。交货条件为FOB。

(2)我某进出口公司拟向荷兰某客商出售一批长虹牌988型彩电,单价为每台150美元,交货条件为CIF舱底交货,运达地点鹿特丹。

(3)我某集团公司出口一批货物到英国伦敦,每吨300美元,含佣金2%,交货条件为

CFR。

(4)我某公司出口一批货物到美国纽约,每吨213美元,减折扣3%,交货条件为CIF。

【实训任务】

(1)请根据实训情境,用英文撰写贸易术语的表达方式。

(2)撰写“贸易术语的应用”实训报告。

<table>
<tr><th colspan="3">“贸易术语的应用”实训报告</th></tr>
<tr><td>项目实训班级:</td><td>项目小组:</td><td>项目组成员:</td></tr>
<tr><td>实训时间:　　年　月　日</td><td>实训地点:</td><td>实训成绩:</td></tr>
<tr><td colspan="3">实训目的:</td></tr>
<tr><td colspan="3">实训步骤:</td></tr>
<tr><td colspan="3">实训结果:</td></tr>
<tr><td colspan="3">实训感言:</td></tr>
<tr><td colspan="3">不足与今后改进:</td></tr>
</table>

项目组长评定签字:　　　　　　　　　　项目指导教师评定签字:

项目三　交易磋商与合同缮制

◇ **知识目标**

理解:交易磋商的环节;

熟知:合同的结构与内容;

掌握:发盘和接受的构成条件;合同的缮制。

◇ **技能目标**

能够熟知询盘、发盘、还盘和接受的电文表达方式;掌握发盘和接受撤回的技巧;具备交易磋商以及订立国际货物买卖合同的能力;掌握电子商务和电子合同在国际贸易中的具体应用。

◇ **素质目标**

具有交易磋商以及订立国际货物买卖合同的意识;清楚交易磋商环节中撤回与撤销的区别。

◇ **思政目标**

能够正确地理解"不忘初心"的核心要义和精神实质;树立正确的世界观、人生观和价值观,做到学思用贯通、知信行统一;通过交易磋商与外贸合同缮制的知识学习,明确自身的责任使命和职业道德素养,发挥自己的业务工作能力,提高商贸英语水平,具备外贸业务沟通交流的职业要领和职业情感。

◇ **课程思政**

关于发盘、接受的应用

日本某中间商A针对某商品向我方询盘 ,我方于10月10日向A商发盘,并要求10月20日前复到。16日我方突然收到美商B按我方发盘的规定开来的信用证,随后又收到A商的电报称:"你方10日发盘已转B商。"当时,该商品的价格正在上涨。我公司将信用证退回,又按调整后的价格直接向B商发盘。但B商来电称信用证已于有效期内送达我方,是以行动来表示接受,所以,合同已经成立,并拒绝接受新的报价。就此,双方产生争议。

思政反思:在本案中,我方是向A商做出的发盘,只有A商做出接受才有效;B商并非我方的发盘特定人,其按我方发盘的规定开来的信用证实际上只相当于一个发盘,B商是发盘人,我方成为其特定人,因此,我方享有该项交易的主动权。

作为今后从事商贸行业的在校大学生,要明确交易磋商是开展对外贸易的一个很重要的环节,交易磋商的结果决定着合同条款的具体内容,从而确定了合同双方当事人的权利和义务。做好这个环节的工作,妥善处理交易磋商中出现的各种问题,在平等互利的基础上达成公平合理和切实可行的协议,具有十分重要的意义,对树立责任意识观念和职业成就,增强业务态度与认知,具有现实作用。

◇ 知识精讲

任务一　交易磋商

交易磋商(Business Negotiation)是指买卖双方通过口头直接洽谈或函电的形式，就某项交易的达成进行协商，以求完成交易的过程。交易磋商是国际贸易的重要环节之一，商品的国际交易双方能否顺利签订合同，主要取决于交易双方对交易双方条件磋商的结果。

进出口企业在做好进出口交易的前期准备工作之后，即可对外进行交易磋商。磋商的内容一般分为两部分：①带有变动性的主要交易条件，如货物品质、规格、标准、数量、包装、价格、交货和支付等。这些交易条件因货物种类、交易数量及时间等因素不同，每笔交易也不尽相同。②带有相对固定的交易条件，也称为一般交易条件，如商品检验、申诉索赔、仲裁和不可抗力等，是由进出口商共同拟定的对每笔交易都适用的一套共性的交易条件，大多印在合同的背面或格式正面的下部。

【注意】主要交易条件与一般交易条件的区分并不是绝对的。

【提示】在实际业务中，买卖双方在初次接触时可就一般交易条件进行洽商，经双方共同确认后，作为将来交易的基础，在洽商具体交易时则不必逐条重复这些条件，只洽商主要条件即可，这样可以节省往来函电的费用和交易磋商时间。

买卖双方交易磋商的程序，一般从询盘开始，经过发盘、还盘和接受几个环节，最后以交易达成而告终。其中，发盘与接受是两个必不可少的环节。

【提示】交易磋商是一项复杂的商务活动，政策性、策略性、技术性和专业性都很强。在国际贸易中，交易双方分属不同的国家或地区，彼此有着语言和文字沟通方面的差异，因此必须注意函电文字表达的准确性。

一、询盘(Inquiry)

动漫视频

询盘

询盘又称询价，是准备购买或出售商品的人向潜在的供货人或买主探询该商品的成交条件或交易的可能性的业务行为。它不具有法律上的约束力。询盘所涉及的内容较广，可以就某项交易条件进行询问，也可以就几项交易条件进行询问。

【提示】询盘通常由买方发出，也可由卖方发出。①买方询盘：Interested in northeast Soybean please telex CIF New York lowest price.(对东北大豆感兴趣，请电告CIF纽约最低价)。②卖方询盘：We can supply Soybean 1 000M/T，please bid.(我们可以提供大豆1 000吨，请递盘。)

【学中做3—1】(单项选择题)英国某买主向我国某轻工业品进出口公司来电“拟购美加净牙膏大号1 000打，请电告最低价格及最快交货期”，此来电属于交易磋商的(　　)环节。

A. 发盘　　B. 询盘　　C. 还盘　　D. 接受

询盘可以涉及某种商品的品质、规格、数量、包装、价格和装运等成交条件，也可以索取样品，其中多数是询问成交价格，因此在实际业务中，也有人把询盘称作询价。

【注意】如果发出询盘的一方只是想探询价格，并希望对方开出估价单，则对方根据询价要求所开出的估价单，只是参考价格，并不是正式的报价，因而也不具备发盘的条件。

在国际贸易中，发出询盘的目的，除了探询价格或有关交易条件外，有时还表达与对方进行交易的愿望，希望对方接到询盘后及时做出发盘，以便考虑接受与否。这种询盘实际上属于邀请发盘。邀请发盘是当事人订立合同的准备行为，其目的在于使对方发盘，询盘本身并不构成发盘。

【拓展阅读3—1】　　询盘应注意的事项

询盘不是交易磋商的必经步骤，但往往是一笔交易的起点。询盘中，当事人一般需注意以下问题：

(1)询盘不一定要有“询盘”(Inquiry、Enquiry)字样，凡含有询问、探询交易条件或价格方面的意思表示，均可作询盘处理。

(2)业务中询盘虽无法律约束力，但当事人仍需考虑询盘的必要，尽量避免只是询价而不购买或不售货，以免失掉信誉。

(3)询价时，询价人不应只考虑如何询问商品的价格，也应注意询问其他交易条件，争取获得比较全面的交易信息或条件。

(4)要尊重对方价，对对方询价，无论是否出售或购买均应及时处理与答复。

(5)询盘可以同时向一个或几个交易对象发出，但不应在同时期集中作出，以免暴露我方销售或购买意图。

【提示】询盘不是每笔交易必经的程序，如交易双方彼此都了解情况，不需要向对方探询成交条件或交易的可能性，则不必使用询盘，可直接向对方做出发盘。

【注意】在书写询价函时应注意开门见山、简明扼要和具体明了，语言不宜冗长和过分客气，更不可显得自卑。询价时常用的术语有：“interested in … please … ”“please advise … ”“please quote … ”“please offer … ”“please bid”等。

下面是一则询价函的实例：

Inquiry

动漫视频

Inquiry译文

Dear Mr. Gable,

We are very glad to receive your enquiry of May 10, and thank you for your interest in our products.

We are a joint venture specializing in the manufacture and export of garments. Under separate cover, we are sending you some samples, together with a price list and an illustrated catalogue which introduces our company in detail and covers the main products available for export at present. You may also visit our online company introduction at http://www.xxx.com for further information. Should any of the items be of interest to you, please let us know. We would be happy to give you a quotation upon receipt of your specific enquiry.

Our usual terms of payment is by irrevocable L/C at sight. As to discount, we would allow a 3% discount on purchases of over 5 000 pieces of individual items.

We look forward to receiving your favorable reply soon.

Yours sincerely,

【学中做3—2】 请根据所学知识，翻译下面译文。

Dear Sirs,

我们想进口各类摩托车，请寄目录及你方最新的报价单一份。

我们是美国最大的车辆经销商之一，在各主要城市都有分支机构，这里对各类摩托车，尤其是高质量并时尚的摩托车有着稳定的需求，如果质量令人满意且价格可接受的话，我们将长期向你方订购。

回复时，请说明能否给予我方特别的折扣及支付方式。

静盼佳音！

二、发盘（Offer）

动漫视频

发盘

发盘又称发价或报价、报盘，在法律上称为要约。《联合国国际货物销售合同公约》[①]（以下简称《公约》）第 14 条第 1 款规定："凡向一个或一个以上特定的人提出的订立合同的建议，如果其内容十分确定，并且表明发盘人有在其发盘一旦得到接受就受其约束的意思，即构成发盘。"

【提示】发盘既可由卖方提出，也可由买方提出，因此，有卖方发盘和买方发盘之分，后者习惯上称为递盘（Bid）。

（一）构成有效发盘的条件

1. 发盘应向一个或一个以上特定的人提出

动漫视频

联合国国际货物销售合同公约

向特定的人提出，是指向有名有姓的公司或个人提出。提出此项要求的目的在于把发盘同普通商业广告及向广大公众散发的商品价目单等行为区别开来。对广大公众发出的商业广告是否构成发盘的问题，各国的法律规定不一。①大陆法系规定，发盘需向一个或一个以上特定的人提出，凡向公众发出的商业广告，不得视为发盘。如北欧各国认为，向广大公众发出的商业广告，原则上不能作为发盘，而只是邀请看到广告的公众向登广告的人提出发盘。②英美法系的规定则与此相反，如英国有的判例认为，向公众发出的商业广告，只要内容确定，在某些场合下也可视为发盘。

《公约》对此问题持折中态度，《公约》第 14 条第 2 款规定："非向一个或一个以上特定的人提出的建议，仅应视为邀请发盘，除非提出建议的人明确地表示相反的意向。"根据此项规定，商业广告本身并不是一项发盘，通常只能视为邀请对方提出发盘。

【注意】如商业广告的内容符合发盘的条件，而且登此广告的人明确表示它是作为一项发盘提出来的，如在广告中注明"本广告构成发盘"或"广告项下的商品将售给最先支付货款或最先开来信用证的人"等，则此类广告也可作为一项发盘。

鉴于《公约》对发盘的上述规定既原则又具体，且有一定的灵活性，加之世界各国对发盘又有不同的理解，因此，在实际应用时要特别小心。

【提示】我方对外做广告宣传和寄发商品价目单时，不要使对方理解为我方有"一经接受，即受约束"的意思。在寄发商品价目单时，最好在其中注明"可随时调整，恕不通知"或"需经我方最后确认"等字样。

发盘分为实盘和虚盘两种。

（1）有约束力的发盘又叫"实盘"（firm offer）或"不可撤销的发盘"。在这种发盘中，发盘

---

① 《联合国国际货物销售合同公约》，本书后续内容中均以简称《公约》表示。

人必须表明严肃的订约意图并且发盘的有效期内不能撤销或修改，发盘一旦被受盘人无条件接受，合同即告成立。所以，这种发盘在有效期内对发盘人有法律约束力。

(2)无约束力的发盘又叫“虚盘”(no-firm offer)或“自由发盘”。与实盘相反，虚盘的内容不确定，也不完整，发盘人通常有所保留。这种发盘对发盘人无约束力，在询盘中经常出现“参考价”“以我方最后确认为条件”(subject to our final confirmation)等字样。

2. 发盘的内容必须十分确定

《公约》第14条第1款规定，发盘的内容必须十分确定(Sufficiently Definite)。所谓十分确定，是指在提出的订约建议中，至少应包括下列三个基本要素：①标明货物的名称。②明示或默示地规定货物的数量或规定数量的方法。③明示或默示地规定货物的价格或规定确定价格的方法。

凡包含上述三项基本因素的订约建议，即可构成一项发盘。如该发盘被对方接受，买卖合同即告成立。

【注意】我国的贸易习惯一般是明示或默示至少6项主要交易条件：品质、数量、包装、价格、交货和支付条件，并表明发盘的有效期。

在实际业务中，发盘人发盘时，如能明确标明要出售或要购买的货物的价格和数量，当然是最好的处理办法。但是，合同项下货物的数量，有时只能由当事人酌情处理或只能在交货时具体确定。例如，某商人向对方提出，在一年内向对方提供或购买一年生产的某项产品，可以认为在数量问题上是十分确定的。同样，确定价格也是如此。例如，在远期交货的情况下，交易双方为了避免承担价格波动的风险，可采取较为灵活的作价办法，即不规定具体价格，只规定一个确定价格的方法，如规定按交货时某个市场的价格水平来确定该货物的价格。

【注意】订约建议中关于交货时间、地点、付款时间和地点等内容虽然没有提到，但并不妨碍它作为一项发盘，因而也不妨碍合同的成立。因为，发盘中没有提到的其他条件，在合同成立后，可以双方当事人确立的习惯做法及采用的惯例予以补充，或者按《公约》中关于货物销售部分的有关规定予以补充。

对于一项发盘应包括的内容，各国的法律规定不尽相同。有些国家的法律要求对合同的主要条件，如品名、品质、数量、包装、价格、交货时间与地点以及支付办法等，都要有完整、明确的规定，并不得附有任何保留条件，以便受盘人一旦接受即可签订一项对买卖双方均有约束力的合同。《公约》关于发盘内容的上述规定，只是对构成发盘的起码要求。在实际业务中，如发盘的交易条件太少或过于简单，会给合同的履行带来困难，甚至容易引起争议，因此，在对外发盘时，最好将品名、品质、数量、包装、价格、交货时间、地点和支付办法等主要交易条件一一列明。

3. 表明经受盘人接受发盘人即受约束的意思

发盘必须表明发盘人对其发盘一旦被受盘人接受即受约束的意思。发盘是订立合同的建议，这个意思应当体现在发盘中，如发盘人只是就某些交易条件建议同对方进行磋商，而根本没有受其建议约束的意思，则此项建议不能被认为是一项发盘。

【注意】发盘人在其提出的订约建议中加注诸如“仅供参考”“需以发盘人的最后确认为准”的字样或其他保留条件，这样的订约建议就不是发盘，而只是邀请对方发盘。

【提示】《中华人民共和国民法典》[①](以下简称《民法典》)对发盘及其构成要件的规定同《公约》的规定与解释基本上是一致的。《民法典》第472条规定:要约是希望和他人订立合同的意思表示,该意思表示应当符合下列规定:内容具体确定;表明经受要约人承诺,要约人即受该意思表示约束。

4. 发盘生效的时间

发盘生效的时间有各种不同的情况:①口头方式做出的发盘,其法律效力自对方了解发盘内容时生效。②书面形式做出的发盘,关于其生效时间,主要有两种不同的观点与做法:一是发信主义,即认为发盘人将发盘发出的同时,发盘就生效;另一种是受信主义,又称到达主义,即认为发盘必须到达受盘人时才生效。《公约》规定,发盘送达受盘人时生效。我国《民法典》关于发盘生效时间的规定同《公约》的规定是一致的,即也采取到达主义。此外,我国《民法典》第137条还同时对采用数据电文方式的到达时间如何确定做出了具体规定:"以非对话方式作出的采用数据电文形式的意思表示,相对人指定特定系统接收数据电文的,该数据电文进入该特定系统时生效;未指定特定系统的,相对人知道或者应当知道该数据电文进入其系统时生效。"

(二)明确发盘生效时间的意义

1. 关系到受盘人能否表示接受

一项发盘只有在送达受盘人时,才能产生效力,即只有当受盘人收到发盘之后,也就是发盘生效之后,受盘人才能表示接受,从而使合同成立。在受盘人收到发盘之前,即使受盘人通过其他途径已经知道发盘的发出及发盘的内容,也不能做出接受。

2. 关系到发盘人何时可以撤回发盘或修改其内容

一项发盘即使是不可撤销的,只要在发盘生效之前,发盘人仍可随时撤回或修改其内容,但撤回或更改其内容的通知,必须在受盘人收到发盘之前或同时送达受盘人。

【提示】发盘一旦生效,那就不是撤回发盘的问题,而是撤销发盘的问题。

(三)发盘的有效期

发盘的有效期有两层含义:①在有效期内受发盘的约束。②超过有效期,发盘人则不受约束。

【注意】在发盘的有效期内,发盘人不能任意地撤销和修改它的内容。发盘一经对方在有效期内接受,发盘人就应受到该发盘的约束,就应承担按照发盘的条件与对方订立合同的责任。

通常情况下,发盘都具体规定一个有效期。发盘的有效期并不是构成发盘不可缺少的条件,一项发盘可以明确规定有效期,也可以不明确规定有效期。

作为对方表示接受的时间限制,超过发盘规定的时限,发盘人即不受约束。当发盘未具体列明有效期时,受盘人应在合理时间内接受才能有效。

【提示】何谓"合理时间",需根据具体情况而定。根据商品的品种、特性和市场行情,发盘都有其合理的有效期。

根据《公约》的规定,采用口头发盘时,除发盘人另有声明外,受盘人只能当场表示接受方为有效。采用函电成交时,发盘人一般都明确规定发盘的有效期。

---

① 《中华人民共和国民法典》,本书后续内容中均以简称《民法典》表示。

发盘有效期的规定方法有：①规定最迟接受的期限。②规定一段接受的期限。

此外，当发盘规定有效期时，还应考虑交易双方营业地点不同而产生的时差问题。

（四）发盘的撤回（Withdrawal）与撤销（Revocation）

发盘的撤回与撤销是两个不同的概念。前者是指在发盘送达受盘人之前，将其撤回，以阻止其生效；后者是指发盘已送达受盘人，即发盘生效之后将发盘取消，使其失去效力。

1. 发盘的撤回

发盘的撤回是指发盘人将还没有被受盘人收到的发盘予以撤销的行为，即终止了一项还没有生效的发盘。发盘撤回的隐含条件是：取消发盘的速度要比原发盘的速度快，这样在发盘生效前就可取消或撤回。

对于发盘发出后，发盘人是否可以撤回发盘或变更其内容这个问题，英美法系与大陆法系之间存在着尖锐的矛盾。①英美法系认为，发盘原则上对发盘人没有约束力。发盘人在受盘人对发盘表示接受之前的任何时候，都可撤回发盘或变更其内容。②大陆法系认为，发盘对发盘人有约束力。如《德国民法典》规定，除非发盘人在发盘中订明发盘人不受发盘的约束，否则发盘人就要受到发盘的约束。

根据《公约》的规定，一项发盘（包括注明不可撤销的发盘）在其生效以前，都是可以修改或撤回的。因此，如果发盘人的发盘内容有误或因其他原因想改变主意，可以用更迅速的方法，将发盘的撤回或更改通知赶在受盘人收到该发盘之前或同时送达受盘人，则发盘即可撤回或修改。发盘人想撤回或修改已经发出的发盘，必须有准确的时间概念，如发盘是何时发出的，预计何时可送达对方，然后再考虑采取最快的通信方法是否可以撤回或修改发盘。

【提示】撤回只适用于信件或电报方式，电传、传真、邮件等方式不存在撤回的可能性。

2. 发盘的撤销

发盘的撤销是指发盘已到达受盘人并已经生效，发盘人通知受盘人撤销原发盘，解除其生效行为，即终止了一项已经生效的发盘。

【拓展阅读 3—2】　　发盘能否撤销

关于发盘能否撤销的问题，英美法与大陆法存在严重的分歧。英美法认为，在受盘人表示接受之前，即使发盘中规定了有效期，发盘人也可以随时予以撤销，这显然对发盘人片面有利。这种观点在英美法国家中也不断受到责难。有的国家在制定或修改法律时，实际上已在不同程度上放弃了这种观点。大陆法系国家对此问题的看法相反，认为发盘人原则上应受发盘的约束，不得随意将其发盘撤销。例如，德国法律规定，发盘在有效期内，或没有规定有效期，则依通常情况在可望得到答复之前不得将其撤销（除非在发盘中注明不受发盘的约束）。法国的法律虽规定发盘在受盘人接受之前可以撤销，但若撤销不当，发盘人应承担损害赔偿的责任。美国法律规定由商人签署的买卖货物的书面发盘，如果且保证在一定时间内是不可撤销，那么即使没有对价，该发盘在规定时间内不可以撤销，如无规定时间，则在合理时间内不可撤销。

为了调和上述两大法系在发盘可否撤销问题上的分歧，《公约》采取了折中的办法，该《公约》第 16 条规定，在发盘已送达受盘人，即发盘已经生效，但受盘人尚未表示接受之前这一段时间内，只要发盘人及时将撤销通知送达受盘人，仍可将其发盘撤销。如一旦受盘人发出接受通知，则发盘人无权撤销该发盘。

《公约》规定，并不是所有的发盘都可撤销，下列两种情况下的发盘，一旦生效，则不得撤销：①在发盘中规定了有效期，或以其他方式表示该发盘是不可撤销的；②受盘人有理由信赖该发盘是不可撤销的,并本着对该发盘的信赖采取了行动。

【提示】一项发盘是否可以撤销,主要取决于受盘人是否可能因为发盘撤销而受到损害。

【学中做3-3】按《公约》的规定,一项发盘在尚未送达受盘人之前是可以阻止其生效的,这叫发盘的(　　)。(单项选择题)

A. 撤回　　B. 撤销　　C. 还盘　　D. 接受

(五)发盘效力的终止

(1)发盘效力终止包括的内容:①发盘的终止即其法律效力的消失。②发盘人不再受该项发盘的约束。③受盘人无权再对该发盘表示接受。

(2)发盘效力终止的原因。任何一项发盘,其效力均可在一定条件下终止。发盘效力终止的原因,一般包括以下几个方面:①在发盘规定的有效期内发盘未被接受,或虽未规定有效期,但在合理时间内未被接受,则发盘的效力即告终止(即过了发盘的有效期)。②发盘被发盘人依法撤销(有效的撤销)。③被受盘人拒绝或还盘之后,即拒绝或还盘通知送达发盘人时,发盘的效力即告终止。④发盘人发盘之后,发生了不可抗力事件,如所在国政府对发盘中的商品或所需外汇发布禁令等。在这种情况下,按出现不可抗力可免除责任的一般原则,发盘的效力即告终止。⑤发盘人或受盘人在发盘被接受前丧失行为能力,则该发盘的效力也可终止。

(六)发盘可采用的形式

发盘可采用谈判或函电的形式。一封理想的发盘函通常应包括以下内容:①对对方的询盘表示感谢;②说明欲交易商品的品质、数量、价格、交货、包装和支付条件等;③发盘的有效期限;④希望该发盘能为对方接受。

【注意】发盘因撰写情况或背景不同,在内容、要求上也有所不同。但从总的情况看,其结构一般包括下列内容:

(1)感谢对方来函,明确答复对方来函询问事项。如 Thank you for your inquiry for …(感谢您对……的询盘)。

(2)阐明交易的条件(品名、规格、数量、包装、价格、装运、支付、保险等)。如:For the Butterfly Brand sewing machine, the best price is USD79.00 per set FOB Tianjin(蝴蝶牌缝纫机的最低价格为每台79美元FOB天津)。

(3)声明发盘有效期或约束条件。如:In reply we would like to offer, subject to your reply reaching us before …(我方愿意报盘,但你方回复到达我方应在……之前)。

(4)鼓励对方订货。如:We hope that you place a trial order with us.(我们希望你方能试订货。)

下面是一则发盘函的实例:

<u>Offer</u>

Dear Mr. Bergman,

Thank you for your letter dated Oct. 10, in which you expressed your interest in our Silk Blouses Item No.:670.

At your request, we take pleasure in making you the following offer, subject to our final confirmation:

Commodity: Silk Blouses Item No.:670

Quantity: 2 000 pieces

Size: L/XL/XXL

Color: white, blue, red

Price: At US$96.00 per piece CIF New York

Shipment: From Shanghai or Ningbo to New York by sea in Dec., 2022.

Payment: By irrevocable L/C payable by draft at sight.

We are sending you, under separate cover, a sample for the blouse and cuttings of our materials and a color chart for your reference.

Offer译文

We hope you will find our prices competitive and quality superior and we look forward to your trial order.

【学中做 3—4】 请根据所学知识，翻译下面译文。

Dear Sirs,

感谢贵方通过 DHL 寄给我们印花布的目录和剪样。

我们现在对你方 PS568 和 PS572 两款感兴趣，请报 CIF 纽约最低价，同时，我们还需要其他信息，包括支付、包装、最早装运期、起订量以及你方能给的折扣。如果你们条款优惠，交货期能接受的话，我们将大量订购。

三、还盘(Counter Offer)

还盘又称还价，在法律上称为反要约，是指受盘人不同意或不完全同意发盘提出的各项条件，并提出了修改意见，建议原发盘人考虑，即还盘是对发盘条件进行添加、限制或其他更改的答复。还盘是对发盘的一种拒绝，还盘一经作出，原发盘即失去效力，发盘人不再受其约束。一项还盘等于受盘人向原发盘人提出的一项新的发盘。

【提示】还盘不是磋商的必要环节，一次交易可以没有还盘，也可以有多次还盘；还盘时可只对不同意的条件做出说明，同意的条件不再说明。

【注意】受盘人的答复如果在实质上变更了发盘条件，就构成了对发盘的拒绝，其法律后果是否定了原发盘，原发盘即告失效，原发盘人不再受其约束。

根据《公约》的规定，受盘人对货物的价格、付款、品质、数量、交货时间与地点以及一方当事人对另一方当事人的赔偿责任范围或解决争端的办法等条件提出的添加或更改，均为实质性变更发盘条件。

此外，对发盘表示有条件地接受也是还盘的一种形式。例如，受盘人在答复发盘人时，附加有“俟最后确认为准”“未售有效”等规定或类似的条件，这种答复只能视作还盘或邀请发盘；而还盘的内容，则构成一个新的发盘，还盘人成为新的发盘人，原发盘人成为新受盘人，拥有对新发盘做出接受、拒绝或再还盘的权利。

【注意】还盘可以用口头方式或书面方式表达，一般与发盘采用的方式相符。

【拓展阅读 3—3】　还盘应注意的问题

(1)还盘可以明确使用“还盘”字样，也可不使用，只是在内容中表示对发盘的修改。

(2)还盘可以针对价格，也可以针对交易商品的品质、数量、装运或支付条件。

(3)还盘时，一般只针对原发盘提出不同意见和需要修改的部分，已同意的内容在还盘中可以省略。

(4)接到还盘后要与原发盘进行核对，找出还盘中提出的新内容，结合市场变化情况和我方销售意图认真对待和考虑。

【注意】国际贸易中，最常见的还盘是买方对卖方发盘价格的还盘。遇到此种还盘时，卖方一般可按以下方法予以处理和答复。

(1)感谢来函但不能接受其还价。如：Thank you for your fax of June 5. We regret to say that we cannot accept your counter offer.

(2)要求降价。如：If you can reduce the price by 10%，we can do the business.（如你方能降价 10%，我们可以成交。）

下面是一则还盘函的实例。

Counter Offer

Dear Mr. Gable，

Re：100% Cotton Men's Jackets Item No. 7009A

We have received your fax of Nov. 25 asking for a reduction of 10% in price and have made a careful study on it.

Counter Offer 译文

Actually the prices we quoted are narrowly calculated and are very realistic. They are in fact lower than those of our competitors. The fact that we are one of the largest suppliers of garments in Zhejiang is the evidence of the good value of our products. We believe a fair comparison of quality between our products and those from other sources will convince you of the reasonableness of our quotation. To reduce the price by 10% could not be done without considerably lowering our standards of quality. This is something we are not prepared to do.

However，in view of our future cooperation，we would exceptionally give you 3% discount if your order exceeds 8 000 pieces. On orders of this size，we could make a reduction without lowering our standards.

We hope you will accept our proposal and look forward to your trial order.

Yours sincerely，

【学中做 3—5】 请根据所学知识，翻译下面译文。

Dear Sirs，

感谢你方 1 月 10 日的发盘：1 000 辆自行车，每辆 500 美元，CIF 纽约。

很遗憾，我方客户认为你方价格过高，与当前行情不符，你们应该也知道，有些日本商人正在降价 10%。毫无疑问，市场竞争很厉害。

我们承认你们的质量稍微好一点，但差价也不至于到 5%，因此，代表我方客户，我方还盘如下：

“1 000 辆自行车，每辆 470 美元，CIF 纽约，其余条款不变”。

因为市场疲软，我方建议你方立即接受。

【同步案例 3—1】　　更改发盘合同不成立

我国某出口公司于 2022 年 1 月 1 日向美商 A 发盘供应某商品，限时 1 月 10 日复到有效。1 月 3 日，我方收到美商的电传，美商表示接受，但提出必须降价 5%。当我方正在研究如何答复时，由于该商品的国际市场发生对美商有利的变化，因此美商又在 1 月 7 日来电表示无条件接受我方 1 月 1 日的发盘。我方未理会，于 1 月 9 日把该批货物卖给另一美商 B，随后，双方就合同是否成立产生了争议。

精析：在本案中，美商A在3日答复时，已经更改了我方发盘中的价格条件，应视为还盘，我方的发盘就此失效，不再受该发盘的约束，我方掌握该交易的主动权，可以选择接受、拒绝或再还盘。因此，我方与美商A的交易不成立。

四、接受(Acceptance)

接受在法律上称为承诺，是指受盘人在发盘规定的时限内，以声明或行为表示同意发盘提出的各项条件。可见，接受的实质是对发盘表示同意。这种同意，通常应以某种方式向发盘人表示出来。根据《公约》的规定，受盘人对发盘表示接受，既可以采取口头或书面向发盘人发表声明的方式，也可以通过其他实际行动来表示。

沉默或不行为本身，并不等于接受，如果受盘人收到发盘后，不采取任何行动对发盘做出反应，而只是保持缄默，则不能认为对发盘表示接受。因为，从法律责任上来看，受盘人一般并不承担对发盘必须进行答复的义务。

【注意】如沉默或不行为与其他因素结合在一起，足以使对方确信沉默或不行为是同意的一种表示，即可构成接受。假定交易双方有协议或按业已确认的惯例与习惯做法，受盘人的缄默也可以视为接受。

(一)构成有效接受的要件

一项有效的接受，必须具备下列各项要件。

1. 接受必须由特定的受盘人发出

发盘是向特定的人提出的，因此，只有特定的人才能对发盘做出接受。

【注意】由第三者做出的接受，不能视为有效的接受，只能作为一项新的发盘。

2. 接受必须表示出来，如声明或用实际行动

比如，卖方发货表示接受，买方付钱或开立信用证表示接受。这种行动必须在发盘的有效期内或合理时间，根据发盘的内容或双方习惯做出。

3. 接受必须在发盘规定的时限内做出

当发盘规定了接受的时限时，受盘人必须在发盘规定的时限内做出接受，方为有效。如发盘没有规定接受的时限，则受盘人应在合理时间内表示接受。

【提示】对何谓“合理时间”，往往有不同的理解。为了避免争议，最好在发盘中明确规定接受的具体时限。

【职场指南3—1】　　接受生效时间的规定

接受是一种法律行为，这种行为何时生效，各国法律有不同的规定。在接受生效的时间问题上，英美法系与大陆法系存在着严重分歧。英美法系采用“投邮生效”的原则，即接受通知一经投邮或交电报局发出，则立即生效；接受通知在投邮过程中因某种原因延误或发盘人根本没有收到接受，也不影响接受的效力(即合同的成立)。也即传递延误或遗失的风险由发盘人承担。大陆法系采用“到达生效”的原则，即接受通知必须送达发盘人时才能生效。《公约》第18条第2款明确规定，接受送达发盘人时生效。如接受通知未在发盘规定的时限内送达发盘人，或者发盘没有规定时限，且在合理时间内未曾送达发盘人，则该项接受称作逾期接受(Late Acceptance)。按大多数国家的法律规定，逾期接受不是有效地接受。由此可见，接受时间对双方当事人都很重要。

此外，接受还可以在受盘人采取某种行为时生效。《公约》第 18 条第 3 款规定，如根据发盘或依照当事人业已确定的习惯做法或惯例，受盘人可以某种行为来表示接受，而无须向发盘人发出接受通知，则接受于该项行为做出时生效。例如，发盘人在发盘中要求“立即装运”，受盘人可做出立即发运货物的行为对发盘表示同意，而且这种以行为表示的接受，在装运货物时立即生效，合同即告成立，发盘人就应受其约束。

4. 接受必须同意发盘所提出的交易条件

根据《公约》的规定，一项有效的接受必须同意发盘所提出的交易条件，只接受发盘中的部分内容，或对发盘条件提出实质性地修改，或提出有条件地接受，均不能构成接受，而只能视作还盘。但是，若受盘人在表示接受时，对发盘内容提出某些非实质性的添加、限制和更改（如要求增加重量单、装箱单、原产地证明或某些单据的份数等），除非发盘人在不过分迟延的时间内表示反对其间的差异，仍可构成有效的接受，从而使合同得以成立。在此情况下，合同的条件就以该项发盘的条件以及接受中所提出的某些更改为准。

5. 接受通知的传递方式应符合发盘的要求

发盘人发盘时，有的具体规定接受通知的传递方式，也有未作规定的。如发盘人未规定传递方式，则受盘人可按发盘所采用的或比其更快的传递方式将接受通知送达发盘人。

【注意】接受通知在规定期限内到达发盘人，对合同的成立具有重要作用。各国法律通常都会对接受到达发盘人的期限做出规定。我国《民法典》第 481 条也对此作了明确规定，即承诺应当在要约确定的期限内到达要约人。要约没有确定承诺期限的，承诺应依照下列规定到达：①要约以对话方式做出的，应当即时做出承诺，但当事人另有约定的除外。②要约以非对话方式做出的，承诺应在合理期限内到达。

（二）逾期接受（Late Acceptance）

逾期接受又称迟到的接受，是指没有在有效期内送达或超过了合理的期限才送达发盘人手上。虽然各国法律一般都认为逾期接受无效，它只能被视作一个新的发盘，但《公约》对这个问题做了灵活的处理。《公约》第 21 条第 1 款规定：逾期接受仍有接受的效力，如果发价人毫不迟延地用口头或书面将此种意见通知被发价人。

如果发盘人对逾期接受表示拒绝或不立即向受盘人发出上述通知，则该项逾期接受无效，合同不能成立。《公约》第 21 条第 2 款规定，如果载有逾期接受的信件或其他书面文件表明，它是在传递正常、能及时送达发盘人的情况下寄发的，则此项逾期接受具有接受的效力，除非发盘人毫不迟延地用口头或书面通知受盘人，认为其发盘因逾期接受而失效。因此，逾期接受是否有效，关键要看发盘人如何表态。

【做中学 3－1】　　逾期接受是否应该接受

大连某企业 2021 年 10 月 1 日向日商发盘：“阿托品每 100 盎司为一批，大连船上交货价 5 美元 1 盎司，5 日内复到有效。”日商 10 月 7 日回电表示接受，我方立即电告对方此接受有效，并着手备货。两天后日商来电称，7 日的电传已超出了发盘的有效期，属于无效接受，合同不成立。请问：日商的做法是否合理？为什么？

分析：我方 10 月 1 日向日商发盘，5 日内复到有效，结果日商在 10 月 7 日回电表示接受，这是一项逾期接受。但是我方立即电告对方，他的接受有效。也就是说，我方接受了他的逾期接受，在这种情况下，此项逾期接受仍然有法律效力，所以合同是成立的，日商的做法不合理。

【学中做 3－6】（单项选择题）逾期接受是否生效，主要取决于（　　）的意思表示。

A. 发盘人　　　　　　　　　　　　　B. 受盘人

C. 出口地银行　　　　　　　　　　　D. 传递接受通知的人

（三）接受的撤回或修改

在接受的撤回或修改问题上，《公约》采取了大陆法系"送达生效"的原则。《公约》第 22 条规定："如果撤回通知于接受原应生效之前或同时送达发盘人，接受得予撤回。"由于接受在送达发盘人时才产生法律效力，故撤回或修改接受的通知，只要先于原接受通知或与原发盘接受通知同时送达发盘人，则接受可以撤回或修改。如接受已送达发盘人（即接受一旦生效，合同即告成立），就不得撤回接受或修改其内容，因为这样做无异于撤销或修改合同。

【注意】接受没有撤销。在当前通信设施非常先进和各国普遍采用现代化通信手段的条件下，当发现接受中存在问题而想撤回或修改时，往往已经来不及了。为了防止出现差错和避免产生不必要的损失，在实际业务中，应当审慎行事。

【拓展阅读 3—4】　　　　　接受应注意的问题

在国际贸易中，表示接受的可以是买方，也可以是卖方。如果是我方表示接受，一般应注意以下几个问题：

（1）接受时应慎重对洽商的函电或谈判记录进行认真核对，经核对认为对方提出的各项交易条件确已明确、肯定和无保留条件时，再予以接受。

（2）接受可以简单表示，如"你 10 日电接受"，也可详细表示，即将洽商的主要交易条件再重述一下，表示接受。一般来讲，对一般交易的接受，可采用简单形式表示，但接受电报、电传或信函中需注明对方来电、信函的日期或文号；对大宗交易或交易洽商过程比较复杂的，为慎重起见，在表示接受时，应采用详细叙述主要交易条件的形式。

（3）表示接受应在对方报价规定的有效期之内进行，并严格遵守有关时间的计算规定。

（4）表示接受前，要详细分析对方报价，准确识别对方函件性质是发价还是询盘，以免使自己被动或失去成交的机会。

由国外客户表示接受时，应注意如下问题：

（1）收到国外客户接受后，要认真分析客户接受的有效性，根据客户接受情况及我方经营意图，正确处理把握合同成立与不成立的法律技巧。

（2）注意贯彻"重合同、守信用"的原则，只要对方接受有效，即使情况变化对我不利，我方仍应同客户达成交易、订立合同，维护我方信誉。

下面两封信函一封是接受，另一封是订购。

Acceptance

Dear Mr. Gable,

Re:100% Cotton Men's Jackets Item No. 7009A

Thank you for your e-mail of Nov. 30 giving us a counter-offer for the subject goods. Although your price is below our level, we have finally accepted your counter-offer with a view to initiating our business at an early date.

We now confirm our acceptance, subject to the following stipulations:

Commodity:100% Cotton Men's Jackets Item No. 7009A

Size:M/L/XL

Quantity:8,000 pieces

Acceptance
译文

Unit price: USD29.00/pc, CIF Hamburg

Packing: Each jacket will be packed in a polythene bag and then to a paper box, 20 boxes to a seaworthy carton, solid color and solid size in each carton.

Marks: BGC/ Hamburg/ C/No.:/ C/No.:

Insurance: To be covered by the seller against WPA for 110% of the invoice value as per the Ocean Marine Cargo Clauses of PICC of Jan. 1st, 1981.

Shipment: From Shanghai or Ningbo to Hamburg in one lot in Jan. 2022 allowing transshipment.

Payment: By irrevocable L/C payable by draft at sight to reach the seller before Dec. 20, 2021 for negotiation in China until the 15th days after the issuance of the shipping document.

We are drawing up our sales confirmation in duplicate and will send them to you by DHL. Please countersign and return one copy for our file.

We are pleased to have concluded this deal with you and look forward to expanding our trade between us in the future.

Yours faithfully,

Order

Dear Mr. Smith,

Thank you for your Order No. 790 for Canned Beef. We confirm our acceptance of your order on the terms and conditions stated as follows:

Order译文

Description: Canned Beef

Art. No.: 2680

Quantity: 1000 cans

Price: USD2.10/can, FOB Shanghai

Packing: In cans of 245grams each, 12 cans to a carton

Shipment: From Shanghai to London in Dec. 2022 provided the relevant L/C reaches the seller before the end of Nov., 2022

Payment: By 100% confirmed and irrevocable L/C at sight

We are pleased to have finalized this business with you and look forward to further expansion of trade to our mutual benefit.

Yours sincerely,

【学中做 3—7】

根据以下信息撰写信函：

感谢贵方 9 月 20 日传真，同意我方要求降价 5%的要求。

现确认按下列条款订购货物：

品名：电力纺(Habotai)

款号：PS080

数量：30 000 码

单价：每码 1.2 美元，CIF 纽约

包装：每卷50码，每10卷装一出口专用纸箱，纸箱内衬塑料纸。
唛头：由卖方选择
装运港：上海
目的港：纽约
装运时间：从2022年10月开始，分三批等量装运，每月一批
其他条款不变
我方将在贵方确认订单后申请开立相关信用证，敬请早复。

教与学 学导练
3-1

任务二 合同缮制

外贸合同是国际贸易活动的法律依据和保障，买卖双方为了确保生意最终达成，并使自己的合法权益不受到损害，就完全有必要在交易的各项主要条件初步达成一致以后，与对方签署一份受到相关法律认可和保护的、对于双方都有约束力的契约——外贸合同。

一、外贸合同的签订

在国际贸易中，当交易一方提出发盘，另一方做出有效接受之后，买卖双方之间即建立买卖合同关系。买卖双方在交易磋商过程中的往来函电即买卖合同的书面证明。但为了明确，买卖双方一般还要在交易磋商的基础上签订书面合同或确认书，将双方的责任、权利、义务及各项交易条件明文规定下来，经买卖双方签字后，就成为约束双方的法律文件。

（一）货物买卖合同的形式

货物买卖合同的形式及名称，没有特定限制。只要双方当事人同意，既可采用正式的合同（Contract）、确认书（Confirmation），也可采用协议（Agreement）、备忘录（Memorandum）等。

【提示】我国对外贸易中，主要使用合同和确认书。

1. 合同。它是交易中一种非常正式的货物买卖协议。它的内容比较全面、详细，除了交易的主要条件（如品名、品质、数量、包装、价格、总值、交货、支付方式）外，还包括保险、商品检验、索赔、不可抗力和仲裁等一般条件，并对双方的权利、义务及发生争议的处理做出详细规定。由卖方根据磋商结果草拟的合同称为销售合同（Sales Contract，S/C）；由买方根据协商条件拟订的合同称为购货合同（Purchase Contract），该合同适宜大宗交易或金额较大的交易。

2. 确认书。它是合同的简化形式，是一种内容比较简单的贸易合同。它与前面所说的合同相比，只包括交易的主要条件，而不包括交易的一般条件。其中，由卖方依据双方磋商条件草拟的确认书称为销售确认书（Sales Confirmation）；由买方依据双方磋商条件草拟的确认书称为购货确认书（Purchase Confirmation）。

【提示】确认书适用于成交额不大、批次较多的轻工业产品、土特产品，或有包销、代理等长期协议的交易。

以上两种形式的合同，虽然在格式、条款项目和内容的繁简上有所不同，但在法律上具有同等效力。货物买卖合同或确认书，一般由我方根据双方磋商的条件缮制正本一式两份（Original in duplicate），我方签字后寄交给对方，对方核查签字后留存一份，另一份寄还我方，双方各执一份。

【学中做 3—8】书面合同的形式可以是(　　)。(多项选择题)

A. 销售确认书　　B. 协议书　　C. 备忘录　　D. 正式合同

(二)货物买卖合同的组成

在实际业务中,订立书面合同的意义在于:①作为合同成立的证据。②作为履行合同的依据。③作为解决争议的依据。一份完整的书面国际货物买卖合同一般由约首、本文、约尾三部分组成。

1. 约首(Preamble),即合同的首部

通常包括合同的名称、编号、签订的日期和地点、订约双方当事人的名称和地址等。同一合同项下的所有单证上,如需显示合同编号、买卖双方的名称和地址,均应与合同一致。在国际上,合同的形式可以是口头形式、书面形式和其他形式。口头合同必须提供人证,书面形式包括电报和电传。

2. 本文(Body),即合同的主体部分

通常具体列明各项交易条件或条款,这些条款体现了双方当事人具体的权利和义务,又可分为主要条款和一般条款两部分。主要条款包括:商品的品名、品质、数量、包装、价格、运输、保险和支付方式八个条款。一般条款包括:商检、索赔、仲裁及不可抗力四个条款。

3. 约尾(End),即合同的尾部

通常写明合同适用的文字及效力,合同正本的份数、附件及效力,以及双方当事人或其授权人的签字。书面合同的内容必须符合政策,做到内容完备、条款明确、文字严密,并与交易磋商的内容相一致。书面合同一经签订,即成为约束双方当事人的法律文件。最后双方签字盖章。

二、外贸合同实操

(一)确定合同的名称和格式

外贸合同的名称主要有两种:一种叫"Contract",就是我们所说的"合同",如 Sales Contract(销售合同)、Purchase Contract(购货合同);另一种叫"Confirmation",我们称为"确认书",同样也有 Sales Confirmation(销售确认书)、Purchase Confirmation(购货确认书)。二者的法律效力是一样的,只是内容的繁简不同。

【提示】外贸业务中,合同的格式都有现成的模板,单证员只要根据交易磋商的内容进行填制即可,但也可根据实际交易的内容,必要时做出一些调整和修改。

(二)汇集所有与交易相关的洽谈资料

外贸业务中,交易洽谈基本上都是往来的业务函电、备忘录等,单证员应把这些资料收集齐全,按照合同或确认书的格式及内容要求,进行分析和整理。外贸合同必须是英文的,或者是中英文对照的,不能只有中文。这要求单证员的外贸英语达到一定的水平,可以利用我们所学过的外贸英语函电,所有条款都在其中,可以在其中摘抄原句。

(三)填写约首部分内容

文本约首应醒目注明"SALES CONTRACT"(销售合同)或"SALES CONFIRMATION"(销售确认书)等字样。一般来说,出口合同的格式都是由我方(出口公司)事先印制好的,因此有时在 SALES CONTRACT 之前加上出口公司的名称或者公司的标志等(我国的外贸公司进口时也习惯由我方印制进口合同)。

1. 编号(NO.)

此栏填具合同的编号。一般来说,每家外贸公司都有自己的系列编号,以便存储归档管理,如 04S132/005。

2. 日期(DATE)

动漫视频

合同订立

填签约日期。为了确定当事人合同项下权利义务开始的时间,以及计算合同中所规定的履约期限,必须在合同中明确规定合同订立的时间。同时,在合同中也应当将签订合同的地点规定清楚,因为在很多情况下,合同的订立地与合同的法律适用紧密相关。

3. 地点(SIGN AT)

在何处签约关系到如果发生争议,本合同适用哪一国法律的问题,因此需准确填写。

4. 卖方(SELLERS)

此栏填写卖方的全称。注意:有时此栏内容已由公司印制好,但如果公司名称已更改,则需要更新名称并加盖校对章,或重新印制合同;地址(ADDRESS),此栏填写卖方公司详细地址,如已更改,注意使用新的地址;传真(FAX),此栏填写卖方公司的传真号,以便联系。

5. 买方(BUYERS)

此栏填写买方名称、地址(ADDRESS)和传真(FAX)。

6. 买卖双方订立合同的意愿和执行合同的保证

如经买卖双方同意,成交下列商品,订立条款如下(The undersigned buyers and sellers have agreed to close the following transactions according to the terms and conditions stipulated below.)。

(四)填写本文部分内容

本文是合同的主体部分。这部分规定了双方的权利和义务,包括合同的各项条款,如货物名称、品质规定、数量、包装、单价和总值、交货期、装运港和目的港、支付方式、保险条款、异议索赔条款、仲裁条款、不可抗力等。其中,后面三项一经双方谈妥,在以后的交易中很少变动,往往在合同中以印就的形式固定下来。

(1)品名及规格(NAME OF COMMODITY & SPECIFICATIONS)。此栏应详细填明各项商品的名称及规格。如果是根据来往函电签订的 SALES CONFIRMATION,可只写商品名称,然后注明“SPECIFICATIONS AS PER QUANTITY”。

(2)单价(UNIT PRICE)。它通常由四部分构成,如 $ 50 FOB 大连 PER M/T,缺一不可。

【注意】此栏应与品名及规格中的每一项商品相对应。

(3)数量(QUANTITY)。此栏为计价的数量,一般为净重(NET WEIGHT),也可以将有包装的毛重(GROSS WEIGHT)、净重分别填明。

(4)金额及价格术语(AMOUNT & PRICE TERMS)。此栏为每一项商品的累计金额及价格术语。

此外,对于散装货物和其他不容易精确计算装运量的货物,在规定合同标的的数量时,通常需要规定溢短装条款。溢短装货物的单价仍以合同价计量。例如:

第一,数量及总值均允许增加或减少____%,由卖方决定,即 With percent more or less both in the amount and quantity of the S/C allowed, decided by the seller. 此例为数量与合同

(或信用证)总金额均可增减____%。

第二,如果此项只列 with ____ percent more or less in the quantity of the S/C allowed. 则只允许数量增减,无金额增减,实为有名无实的虚条款。在订立合同和审核信用证时,需慎重考虑此情形。

(5)总值(TOTAL VALUE)。此栏列明币种及各项商品累计金额之和。它是审核发票及信用证金额的依据。

(6)包装(PACKING)。此栏填写包装的种类、材料及其费用由谁负担。如无特别声明,则由卖方负担。例如:IN CARTONS OF 20 DOZEN BATCH。如无包装,可填写 NAKED 或 IN BULK。

(7)唛头(SHIPPING MARKS)。所谓"唛头",即"运输标识",在货物上喷刷唛头的目的是为了方便货物运输、划分与移交。①如为裸装货或中性包装,则填写"N/M"。②一般用卖方的唛头,个别情况下由卖方结合买方的要求设计,或由买方自定。例如:The detailed instructions about the shipping marks shall be sent in a definite form and reach the Sellers 30 days before the time of shipment aforesaid. Otherwise it will be at the Seller's option. 买方在合同装运期前 30 日内将唛头的详细说明以明确形式通知卖方,否则由卖方自行解决。

(8)装运期(TIME OF SHIPMENT)。它有多种规定方法,可以规定具体时段,如 4 月份或 3 月底前。另外,也可以用 L/C 或 S/C 等为参照物规定相应时间,如信用证开出后或到达卖方后 30 天。注意:如采取后者的规定方式,则需相应规定信用证开出或到达的具体日期,而且注意 L/C 的有效期与装运期的关系,防止"双到期"的发生,不能安全收汇。

(9)装运港和目的港(PORTS OF LOADING & DESTINATION)。此处列明装运港和目的港 From…to…。对于 FOB 合同,装运港为合同要件,所以要特别列明装运港。例如:From DaLian,China to Rotterdam. 对于 CIF 合同,目的港为合同要件,所以要特别列明目的港。例如:From any Chinese port to Osaka,Japan。即使在非为合同要件的情况下,对于 one of main ports of European,Chinese ports 之类的语句,在买方开立信用证时一般都要订明。如需转船,则列明中转地。例如:From Dalian,China to NewYork,U. S. A. Via Hongkong。

(10)是否允许分批装运及转船(WITH PARTIAL SHIPMENTS AND TRANSSHIPMENT ALLOWED)。此栏填写是否可以分批装运及转船(Y,N)。UCP 600 规定,如未列明是否允许分批装运或转船,则视为允许分批装运或转船。如有特别要求,可以在 REMARKS 栏补充注明,也可在此栏或"品名及规格"一栏空白处注明。例如:SHIPMENT DURING MARCH/JUNE IN FOUR EQUAL MONTHLY LOTS。

(11)保险(INSURANCE)。如使用 FOB 术语成交,则选择 TO BE EFFECTED BY THE BUYERS。如为 CIF 合同,一般规定:

第一,如无特殊要求,由卖方依中国人民保险公司条款按照发票总值的 110%投保,最低险别 F. P. A. 。另外,根据国际商会的规定,一般需按行业惯例替买方投保。

第二,如买方欲增加其他险别,需于装船前征得卖方的同意,所增加的保险费由买方负担。

第三,如为长期客户,则买卖双方协商按行业惯例加保险别,并确定保险费由哪一方负担。例如:To be covered by the Sellers for 100% of Invoice Value against All Risks and War Risks as per the re levant clauses of the People's Insurance Company of China. If other coverage is required the Buyers must have the consent of the Sellers before shipment and the additional premium is to be borne by the Buyers.

（12）付款方式（PAYMENT TERMS）。本栏注明付款条件。例如：The Buyers shall open through a bank acceptable to the Sellers an irrevocable，sight Letter of Credit to reach the Seller 30 days before the month of shipment，valid for negotiation in China until 15th days after the month of shipment.

在装运单据签发日 21 天内议付方有效。买方应于装运月份前 30 天，向卖方可接受的银行申请开具以卖方为受益人的不可撤销的即期信用证。至装运月份后第 15 天在中国议付有效。

【提示】在当今的国际贸易中，一般采用信用证付款方式，此时需注意信用证的有效期与装运期的关系，以保证安全收汇。

装运期应与信用证到期日（有效期）有一段合理时间：①不能太短，甚至“双到期”，致使装运单据取得后没有足够时间进行议付。②不能太长，占压买方资金，否则会在货价上表现出来。

在现代国际贸易实务中，当事人经常采用国际商会《国际贸易术语解释通则》中的国际贸易术语即价格术语作为价格条件。此种价格术语是以货物的单价所包括的内容来表示的。

在支付金额条款中，应当规定支付货款的币种和合同总价格。

在支付方式条款中，应当规定支付货款的具体方式，如现金支付、汇付、托收或信用证。还应当规定付款的期限，以及是否允许分期付款等事项。

在采取跟单托收和跟单信用证结算方式的情况下，应当进一步规定以跟单托收或跟单信用证结算时的全部付款条件。这里的付款条件是指单证化的付款条件。

【注意】在现代国际贸易实务中，当事人通常会在合同中引用国际商会的《托收统一规则》和《跟单信用证统一惯例》，因此，合同中规定的付款条件不应与《托收统一规则》或《跟单信用证统一惯例》中的相关规定相矛盾。

（13）商检条款（INSPECTION CLAUSE）。其订明进出口货物检验的时间、地点、方法和标准以及检验机构。商检条款声明海关签发的品质证明和数量证明是结算货款的重要依据，并写明以买方或卖方的商检证书为最后依据。订约时最好争取以我方的商检证书为准。

（14）不可抗力条款（FORCE MAJEURE CLAUSE）。为避免日后产生不必要的纠纷，合同中应订明不可抗力的范围及后果的处理。不可抗力条款可分为概括式、列举式或综合式（同时采用概括和列举式）。我国目前进出口合同的不可抗力条款大多采用后一种方式。

（15）索赔条款（CLAIM CLAUSE）。在国际贸易中，经常会发生货物的品质、规格、数量、重量、包装、运输、保险与合同规定不符的情况，从而导致索赔和理赔问题。因此，合同中应订明索赔的依据、期限、赔偿方法和金额等。

【注意】实际业务中，根据需要还可以加订“违约金条款”，其内容主要包括交易双方协商确定的违约金数额，并订明履约过程中若出现当事人违约情况，则违约方应向对方支付按月违约金数额。还可以就支付违约金时有无宽限期和因违约产生的损失赔偿额的具体计算方法做出规定。

（16）仲裁条款（ARBITRATION CLAUSE）。其规定仲裁地点、机构、仲裁程序、裁决的效力以及仲裁费用等内容。一般来说，裁决是一次性的、终局的，对双方都有约束力，订有仲裁协议的双方，不得向法院起诉。但在下列情况下，裁决可由法院宣布无效：①双方没有达成仲裁协议。②不属于提交仲裁的事项。③仲裁庭组成不当。④仲裁员无资格。⑤仲裁员行为不当。⑥裁决做出后发现了新的事实和证据。⑦裁决是根据伪证做出的。

(17)买方和卖方分别签字盖章(Signatures of Buyers/Sellers)。由公司法人签字、盖章。

(18)其他条款(OTHER TERMS/REMARKS)。有特殊规定可在此说明。

企业实践合同样本如下。

合同样本　　销售合同样本1　　销售合同样本2　　购买合同

(五)合同使用的文字及合同效力

国际货物买卖合同可以用一种文字撰写,也可以用两种或两种以上文字撰写。在合同中应当规定合同所使用的文字,以及修改或补充合同的文件和履约函电所使用的文字。

【注意】在合同以两种或两种以上文字撰写的情况下,应当规定以合同的某一种文本为准,以免因不同合同文本的条款发生歧义而对确定合同规定的内容造成不应有的困难。

此外,在合同中还应当规定合同生效的条件、时间、有效期,以及合同效力终止的条件等事项。

依法成立的有效的合同在当事人之间具有相当于法律的效力。但只有具备合同生效要素的合同才具有这种效力,才能对买方和卖方产生约束力,这些合同生效的要素包括:

1. 当事人必须具备签订合同的行为能力

签订买卖合同的当事人主要有自然人和法人。根据我国法律规定,除对未成年人、精神病人签订合同的能力加以限制外,对某些合同的签订主体也做了一定的限定,例如,规定只有取得对外贸易经营权的企业或其他经济组织才能签订对外贸易合同;没有取得对外贸易经营权的企业或经济组织如需签订对外贸易合同,必须委托有对外贸易经营权的企业代理进行。

2. 合同必须有对价或约因

所谓对价,即指当事人为了取得合同利益所付出的代价,这是英美法的概念。所谓约因,即指当事人签订合同所追求的直接目的,这是法国法的概念。按照英美法和法国法的规定,合同只有在有对价或约因时,在法律上才是有效的,无对价或无约因的合同是得不到法律保护的。

动漫视频　民法典

3. 合同的内容或标的必须合法

几乎所有国家的法律都要求当事人所订立的合同标的必须合法,合法是合同的基本性质。凡是违反法律、违反公共秩序或公共政策的合同一律无效。我国《民法典》规定:依法成立的合同,受法律保护。

依法成立的合同,仅对当事人具有法律约束力,但是法律另有规定的除外。

教与学 学导练 3-2

4. 合同必须符合法律规定的形式

《公约》对国际货物买卖合同的形式不加以限制,无论采用书面或口头方式,均不影响合同的效力。我国《合同法》规定:"我国《民法典》469 条规定:当事人订立合同,可以采用书面形式、口头形式或者其他形式。书面形式是合同书、信件、电报、电传、传真等可以有形地表现所载内容的形式。以电子数据交换、电子邮件等方式能够有形地表现所载内容,并可以随时调取查用的数据电文，视为书面形式。

5. 合同当事人的意思表示必须真实

各国法律都认为，合同当事人的意思表示必须是真实的，该合同才能成为一项有约束力的合同，否则，这种合同无效或可以撤销。

承接教与学，学导练 3—2 的相关内容，上海康诺公司与 Brothers 公司经过多次磋商，终于达成交易，双方签订的销售合同如下。

教与学 学导练 3-3

应知考核

一、单项选择题

1. 我公司星期一对外发盘，限星期五复到有效，客户于星期二回电还盘并邀我公司电复。此时，国际市场价格上涨，故我公司未予答复。客户又于星期三来电表示接受我公司星期一的发盘，在上述情况下(　　)。

A. 该接受有效　　B. 该接受无效

C. 如我方未提出异议，则合同成立　　D. 该接受属有条件的接受

2. 收到国外来证两份：(1)棉布 100 000 码，每码 0.40 美元，信用证总金额 42 000 美元；(2)服装 1 000 套，每套 20 美元，信用证总金额 21 000 美元。据此，两证出运的最高数量和金额可分别掌握为(　　)。

A. 棉布 100 000 码，40 000 美元；服装 1 000 套，20 000 美元

B. 棉布 105 000 码，42 000 美元；服装 1 050 套，21 000 美元

C. 棉布 105 000 码，42 000 美元；服装 1 000 套，20 000 美元

D. 棉布 100 000 码，40 000 美元；服装 1 050 套，21 000 美元

3. 根据 UCP 600，信用证中货物的数量规定有“约”“大约”“近似”或类似意义的词语时，应理解为其有关数量增减幅度不超过(　　)。

A. 3%　　B. 5%　　C. 10%　　D. 15%

4. 在国际货物买卖中，(　　)是交易磋商中必不可少的法律步骤。

A. 询盘和发盘　　B. 发盘和还盘　　C. 发盘和接受　　D. 询盘和接受

5. 8 月 1 日，北京 A 公司向美国 B 公司发出一份传真(8 月 1 日传真)，想从 B 公司购买美国华盛顿州苹果 3 000 吨，溢短装 5%，单价每吨 800 美元，FOB 西雅图，装运期为同年 10 月，目的地为中国天津新港，因合同引起的所有争议提交中国国际经济贸易仲裁委员会在北京仲裁，8 月 15 日复到有效。

B 公司收到传真后，于 8 月 10 日回电，并附上 B 公司一方签字的 B 公司标准合同格式文本(8 月 10 日回电/8 月 10 日苹果合同文本)，该文本特别提到，所有与本合同有关的争议均提交国际商会仲裁院仲裁，合同适用的法律为美国加州法律，合同文本的其他条款与 A 公司 8 月 1 日的传真内容相同。

A 公司收到 8 月 10 日的回电后没有答复。根据以上事实，回答下列问题：

(1)根据《公约》，8 月 1 日的传真是(　　)。

A. 要约邀请　　B. 要约　　C. 对要约的拒绝　　D. 承诺

(2)8 月 10 日苹果合同文本是(　　)。

A. 要约邀请　　B. 要约　　C. 对要约的拒绝　　D. 承诺

(3)A公司收到8月10日回电后，买卖双方的契约关系为(　　)。

A. 已经成立　　B. 尚未成立

C. 是否成立无法确认　　D. 是否成立要由B公司决定

6. 我某公司于8月2日向美商发盘，以每打85.50美元CIF纽约的价格提供全棉男衬衫700打，限8月15日复到有效。8月10日收到美商回电称价格太高，若每打80美元可以接受。8月13日我公司又收到美商来电："接受你方8月2日发盘，信用证已开出。"但由于衬衫市价上涨，我方未做回答，也没有发货。后美商认为我方违约，要求我方赔偿损失。

(1)根据《公约》，8月10日收到的美商回电是(　　)。

A. 发盘　　B. 询盘　　C. 还盘　　D. 接受

(2)根据《公约》，8月13日收到美商的接受是(　　)。

A. 有效的　　B. 无效的　　C. 表明合同成立　　D. 承诺

(3)根据《公约》，本案(　　)。

A. 合同成立　　B. 合同不成立

C. 合同是否成立必须按法院判决　　D. 合同是否成立须由买卖双方协商

7. 按《公约》的规定，一项发盘(　　)。

A. 必须表明各项交易条件　　B. 必须表明主要交易条件

C. 只需表明货物名称、数量和单价　　D. 只需表明货物品质、数量和价格

8. 根据《公约》的规定，下列(　　)为一项发盘必须具备的基本要素。

A. 货名、品质、数量　　B. 货名、数量、价格

C. 货名、价格、支付方式　　D. 货名、品质、价格

9. 我公司星期一对外发盘，限星期五复到有效，客户于星期二回电还盘并邀我公司电复。此时，国际市场该商品价格上涨，我公司未予答复。客户又于星期三来电表示接受我公司星期一的发盘，则(　　)。

A. 接受有效　　B. 如我方未提出异议，则合同成立

C. 接受无效　　D. 属于有条件的接受

10. 按《公约》的规定，一项发盘在送达受盘人之前是可以阻止其生效的，这叫发盘的(　　)。

A. 撤回　　B. 撤销　　C. 还盘　　D. 接受

二、多项选择题

1. 在交易磋商程序中，必不可少的两个法律环节为(　　)。

A. 询盘　　B. 发盘　　C. 还盘　　D. 接受

2. 根据《公约》的规定，构成一项有效发盘的条件有(　　)。

A. 向一个或一个以上特定的人提出　　B. 发盘中必须明确规定有效期

C. 发盘的内容必须十分确定　　D. 表明在得到接受时承受约束的意旨

3. 下列条款中属于国际货物买卖合同主要条款的有(　　)。

A. 品名品质　　B. 价格　　C. 支付　　D. 数量

4. 根据《公约》的规定，构成一项有效接受的条件有(　　)。

A. 必须由特定的受盘人做出　　B. 可以用口头、书面的方式做出
C. 必须与发盘条件相符　　D. 必须在发盘规定的有效期内送达发盘人

5. 根据《公约》的规定，对发盘表示接受可以采取的方式有(　　)。
A. 书面　　B. 行为　　C. 缄默　　D. 口头

6. 在国际贸易中，可以适用的法律包括(　　)。
A. 国内法　　B. 国际公约　　C. WTO 协定　　D. 国际贸易惯例

7. 采用函电商订合同时，发盘人规定发盘有效期常用的方法有(　　)。
A. 限 2 月 10 日前复　　B. 限 3 月 20 日发出接受通知
C. 发盘有效期为 5 天　　D. 不迟于 6 月 9 日复到此地

8. 发盘中注明(　　)，该发盘属于询盘性质。
A. 商品的名称和数量
B. 有效期或以其他方式表示该发盘是不可撤销的
C. 受盘人有理由信赖该发盘是不可撤销的，并本着对该发盘的依赖采取了行动
D. 商品的名称和价格

9. 根据《公约》的规定，受盘人对(　　)等条件提出添加或更改，均作为实质性变更发盘的条件。同时规定，实质性变更发盘条件属于还盘性质。
A. 货物的价格和付款
B. 货物的品质和数量
C. 交货时间与地点
D. 一方当事人对另一方当事人的赔偿责任范围或解决争端的方法

10. 发盘终止的原因主要有(　　)。
A. 发盘的有效期届满
B. 发盘被发盘人依法撤销或撤回
C. 受盘人对发盘的拒绝或还盘
D. 发盘人发盘后发生不可抗力事故或当事人丧失行为能力

三、判断题

1. 对于逾期接受，只要发盘人立即表示同意，仍可作为有效接受。(　　)

2. 根据《公约》的规定，买卖合同成立的程序是询盘、发盘、还盘、接受和签订书面合同。(　　)

3. 根据《公约》，构成一项有效发盘，必须明确规定买卖货物的品质、数量、包装、价格、交付、支付六项主要交易条件，缺一不可。(　　)

4. 我国某公司对外做出一项发盘，其中规定“限 8 月 15 日复到”。外商的接受通知于 8 月 17 日上午到达我方。根据《公约》，如我方同意接受并立即予以确认，合同仍可成立。(　　)

5. 每笔交易都必须有询盘、发盘、还盘和接受四个环节。(　　)

6. 根据《公约》，受盘人在对发盘表示接受的同时，对发盘的内容作任何添加或变更，均是对发盘的拒绝，并构成还盘。(　　)

7. 一项发盘，即使是不可撤销的，也可以撤回，只要撤回的通知在发盘送达受盘人之前或

同时送达受盘人。（　　）

8. 根据《公约》的规定，接受可以是交易的一方部分同意对方发来的发盘或还盘的内容所做出的肯定表示。（　　）

9. 根据《民法典》，书面合同是指合同可以信件和数据电文等有形地表现所在内容的形式。（　　）

10. 一项发盘如表明是不可撤销的，则意味着发盘人无权撤销该发盘。（　　）

应会考核

■ 观念应用

中国甲公司向美国乙公司出口一批AA级茶叶，交货期是2022年2月1日。但到了交货期，仓库没有AA级茶叶了，只有BB级茶叶，BB级茶叶的质量比AA级的质量要好得多，且价格也比AA级茶叶贵很多。在这种情况下，甲公司将质量比较好的BB级茶叶交给了乙公司，而价格还是和AA级茶叶一样。货物到达乙公司以后，遭到了乙公司的拒绝。

试问：买方拒绝接收是否合理？

■ 技能应用

王芳是一名大学毕业生，刚刚来到义乌前进进出口贸易有限公司工作，她的岗位是外贸单证员。在中国义乌国际小商品博览会上，义乌前进进出口贸易有限公司的张成总经理和日本的Mr. Poly进行了洽谈，洽谈中张成总经理将其公司进出口贸易合同的一般交易条款（包括商检、不可抗力、异议和仲裁等）和公司的产品介绍交给了Mr. Poly。数日后，Mr. Poly来到了张成总经理的办公室，双方就有关拖鞋的交易条款进行了进一步的磋商，并达成了一致。会谈后，义乌前进进出口贸易有限公司的单证员王芳认真整理了会谈资料。

1. 双方公司地址

Mr. Zhang

单位：Yiwu Qianjin Imp. & Exp. Co., Ltd.

地址：Xinke Industrial District, Yiwu City, Zhejiang Province, China

Mr. Poly

单位：DO-BEST, INC

地址：3-85-16 CHUO, WARABI-SHI SAITAMA, 335-0004, JAPAN

2. 双方会谈记录

Mr. Poly: Mr. Zhang, do you have offers for all the articles listed here?

Mr. Zhang: Oh yes, this is the price list, but it serves as a guide line only. I wonder, Mr. Poly, is there anything you are particularly interested in?

Mr. Poly: I'm interested in your Jian Hua Brand Plastic Slippers style No. 8130G and No. 8133F. I hope you could offer us your most favorable price.

Mr. Zhang: I'm sure you will find our price most competitive. If the quantity is less than 5 000 pairs, the unit price of No. 8130G is USD3.87 per pair, the unit price of No. 8133F is USD4.07 per pair, CIF Tokyo. If the quantity is larger than 10 000 pairs, we will give you a discount of 5%.

Mr. Poly: Oh, 10 000 pairs is certainly too large to us. But if you can offer us a discount of 5%, I will purchase Jian Hua Brand Plastic Slippers style No. 8130G 2 400 pairs and No. 8133F 2 400 pairs separately.

Mr. Zhang: You are asking a great deal, 5% reduction is absolutely impossible. Now Mr. Poly, to help you sell our product, we will make an exception-give you a special discount of 3%. Further more to the terms of payment, we ask the irrevocable L/C at sight, which should be opened and reach us 30 days before shipment and the L/C is valid for 15 days after the shipment date.

Mr. Poly: Ok, Mr. Zhang, May I ask-is it possible to find alternate terms for our future business? What about D/A?

Mr. Zhang: To be frank, D/A is impossible. But perhaps after more business together, we could agree to D/P terms.

Mr. Poly: Oh, I know. Then I want to know the earliest time of shipment, could you tell me?

Mr. Zhang: We assure that we will arrange direct shipment from Shanghai to Tokyo during December.

Mr. Poly: All right, let's talk about packing.

Mr. Zhang: To packing, we will use cartons, 24 pairs per carton, total 200 cartons to one 20′ Container.

Mr. Poly: Ok, I want to say that the Shipping Mark should be printed as follow:

SHIPPING MARK: DO—BEST/QJDB1018/TOKYO/C/NO. 1—UP

Mr. Zhang: No problem. We will do as you request.

Mr. Poly: Thank you. The last problem is insurance. The goods should be covered for 110% of the invoice value against All Risks.

【考核要求】

根据所给资料，请问：

(1)王芳应如何根据会谈内容缮制售货确认书？

(2)合同的形式有哪些？

(3)合同包含哪些基本内容？

(4)王芳应如何正确撰写出口合同的具体条款？

■ 案例分析

2022 年 5 月 3 日，我 A 公司向国外 B 公司发盘，报谷物 300 吨，每吨 250.00 美元，发盘有效期为 10 天。5 月 6 日，B 公司复电，称对该批谷物感兴趣，但要进一步考虑。5 月 8 日，B 公司来电，要求将谷物数量增加到 500 吨，价格降为 225.00 美元/吨。5 月 9 日，B 公司又来电，重复 5 月 8 日的来电内容。5 月 11 日，我方将货物卖给了 C 商，并于 5 月 13 日复电 B 商，货已售出。但 B 商坚持要 A 公司交货，否则以我方擅自撤约为由要求赔偿。

【考核要求】

试问：我方应否赔偿？为什么？

项目实训

【实训项目】

撰写销售合同。

【实训情境】

SALES CONTRACT

THE SELLERS:

CONTRACT No. :LNDL220308

DALIAN GARMENTS IMPORTS&EXPORTS CO. ,LTD.

DATE:MARCH 23,2022

THE BUYERS:BLUE SKY TRADING CO. ,LTD.

THE SELLER AGREES TO SELL AND THE BUYER AGREES TO BUY THE UNDERMENTIONED GOODS ON THE TERMS AND CONDITIONS STATED BELOW.

NAME OF COMMODITY:MEN'S SHIRTS

ARTICLE:M45

QUANTITY:4 000PCS

UNIT PRICE:USD 10. 50/PC CIF HAMBURG

TOTAL VALUE:SAY U. S. DOLLARS FORTY-TWO THOUSAND ONLY

PACKING:20 PIECE IN EXPORT STANDARD CARTON OF 200 PIECE EACH, SOLD COLOUR AND SOLD SIZE. SHIPPING MARK:AT SELLER'S OPTION

SHIPMENT: FROM DALIAN TO HAMBURG, GERMANY BY SEA WITHIN 60DAYS UPON RECEIPT OF THE L/C. TRANSSHIPMENT IS ALLOW. PARTIAL SHIPMENT IS NOT ALLOW.

PAYMENT:BY IRREVOCABLE SIGHET L/C TO REACH THE SELLERS 30DAYS BEFORE THE TIME OF SHIPMENT AND REMAIN VALID FOR NEGOTIATION IN CHINA UNTIL THE 15TH DAY AFTER THE DATE OF SHIPMENT.

【实训任务】

(1)请根据实训情境,结合双方往来外贸函电,缮制合同(销售确认书)。

(2)撰写“销售合同”实训报告。

“销售合同”实训报告		
项目实训班级：	项目小组：	项目组成员：
实训时间： 年 月 日	实训地点：	实训成绩：
实训目的：		
实训步骤：		
实训结果：		
实训感言：		
不足与今后改进：		

项目组长评定签字： 项目指导教师评定签字：

项目四　进出口业务操作

◇ 知识目标

理解：进出口基本业务流转程序。

熟知：进出口业务操作的各个环节的要点。

掌握：进出口业务操作流程及其所涉及的外贸单证。

◇ 技能目标

能够掌握国际货物交易中出口合同和进口合同的履行过程，以及其中的重要环节和注意事项，能熟练地进行单证处理。

◇ 素质目标

能够掌握国际货物交易中出口合同和进口合同的一般履行程序、具体内容和相关单证。

◇ 思政目标

能够正确地理解“不忘初心”的核心要义和精神实质；树立正确的世界观、人生观和价值观，做到学思用贯通、知信行统一；通过进出口业务操作的知识学习，培养树立对职业的主观体验，具有职业认同感，提升自己的业务能力素质和素养。

◇ 课程思政

买卖钢板的裁决

2022 年 3 月，大连 A 公司与加拿大 B 客户按 L/C 方式签订了一份买卖钢板的合同。合同订立后，钢板价格上涨，A 公司按约定开出了信用证，但 B 公司拒不按约交货。A 公司见信用证已过期，为减少损失，便从其他公司购买了相同品质的替代货物。之后，A 公司以 B 客户违约为由，向 B 客户索赔差价损失。双方协商未果，A 公司遂向中国国际经济贸易仲裁委员会提请仲裁。仲裁庭开庭审理后，对 A 公司采取的补救措施予以支持，裁定 B 客户赔偿买方购买合同替代货物所造成的差价损失。

思政反思　本案合同项下的 B 客户在收到 A 公司依约开来的信用证后，理应履行约定的交货义务，但 B 客户见其出售货物的市价上涨，即拒不交货，违反了诚信原则，实属严重违约行为。B 客户由于未按约定交货，导致信用证过期。为了减少损失，A 公司采取了合理补救措施，从其他厂家购买了合同替代货物，并要求卖方赔偿其差价损失。A 公司的上述补救措施和索赔请求是有合同依据的，也符合国际贸易的一般惯例，理应得到支持。伟大人格的素质，重要的是一个“诚”字，诚信为人之本，当代大学生要树立诚信观念，树立社会主义核心价值观，诚信是一种社会美德，也是最吸引人的人格魅力。做一个讲诚信的人，踏踏实实做事，清清白白做人，实心实意待人，坚信诚信是人生最美好的品格。

◇ 知识精讲

任务一 出口业务操作

动漫视频

即期信用证

在我国出口贸易中，除大宗交易有时采用 FOB 条件成交外，多数采用 CIF 与 CFR 条件，并以即期信用证付款。履行此类出口合同，涉及面广、工作环节多、手续繁杂，且影响履约的因素很多。其一般包括备货和报验、催证、审证和改证、订舱和装运、制单结汇等诸多环节。在这些环节中，又以货（备货）、证（催证、审证、改证）、船（订舱）、款（制单、结汇）四个环节最为重要，这四个环节之间有着密不可分的内在联系。为提高履约率，各出口企业必须加强同有关部门的协作与配合，做到环环相扣、井然有序，尽量避免出现脱节情况，防止出现有货无证、有证无货、有货无船、有船无货、单证不符或违反装运期等问题，以保证合同的履行和安全收汇。图 4－1 为信用证支付方式下 CIF 条件出口合同的履行程序。

一、备货

为了保证按时、按质和按量交付约定的货物，在订立合同之后，卖方必须及时落实货源，备妥应交的货物，并做好出口货物的报验工作。

备货工作主要包括出口方及时与生产和加工单位或供货部门联系，安排货物的生产、加工、收购和催交，认真核对应交货物的品质、规格、数量和包装、刷唛等工作。在备货工作中，应注意以下几个方面的问题。

(1)货物的品质（quality）、规格（specifications）必须与出口合同的规定一致。凡是凭规格等文字说明达成的合同，交付货物的品质必须与合同规定的规格等文字说明相符；凡是凭样品（by sample）达成的合同，交付货物的品质必须与样品相符；凡是既凭文字说明（Textual Description）又凭样品达成的合同，则两者均需相符。

(2)货物的数量（quantity）必须符合出口合同和信用证（L/C）的规定。货物的数量是国际货物买卖合同中的主要交货条件之一。按约定数量交货，是卖方的重要义务。

【提示】在出口业务中，备货的数量应适当留有余地，以备装运时可能发生的调换和适应舱容。此外，还要注意合同规定采用何种度量衡制度和计量方法，如按重量计量而合同中未写明采用何种方法计算重量，则按惯例以净重（net weight，N. W. ）计量。

(3)货物的包装（packing）必须符合出口合同的规定和运输（transportation）要求。在备货过程中，对货物的内外包装和装潢，必须认真核对，一方面使之符合合同的规定，另一方面达到保护商品和适应运输的要求。

【注意】如果发现包装不良或破损，应及时进行修整或换装，以免在装运时取不到清洁提单，造成收汇困难。在货物备齐以后，还应视需要和合同或信用证的规定刷写包装和运输标志。

(4)货物备妥的时间应严格遵照出口合同以及信用证上规定的装运期限，同时结合船期进行安排，以利于船货衔接。

【注意】为防止意外，一般应适当的对装运期限留有余地。

(5)凡合同规定收到买方开立的信用证后若干天内装运货物的，为保证按时履约，防止被

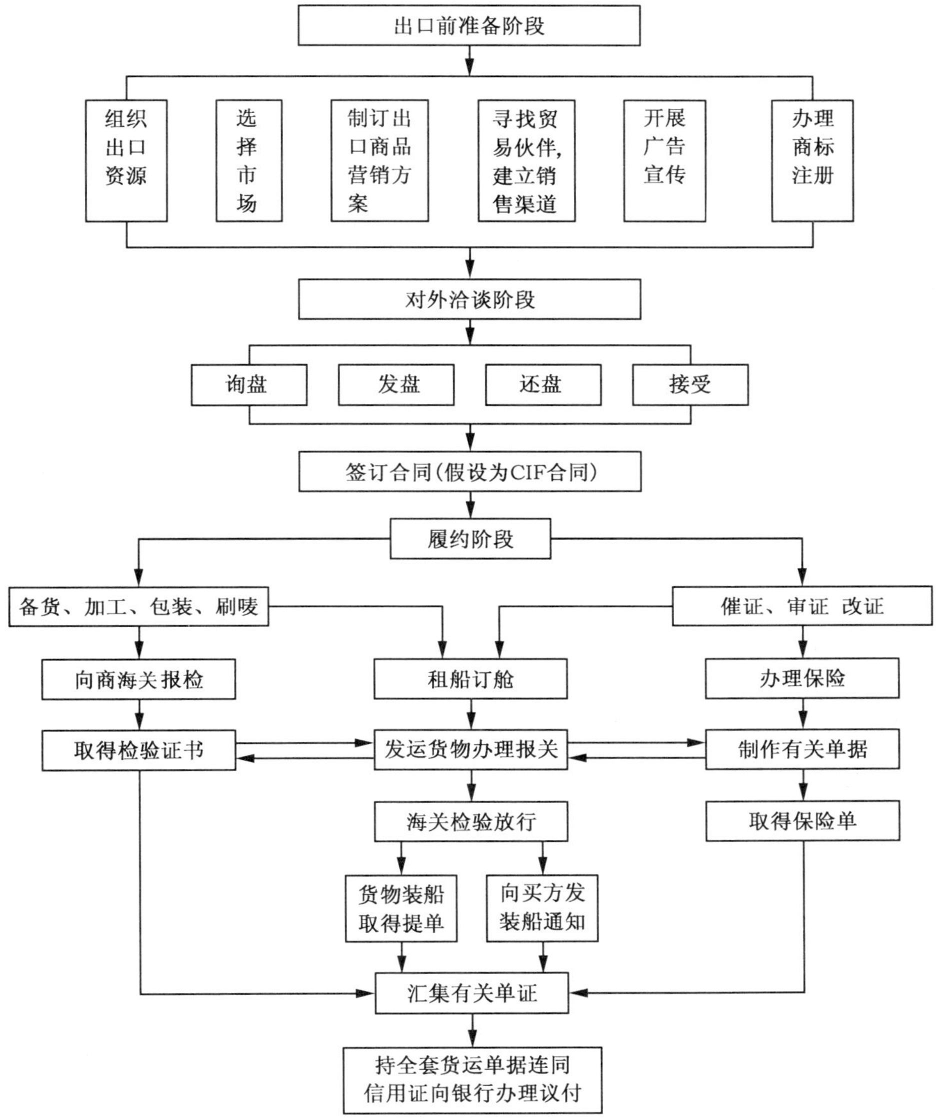

图 4—1　信用证支付方式下 CIF 条件出口合同的履行程序

动,应督促买方在合同规定期限内开出信用证;同时,出口方收到信用证后必须立即审核,确认后及时安排生产。

二、催证、审证和改证

在出口合同中,买卖双方约定采用信用证支付货款时,一般都有催证、审证和改证等工作,这三项工作是互相联系的不同业务环节。

(一)催证

催证是指催促买方按照合同规定及时地开立信用证,并送达卖方,使卖方按时将出口货物装船出运。如果是按信用证付款条件成交，买方在约定时间内开证是卖方履行合同的前提条件；否则，卖方无法安排生产和组织货源。

并非每笔业务都需要催证，一般在下列情况中需要催证：①合同内规定的装运期距合同签订的日期较长，或合同规定买方应在装运期前一定时间开出。②卖方提早将货备妥，可以提前装运，可与买方商议提前交货。③国外买方没有在合同规定期限内开出信用证。④信誉不佳，故意拖延开证，或因资金等问题无力向开证行交纳押金。⑤对于签约时间过早的合同。⑥出口方根据货源和运输情况可能提前装运时，通过信函、电报、电传或其他方式催促进口方迅速开出信用证；

动漫视频

信用证付款

在正常情况下，买方信用证最少应在货物装运期前15天开到卖方手中。对于资信情况不是很了解的新客户，原则上坚持在装运期前30天或45天甚至更早的时间开到，并且配和生产加工期限和客户要求灵活掌握信用证的开证日期。

【提示】在实际业务中，由于市场行情发生变化或买方资金短缺等种种原因，买方往往会拖延开证，这时卖方应及时催促对方迅速开证。如经催促对方仍不开证，应向对方提出保留索赔权的声明。

开立信用证一般须经过以下操作流程，如图4—2所示。

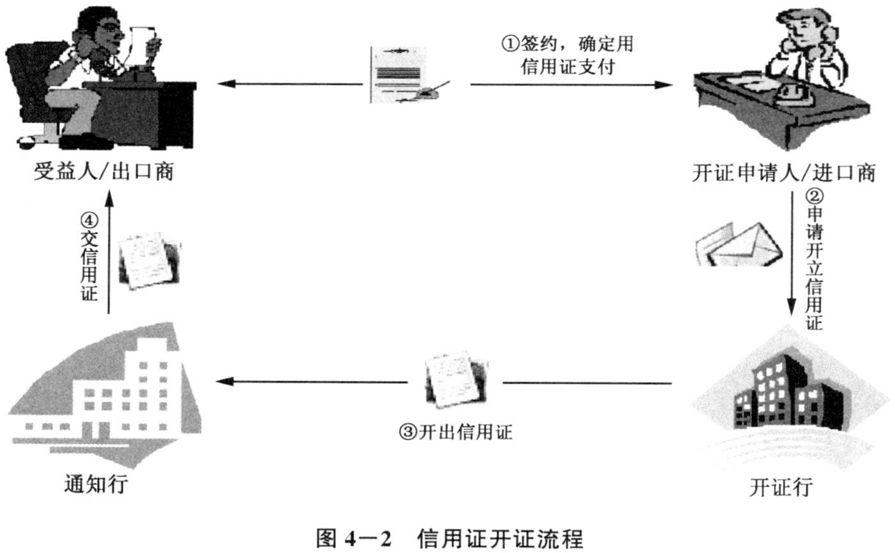

图4—2 信用证开证流程

(1)买卖双方就交易的商品签订正式的买卖合同，并在合同中注明使用信用证方式结算。

(2)进口商根据合同规定填写开证申请书，连合同副本及“进口付汇备案表”(如需要)提交当地外汇指定银行，同时将信用证项下所需对外支付的资金足额存入银行的保证金账户中，向银行提出对外开立信用证的申请。

(3)开证行根据申请书的内容，开立正式信用证，并通过国外代理行(即通知行)，将信用证正本通知给出口商，同时将一份信用证副本交给进口商，银行根据信用证的金额和期限向开证申请人收取一定比例的手续费。

(4)通知行将信用证交给出口商。一般而言，信用证的开立方式有信开本和电开本两种方式。信开本信用证即开证行将印就的信函格式的信用证,通过信件传递方式邮寄给通知行。信开本信用证因传递速度较慢且要使用印鉴,极易被国际诈骗团伙伪造,目前多数发达国家的银行都已经不使用此种方式来开立信用证。电开本信用证即开证行使用电报(CABLE)、电传(TELEX)或 SWIFT 等电讯方式,将信用证内容传递给通知行。电开本信用证又有简电本、全电本和 SWIFT 之分。SWIFT 信用证因其传递速度快且成本较低,而且不会被伪造,现已被国际上的很多银行广泛使用。我国银行的 SWIFT 信用证使用率已经占很大比重。

SWIFT 用统一的字母和数字来规范电文内容,比如 MT100 代表汇款业务,MT400 代表托收业务,MT700 和 MT701 代表信用证业务。采用 SWIFT 信用证必须遵守 SWIFT 的规定,亦必须使用 SWIFT 手册规定的代号(tag),而且信用证必须遵守 UCP 600 各项条款的规定。在 SWIFT 信用证中可省去开证行的承诺条款,但不能免除银行所承担的义务。SWIFT 信用证的特点是快速、准确、简明和可靠。

(二)审证

审证是指当买方开出信用证后,卖方应根据买卖合同内容审查信用证,审核的依据是《货物买卖合同》《跟单信用统一惯例》等。一般而言,信用证依据合同开立,因而信用证的内容应该与合同条款保持一致。但在实际业务中,由于种种原因,如电文传递错误、工作的疏忽、贸易习惯不同、市场行情发生变化或买方有意利用开证的主动权加列一些对其有利的条款,常出现开立的信用证条款与合同规定不符,或在信用证中加列一些实际上无法满足信用证付款条件的"软条款"①等情况。为了确保安全收汇和合同顺利履行,避免造成不应有的损失,相关方应对信用证进行认真审核。审核信用证是银行和进出口公司的共同责任,但各自审证的侧重点不同。银行负责审查开证行的资信能力、付款责任、索汇路线和信用证的真伪等,而进出口公司则重点审查信用证的内容与原订合同是否一致。在审证时应注意下列问题:

(1)开证银行。开证银行的政治背景和资金情况与我方安全收汇有非常密切的关系,并且涉及国家的有关政策问题。所以凡是政策规定不与之进行经贸往来的国家的银行开来的信用证,均应拒绝接受,并请客户另行委托其他我方允许往来的国家的银行开证。对于资信差的开证银行,可采取适当措施。

(2)信用证的性质。它和开证银行所承担的责任是否明确具体,直接关系到我方能否安全收汇。所以来证必须注明"不可撤销",并且在证内写明"开证银行保证付款"等。

【提示】信用证内不得有限制性条款或其他保留条件。

(3)信用证金额及其采用的货币。信用证金额应与合同金额一致。如合同有溢短装条款(more of less clause),则信用证金额还应包括溢短装部分的金额。信用证采用的货币应与合同规定的货币一致。信用证金额中单价与总值必须填写正确,大、小写并用。

(4)信用证应表明受国际商会最新出版的《跟单信用证统一惯例》(UCP 600)的约束。

(5)信用证中应载明所使用的贸易术语,并与买卖合同的规定一致。

---

① 信用证软条款又称软条款信用证,是指不可撤销信用证中规定有信用证附条件生效的条款,或者规定要求信用证受益人提交某些难以取得的单证,使受益人处于不利和被动地位,导致受益人履约和结汇存在风险隐患的条款。含有软条款的信用证,信用证出现软条款的后果是信用证的支付被申请人或开证行单方面所控制,使得作为出口方的受益人收取货款的权益无法得到保障。软条款依附在"信用证"这一具有银行信用的结算方式上,加上软条款的形式千变万化,没有固定的模式,可以随意制定,特别是一些软条款的表述十分专业,使其难以被非资深的专业人员所注意和理解。软条款的隐蔽性很大,一般不易引起受益人的警觉,因而常常被不法商人用做诈欺、违约、拒付的有效法律手段和工具。

(6)有关货物的记载。注意信用证中对货物的品名、数量或重量、规格、包装和单价等项内容的记载是否与合同的规定相符,有无附加特殊条款。如发现信用证与合同规定不符,应酌情做决定是接受还是修改。

(7)有关装运期、信用证有效期和到期地点的规定。按惯例,一切信用证都必须规定一个交单付款、承兑或议付的到期日,未规定到期日的信用证不能使用。

【提示】通常,信用证中规定的到期日是指受益人最迟向出口地银行交单议付的日期。

【注意】实际工作中要注意以下事项:①如信用证规定的是在国外交单的到期日,由于寄单费时且有延误的风险,一般应提请修改;否则,就必须提前交单,以防逾期。②装运期必须与合同规定一致,如来证太晚,无法按期装运,应及时申请国外买方延展装运期限。③信用证有效期与装运期应有合理的间隔,以便在装运货物后有足够的时间处理制单结汇工作。④信用证有效期与装运期规定为同一天的,称为双到期。①

【提示】双到期是不合理的,受益人是否就此提出修改,应视具体情况而定。

【学中做 4—1】(判断题)如果信用证只规定最迟装运期,未列有效期,受益人应按双到期来操作。(　　)

(8)单据。对来证要求提供的单据种类、份数及填制方法等,要仔细审查。如发现有不适当的规定和要求,应酌情处理。

(9)保险。对来证中有关保险金额和险别等项内容,必须认真审核。如果发现与合同规定不符,应根据国家政策和中国人民保险公司的有关规定进行处理。

(10)其他特殊条款。审查来证中有无与合同规定不符的其他特殊条款,如发现有对我方不利的附加特殊条款,一般不宜接受。如对我方无不利之处,而且也能办到,可酌情灵活掌握。

(三)改证

在审证过程中,如发现信用证的内容与合同规定不符,应区别问题的性质,分别同有关部门研究,妥善予以处理。一般来说,如发现有不能接受的条款,应及时提请开证申请人修改。

【提示】对于来证不符合合同规定的各种情况,还要进行具体分析,不一定坚持全都办理改证手续。只要来证内容不违反政策原则和不影响安全顺利收汇,即可酌情灵活处理。

【注意】改证应注意的问题:①在同一信用证上有多处需要修改的,应当一次性提出,应做到既节省时间,又节省费用,尽量避免多次提出;否则,不仅会增加双方的手续和费用,而且会对外造成不良影响。②对不可撤销信用证中任何条款的修改,都必须在有关当事人一致同意后才能生效,这是各国银行的惯例。③对经过对方修改后的内容,我方应无法接受者,仍要坚持对方改证,直到满意为上。④对来证不符合合同的具体情况,凡可以变通处理且不是非修不可的,只要不影响安全收汇,不增加我方费用则可不改,按信用证要求办理则可。

1. 改正的情形

改证有两种情况:一种是由开证申请人提出的,另一种情况是由受益人提出的。对于不可撤销的信用证,任何一方提出的修改都必须要经各当事人同意方才有效。从出口方的角度看,对信用证中无法履行或不能保证履行的条款,要向进口方提出修改要求,进口方即开证申请人

---

①　信用证的双到期是指信用证的有效期和最迟装运期为同一天。双到期的信用证一般是不能接受的,因为即使出口方在装运期的最后一天,或最迟装运期的前几天装船出运,出口商也很可能无法及时拿到提单向银行交单,从而错过信用证的有效期,无法收汇。在这种情况下,必须要求进口方改证。UCP 600 规定信用证的最迟交单期不得超过提单日期后的第 21 天。实际操作中进口方一般给予出口方至少 15 天的交单期,因此信用证的有效期至少是最迟装运期后的第 15 天。

接到修改申请后，把修改后的条款通知开证行，开证行发出修改通知书，但必须经原通知行传递才有效。修改条款是原信用证的一个补充，一起作为银行付款的依据。改证的情形如下：

第一，出口商（受益人）要求修改信用证：①信用证内容与合同不符。②信用证中某些条款受益人无法办到，如来证规定货物不允许转运，但实际并无直航船只抵达目的地。③货源或船期等出现问题，要求展期。

第二，进口商（开证申请人）要求展期：①由于市场或销售情况发生变化。例如，需要提前或推后发货，增加或减少货物数量或品种，改变信用证单价、金额等。②进口国某些情况发生变化，必须修改信用证才能进口有关货物，如进口国政策改变。③国际政治、经济形势变化，使进出口风险增加。例如，当战争爆发时，进口商要求增保战争险或改变航运路线等。

第三，开证行工作疏漏，在打字或传递上造成错误，使信用证必须更正。

2. 改证的原则

外贸业务员在改证时应遵循“利己不损人”原则，在维护自己合法的合同权益的同时，也不能影响对方正常的经济利益。对于信用证中审核出的问题，具体有 5 种处理原则：①对我方有利，又不影响对方利益，一般不改。②对我方有利，但会严重影响对方利益，一定要改。③对我方不利，但在基本不增加成本的情况下可以完成，可以不改。④对我方不利，且在增加较大成本的情况下可以完成，若对方愿意承担成本，则不改，否则，必须改。⑤对我方不利，若不改会严重影响收汇安全，必须改。

3. 改证的操作流程

出口商坚持在收到银行修改通知书后才能对外发货，以免造成出口业务的被动和经济损失。改证的操作流程如图 4—3 所示。

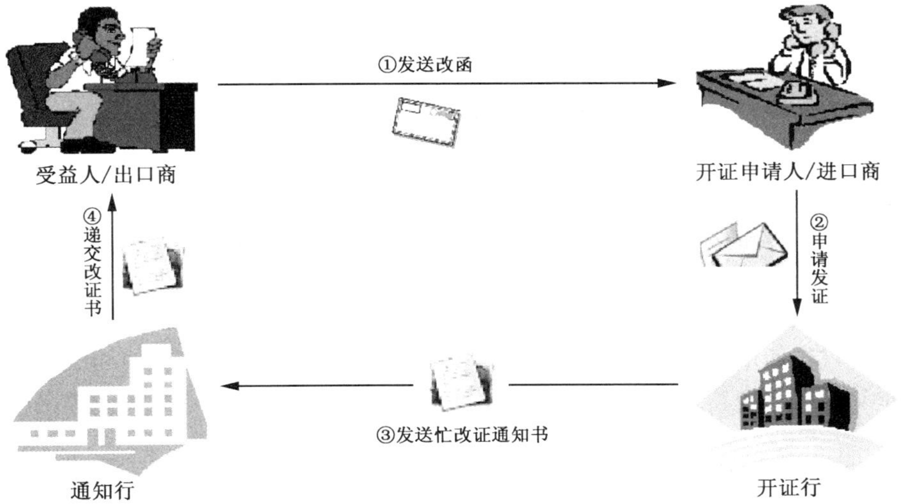

注：①出口商根据合同审核信用证内容，对于不符合合同规定和有关实际情况的信用证，向进口商发送改证函，要求对方修改信用证。②进口商向进口地开证行递交改证申请书，要求开证行修改信用证。③进口地开证行将信用证修改书发送给出口地通知行；④通知行向出口商通知该信用证修改通知书。

图 4—3 信用证的修改程序

当出口商发现信用证上有条款需要修改时，应立刻要求进口商向开证银行申请修改。开证银行修改信用证的通知，可以航空邮递，也可以用电传方式，通常根据实际需要而采用适当的方法，但最好是仍由原信用证通知银行来转交。如果修改时间紧迫，信用证的修改也可以采取变通办法，即由出口商请通知银行以电传向开证银行询问修改事项是否可以接受，开证银行于征得进口商同意后，即以电传答复，如经出口商接受，就相当于该条款已确认修改。

【同步案例4－1】　信用证改证的应用

中方某公司与加拿大商人在某年10月份按CIF条件签订了一份出口法兰绒的合同，支付方式为不可撤销即期信用证。加拿大商人于次年3月通过银行开来信用证，经审核与合同相符，其中保险金额为发票金额的110%。我方正在备货期间，加拿大商人通过银行传递给我方一份信用证修改书，内容为将保险金额改为发票金额的120%。我方没有理睬，按原证规定投保、发货，并于货物装运后在信用证有效期内向议付行议付货款。议付行议付货款后将全套单据寄到开证行，开证行以保险单与信用证修改书不符为由拒付。问：开证行拒付是否有道理？为什么？

精析：开证行拒付理由不成立。根据《跟单信用证统一惯例》的规定，不可撤销信用证一经开出，在有效期内未经信用证各有关当事人的同意，开证行不得单方面修改或撤销。同时，在受益人对信用证修改表示同意之前，原信用证的条款仍然有效。受益人对信用证修改的拒绝或者接受的表态，可以推迟至交单时。本例中，我方收到信用证修改书后并未表示同意，故原证条款仍然有效，交单时我方按原证规定投保，即表示我方拒绝修改，因此开证行不得拒付货款。

4. 改证时的注意事项

信用证修改的规则如下：只有买方（开证人）有权决定是否接受修改信用证；只有卖方（受益人）有权决定是否接受修改信用证修改。

动漫视频

不可撤销信用证

修改信用证应注意以下几点：①凡是需要修改的内容，应做到一次性明确向进口方提出，避免或减少往返改证、延误时间的情况。②对于不可撤销信用证中任何条款的修改，都必须取得当事人的同意后才能生效。③对信用证修改内容的接受或拒绝的表示形式有：可以是受益人做出接受或拒绝该信用证修改的通知，也可以是受益人以行动按照信用证的内容办事。④收到信用证修改后，应及时检查修改内容是否符合要求，并分别根据情况表示接受或重新提出修改。⑤对于修改内容要么全部接受，要么全部拒绝。部分接受修改中的内容是无效的。⑥有关信用证修改必须通过原信用证通知行才具真实性、有效性；通过客户直接寄送的修改申请书或修改书复印件不是有效的修改。⑦明确修改费用由谁承担。一般按照责任归属来确定修改费用由谁承担。

三、租船订舱

按CIF或CFR条件成交时，租船、订舱由我方负责，我方可将此项工作委托给中国对外贸易运输（集团）公司办理。出口货物数量较大，需要整船载运的，可由外运公司办理租船手续；如出口货物数量不大，无须整船装运，可由外运公司代为洽订班轮或租订部分舱位运输。其程序如下：

（1）外运公司每月编印出口船期表分发给各进出口公司，在表内列明航线、船名、国籍、抵港日期、截止收单期、预计装运日期和停挂港口的名称等项内容，供各进出口公司委托订舱时参考。

(2)各进出口公司如货证齐全，即可办理托运手续。根据信用证和合同的有关运输条款，将货物名称、件数、装运港、装运日期等写在托运单(Booking Note,B/N)上，作为订舱的依据，在截止收单期以前送交外运公司。

(3)外运公司在收到托运单后，会同外轮代理有限公司，根据配载原则，结合货物的性质、数量、装运港和目的港等情况安排船只和舱位。然后，由外轮代理有限公司签发装货单俗称下货纸(Shipping Order,S/O)，作为通知船方收货装船的凭证。

(4)船到港后，外运公司到仓库提取货物送到码头，经海关查验放行后，凭装船单装船。

(5)装船完毕，由船长或大副签发大副收据(Mate's Receipt)，载明收到货物的详细情况。托运人则凭大副收据向外轮代理公司交付运费后，换取正式提单。

【职场指南 4—1】 场站收据

场站收据(Dock Recipt,D/R)是由发货人或其代理人编制，承运人签发，证明船公司已从发货人处接收了货物，并证明当时的货物状态，船公司对货物开始负有责任的凭证。托运人据此向承运人或其代理人换取待装提单或装船提单。它相当于传统的托运单、装货单、收货单等一整套单据，共有10联。场站副本收据(关单)是第五联，又叫装货单。场站收据是集装箱运输专用的出口单证，不同的港口、货运站使用的场站收据也不一样。其联数有7联、10联、12联不等。这里以10联格式为例，说明场站收据的组成情况。

第一联，货方留底；

第二联，集装箱货物托运单(船代留底)；

第三、四联，运费通知单(1)(2)；

第五联，装货单，场站收据副本(关单)；

第六联，场站收据副本——大副联；

第七联，场站收据(正本)；

第八联，货代留底；

第九、第十联，配舱回单(1)(2)。

四、报检、报关

(一)报检

凡属法定检验的出口货物，必须根据国家有关进出口商品检验检疫方面的法规，在规定的时间和地点向海关报验。经检验检疫合格后，由海关发给检验证书，予以放行，否则不得出口。

【提示】申请报验需提供合同和信用证副本等有关资料，经检验合格取得检验证书后，务必在有效期内运出货物。关于商品检验证书的有效期，一般货物是自发证日期起2个月内有效；鲜果、鲜蛋类为2～3个星期内有效；动植物检疫证书20天内有效；鲜活商品证书14天内有效。如果超过有效期装运出口，应向海关申请展期，由海关复验合格后，方能出口。

【拓展阅读 4—1】 关检融合统一申报推进历程详情

2018年3月，中共中央印发了《深化党和国家机构改革方案》，将出入境检验检疫管理职能和队伍划入海关。

2018年4月，海关总署发布2018年第28号公告《关于企业报关报检资质合并有关事项的公告》,表示要对企业报关报检资质进行优化整合。其中,企业报关报检资质合并范围包括:①将检验检疫自理报检企业备案与海关进出口货物收发货人备案,合并为海关进出口货物收发货人备案。②将检验检疫代理报检企业备案与海关报关企业(包括海关特殊监管区域双重身份企业)注册登记或者报关企业分支机构备案,合并为海关报关企业注册登记和报关企业分支机构备案。③将检验检疫报检人员备案与海关报关人员备案,合并为报关人员备案。

2018年5月,海关总署发布2018年第50号公告《海关总署关于全面取消〈入/出境货物通关单〉有关事项的公告》。该公告指出,将全面取消"入/出境货物通关单"。

其中,涉及法定检验检疫要求的进口商品申报时,在报关单随附单证栏中不再填写原通关单代码和编号。企业可以通过"单一窗口"(包括通过"互联网+海关"接入"单一窗口")报关报检合一界面向海关一次申报。如需使用"单一窗口"单独报关、报检界面或者报关报检企业客户端申报,企业应当在报关单随附单证栏中填写报检电子回执上的检验检疫编号,并填写代码"A"。而涉及法定检验检疫要求的出口商品申报时,企业无须在报关单随附单证栏中填写原通关单代码和编号,应当填写报检电子回执上的企业报检电子底账数据号,并填写代码"B"。

2018年6月,海关总署发布2018年第60号公告《关于修订〈中华人民共和国海关进出口货物报关单填制规范〉的公告》,对《中华人民共和国海关进出口货物报关单填制规范》(海关总署2017年第13号公告)进行了修订。

此外,海关总署在同年6月还发布了第61号公告《关于修改进出口货物报关单和进出境货物备案清单格式的公告》,该公告根据海关总署《关于修订〈中华人民共和国海关进出口货物报关单填制规范〉的公告》(海关总署2018年第60号公告)的要求,决定对相关单证格式进行修改。

同样在2018年6月,海关总署发布了第67号公告《海关总署公告2018年丨关于进出口货物报关单申报电子报文格式的公告》。该公告表示,根据新修订的《中华人民共和国海关进出口货物报关单填制规范》(海关总署公告〔2018〕60号),海关总署制定了进出口货物报关单申报电子报文格式,企业使用数据交换方式向海关申报,按照此报文格式生成电子数据报文,联调测试、接入等工作按照海关总署公告〔2016〕16号和海关总署公告〔2017〕20号办理。

(二)报关

报关(Customs Declaration)是指货物装运前向海关办理申报手续。各进出口公司需填写出口货物报关单,连同其他必要的单证,如装货单、合同副本或信用证副本、发票、装箱单、出口许可证等交海关申报。货物经海关检验,货、证、单相符无误,并在装货单上加盖放行章后,即可放行装船。

【提示】目前,我国的出口企业在办理报关时,既可以自行办理报关手续,也可以通过专业的报关经纪行或国际货运代理公司来办理。

五、投保

按照CIF贸易术语成交的出口合同,在装船前需由我方及时向保险公司办理投保手续,填制投保单。出口商品的投保手续一般都是逐笔办理的。投保人投保时,应将货物名称、保额、运输路线、运输工具、开航日期、投保险别等一一列明。保险公司接受投保后,即签发保险单或保险凭证。

六、装运

若按 FOB 或 CFR 价成交，卖方应及时向买方发出装船通知，以便买方及时办理进口投保手续及做好接货准备。如果由于卖方未及时或未发出装船通知，对方未能办理保险，一旦货物遭受损失，卖方将承担责任。若按 CIF 价成交，卖方在装完船并取得提单后，也应及时向买方发出装船通知，以便买方了解装运情况和进行接货前的准备。

七、制单结汇

出口货物装运之后，出口商即应按信用证要求缮制单据，并在信用证规定的交单有效期内，向有关银行办理议付、结汇手续。为了确保安全、迅速收汇，缮制单据时必须做到"正确、完整、及时、简明、整洁"。

（一）出口结汇的三种方式

1. 收妥结汇（Foreign Exchange settlement）

收妥结汇又称先收后结或收妥付款，是议付行收到出口商的出口单据后，经审查无误，将单据寄交国外付款行索取货款的结汇做法。在这种方式下，议付行都是待收到付款行的货款，即从国外付款行收到该行账户的贷记通知书（Credit Note）时，才按当日外汇牌价，将货款折合成人民币拨入出口商的账户。

2. 定期结汇（Regular settlement）

定期结汇是指议付行根据向国外付款行索偿所需的时间，预先确定一个固定的结汇期限，并与出口商约定，该期限到期后，无论是否收到国外付款行的货款，都主动将票款金额折合成人民币拨交给出口商。

3. 议付结汇（Negotiation settlement）

议付结汇又称买单结汇或出口押汇，是指议付行在审单无误的情况下，按信用证条款贴现受益人（出口商）的汇票或者以一定的折扣买入信用证项下的货运单据，从票面金额中扣除从议付日到估计收到票款之日的利息，将余款按议付日外汇牌价折合成人民币，拨给出口商。议付行向受益人垫付资金、买入跟单汇票后，即成为汇票持有人，可凭票向付款行索取票款。银行之所以做出口押汇，是为了给出口商提供资金融通的便利，这有利于加速出口商的资金周转。

动漫视频

出口押汇

【注意】由议付行议付结汇是一种广为使用且行之有效的结汇方式。按《跟单信用证统一惯例》的规定，银行如仅审核单据，而不付出对价，不能构成议付。在信用证付款条件下推广议付结汇方式，有利于发展我国的出口贸易。

（二）出口退税

出口退税是指有进出口经营权的企业或代理出口企业，可在货物报关出口并在财务上作销售处理后，凭要求的凭证报送税务机关批准，退还企业产品出口前在生产和流通环节中已缴纳的全部或部分增值税或消费税，使产品以无税价格进入国际市场。国家实行出口退税制度是为了降低出口产品的成本，增强出口产品竞争力，从而鼓励产品出口，出口退税也是各国政府普遍采取的做法。

（三）信用证项下结汇的主要单据

信用证项下结汇的单据很多，主要有下列几种。

1. 汇票(Draft;Bill of exchange)

它一般开具一式两份,两份具有同等效力,其中一份付讫,则另一份自动失效。汇票内容应按信用证规定填写:①付款人。采用信用证方式时,汇票的付款人应按信用证规定填写。如来证未规定付款人名称,则认为是开证行。②受款人。除个别来证另有规定外,汇票的受款人应为议付行或托收行。③出票依据。采用信用证方式时,应按来证规定的文句填写。如信用证内没有规定具体文句,可在汇票上注明开证行的名称、地点、信用证号码及开证日期。

2. 发票(Invoice)

其种类很多,通常指的是商业发票。此外,还有海关发票、领事发票和厂商发票等。

第一,商业发票(Commercial Invoice)。它是卖方开立的载有货物名称、数量、价格等内容的清单,是买卖双方交接货物和结算货款的主要单证,也是进出口货物报关完税必不可少的单证之一。

第二,海关发票(Customs Invoice)。它是某些国家的海关制定的一种固定的发票格式,是要求由卖方填写的单证。进口国要求国外出口商按进口国海关规定的格式填写海关发票,主要是作为估价完税或征收差别待遇关税、反倾销税的依据。此外,也可供编制统计资料用。

第三,领事发票(Consular Invoice)。有些进口国要求国外出口商必须向该国海关提供该国领事签证的发票,其作用与海关发票基本相似。有些国家规定了领事发票的特定格式,也有些国家规定可在出口商的发票上由该国领事签证。各国领事签发领事发票时,均会收取一定的领事签证费。

第四,厂商发票(Manufacturer's Invoice)。它是由出口厂商所出具的以本国货币计算价格、用来证明出口国国内市场的出厂价格的发票。其作用是进口国海关可以据此估价、核税以及征收反倾销税。如国外来证要求提供厂商发票,应参照海关发票有关国内价格的填写办法处理,发票的抬头应该是出口人。

3. 提单(Bill of Lading)

它是各种单据中最重要的单据,是确定承运人和托运人双方的权利与义务、责任与豁免的依据。各家船公司所印制的提单格式各不相同,但其内容大同小异,包括:承运人、托运人、收货人、通知人的名称,船名,装卸港名称,有关货物和运费的记载,以及签发提单的日期、地点及份数等。

4. 保险单(Insurance Policy)

按 CIF 条件成交时,出口商应代为投保并提供保险单,保险单的内容应与有关单据的内容衔接。例如,保险险别与保险金额应与信用证的规定相符;保险单上的船名、装运港、目的港、大约开航日期以及有关货物的记载,应与提单内容相符;保险单的签发日期不得晚于提单日期;保险单上的金额一般应相当于发票金额加成 10%。

5. 产地证明书(Certificate of Origin)

它是一种证明货物原产地或制造地的证件。不用海关发票或领事发票的国家,一般要求提供产地证明,以便确定对货物应征收的税率。有些国家会限制从某个国家或地区进口货物,因而要求以产地证明书来证明货物的来源。

产地证明书没有固定格式,内容没有统一规定。其一般列明发票号、信用证号、货物名称、数量或重量,并注明××国出产或制造。产地证明书一般由出口地的公证行或工商团体签发。在我国,产地证明书通常由海关或各地贸易促进委员会签发。

6. 普惠制单据(Generalized System of Preferences Documents)

这种单据是给惠国的进口海关给受惠国的受惠产品减免关税的依据。目前,已有新西兰、加拿大、日本、欧盟等国家和地区给予我国普惠制待遇。对这些国家和地区出口货物,需提供普惠制单据,作为进口国海关减免关税的依据。因此,填制单据时,务必将单据中的有关内容填写正确,并符合各项目的要求。一旦填错,就可能丧失享受普惠制待遇的机会。

7. 装箱单和重量单(Packing List and Weight Memo)

这两种单据是用来补充商业发票内容的不足的,便于海关在货物到达目的港时检查和核对货物。装箱单又称花色码单,单上列明每批货物的逐件花色搭配;重量单则列明每件货物的毛重和净重。

8. 检验证书(Inspection Certificate)

各种检验证书分别用以证明货物的品质、数量、重量和卫生条件。在我国,这类证书一般由海关出具。如合同或信用证无特别规定,也可以依据不同情况,由进出口公司或生产企业出具。

【注意】证书的名称及所列项目或检验结果,应与合同及信用证的规定一致。

八、索赔和理赔

在实际业务中,履行出口合同时,常常是由于卖方违约,因而主要是处理买方的索赔。在处理国外客户索赔时的注意事项包括:①认真细致地审核国外客户提供的单证和出证机构的合法性,防止弄虚作假。②认真做好调查研究,弄清事实,分清责任。③注重商业信誉,该赔偿时要赔偿。④合理确定损失程度、金额和赔付方法。

任务二　进口业务操作

进口合同依法订立后,买卖双方都应本着重合同、守信用的原则,严格履行约定的义务。根据《公约》的规定,买方的主要义务是支付货物的价款和收取货物。为了确保进口合同的履行,买方还应随时注意卖方的履约情况,并及时督促卖方按约定条件履行交付货物、有关单据并转移货物所有权的义务。

我国的进口业务大多采用 FOB 价格条件成交,少数零星商品的交易采用 CIF 价格条件成交,并且绝大多数采用即期信用证支付方式。按 FOB 即期信用证支付条件签订的进口合同,其履行的一般程序包括开立信用证、租船订舱、办理货运保险、审单付款、进口报关、报验与检验、提取与拨交货物和办理索赔等。图 4—4 为信用证支付方式的 FOB 进口合同履行程序。

一、开立信用证

采用信用证支付方式,买方开立信用证是履行合同的前提条件,因此签订进口合同后,买方应按合同规定办理开证手续。如合同规定在收到卖方货物备妥通知或在卖方确定装运期后开证,买方应在接到上述通知后及时开证;如合同规定在卖方领到出口许可证或支付履约保证金后开证,买方应在收到对方已领到许可证的通知或银行转知履约保证金已收讫后开证。买方向银行办理开证手续时,必须按合同内容填写开证申请书,银行将按开证申请书的内容开立

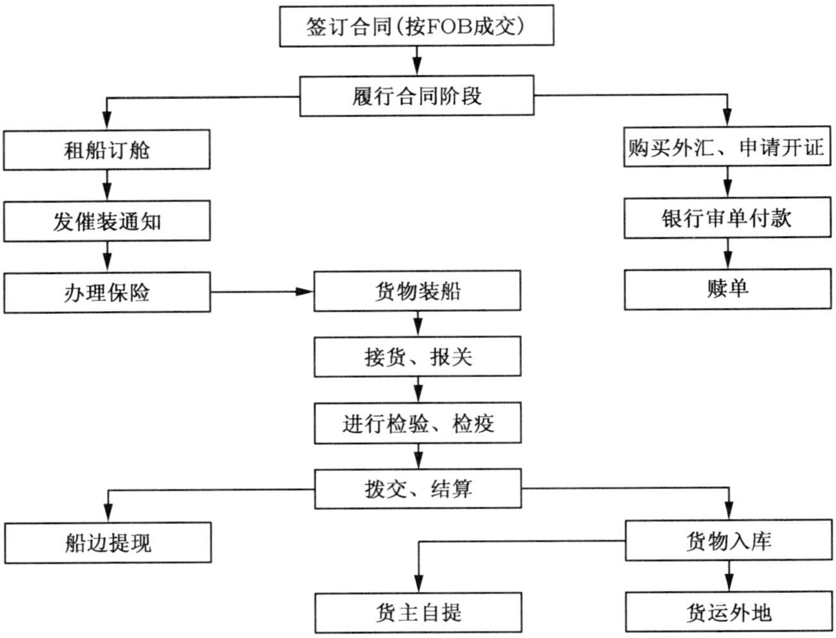

图 4—4　信用证支付方式的 FOB 条件进口合同履行程序

信用证。因此,信用证是以合同为依据开立的,它的内容与合同内容应完全一致。信用证的开证时间应依合同规定确定。如合同规定在卖方确定交货期后开证,买方则应在接到卖方的上述通知后开证。

【提示】卖方收到信用证后,如要求展延装运期、信用证有效期与变更装运港口等,买方若同意,即可向开证银行办理改证手续。

二、租船订舱

进口货物按 FOB 贸易术语成交时,由买方安排运输和订立运输合同。目前,我国大部分进口货物都委托中国对外贸易运输公司、中国租船有限公司或其他运输代理机构代办运输,也有的直接向中国远洋运输(集团)公司或其他办理国际货运的实际承运人办理托运手续。由于进口货物大多通过海洋运输并按 FOB 条件成交,所以做好租船订舱工作很重要。如合同规定卖方在交货前一定时间内应向买方发出货物备妥通知,则买方在接到该通知后应及时办理租船订舱手续。若卖方未及时发出该项通知,买方应及时催促卖方办理。若进口货物数量不大,但批次较多,为了节省时间和简化手续,也可事先委托卖方代为订舱。

(1)按 FOB 条件成交,卖方装船后,按照国际贸易惯例,应以电传方式向买方发出装船通知,以便买方办理保险和接货等项手续。

(2)按 CIF 和 CFR 条件进口的货物,由卖方负责租船订舱和安排装运。在此情况下,买方也应及时与卖方联系,以掌握对方的备货与装运动态。

【注意】当买方办妥租船订舱手续后,为了防止船、货脱节的情况发生,买方应及时催促卖方做好备货装船工作,特别是数量大或重要的进口货物,更要催促卖方按时装船发货。必要时，可请买方驻外机构就地协助和督促卖方履约，或派员前往出口地点检验督促，以利于接运工作的顺利进行。

三、办理货运保险

凡按 FOB 或 CFR 价格条件成交的进口合同，货物保险由买方办理。买方接到卖方的装运通知后，应及时将船名、提单号、开航日期、装运港、目的港以及货物的名称和数量等内容通知保险公司，按预约保险合同的规定对货物负自动承保的责任。保险公司对预约保险的责任起讫，一般是从货物在国外装运港装上海轮时起生效，到卸货港转运单据载明的国内目的地收货人仓库终止。保险公司将外贸公司送交的海运进口装船通知书或结算凭证汇总后，按季度或月份向外贸公司收取保险费。在买方未与保险公司签订预约保险合同的情况下，进口货物就得逐笔投保，买方接到卖方的发货通知后，应立即向保险公司办理投保手续；否则，若货物在投保前的运输途中发生损失，保险公司不负赔偿责任。

【做中学 4－1】　　CFR 装运通知的重要性

大连某企业以 CFR 条件出口一批货物至美国。按合同规定，卖方装船后，应及时寄单给买方并要求其支付货款。此时，货物在运输途中受损，买方随即向我方提出索赔。请问：(1)如果我方已及时向买方发出装船通知，我方能否拒绝买方的索赔？(2)如果业务人员由于业务上的疏忽，忘记向买方发出装船通知，我方能否拒绝买方的索赔？

分析：

(1)如果我方已及时向买方发出装船通知，那么货运途中的风险概由买方承担。(2)如果业务人员忘记向买方发出装船通知，那么我方应承担运输途中的货物损失。

四、审单付款

货物装船后，卖方即凭提单等有关单据向当地银行议付货款。议付行寄来单据后，经银行审核无误即通知买方付款赎单。如银行审单时发现单证不符或单单不符，应区分不同情况进行处理。例如，拒付货款；相符部分付款，不符部分拒付；货到检验合格后再付款；凭卖方或议付行出具担保付款；在付款的同时提出保留索赔权。审单付款是进口履约程序中的重要环节，它关系到卖方提供的单据的有效性，直接影响买方及时、顺利收货。

五、报关、报验与检验

(一)报关

买方付款赎单后，进口货物运抵目的港，进口货物收货人或其代理人开始进口报关。进口报关是指进口收货人或其代理人在海关规定的期限内，向海关提交进口货物报关单及有关货物单据，办理申报手续。海关以申报单据为依据，对进口货物进行实际核对和检查，以确保货物合法进口。经海关查验无误后，进口货物的纳税人在规定时间内缴纳关税和其他税费，以取得海关对货物的放行。

(二)报验与检验

有些进口货物要向海关申请检验，以判明进口货物的规格、质量、数量和技术性能等是否符合国家规定或订货合同的规定。进口货物的收货人在向海关申请检验时，提供合同和有关单证与资料。买方为了在规定时效内对外提出索赔，凡属下列情况的货物，均应在卸货口岸就地报验:①合同写明需在卸货港检验的货物。②合同规定货到检验合格后付款的货物。③合同规定的索赔期限很短的货物。④货物卸离海轮时已发现残损、短少或有异状或提货不着等。

凡属法定检验的进口货物到达后,用户或接运货物的单位必须向卸货口岸或到达站的检验海关登记,海关在报关单上加盖"已接受登记"的印章,然后凭海关放行章验放。如合同有约定,检验在约定地点进行;如没有约定,则在卸货口岸、到达站或海关指定的地点进行。如卸货时发现残损、短少,必须及时检验。需要结合安装调试的机电、仪器产品和成套设备,可酌情在收货人所在地进行检验。

法定检验的进口货物经登记后,收货人即应在规定的时间和地点,持买卖合同、发票、装箱单和货运单等有关单证向海关报验。海关对已报验的货物,应在索赔期限内检验完毕,并出具相应的检验检疫证书。

非法定检验的进口货物,如合同规定海关检验的,应按规定办理报验和检验;如合同未规定由海关检验,但卸货口岸已发现有残、损、短缺情况,应及时向口岸海关申请检验出证。其他情况下,由收货人按合同规定验收。

六、提取与拨交货物

进口货物的报关、纳税等手续办完后,即可在报关口岸按规定提取货物或拨交货物。在进口货物卸货时,港务局也应该进行核对。如发现货物短少,应填制短卸报告交船方签认,并向船方提出保留索赔权声明;如发现货物残损,应将货物存放于海关指定仓库,由保险公司会同当地海关出具检验证明,以便在有效索赔期内对外索赔。如用货单位在卸货口岸附近,则就近拨交货物;如用货单位不在卸货地区,则委托货运代理将货物转运内地,并拨交给用货单位。

七、办理索赔

在履行进口合同的过程中,如卖方未按期交货,或货到后发现品质、数量和包装等方面有问题,致使买方遭受损失,需向有关责任方提出索赔。根据造成损失原因的不同,进口索赔主要包括三个方面。

(1)向卖方索赔。凡属下列情况,均可向卖方索赔:①货物品质、规格与合同规定不符。②原装数量不足。③包装不良致使货物受损。④未按期交货或根本不交货等。

(2)向承运人索赔。凡属下列情况,均可向承运人索赔:①货物数量少于提单所载数量。②提单为清洁提单,而货物残损且属承运人过失所致。③货物所受的损失,根据租船合约有关条款应由船方负责等。

(3)向保险公司索赔。凡属下列情况,均可向保险公司索赔:①由于自然灾害、意外事故或运输中其他事故的发生致使货物遭受损失,并且属于投保险别承保责任范围以内的;②凡承运人不予赔偿或赔偿金额不足以抵补损失,并且属于承保范围之内的。

办理索赔时,应注意如下几个问题。

(1)索赔证据。首先,应制备索赔清单,随附海关签发的检验证书、发票、装箱单和提单副本。其次,对不同的索赔对象要另附其他有关证件。向卖方索赔时,如果是以 FOB 或 CFR 价格成交的合同,还要随附保险单一份;向承运人索赔时,还应另附由船长及港务理货员签证的理货报告及船长签证的短缺或残损证明;向保险公司索赔时,还应另附保险公司与买方的联合检验报告等。

（2）索赔金额。其应适当确定，除包括受损商品价值外，还应加上有关费用，如商品检验费、装卸费、银行手续费、仓租和利息等。索赔金额究竟多少，其中应包括哪些费用，应视具体情况而定。

动漫视频
海牙规则

（3）索赔期限。在买卖合同中，一般都规定了索赔期限，向责任方提出索赔，应在规定的期限内提出，过期提出索赔无效。如合同未规定索赔期限，按《公约》的规定，买方向卖方声称货物不符合合同规定的时限，是买方实际收到货物之日起两年；向船公司索赔的时限，按《海牙规则》的规定，是货物到达目的港交货后一年；向保险公司索赔的时限，按《中国人民保险公司海洋运输货物保险条款》的规定，为货物在卸货港全部卸离海轮后两年。

（4）卖方的理赔和补救。进口货物发生损失，如属于卖方必须承担的责任，应直接向卖方提出索赔，要防止卖方制造借口来推卸责任。此外，买卖双方还可以根据具体情况采取一些其他补救办法：由买方给予卖方一段合理时间，让卖方继续履行其义务；卖方降低价格；卖方交付替代货物；卖方进行修理。

综上所述，履行进口合同涉及众多工作环节，其中有些基本环节是不可缺少的。应当指出，履行进口合同的环节及其工作内容，主要取决于合同的类别及交易双方约定的支付条件。例如，在履行凭信用证付款的FOB进口合同时，上述许多业务环节都是很重要的甚至是不可缺少的。但是在履行凭其他付款方式和其他贸易术语成交的进口合同时，其工作环节有所区别。在采用汇付或托收方式的情况下，就不存在买方开证的环节；在履行CFR进口合同时，买方不负责租船订舱，此项工作由卖方负责；在履行CIF进口合同时，买方不仅不承担货物从装运港到目的港的运输任务，而且不负责办理货运投保手续，此项工作由卖方按约定条件代为办理。

教与学 学导练 4-1

教与学 学导练 4-2

教与学 学导练 4-3

教与学 学导练 4-4

应知考核

一、单项选择题

1. 在托运、报检和报关的单证中，由出口商出具的单证有（　　）。

A. 发票、报关单、报检单和提单　　B. 发票、装箱单、报检单和通关单

C. 发票、报关单、装箱单和提单　　D. 发票、装箱单、报检单和托运单

2. 所谓单证相符，是指受益人必须做到（　　）。

A. 单据与合同相符　　B. 单据和信用证相符

C. 信用证和合同相符　　D. 修改后信用证与合同相符

3. 按惯例，银行开立信用证所产生的一切费用和风险应由（　　）负担。

A. 受益人　　B. 申请人　　C. 银行　　D. 第三方

4. 在实际业务中，由（　　）作为当事人承担审证任务。

A. 银行　　B. 银行和出口公司

C. 出口公司　　D. 进口公司

5. 发生(　　),违约方可援引不可抗力条款要求免责。

A. 战争　　B. 世界市场该商品价格上涨

C. 生产制作过程中的过失　　D. 货币贬值

6. 进口时,对于已报验的货物,海关应在(　　)内检验完毕,并出具相应的检验检疫证书。

A. 合同规定期限　　B. 索赔期限　　C. 报验期限　　D. 海关规定期限

7. 象征性交货是指卖方交货义务是(　　)。

A. 不交货　　B. 既交单又实际交货

C. 凭单交货　　D. 实际交货

8. 按照《联合国国际货物销售合同公约》的规定,如买卖合同中未规定索赔期限,买方行使索赔权的最长期限为自实际收到货物时起不超过(　　)。

A. 1 年　　B. 60 天　　C. 2 年　　D. 30 天

9. 进口的货物如发生残损或到货数量少于提单所载数量,而运输单据是清洁的,则应向(　　)提出索赔。

A. 卖方　　B. 承运人　　C. 保险公司　　D. 银行

10. 凡货物与样品难以达到完全一致时,不宜采用(　　)。

A. 凭说明买卖　　B. 凭样品买卖　　C. 凭等级买卖　　D. 凭规格买卖

二、多项选择题

1. 交易磋商的主要内容除涉及商品品名、数量、包装外,还包括(　　)。

A. 商品价格　　B. 货物装运　　C. 货款支付　　D. 商品品质

2. 买卖合同中规定买方的基本义务有(　　)。

A. 开立信用证　　B. 按合同规定支付货款

C. 收取货物　　D. 租船订舱、派船接货

3. 所有的买卖合同都规定了交易双方的基本义务,其中卖方的基本义务有(　　)。

A. 按照合同规定交付货物　　B. 移交一切与货物有关的单据

C. 转移货物的所有权　　D. 办理租船订舱手续

4. 信用证的特点包括(　　)。

A. 银行信用　　B. 商业信用　　C. 单据买卖　　D. 自足文件

5. 制单结汇工作中必须做到一致的有(　　)。

A. 单单一致　　B. 单证一致　　C. 单合(同)一致　　D. 证合(同)一致

6. 在国际贸易中,常用于中间商转售货物交易的信用证有(　　)。

A. 对背信用证　　B. 对开信用证　　C. 可撤销信用证　　D. 可转让信用证

7. 在信用证结算方式下,我国银行提供的结汇方式包括(　　)。

A. 收妥结汇　　B. 定期结汇　　C. 预付结汇　　D. 议付结汇

8. 开证行拒付货款的理由包括(　　)。

A. 单证不符　　B. 货物不符合合同规定

C. 单单不符　　D. 货物未装运

9. 下列关于信用证与合同关系的表述正确的有(　　)。

A. 信用证的开立以买卖合同为依据　　B. 信用证业务受买卖合同的约束

C. 合同是审核信用证的依据　　D. 银行按信用证规定处理信用证业务

10. 进口索赔对象主要有(　　)。

A. 卖方　　B. 买方　　C. 承运人　　D. 保险公司

三、判断题

1. 货、证、租船订舱及制单结汇是出口合同履行中最重要的环节。　(　　)

2. 审证是由银行与出口方共同审核信用证的内容与合同是否相符。　(　　)

3. 溢短装条款是指在装运数量上可以有一定的增减幅度,该幅度可由卖方决定,也可由买方决定,但应视合同中的具体规定而定。　(　　)

4. 按 CIF 术语出口时,我国出口商在国内投保一切险,风险起讫应为"仓至仓"。　(　　)

5. 进出口货物的收发货人、报关行、国际货运代理都可作为报关单位。　(　　)

6. 争议也称异议,是交易一方认为对方未能部分或全部履行合同规定的责任与义务而产生的纠纷。　(　　)

7. UCP 600 规定正本单据必须注有"Original"字样。　(　　)

8. 海运提单要求空白抬头和空白背书,就是指不填写收货人和不要背书。　(　　)

9. 在信用证没有规定的情况下,银行将接受以单独的一份正本海运提单为整套单据。　(　　)

10. 修改信用证时,可不必经开证行而直接由申请人修改后交给受益人。　(　　)

应会考核

■ 观念应用

A 公司对英国出口一批货物,国外开来的信用证中对发票只规定:"Commercial Invoice induplicate."A 公司交单后被拒付,理由是商业发票上受益人未签字盖章。A 公司经检查发现的确未签字盖章,立即补寄签字完整的发票。但此时信用证已过期,故又遭拒付。A 公司与买方再三交涉,最后降价处理才收回货款。

请问:本案中的拒付有无理由?为什么?A 公司的处理是否妥当?为什么?

■ 技能应用

我国某公司与德商签订一出口合同,德商按时开来了信用证,证中规定的装运条款为:1 月装 100 吨,2 月装 150 吨,3 月装 150 吨。我方 1 月按规定如数装运并顺利收到货款。考虑到货源分散,经与船公司协商,"月亮河"号于 2 月 10 日在烟台、2 月 11 日在青岛共装运 150 吨货物。当我方持单据到银行要求付款时,遭到开证行的拒绝。

【考核要求】

请问开证行的拒付是否合理?为什么?

■ 案例分析

1. 大连某货代公司接受货主的委托,安排一批茶叶海运出口。货代公司在提取了船公司提供的集装箱并装箱后,将整箱货交给船公司。同时,货主自行办理了货运保险。收货人在目的港拆箱提货时发现集装箱内异味浓重，经查明，该集装箱前一航次所载货物为精萘，致使茶叶被精萘污染。

【考核要求】

请问：(1)收货人应该向谁索赔？为什么？(2)最终应由谁对茶叶受污染事故承担赔偿责任？

2. 飞达服装公司从韩国某厂商进口该厂生产的飞燕牌服装 5 000 套，交货期为 2021 年 12 月底，该厂无存货。8 月，工厂准备生产，但因资金困难，未购进生产服装所必需的新的流水线；9 月，工厂工人开始要求增加工资，随后罢工 2 个月。按该厂的生产能力，在余下的时间里显然不能生产 5 000 套服装。

【考核要求】

试问：(1)韩方不能按时完成交货应负什么责任？(2)我方应如何处理合同？

项目实训

【实训项目】

出口单证及其操作流程。

【实训情境】

作为一名外贸业务员，你打算以 CFR 条件出口一批化工产品到东南亚，请拟出一份出口单证的操作流程和操作步骤。

【实训要求】

1. 结合所学的知识，掌握外贸业务流程与单证流程。
2. 撰写“出口单证及其流程”实训报告。

<table>
<tr><th colspan="3">“出口单证及其操作流程”实训报告</th></tr>
<tr><td>项目实训班级：</td><td>项目小组：</td><td>项目组成员：</td></tr>
<tr><td>实训时间：　　年　　月　　日</td><td>实训地点：</td><td>实训成绩：</td></tr>
<tr><td colspan="3">实训目的：</td></tr>
<tr><td colspan="3">实训步骤：</td></tr>
<tr><td colspan="3">实训结果：</td></tr>
<tr><td colspan="3">实训感言：</td></tr>
<tr><td colspan="3">不足与今后改进：</td></tr>
</table>

项目组长评定签字：　　　　　　　　　　项目指导教师评定签字：

项目五　信用证业务

◇ 知识目标

理解：信用证的概念、特点及类型。

熟知：信用证电开和信开的基本内容。

掌握：信用证的申请、审核和修改，并能对信用证进行分析。

◇ 技能目标

能够根据合同审核信用证并进行正确的翻译；能够判断信用证的条款是否需要修改；能够找出信用证与合同的不符点，找出信用证软条款。

◇ 素质目标

能够运用所学的信用证业务知识解决相关案例，培养和提高学生在特定业务情境中分析与解决问题的能力；能够初步认识信用证在外贸业务中的作用。

◇ 思政目标

能够正确地理解“不忘初心”的核心要义和精神实质；树立正确的世界观、人生观和价值观，做到学思用贯通、知信行统一；通过信用证业务的知识学习，加强责任和风险防范意识，具备外贸业务一线工作人员应具备的谨慎态度和观念，遵守外贸单证人员应具有的职业道德观。

◇ 课程思政

已议付的货款不能退还

大连某公司于2022年1月向日本A客商出口一批货物，A客商按时开来不可撤销即期议付信用证，该证由设在我国境内的外资B银行通知并加具保兑。我公司在货物装运后，将全套合格单据交B银行议付，收妥货款。但B银行向开证行索偿时，得知开证行因经营不善已宣布破产。于是，B银行要求我公司将议付款退还，并建议我方直接向买方索款。请问：我方应如何处理？为什么？

思政反思　我方不能退还已经议付的货款。《跟单信用证统一惯例》规定，信用证支付方式是一种银行信用，开证行承担第一付款人责任。如果信用证中加列了保兑行，保兑行与开证行对信用证承担同等付款责任。只要出口商交付了全套合格单据，保兑行必须议付货款，然后保兑行再向开证行议付。由于保兑行对开证行的资质和信用审核疏忽，造成开证行难以向保兑行议付货款，这与出口商无任何关系。

作为一名新生代的大学生，在校期间不论有多少事去处理，都应该有一个清晰的头绪和严谨的工作态度，今后从事本职工作时要增强自身学习和业务水平，牢记工作上的细节性。一个人一生最重要的是做人、做事和做学问的能力。做人要专注，做事也要专注。做事不专心，一定无法把事情做得圆满，无法清楚地掌握细节。做事情一定要严格要求自己，做到认真负责，勤学多问，不能偏差千里，做好自己的本职工作，能从工作中、业务中学更多的智慧，自己要不断提高业务及其他综合水平。

◇ **知识精讲**

任务一 信用证概述

一、信用证的概念、特点和类型

(一)信用证的概念

信用证(Letter of Credit，L/C)是指开证行应申请人的要求并按申请人的指示，向第三者开具的载有一定金额、在一定期限内凭符合规定的单据付款的书面保证文件。

动漫视频

信用证

(二)信用证的主要特点

1. 信用证是一项独立文件

信用证虽以贸易合同为基础，但它一经开立，就成为独立于贸易合同之外的另一种契约。贸易合同是买卖双方之间签订的契约，只对买卖双方有约束力；信用证则是开证行与受益人之间的契约，开证行和受益人以及参与信用证业务的其他银行均应受信用证的约束。但这些银行与贸易合同无关，故不受合同的约束。对此，《跟单信用证统一惯例》(UCP 600)第四条明确规定："就性质而言，信用证与可能作为其开立依据的销售合同或其他合同之间，是相互独立的交易。即使信用证中提及该合同，银行亦与该合同完全无关，且不受其约束。因此，一家银行做出兑付、议付或履行信用证项下其他义务的承诺，并不受申请人与开证行之间或与受益人之间在已有关系下产生的任何索偿或抗辩的制约。"

2. 开证行是第一付款人

信用证支付方式是一种银行信用，由开证行以自己的信用做出付款保证，开证行提供的是信用而不是资金。其特点是在符合信用证规定的条件下，首先由开证行承担"承付"(承兑或付款)责任。《跟单信用证统一惯例》(UCP 600)第七条明确规定，"只要规定的单据提交给指定银行或开证行，并且构成相符交单，则开证行必须承付"。

【注意】实际业务中，开证行也可授权另一银行(称指定银行)进行付款或承兑，如果该指定银行未按时承付，则开证行要承付，即开证行承担第一付款人的责任。

【职场指南 5—1】 **国际标准银行实务**

国际标准银行实务，简称 ISBP，是审核信用证单据的国际惯例，规定了信用证的常见条款以及单据制作和审核的原则。它是对 UCP 的补充、细化和解释，以正确理解和使用 UCP、统一和规范信用证审单实务、减少拒付争议。

3. 信用证业务处理的是单据

《跟单信用证统一惯例》(UCP 600)第五条明确规定："银行处理的是单据，而不是单据所涉及的货物、服务或其他行为。"可见，信用证业务是一种纯粹的凭单据付款的单据业务。该惯例在第十四条和第三十四条对此做了进一步的规定和说明。也就是说，信用证业务仅以单据为基础，以决定单据在表面上看来是否构成相符交单，只要单据在表面上构成相符交单，银行就得凭单据承付。因此，单据成为银行付款的唯一依据。这也就是说，银行只认单据是否构成相符交单，而“银行对任何单据的形式、充分性、准确性、内容真实性、虚假性或法律效力，或对单据中规定或添加的一般或特殊条件，概不负责；银行对任何单据所代表的货物品质、数量、包装等或其存在与否、相关当事人诚信与否、作为或不作为、资信状况等情况，也概不负责”。

【提示】在使用信用证支付的条件下，受益人要想安全、及时收到货款，必须做到“表面上相符交单”。

【做中学 5—1】 **银行拒付的道理**

我某公司对外出口 1 000 吨大豆，国外开来的信用证规定：不允许分批装运。装运港：天津/新港。我某公司在规定的期限内分别在大连、新港各装 500 吨大豆于第 195 航次的“东风”号轮上，提单上也注明了不同的装运地和不同的装船日期，但在向银行交单时遭拒付。请问：银行是否有权拒付？

分析：

银行有权拒付。信用证是严格的单证业务，只有单证一致、单单一致，银行才付款。而我某公司提交的提单中装运港的名称与信用证不符，所以银行有权拒付。

UCP 600 第 2 条将信用证定义为：一项不可撤销的安排，无论其名称或描述如何，该项安排构成开证行对相符交单予以承付的确定承诺。

信用证开立后，只要出口商严格按照信用证规定的条款执行，做到单证一致、单单一致，就能及时收到货款。

【学中做 5—1】（单项选择题）信用证的第一付款人是（　　）。

A. 进口商　　B. 开证行　　C. 出口商　　D. 通知行

（三）信用证的类型

信用证的类型和特点如表 5—1 所示。

表 5—1 **信用证的类型和特点**

分类标准	类　型	特　点
修改撤销方式	可撤销信用证	开证行开立信用证后，不必征得受益人的同意，即可根据开证申请人的要求，随时撤销和修改信用证。开证行在撤销信用证后，甚至可以不必将信用证已撤销的事实通知受益人，但必须通知信用证的通知行，只有在通知行收到有关通知后，信用证的撤销才能生效
	不可撤销信用证	信用证一经开出，即使开证申请人提出了修改或撤销的要求，如果未征得开证行、保兑行及受益人的同意，信用证既不能修改也不能撤销。UCP 600 第 3 条重申：“信用证是不可撤销的，即使未如此表明。”
是否保兑	保兑信用证	除开证行以外，还有另一家银行对信用证承担保证兑付责任
	不保兑信用证	除开证行以外，没有另一家银行对信用证承担保证兑付责任

续表

分类标准	类　型	特　点
兑付方式	议付信用证	开证行在信用证中请其他银行买入汇票及单据，当受益人提交的单据符合信用证条款规定时，议付行扣除利息后将票款付给受益人，是实务中最常见的信用证
	即期付款信用证	开证行或指定银行收到符合信用证条款规定的即期汇票及单据后，立即履行付款义务。即期付款信用证不需要受益人提供汇票，只凭信用证规定的单据付款。付款行凭单付款后，对受益人没有追索权，对受益人极为有利
	延期付款信用证	开证行或指定银行收到符合信用证条款规定的单据后，在将来可确定的日期履行付款责任。在延期付款信用证中，不要求受益人提交汇票，因此，它的实质是不用汇票的远期信用证
	承兑信用证	开证行或指定银行收到符合信用证条款规定的远期汇票及单据后，不立即付款，而是承兑汇票，待汇票到期时才履行付款责任，是一种需要提供汇票的远期信用证
附加性质	可转让信用证	信用证的受益人(第一受益人)可以要求授权付款、承担延期付款责任、承兑或议付的银行(转让银行)，或者当信用证自由议付时，可以要求信用证中特别授权的转让银行，将信用证全部或部分转让给一个或数个受益人(第二受益人)使用
	循环信用证	信用证被全部或部分使用后，仍可恢复原金额再使用，分为按时间循环信用证和按金额循环信用证。循环信用证有自动循环使用、非自动循环使用、半自动循环使用三种循环方式
	背对背信用证	中间商收到进口人开来的、以其为受益人的信用证后，要求原通知行或其他银行以原证为基础，另外开立一张内容相似、以其为开证申请人的新的信用证给另一受益人
	对开信用证	通过相互向对方开立信用证进行结算的方式。其主要特点是：双方同时开证；第一张信用证的受益人是第二张信用证的申请人；第一张信用证的通知行是第二张信用证的开证行；它们的金额可以相等或不同，可以同时或分别生效

【职场指南 5－2】　　　　　双到期信用证

有的信用证规定最迟装运期和信用证的有效期是同一天，这就是所谓的“双到期”。为保证有足够的改单、交单时间，一般应提前 10 天左右装运。如果信用证没有规定交单期，应在提单日后的 21 天内且在信用证有效期前交单。

【学中做 5－2】根据国际商会《跟单信用统一惯例》的规定，如果信用上未注明“不可撤消”的字样，该信用证应视为：(　　)。(单项选择题)

A. 可撤消信用证　　　　B. 不可撤消信用证

C. 远期信用证　　　　D. 由受益人决定可撤消或不可撤消

二、信用证的主要内容

(一)电开信用证的主要内容

电开信用证是以电报、电传或 SWIFT 等电信方式开立的信用证，又可以分为简电本和全电本两种。

①简电本(Brief Cable)是将信用证金额、有效期等主要内容用电文预先通知出口商的信用证,目的是使出口商早日备货。

【提示】由于简电本内容不完整,它不是有效的信用证,一般在简电本后都注有"随寄证实书"字样。

②全电本(Full Cable)是以电文形式开出的完整的信用证。开证行一般会在电文中注明"This is an operative instrument. No airmail confirmation to follow."即全电本后面不注有"随寄证实书"字样。这样的信用证是有效的,可凭以交单议付。随着现代电信业务的飞速发展,电开信用证在实务中被广泛使用,尤其是 SWIFT 信用证。

1. SWIFT 简介

"SWIFT"是环球银行金融电信协会(Society for Worldwide Inter bank Financial Telecommunication)的简称,是一个国际银行同业间非营利性的合作组织。该组织于 1973 年在比利时成立,总部设在比利时首都布鲁塞尔,并在荷兰阿姆斯特丹和美国纽约设立了与总部相互连接的大型计算机操作中心,在各会员银行所在的国家和地区设有与操作中心相连的处理站。会员银行通过专用电脑设备、处理站与操作中心的电脑、数传通信设备连通,构成全球性通信网,开展国际银行业务。

【提示】目前,全球大多数国家的大多数银行都已使用 SWIFT 系统。

凡利用 SWIFT 系统设计的特殊格式,通过 SWIFT 系统传递信用证的信息,即通过 SWIFT 开立或通知的信用证被称为 SWIFT 信用证,又称环银电协信用证。

中国银行在 1983 年 2 月正式加入该协会成为会员银行,1984 年开始使用该协会的通信系统办理国际业务,1985 年中国银行总行建立了 SWIFT 中国地区处理站。目前,中国银行、中国工商银行、交通银行、中国民生银行、广发银行、中国建设银行、江苏银行、浦发银行、中信银行和浙商银行等均已加入 SWIFT。

SWIFT 电文表示方式如下。

(1)项目表示方式。SWIFT 由项目(FIELD)组成,项目由两位数字的代号(Tag)或由两位数字代号加上字母组成,如"44C LATEST DATE OF SHIPMENT"(最后装船期)。SWIFT 的项目分为必选项目(Mandatory Field)和可选项目(Optional Field)两种类型。

(2)日期表示方式。SWIFT 电文的日期表示为 YYMMDD(年月日),如 2022 年 10 月 9 日表示为 221009。

(3)数字表示方式。在 SWIFT 电文中,数字不使用分格号,小数点用逗号","来表示,如 8 123 286.36 表示为 8 123 286,36。

2. SWIFT 电文常用项目

SWIFT 电文常用项目如表 5—2 所示。

表 5—2　**SWIFT 电文常用项目**

M/O 项目类型	Tag 代号	Field Name 栏位名称	Content/Options 内容
M	27	Sequence of Total 合计次序	信用证的页次

续表

M/O 项目类型	Tag 代号	Field Name 栏位名称	Content/Options 内容
M	40A	Form of Documentary Credit 跟单信用证类别	信用证的类型
M	20	Documentary Credit Number 信用证号码	开证行编制的流水号
O	23	Reference to Pre-Advice 预通知的编号	预先通知号码
O	31C	Date of Issue 开证日期	信用证开立的日期
M	31D	Date and Place of Expiry 到期日及地点	信用证规定的最迟提交单据的日期和地点
O	51a	Applicant Bank 申请人的银行	开立信用证银行的名称和代码
M	50	Applicant 申请人	一般为进口商的名称和地址
M	59	Beneficiary 受益人	一般为出口商的名称和地址
M	32B	Currency Code, Amount 币别代号、金额	开证行承担付款责任的最高限额和币种
O	39A	Percentage Credit Amount Tolerance 信用证金额加减百分比	信用证金额上下浮动允许的最大范围，该项目的表达方法较为特殊，数值表示百分比的数值，如：5/5，表示上下浮动最大为5%
O	39B	Maximum Credit Amount 最高信用证金额	信用证最大限制金额
O	39C	Additional Amounts Covered 可附加金额	额外金额，表示信用证所涉及的保险费、利息、运费等金额
M	41A	Available With…By… 向……银行押汇，押汇方式为……	指定的有关银行及信用证总付的方式
O	42C	Drafts at…… 汇票期限	汇票付款日期，必须与42A同时出现
O	42A	Drawee 付款人	汇票付款人名称，必须与42C同时出现
O	42M	Mixed Payment Details 混合付款指示	混合付款条款
O	42P	Deferred Payment Details 延迟付款指示	迟期付款条款
O	43P	Partial Shipments 分批装运	表示该信用证的货物是否可以分批装运

续表

M/O 项目类型	Tag 代号	Field Name 栏位名称	Content/Options 内容
O	43T	Transshipment 转运	表示该信用证是直接到达,还是通过转运到达
O	44A	Loading on Board/Dispatch/Taking in Change at/from… 由……装船/发运/接管地点	装船、发运和接收监管的地点
O	44B	For Transportation to… 装运至……	货物发运的最终地
O	44C	Latest Date of Shipment 最后装运日	装船的最迟的日期,44C 与 44D 不能同时出现
O	44D	Shipment Period 装运期间	船期
O	45A	Description of Goods and/or Services 货物描述及/或交易条件	(货物描述)货物的情况、价格条款
O	46A	Documents Required 应具备单据	各种单据的要求
O	47A	Additional Conditions 附加条件	特别条款
O	71B	Charges 费用	表明费用是否由受益人(出口商)出,如果没有这一条,表示除了议付费、转让费以外,其他各种费用由开信用证的申请人(进口商)支付
O	48	Period for Presentation 交单期限	信用证项下全套单据必须提交的期限
M	49	Confirmation Instructions 保兑指示	开证行是否要求保兑的指示
O	53A	Reimbursement Bank 清算银行	偿付行
O	78	Instructions to the Paying/Accepting/Negotiation Bank 对付款/承兑/议付银行之指示	开证行对付款行、承兑行、议付行的指示
O	57A	"Advise Through" Bank 通知银行	通知行
O	72	Sender to Receiver Information 银行间的通知	附言

3. SWIFT 信用证实例

MT700　　　　　　Issue of a Documentary CreditPage 00001
BASIC HEADER F01 BKCHCNBJA400 1253 409337
APPLICATION HEADER 0 710 1503 050316 BSCHHKHHA 3486 119921 050316 1503 N
　　* NATIONAL AUSTRALIA BANK，SYDNEY
　　* SYDNEY
　　* INTERNATIONAL TRADE PROCESSING
USER HEADERSERVICE CODE　　103：
　　BANK. PRIORITY　113：
　　MSG USER REF.　　108：
　　INFO. FROM CI　　115：
SEQUENCE OF TOTAL　*27：1/1
FORM OF DOC. CREDIT　*40A：IRREVOCABLE
DOC. CREDIT NUMBER　*20：9052BTY0512022
DATE OF ISSUE31C：220323
APPLICABLE RULES　*40E：UCP LATEST VERSION
DATE AND PLACE OF EXPIRY　*31D：DATE 220425 PLACE CHINA
APPLICANT　*50：AUSTRALIA INTERNATIONAL TRADING CO.，LTD.
3/27—29 RICHARDSON AVENUE，GLENELG NORTH，ADELAIDE，AUSTRALIA
BENEFICIARY　*59A：TONGCHUANG WIRE MESH FACTORY
1602 WIRE MESH WORLD BUILDING ANPING COUNTY HEBEI，CHINA
CURRENCY CODE，AMOUNT　*32B：CURRENCY USD AMOUNT 10654，56
AVAILABLE WITH…BY…　*41A：ANY BANK
BY NEGOTIATION
DRAFTS AT…　42C：SIGHT
DRAWEE　42A：CTBAAU2SITS
　　* NATIONAL AUSTRALIA BANK，SYDNEY
* SYDNEY
PARTIAL SHIPMENTS　43P：NOT ALLOWED
TRANSSHIPMENT　43T：ALLOWED
PORT OF LOADING　44E：QINHUANGDAO，HEBEI
PORT OF DISCHARGE　44F：MELBOURNE，AUSTRALIA
LATEST DATE OF SHIPMENT　44C：220415
DESCRIPTION OF GOODS　45A：STAINLESS STEEL WIRE MESH，CIF MELBOURNE
DOCUMENTS REQUIRED　46A：
(1)COMMERCIAL INVOICE IN DUPLICATE
(2)PACKING LIST IN DUPLICATE
(3)FUMIGATION CERTIFICATE IN DUPLICATE
(4) INSURANCE POLICIES OR CERTIFICATES ENDORSED IN BLANK，COVERING INSTITUTE CARGO CLAUSES(A)，INSTITUTE WAR CLAUSES(CARGO)，AND INSTITUTE STRIKES CLAUSES(CARGO)，FOR NOT LESS THAN THE FULL INVOICE VALUE PLUS 10 PERCENT
(5)FULL SET OF CLEAN"ON BOARD"BILL OF LADING TO THE ORDER OF SHIPPER AND ENDORSED IN BLANK MARKED"FREIGHT PREPAID"AND NOTIFY APPLICANT
ADDITIONAL COND.　　　　47A：

(1) TELEGRAPHIC TRANSFER REIMBURSEMENT CLAIMS ARE SPECIFICALLY PROHIBITED UNDER THIS CREDIT
(2)DISCREPANCY FEE OF USD 35.00 WILL BE DEDUCTED FROM THE PROCEEDS FOR EACH PRESENTATION OF DISCREPANT DOCUMENT
(3)THE AMOUNT OF EACH DRAFT MUST BE ENDORSED ON THE REVERSE OF THIS CREDIT BY THE NEGOTIATING BANK
DETAILS OF CHARGES 71B:ALL BANK CHARGES OUTSIDE AUSTRALIA ARE FOR ACCOUNT OF BENEFICIARY.
PRESENTATION PERIOD 48:DOCUMENTS MUST BE PRESENTED AT PLACE OF EXPIRATION WITHIN 15 DAYS OF ON BOARD DATE OF BILL OF LADING.
CONFIRMATION *49:WITHOUT
INSTRUCTIONS 78:
DRAFTS AND DOCUMENTS ARE TO BE SENT IN ONE LOT BY COURIER TO NATIONAL AUSTRALIA BANK PBS TRADE SERVICES,343 GEORGE ST.,SYDNEY NSW 2000,AUSTRALIA. WE HEREBY UNDERTAKE THAT PAYMENT WILL BE MADE,IN ACCORDANCE WITH YOUR INSTRUCTIONS,UPON PRSENTATION OF DRAFTS AND DOCUMENTS DRAWN IN CONFORMITY WITH THE TERMS AND CONDITIONS OF THIS CREDIT.
TRAILER: MAC:48E8293E
CHK:656F2B15C677

上述信用证由五个部分组成:①BASIC HEADER BLOCK(基本报头)。②APPLICATION HEADER BLOCK(应用报头)。③USER HEADER BLOCK(用户报头)。④TEXT BLOCK(电文正文),即信用证的主要内容。⑤TRAILER BLOCK(报尾)。

4. 信用证主要内容分析

(1)27 SEQUENCE OF TOTAL(电文页次),指本信用证的发报次数,用分数表示,分母表示发报的总次数,分子表示这是其中的第几次。

(2)40A FORM OF DOC. CREDIT(跟单信用证形式),该信用证为不可撤销信用证。

(3)20 DOC. CREDIT NUMBER(信用证号码),该信用证的号码为 9052BTY0512204。

(4)31C DATE OF ISSUE(开证日期),该信用证的开证日期为 2022 年 3 月 23 日。

(5)40E APPLICABLE RULES(适用的规则),该信用证适用于 UCP 最新版本。

(6)31D DATE AND PLACE OF EXPIRY(信用证的有效期和到期地点)。有效期是指“信用证生效的最后期限”。也就是说,超过了这个日期,开证行就不受信用证的约束,不再承担付款责任了。到期地点是指该信用证的截止日期是以哪个地方的日期起算的。另外,到期地点还有一层含义,就是“在受益人交单所在地截止”,受益人理解这一层含义是非常必要的,因为它涉及受益人向银行提交单据的缓急程度。

(7)50 APPLICANT(开证申请人),通常为买卖合同的“买方”。“开证申请人”的名称和地址是众多银行单据必须填写的内容之一,如发票的“抬头人”、提单的“通知人”、产地证的“收货人”等。

(8)59A BENEFICIARY(受益人),通常为买卖合同的“卖方”。“受益人”的名称和地址也是众多银行单据必须填写的内容之一。

【注意】受益人的名称不能出现与实际英文名称不符的现象,哪怕只是个别字母拼写错误,也必须要求申请人指示开证行修改信用证;否则,极易出现单证不符,造成收汇困难。

(9)32B CURRENCY CODE，AMOUNT(货币代码和金额)，该信用证为 10 654.56 美元。如信用证金额前有“ABOUT”“APPROXIMATELY”等字样，则相关的汇票和发票金额可以有不超过 10%的增减幅度；如信用证没有特别说明，则相关的汇票和发票金额可以有不超过 5%的增减幅度；如金额前后有“NOT EXCEEDING”字样，则相关的汇票和发票的兑用金额既不能多于也不能少于信用证规定的金额。

(10)41A AVAILABLE WITH…BY…(指定的有关银行及信用证的兑付方式)。该信用证可以在任何银行兑付，兑付方式为议付。兑付方式一般有四种：即期付款(BY SIGHT PAYMENT)、延期付款(BY DEFERRED PAYMENT)、承兑(BY ACCEPTANCE)和议付(BY NEGOTIATION)。

(11)42C DRAFTS AT …(汇票付款期限)，该信用证中为“见票即付”的即期汇票。

(12)42A DRAWEE(汇票的受票人，即付款人)，该信用证的付款人为“NATIONAL AUSTRALIA BANK，SYDNEY”。信用证项下汇票的付款人多为开证行。

(13)43P PARTIAL SHIPMENTS(分批装运条款)，该信用证不允许分批装运。

【提示】允许分批装运有两层含义：一是把一份信用证项下的货物的一部分而不是全部装运出去；二是把一份信用证项下的货物按照受益人的意愿分数次分期分批装运出去，也就是说，既可以一次性装运，也可以安排数次装运，信用证对此不做限制。

(14)43T TRANSSHIPMENT(转运条款)，该信用证允许转运。

(15)44E PORT OF LOADING(装运港)，该信用证为“秦皇岛，河北”。

(16)44F PORT OF DISCHARGE(目的港)，该信用证为“墨尔本，澳大利亚”。

(17)44C LATEST DATE OF SHIPMENT(最迟装运日期)，该信用证最迟装运日期为 2022 年 4 月 15 日。

(18)45A DESCRIPTION OF GOODS(货物描述)，该信用证显示为“不锈钢丝网，CIF 墨尔本”。本条款既可以包括商品的详细情况，也可以有参照语句。关于商品描述，UCP 600 第 18 条 c 款的规定是：商业发票上的货物、服务或履约行为的描述应该与信用证中的描述一致。

(19)46A DOCUMENTS REQUIRED(单据要求)，该信用证要求商业发票一式两份；装箱单一式两份；熏蒸检验证书一式两份；保险单或保险凭证经空白背书，按照“伦敦保险协会海运货物保险条款”投保“ICC(A)”险、战争险和罢工险，保险金额不得低于发票金额的 110%；全套清洁已装船海运提单，托运人指示抬头，空白背书，显示“运费预付”并通知开证申请人。

(20)47A ADDITIONAL COND.(附加条款)，常见的附加条款有英文单据、第三方单据是否接受，某些具体内容需要在全部或几种单据中显示，关于不符单据的扣费和处理问题等。某些国家开来的信用证把 46A 和 47A 条款混在一起，给制单带来了一定难度。此种情况下要求单证员细心地处理好每个细节。该信用证附加条款规定：不允许电汇索偿；如果提交的单据出现不符点，每套单据将扣除 USD 35.00 的费用；每张汇票的金额必须由议付行在此信用证的背面注明。

(21)71B DETAILS OF CHARGES(费用负担)，该信用证规定“在澳大利亚以外的银行费用由受益人承担”。如果信用证没有特别说明，按照 UCP 600 第 37 条 a 款和 c 款的规定，相关银行费用应该由申请人(买方)和开证行承担。

(22)48 PRESENTATION PERIOD(交单期限)，受益人必须在装船日期后 15 天内将单据提交给银行议付。

(23)49 CONFIRMATION(保兑指示),该信用证为非保兑信用证。

(24)53A REIMBURSING BANK(偿付行),该信用证中偿付行就是开证行。

(25)78 INSTRUCTIONS(给付款行、承兑行或议付行的指示)。该信用证规定"请用特快专递将汇票和单据一次性寄给我行""我行保证:如果汇票和单据是按照本信用证内的条款开出的,我行即根据您的指示付款"。

(二)信开信用证的主要内容

信开信用证是开证行根据开证申请人的要求,将信用证的全部内容用信函方式开出并邮寄到通知行,请其通知受益人的信用证。开证行与通知行之间应事先建立代理行关系,互换签字样本和密押,以便通知行凭样本核对信开信用证上开证行的签字。另外,开证行也可将信用证开出后直接邮寄给受益人,在这种情况下,受益人应请自己的往来银行进行鉴别,而不应直接使用。以下是信开信用证实例。

STANDARD CHARTERED BANK

NEW YORK AGENCY

1 MADISON AVENUE,NEW YORK,NY,UNITED STATES

Date:Feb. 15,2022

<table>
<tr><td>Irrevocable
documentary credit</td><td>Credit Number
002/9803668</td><td>Advising Bank</td></tr>
<tr><td>Advising Bank
Pre-advised by:Airmail through
Bank of China
Qingdao,China</td><td colspan="2">Applicant
Blue Bird Trading
No. 80,Mosque Road,Montreal,Quebec</td></tr>
<tr><td rowspan="2">Beneficiary
China national Textiles Imp. & Exp. Corp.
No. 78 Jiangxi road, Qingdao, China</td><td colspan="2">Amount
Abt. CAD 174 000.00(About Canadian dollars one hundred and seventy—four thousand and 00/100)</td></tr>
<tr><td colspan="2">Expiry date and place
For negotiation on Apr. 1,2022. China</td></tr>
<tr><td colspan="3">Dear Sirs,
We hereby issue the Irrevocable Documentary Letter of Credit which is available by beneficiary's drafts on us for full invoice value at sight bearing the credit number and date of issue,and accompanied by the following documents:
Signed Commercial Invoice in quintuplicate;</td></tr>
<tr><td colspan="3">Canadian Customs Invoice in quintuplicate;
Packing list in quintuplicate;
Weight and Measurement Certificate in quintuplicate;
Full set of clean on board Bills of Lading issued to order of shipper marked"freight prepaid"and notify accountee.
Evidencing shipment of goods:
About 300,000 yards of 65% Polyester,35% Cotton Grey Lawn as per buyer's order No. S—0578,CFR Montreal.
We are informed insurance is to be covered by buyer.</td></tr>
<tr><td rowspan="2">Shipment from China to Montreal
Latest Mar. 15,2022</td><td colspan="2">Partial shipments:permitted</td></tr>
<tr><td colspan="2">Transshipment:permitted</td></tr>
</table>

续表

All other bank charges are for the account of applicant. Documents must be presented to negotiating bank or paying bank within 15 days after the on board date of Bills of Lading, but within validity of letter of credit. Special Conditions: Two sets of non-negotiable shipping documents must be airmailed direct to Kanematsu—Gosho(Canada) Inc., Montreal and beneficiary's certificate to this effect is required. Special instructions for reimbursement: We will pay the negotiating bank as per their instructions upon receipt of documents. The amount of any draft drawn under this credit must, concurrently with negotiation, be endorsed on the reverse hereof, and the presentment of any such draft shall be a warranty by the negotiating bank that such endorsement has been made and that documents have been forwarded as herein required. We hereby engage with the drawers, endorsers and bona fide holders of drafts drawn and negotiated under and in compliance with the terms of this credit that the same shall be duly honored on due presentation to the drawee. The advising bank is requested to notify the beneficiary without adding their confirmation. Yours faithfully, STANDARD CHARTERED BANK

三、填制信用证分析单

对信用证进行了全面和详细的审核及修改后，受益人即根据企业内部各部门工作的需要，并结合企业自身的特点以及信用证的使用情况，对信用证进行分析和整理，以"信用证分析单"（参见样单5—1）或"审证记录单"（参见样单5—2）的形式，将信用证的分析结果分发至各部门进行流转，由各部门根据需要安排相关工作；也可以直接在原证上进行标注和勾画，以信用证原件或复印件在各部门进行操作和流转。

【提示】对于分批出运的信用证，受益人在第二次或以后出运时，要注意银行在信用证背面批注的余额，不能超余额出运。

样单 5—1　　　　　　　　**信用证分析单**

银行编号		合约			受益人		
证号							
开证银行				进口商			
开证日期		索汇方式		起运口岸		目的地	
金额				可否转运		唛头	
汇票付款人				可否分批			
汇票期限	见票________天			装运期限			
注意事项				效期地点			
				提单日____天内议付	____天内寄单		

单证名称	提单	副本提单	商业发票	其他发票	海关发票	装箱单	重量单	尺码单	保险单	产地证	普惠制产地证	贸促会产地证	出口许可证	装船证书	投保通知	寄投保通知邮据	寄单证明	寄单邮据	寄样证明	寄样邮据
银行																				
客户																				

提单	抬头		保险			
	通知					
运费预付				保额另加__%	赔款地点	

样单 5—2　　　　　　　　**审证记录单**

信用证号码：	合同号码：
信用证通知号码：	开证日期/地点：
开证银行：	通知行：
开证申请人：	受益人：
汇票付款人：	出票条款：
汇票期限：	信用证到期地点：
议付行限制：	价格条件：
装运港：	目的港：
运输方式：	运费支付方法：
可否分批：	可否转船
装运日期：	有效日期：

续表

<table>
<tr><td colspan="8">交单天数：</td><td colspan="9">提单托运人：</td></tr>
<tr><td colspan="8">提单抬头：</td><td colspan="9">提单通知方：</td></tr>
<tr><td colspan="8">保险条款：
赔款地点/币别：</td><td colspan="9">保险险别：
保险加成：</td></tr>
<tr><td colspan="8">数量溢短装：</td><td colspan="9">金额溢短装：</td></tr>
<tr><td colspan="8">原证金额：</td><td colspan="9"></td></tr>
<tr><td colspan="8">总品名：</td><td colspan="9">总数量：</td></tr>
<tr><td colspan="17">唛头： 品名： 货号： 规格： 件数： 数量： 单价： 总值：</td></tr>
<tr><td colspan="17">信用证中所要求的单据名称及份数：</td></tr>
<tr><td>正本提单</td><td>副本提单</td><td>发票</td><td>保险单</td><td>装箱单</td><td>重量单</td><td>尺码单</td><td>商检产地证</td><td>贸促会产地证</td><td>普惠制产地证</td><td>卖方产地证</td><td>海关发票</td><td>邮局收据(单)</td><td>邮局收据(样)</td><td>电抄</td><td>受益人证明</td><td>船方证明</td></tr>
<tr><td>银行</td><td></td><td></td><td></td><td></td><td></td><td></td><td></td><td></td><td></td><td></td><td></td><td></td><td></td><td></td><td></td><td></td></tr>
<tr><td>客户</td><td></td><td></td><td></td><td></td><td></td><td></td><td></td><td></td><td></td><td></td><td></td><td></td><td></td><td></td><td></td><td></td></tr>
<tr><td colspan="17">单据寄往： 需邮局收据否： 需邮样证明否：</td></tr>
<tr><td colspan="17">开证人出具函电否： 内容：</td></tr>
<tr><td colspan="17">需电抄否：</td></tr>
<tr><td colspan="17">发票一般条款：</td></tr>
<tr><td colspan="17">公共附注(除汇票所有单据注明)：</td></tr>
<tr><td colspan="8">受益人声明内容：</td><td colspan="9">有关单据特殊条款：</td></tr>
<tr><td colspan="8">信用证特别条款：</td><td colspan="9">改证情况：</td></tr>
<tr><td colspan="8">审证员：</td><td colspan="9">复核员：</td></tr>
</table>

任务二 信用证申请

以信用证方式支付的进口贸易中，开立信用证是履行进口合同的第一步，进口商必须在签订进口合同后，及时到银行办理信用证申请手续，以便国外客户（卖方）及时收到信用证，履行合同交货义务。一笔信用证业务从申请开立信用证到最后收汇，根据信用证类型的不同，流程也有所差别，主要可分为信用证开证和信用证付款两个环节，如图 5－1 和图 5－2 所示。

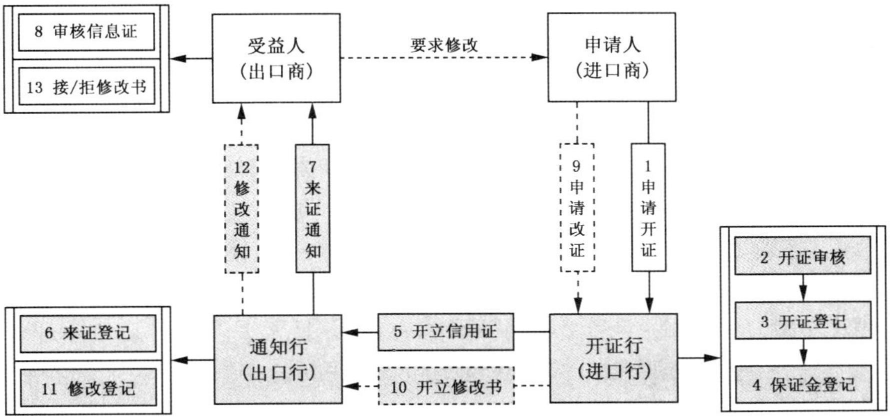

图 5—1　信用证开证

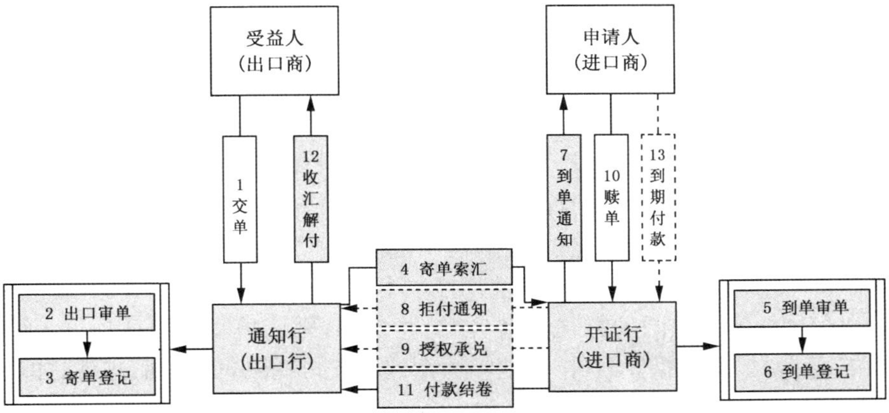

图 5—2　信用证付款

一、申请开立信用证实操

第一步：提交合同副本及附件

进口商向银行申请开证，要依照合同的有关规定填写开证申请书，并交付押金或其他保证金。进口商向银行申请开证时，要向银行递交进口合同的副本以及所需附件，如进口许可证、进口配额证、某些部门的审批文件等。

第二步：填写开证申请书

开证行根据申请书的要求开立信用证，正本寄送通知行，副本交进口商。进口商根据银行统一开证申请书格式，填写一式三份：一份留业务部门；一份留财务部门；一份交银行。填写开证申请书，必须按合同条款的具体规定，写明信用证的各项要求，内容要明确、完整，无词义不清的记载。

各银行信用证申请书的格式和内容大同小异，这里介绍中国银行的格式，并简单介绍申请书填制的内容、方法及注意的事项。

（1）申请开证日期：在申请书右上角。

(2)传递方式:有四种,即信开(航空邮寄)、电开(电报)、快递、简电后随寄电报证实书。需要哪一种方式,就在前面方框中打“×”,如选用信开本航空邮寄,在“Issue by airmail”前的方框中打“×”。

(3)信用证性质:不可撤销跟单信用证已印制好,如要增加保兑或可转让等内容,可加上。信用证号码由开证行填写;信用证有效期及到期地点由申请人填写。

(4)申请人:必须填写全称及详细地址,还要注明联系方式,便于有关当事人之间的联系。

(5)受益人:必须填写全称及详细地址,也要注明联系方式,便于有关当事人之间的联系。

(6)通知行:由开证行填写。

(7)信用证金额:必须用数字和文字两种形式表示,并且要表明币种。信用证金额是开证行付款责任的最高限额,必须根据合同的规定明确表示清楚。如果有一定比例的浮动幅度,也应表示清楚。

(8)分批与转运:应根据合同的规定明确表示“允许”或“不允许”,在选择的项目前的方框中打“×”。

(9)装运条款:应根据合同规定填写装运地(港)及目的地(港)、最晚装运日期,如有转运地(港)也应写清楚。

(10)价格术语:通常有FOB、CFR、CIF及“其他条件”四个备选项目,根据合同成交的贸易术语在该项目前的方框中打“×”;如果是其他条件,则在该项目后面写明。

(11)付款方式:信用证有效兑付方式有四种,即即期支付、承兑支付、议付、延期支付,应根据合同规定,在所选方式前的方框中打“×”。

(12)汇票要求:应根据合同的规定,填写信用证项下应支付发票金额的百分之几。如合同规定所有货款都用信用证支付,则应填写信用证项下汇票金额是发票金额的100%;如合同规定该笔货款以信用证和托收两种方式支付,各支付50%,则应填写信用证项下汇票金额是全部发票金额的50%;以此类推。另外,还应填写汇票的支付期限,如即期、远期;如果是远期汇票,必须填写具体的天数,如30天、60天、90天等。最后填写付款人,根据UCP 600的规定,信用证项下汇票的付款人必须是开证行或指定付款行。

(13)单据条款:印制好的单据共11条,其中第1～11条是针对具体的单据,第12条是“其他单据”,即以上11种单据以外的单据要求,可填在第12条中。有几条可顺序添加几条。填制单据条款时应注意:①在所需单据前的括号里打“×”。②然后在该单据条款后填上具体的要求,如一式几份、应包括什么内容等,如印制好的要求不完整,可在该单据条款后面填写清楚。③申请人必须根据合同规定填写单据条款,既不可随意提出超出合同规定的要求,也不能降低或减少合同规定的要求。

(14)合同项下的货物:包括货物的名称、规格、数量、包装、单价、唛头等。所有内容必须与合同规定一致,尤其是单价、数量不得有误。包装条款如有特殊要求,如包装规格、包装物的要求等,应具体、明确。

(15)附加条款:印制好的有6条,是具体的条款要求,如需要可在前面括号里打“×”;内容不完整的,可根据合同规定和买方的需要填写清楚。第7条是“其他条款”,即以上6条以外还有附加条款的,可填在该条款中,有几条可顺序添加几条。

(16)申请书下面是有关申请人的开户银行(填银行名称)、账号、执行人、联系电话、申请人(法人代表)签字等内容。

IRREVOCABLE DOCUMENTARY CREDIT APPLICATION

TO:BANK OF CHINA Date:

<table>
<tr><td colspan="2">Beneficiary (full name and address)</td><td>L/C No.
Ex-Card No.(快递单号码)
Contract No.</td></tr>
<tr><td colspan="2"></td><td>Date and place of expiry of the credit</td></tr>
<tr><td>Partial shipments
☐ allowed ☒ not allowed</td><td>Transshipment
☐ allowed ☐ not allowed</td><td rowspan="2">☐ Issue by airmail 信开 ☐ With brief advice by teletransmission 简电通知
☐ Issue by express delivery 快递
☐ Issue by teletransmission(which shall be the operative instrument) 电传</td></tr>
<tr><td colspan="2">Loading on board/dispatch/taking in charge at/from
Not later than
for transportation to</td></tr>
<tr><td colspan="2"></td><td>Amount(both in figures and words)</td></tr>
<tr><td colspan="2">Description of goods:</td><td rowspan="2">Credit available with
☐ by sight payment ☐ by acceptance ☐ by negotiation
☐ by deferred payment at
against the documents detailed herein
☐ and beneficiary's draft for ____% of the invoice value
At
on</td></tr>
<tr><td colspan="2"></td></tr>
<tr><td colspan="2">Packing:</td><td>☐ FOB ☐ CFR ☐CIF
☐ or other terms</td></tr>
</table>

Documents required:(marked with ×)

1. ( )Signed Commercial Invoice in ____ copies indicating invoice no. ,contract no.
2. ( )Full set of clean on board ocean Bills of Lading made out to order and blank endorsed,marked"freight ( ) to collect/( ) prepaid ( ) showing freight amount" notifying.
3. ( )Air Waybills showing "freight( )to collect/( ) prepaid ( ) indicating freight amount" and consigned to ____ .
4. ( )Memorandum issued by ____ consigned to ____ .
5. ( )Insurance Policy/Certificate in ____ copies for ____% of the invoice value showing claims payable in China in currency of the draft,blank endorsed,covering ( ) Ocean Marine Transportation/( )Air Transportation/( ) Over Land Transportation( ) All Risks,War Risks.
6. ( )Packing List/Weight Memo in ____ copies indicating quantity/gross and net weights of each package and packing conditions as called for by the L/C.
7. ( )Certificate of Quantity/Weight in ____ copies issued by an independent surveyor at the loading port,indicating the actual surveyed quantity/weight of shipped goods as well as the packing condition.
8. ( )Certificate of Quality in ____ copies issued by( )manufacturer/( )public recognized surveyor.
9. ( )Beneficiary's certified copy of FAX dispatched to the accountee with ____ days after shipment advising( )name of vessel/( )date,quantity,weight and value of shipment.
10. ( )Beneficiary's Certificate certifying that extra copies of the documents have been dispatched according to the contract terms.
11. ( )Shipping Companies Certificate attesting that the carrying vessel is chartered or booked by accountee or their shipping agents.
12. ( )Other documents,if any:
    a)Certificate of Origin in ____ copies issued by authorized institution.
    b)Certificate of Health in ____ copies issued by authorized institution.

Additional instructions:

1. ( )All banking charges outside the opening bank are for beneficiary's account.
2. ( )Documents must be presented with ____ days after the date of issuance of the transport documents but within the validity of this credit.
3. ( )Third party as shipper is not acceptable. Short Form/Blank Back B/L is not acceptable.
4. ( )Both quantity and amount ____% more or less are allowed.
5. ( )Prepaid freight drawn in excess of L/C amount is acceptable against presentation of original charges voucher issued by Shipping Co. /Air line/or it's agent.
6. ( )All documents to be forwarded in one cover,unless otherwise stated above.
7. ( )Other terms,if any:

Advising bank:
Account No. :with ____(name of bank)
Transacted by:(Applicant:name,signature of authorized person)
Telephone No. :(with seal)

第三步：缴纳信用证保证金

按照国际贸易的习惯做法，进口商向银行申请开立信用证，应向银行缴付一定比例的保证金，其金额一般为信用证金额的百分之几到百分之几十，通常根据进口商的资信情况而定。

动漫视频

信用证保证金

【提示】在我国的进口业务实践中，开证行根据不同的企业和交易情况，要求开证申请人缴付一定比例的人民币保证金，然后银行开证。

第四步：支付开证手续费

进口人在申请开证时，必须按规定支付一定金额的开证手续费(一般为0.15%)。

二、银行开立信用证

在进口人申请开证时，银行为减轻自身的风险，通常进行“三查一保”。“三查”是指审查开证申请书和开证申请人声明，审查开证申请人的资信情况，查验有关进口开证必须提供的有效文件；“一保”是指开证申请人必须向开证行缴纳开证保证金。

1. 审查开证申请书和开证人声明

开证申请书既是开证行开立信用证的根据，又是开证行与开证人之间法律性的书面契约。开证人声明是开证申请人申请开立信用证应承担的义务和责任的书面承诺。开证行收到申请人填制好的开证申请书以后，必须对以上两个内容进行审查。

2. 审查开证申请人的资信情况

开证申请人的资信情况直接关系到开证银行的利益，因此，开证行要严格审核申请人的资信情况，一般要掌握以下原则。

(1)如果申请人是首次申请开证，开证银行应严格审核申请人的注册资本情况、经营状况、财务状况及经济效益，以及申请人是否有进出口经营权。

(2)如果申请人不是首次申请开证或与开证行有业务往来关系，主要审查以往的业务往来中有无不良记录以及目前的经营状况、财务状况和经济实力等。

3. 审查开证时应提供的有效文件

开证行在接受开证申请书时，应查验申请人同时提供的有效文件，如进口许可证、贸易进口付汇核销单、有关部门的登记文件等。

4. 收取开证保证金

信用证一经开出，开证行就要承担第一性付款的责任，所以，开证行为了保证自身资金的安全和信誉，对不同的开证申请人采取不同的办法，收取不同比例的保证金或抵押品，或第三者出具的担保等，主要是为了防止申请人违约、破产或因为市场行情的变动导致申请人无力付款赎单的风险。

三、申请开证时应注意的问题

(1)开证时间：如合同规定开证日期，就必须在规定期限内开立信用证；要以卖方收到信用证后能在合同规定的装运期内出运为原则。

(2)申请开立信用证前，一定要落实进口批准手续及外汇来源。

(3)开证时要注意“证同一致”，必须以对外签订的正本合同为依据。不能以“参阅××号合同”为依据，也不能将有关合同附件附在信用证后，因信用证是一个独立的文件，不依附于任何贸易合同。

(4)如合同规定为远期付款,要明确汇票期限;价格条款必须与相应的单据要求、费用负担及表示方法相吻合。

(5)由于银行是凭单付款,不管货物质量如何,也不受合同约束,所以为使货物质量符合规定,可在开证时规定要求对方提供商检证书,明确货物的规格品质,指定商检机构。

(6)信用证内容明确无误,明确规定各种单据的出单人(商业发票、保险单和运输单据除外),规定各单据表述的内容。

(7)合同规定的条款应转化在相应的信用证条件里或转化成有关单据,因为信用证结算方式下,只要单据表面与信用证条款相符,开证行就必须按规定付款。如信用证申请书中含有某些条件而未列明应提交与之相应的单据,银行将认为未列此条件而不予理睬。

(8)明确信用证为可撤销或不可撤销信用证。

(9)国外通知行由开证行指定。如果进出口商在订立合同时坚持指定通知行,可供开证行在选择通知行时参考。

(10)在信用证中规定是否允许分批装运、转运、不接受第三者装运单据等条款。

(11)我方开出的信用证,如对方要求其他银行保兑或由通知行保兑,我方原则上不能同意。

(12)我方一般不开立可转让信用证。

【拓展阅读5—1】　　信用证背面内容及样单

信用证背面是申请人对开证行的声明,用以明确双方责任,主要有以下几项内容。

(1)声明申请人同意按照有关国际惯例办理该信用证项下一切事宜,并承担由此产生的一切责任。

(2)声明委托银行开立信用证,并保证银行按时支付货款、手续费、利息及一切费用。

(3)明确收到单据后,申请人在规定工作日内复审单据,并在规定期限内通知银行接受与否。

(4)声明该信用证及其项下业务往来函电及单据如因邮、电或其他方式传递过程中发生遗失、延误、错漏等银行概不负责。

(5)声明若信用证需要修改,应由申请人及时通知银行,并及时核对信用证副本或修改书副本是否与原申请书相符。

(6)声明如申请书字迹不清或词意含混而引起的后果由申请人负责。

开证申请书背面样单:

In consideration of your issuing the above L/C we agree that you shall have a pledge on all goods, documents and policies and proceeds thereof for any obligations or liabilities present or future incurred by you under or arising out of this L/C and that you shall have full discretion and power of sale over the said goods without notice to us.

We undertake to provide you at or before maturity with funds to meet all your disbursements and/or acceptances together with your commission, charges etc and we further undertake to sign, execute and deliver any transfer deeds or documents which you may require us to sign, execute and deliver for perfecting your title to the said goods and/or for vesting the same in or delivering the same to any purchaser or purchaser from you.

We agree that you and your correspondents are not obliged for any loss, damage or delay, however caused, which is not directly due to the negligence or fault of your employees.

We further agree that you reserve the right to disregard with notice to us, any request to include excessive details in this L/C and /or lengthy attachment thereto.

【学中做 5—3】

一、情境

进口商：武汉环球贸易有限公司 UNIVERSAL TRADING CO. ,LTD.

ADD. :RM 1201—1216 GAOLIAN BUILDING CHEZHAN ROAD,WUHAN,CHINA

法人代表：王斌

电话：0577—86739000

账号：31—45—89120912

出口商：日本岩谷株式会社，IWATANI CORPERATION

ADD. :1—3—6 HOMMACHI,OSAKA,JAPAN

进口产品：贝齿清凉薄荷漱口水，PLAX FRESHMINT MOUTHWASH

规格：200ml/Bottle，净重 250 克(G)/Bottle

贸易术语：CIF WUHAN 每瓶 2.88 美元

总数量：40 320 瓶(Bottles)

装运港：大阪(OSAKA)

卸货港：上海(SHANGHAI)

运输要求：不允许分批，不允许转运，一个二十尺集装箱装运

最迟装运日：2022 年 5 月 15 日

支付方式：即期议付信用证，汇票金额为发票金额的百分之百

开证日期：2022 年 4 月 5 日

开证银行：中国银行武汉分行

通知行：中国银行大阪分行

付款行：中国银行杭州分行

开证方式：SWIFT

信用证有效期：2022 年 5 月 25 日

到期地点：日本大阪

单证要求：

①发票一式三份显示合同号码和信用证号码

②装箱单一式三份

③清洁已装船提单一套，做成"凭指示"，空白背书，通知开证申请人

④保险单一式两份，空白背书，承保中国人民保险公司的一切险，加一成，赔付地点为中国，赔付币种与汇票币种一致

⑤有关当局签署的产地证一份

⑥官方机构签署的质量检验证一份

其他要求：

①交单期是提单日期后 10 天内但又必须在信用证有效期内

②第三方单证不接受，简式提单不接受

③中国以外的银行费用由受益人承担

合同号码:CT110120

二、任务

根据以上业务背景,完成下面三点。

1. 读懂合同相关条款并填写信用证开证申请书。
2. 根据开证申请书内容,用 MT700 报文制作一份信用证。并注明每一项的内容。
3. 根据制作好的信用证,填写信用证通知书。

<table>
<tr><td colspan="2">TO BANK OF CHINA,WUHAN BRANCH</td><td>Expiry Date and Place:
L/C No.</td></tr>
<tr><td colspan="2">Applicant(full name and address)</td><td>Beneficiary(full name and address)</td></tr>
<tr><td>Partial shipments
☐ allowed ☒ not allowed</td><td>Transshipment
☐ allowed ☐ not allowed</td><td>Credit Amount(both in figures and words)</td></tr>
<tr><td colspan="2">On board/dispatch/taking/ charge from

for transportation to
latest date of shipment</td><td>Credit available with/by
☐ negotiation ☐ acceptance ☐ sight payment
☐ deferred payment against presentation of the documents detailed herein and
drafts at_SIGHT ______ drawn on issuing bank for ______ of invoice value</td></tr>
<tr><td colspan="3">Price/Trade term Description of goods/service:
Shipping mark:
Packing:</td></tr>
<tr><td colspan="3">Documents required (marked with X)
1[ ]Signed Commercial Invoice in…original(s) and…copies indicating this L/C No. and Contract No.
2[ ]Full set plus…non-negotiable copies of clean on board Ocean Bill of Lading made out to order…and blank endorsed, marked "freight…"notifying the applicant
3[ ]Air Waybills in…copies showing "freight…and consigned to…notifying…
4[ ]Insurance Policy or Certificate in duplicate or 110% of the invoice value showing claims payable in China, in Currency of the credit, blank endorsed, covering All Risks and…
5[ ]Packing List/Weight Memo in one original and…Copies indicating quantity/gross and net weights of each package and packing conditions as called for by the L/C.
6[ ]Certificate of Quantity/Weight in one original and…copies issued by…
indicating the actual surveyed quantity/weight of shipped goods as well as the packing conditions
7[ ]Certificate of Quality in one original and…Copies issued by…COMPETENT AUTHORITIES…
8[ ]Beneficiary's Certified copy of fax dispatched to the applicant within…day(s)after shipment advising L/C No. ,name of vessel/fight No. /Wagon No. ,date quantity, weight and value of shipment.
9[ ]Certificate of Origin in one original and…Copies certifying…
[ ]Other documents required, if any:</td></tr>
<tr><td colspan="3">Additional conditions (marked with X)
1. [ ]All banking charges outside the opening bank including reimbursement charges are for Beneficiary's account
2. [ ]Documents must be presented within…days after the date of issuance of the transport documents but within the validity of this credit
3. [ ]Third party as shipper is not acceptable Short Form or Back B/L is not acceptable.
4. [ ]Both quantity and amount…%more or less are allowed.
5. [ ]All documents to be forwarded in one cover unless otherwise stated above.
[ ]Other terns, if any</td></tr>
<tr><td colspan="2">(Bank use only)
保证金账号:
Date:
信贷业务编号:</td><td>我公司已经填妥并悉知此申请书正面英文条款和背面开证申请人承诺,并保证执行,请贵行按本申请书开了信用证。</td></tr>
</table>

任务三　信用证审核

一、信用证的操作流程

信用证是银行(开证行)根据买方(申请人/进口商/收货人)的要求和指示向卖方(受益人/出口商/发货人)开立的在一定期限内凭规定的、符合信用证条款的单据,即期或在一个可以确定的将来日期,承付一定金额的书面承诺。

信用证的收付程序随信用证类型的不同而有所差异,但就其基本流程而言,大体要经过申请、开证、通知、议付、索偿、偿付和赎单等环节。信用证的审核流程如图 5—3 所示。

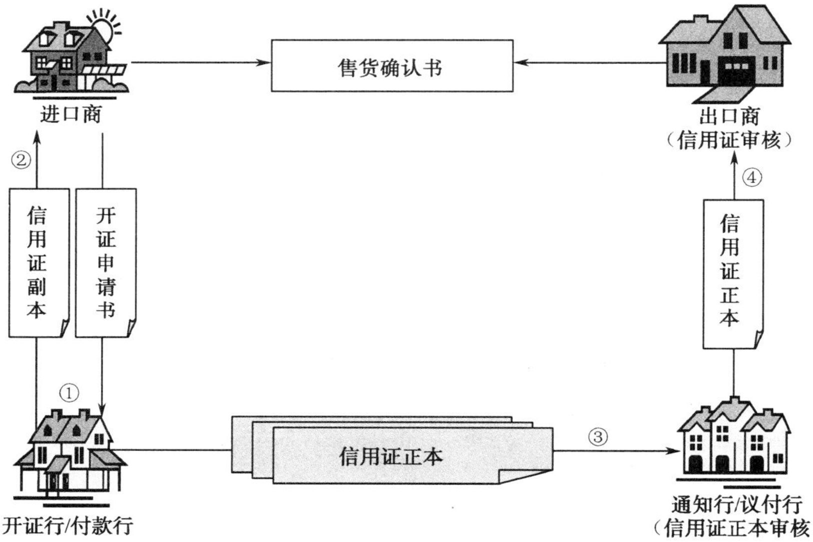

注:

(1)开证申请人(Applicant)。它是指向银行申请开立信用证的人,一般为进口商。

(2)开证行(Opening Bank,Issuing Bank)。它是指接受开证申请人委托,开立信用证的银行。

(3)通知行(Advising Bank,Notifying Bank)。指受开证行的委托将信用证转交出口商(受益人)的银行。它只证明信用证的真实性,并不承担其他义务。

(4)受益人(Beneficiary)。它是指信用证上指明有权使用该证的人,一般为出口商。

(5)议付行(Negotiating Bank)。它是指愿意买入或贴现受益人交来跟单汇票和单据的银行。议付行可以是指定的银行,也可以是非指定的银行。

(6)付款行(Paying Bank,Drawee Bank)。指信用证上指定的付款行。如果信用证未指定付款行,开证行即为付款行。

除上述六项之外,根据需要还可以涉及的当事人有保兑行(Confirming Bank)、偿付行(Reimbursement Bank)、承兑行(Accepting Bank)和转让行(Transferring Bank)等。

图 5—3　信用证审核流程

（一）订立买卖合同

进出口双方先就国际货物买卖的交易条件进行磋商，达成交易后订立国际货物买卖合同，明确规定进口商以信用证方式支付货款，一般还应规定开证银行的资信，信用证的类型、金额、到期日以及信用证开立并送达卖方的日期等。

（二）申请开证

开证申请人（即进口商）在买卖合同规定的时限内向所在地银行申请开立信用证。申请开证时应向开证行递交开证申请书，并交付一定比例的保证金（习称押金（margin））或其他担保品。押金的多少视开证申请人的资力和信誉、市场动向、商品销售的滞畅而定。

（三）开证

开证行接受开证申请人的开证申请书后，必须按申请书规定的内容向指定的受益人开立信用证，并将其直接邮寄或以电信方式通知出口地的代理银行（通知行）转递或者通知受益人。信用证的开证方式有信开和电开两种。

(1)信开(L/C opened by mail)。它是指银行通过平邮、航空挂号及特快专递等方式把信用证邮寄给受益人或通知行。信开信用证的费用较低，但周转时间长，目前信开信用证已不多见。

(2)电开(L/C opened by teletransmission)。它是指以电报、电传或 SWIFT 等电信方式开立信用证。随着现代电信业务的快速发展，电开信用证在实际业务中使用广泛，尤其是以 SWIFT 方式开立的信用证。

【提示】电开信用证有全电本和简电本之分。全电本开立的信用证内容详细，简电本开立的信用证一般只说明信用证的性质、有效期、装运期、货物的基本情况等内容。简电本上通常注有“随寄证实书”等字样，此种简电本并非有效的信用证文件。

（四）通知

通知行收到信用证后，应立即核对开证行的签字与密押，经核对证实无误，除留存副本或复印件备查外，必须尽快将信用证转交受益人。如收到的信用证是以通知行本身为收件人的，则通知行应以自己的通知书格式照录信用证全文通知受益人。

（五）审证、交单、议付

受益人收到经通知行转来的信用证后，应根据买卖合同和 UCP 600 对其进行认真审核，主要审核信用证中所列条款与买卖合同中所列条款是否相符。如发现条款有差错，时间上矛盾，概念不清，词义不明，数字有误，或有不能接受或无法照办的内容，均应通知开证申请人，要求其修改信用证。开证申请人如同意修改，就应向开证行提交修改申请书；开证行如同意修改，即据以做成修改通知书函寄或电告通知行，经通知行转交受益人。

【提示】信用证修改通知书的传递方式与信用证相同。

受益人收到信用证经审核无误，或需修改的经收到修改通知书经认可后，即可根据信用证或经过认可的信用证修改通知书发运货物。货物发运完毕，缮制并取得信用证所规定的全部单据，开立汇票连同信用证正本（经修改的还需连同修改通知书）在信用证规定的交单期和有效期内，递交给有权议付的银行办理议付。

所谓议付(negotiation)，就是由议付行向受益人购进由后者出立的汇票及所附单据，是议付行在确认相符交单的前提下，对受益人的垫款，也是银行叙做的“出口押汇”业务。由于在议付时要扣除一个来回邮程的利息，因此，它也是汇票的一种“贴现”行为，在我国，习惯上称作

“买单”。议付行办理议付后成为汇票的善意持票人，如遇开证行拒付，有向其前手出票人即受益人进行追索的权利。

议付行一般为出口地银行，它可以由开证行在信用证中指定，如在信用证中未指定，则可由受益人酌情选择通知行或与其有往来的其他银行作为议付行。

议付行议付后，通常在信用证正本背面作必要的有关议付事项的记录，俗称“背批”，目的主要是防止超额和重复议付。

（六）索偿

索偿就是议付行办理议付后，根据信用证的规定，凭单向开证行或其指定的银行（付款行或偿付行）请求偿付的行为。其具体做法是：议付行按信用证的要求将单据连同汇票和索偿证明（证明单据符合信用证的规定）分次以航邮的方式寄给开证行或其指定的付款行。如信用证中指定了偿付行，开证行在开出信用证后应立即向偿付行发出偿付授权书（reimbursement authorization），通知授权付款的金额、信用证号码、有权索偿的押汇与偿付费用由何方承担等内容。议付行在办理议付后，一面把单据分次直接寄给开证行；一面向偿付行发出索偿书（reimbursement claim），说明有关信用证的开证行名称和信用证号码，声明已按信用证规定进行议付，并请求按其指明的方法进行偿付。偿付行收到索偿书后，只要索偿金额不超过授权书金额，就应立即根据索偿书的指示向议付行付款。凡信用证规定有电汇索偿条款（T/T reimbursement clause）的，议付行需以电报、电传或 SWIFT 方式向开证行、付款行或偿付行索偿。

动漫视频

押汇

电汇索偿条款通常在即期信用证中使用，指开证行允许议付行用电报或电传等电信方式通知开证行或其指定的付款行，说明各种单据与信用证要求相符，开证行或其指定的付款行即以电汇方式将货款拨交议付行。因此，如信用证中有电汇索偿条款，出口方可以加快收回货款。付款后如发现单据与信用证规定不符，开证行或付款行有行使追索的权利。这是因为此项付款是在未审单的情况下进行的。

（七）偿付

信用证业务中的偿付（reimbursement）是指开证行或其指定的付款行或偿付行向议付行付款的行为。开证行或其指定的付款行收到议付行寄来的汇票和单据后，经核验认为与信用证规定相符，应立即将票款偿付议付行；如发现单据与信用证规定不符，可以拒付。

【注意】如信用证中指定付款行或偿付行，则由该指定的银行向议付行偿付。

（八）付款赎单

开证行履行偿付责任后，即向开证申请人提示单据；开证申请人核验单据无误后，办理付款手续。如申请开证时曾交付押金，则付款时予以扣减；如曾交付有其他抵押品，则在付款后由开证行退还。开证申请人付款后，即可从开证行取得全套单据，包括可凭以向承运人提取货物的运输单据。若此时货物已经到达，便可凭运输单据立即向承运人提货。

二、信用证主要条款及软条款的审核

（一）信用证主要条款的审核方法

1. 开证行

其主要审核开证行的政治背景、资信状况、印鉴、密押是否相符，索汇路线是否正确，是否符合支付协定，是否要加具保兑或由偿付银行确认偿付。

2. 信用证的类型

不论是即期、远期、保兑、可转让、循环或备用信用证，都应该有“Irrevocable”字样。根据UCP 600的规定，若信用证没有明示是否可撤销，应理解为不可撤销。当合同规定开出的是保兑信用证或可转让信用证时，应检查信用证内是否注明“Confirmed”或“Transferable”字样。

3. 开证人

一般情况下，开证人是订立货物买卖合同的买方，也有可能是买方的客户或买方委托的开证人。

4. 受益人

受益人应是订立货物买卖合同的卖方。受益人审证时应以合同为依据，逐字查核受益人的名称和地址是否存在差错。

5. 币别和币值

来证的币别和币值原则上应与合同的币别和币值相符。如用其他货币开证，应按汇率折算，看是否与合同金额相符，若不符，则要改证；如来证的币值因含折扣或佣金而与合同不一致，应核算来证的净值是否与合同的净值一致；如来证规定数量增减，应注意来证的币值也应该有相同比例的增减。

6. 有效期和地点

来证应规定有效期，到期地点应在我国国内。根据UCP 600的规定，若信用证未规定有效期，则视为无效信用证。如来证规定的有效期的最后1天适逢接受单据的银行因不可抗力以外的原因而中止营业，该期限可顺延至下一个营业日。

7. 汇票条款

若信用证为即期付款，其汇票条款一般为“Credit available by your draft(s) at sight for 100 percent of invoice value drawn on…”。

若信用证为远期付款，要分清是真远期还是假远期。真远期的汇票条款一般为“Available by your draft(s) at 30 days sight drawn on the issuing bank for 100% of Invoice value”。假远期的汇票条款一般为“The negotiating bank is authorized to negotiate the usance drafts on sight basis; discount charges, acceptance commission are for buyer's account”。

【注意】在信用证支付方式中，作为资金单据的汇票的付款人应是银行，而不应是开证申请人。

8. 分批装运及转运

根据UCP 600第31条b款的规定：运输单据表明货物是使用同一运输工具并经同次航程运输的，即使每套运输单据注明的发运日期不同或装运港、接管地、发货地不同，只要运输单据注明的目的地相同，也不视为分批装运。同时规定，如果交单由数套运输单据构成，其中最晚的一个发运日将被视为发运日。

【注意】根据UCP 600的规定，除非信用证另有规定，允许分批装运和转船。

根据UCP 600第32条的规定，除非信用证特别授权，如信用证规定在指定时期内分期支款或分期发运，其中任何一期未按信用证规定的期限支款或发运，则信用证对该期和以后各期均告失效。

如来证不准分批，又没有数量增减条款，则实际装运数量不得减少。但UCP 600第30条b款规定：在信用证未以包装单位件数或货物自身件数的方式规定货物数量时，货物数量允许有5%的增减幅度，只要总支取金额不超过信用证金额。

【提示】来证不准转运的，要确定能否取得直达提单，否则必须改证。来证规定在某个港口转船，或指定由某个船公司接转，或指定在某港转装集装箱的，收证后都要核实能否按来证要求办理，以避免额外的费用（如ORC、THC）大量增加。

9. 装运港和目的港

来证规定海运的起运港可以为中国港口（Chinese Ports）或当地的港口，甚至可以为亚洲口岸（Asian Ports），但不能是一个内陆城市，如乌鲁木齐、拉萨或北京等。来证笼统规定目的港为欧洲主要口岸时，只需按合同或买方通知的港口发货即可，不必改证。

10. 装运期

信用证的装运期一般应规定为最迟某月某日。根据惯例，如来证没有规定装运期，可理解为双到期。但UCP 600第29条c款规定：最迟发运日不因信用证的截止日或最迟交单日适逢接受交单的银行因节假日等原因歇业顺延而跟着顺延。

11. 货物描述

来证中货物的品名、货号、规格、包装和合同号码等必须与合同一致。来证所列单价和数量应与合同一致。

12. 单据要求

(1)商业发票（Commercial Invoice）。来证要求出具两份不同买主名称的商业发票时，应要求改证。

(2)装箱单（Packing List）。如来证要求提供中性包装单（Neutral Packing List），装箱单上不显示受益人名称和地址即可，不必改证。

(3)提单（Bill of Lading，B/L）。以FOB术语成交，提单中应注明FREIGHT COLLECT，如来证误开为FREIGHT PREPAID，应要求改证。如来证要求提单上列出集装箱号和铅封号，则必须以集装箱船装运并在提单上列出集装箱号和铅封号。

(4)保险单（Insurance Policy）。保险单中的保险条款、险别、保险加成、保险人和理赔人等内容应与合同一致。除非信用证另有规定，保险单必须以与信用证相同的货币开立。保险公司一般可承保加成到30%，如来证规定加成高于30%且不是投保关税险，则要取得保险公司的同意，否则应该改证。

(5)产地证（Certificate of Origin）。来证指定由海关或贸促会出具产地证均可接受，但要求上述两家机构互相加具证明的，则不能接受。

(6)普惠制产地证格式A（Generalized System of Preferences Certificate of Origin Form A，GSP）。中华人民共和国海关是我国签发普惠制产地证的唯一机构，如来证指定由其他机构（如贸促会）签发普惠制产地证，应要求其改证。

(7)品质证书（Certificate of Quality）和检验证书（Inspection Certificate）。如来证要求由贸促会出证，应要求其改证。

(8)受益人证明书（Beneficiary's Certificate）。其主要有寄单证明、电抄本和履约证明等。来证要求出具的受益人证明书应是受益人实际已完成或受益人力所能及的任务的证明。

(9)装船通知（Advice of Shipment）。如来证规定在装运前若干天发装船通知并且要列明装运日期，应要求其改证，改为装运后发电（Immediately after shipment）。

(10)海关发票（Customs Invoice）。如来证指定某种格式或编号的海关发票，应核查能否提供，否则应要求其改证。

13. 交单期限

来证一般会规定装运后的交单期限，如来证没有相关要求，根据 UCP 600 第 14 条 c 款的规定，受益人或其代表需在不迟于《跟单信用证统一惯例》所指的发运日之后的 21 个日历日内交单，但是在任何情况下都不得迟于信用证规定的截止日。

14. 跟单信用证统一惯例文句

来证一般规定有依照惯例的声明，例如："This credit is subject to the Uniform Customs and Practice for Documentary Credit(2007 Revision), International Chamber of Commerce, Publication No. 600."本信用证是根据国际商会 600 号出版物(2007 年修订版)《跟单信用证统一惯例》而开出的。

对于 SWIFT 信用证，可以省略依照惯例的声明。

(二)信用证软条款的审核方法

信用证中的"软条款"(Soft Clause)，在我国有时也称为"陷阱条款"(Pitfall Clause)，是指在不可撤销的信用证加列一种条款，使出口商不能如期发货，据此条款开证申请人(买方)或开证行具有单方面随时解除付款责任的主动权，即买方完全控制整笔交易，受益人处于受制人的地位，是否付款完全取决于买方的意愿。

这种信用证实际上变成了随时可以撤销或永远无法生效的信用证，银行中立担保付款的职能完全丧失。带有此种条款的信用证实质上是变相的可撤销信用证，极易造成单证不符而遭开证行拒付。买方凭借信用证"软条款"还可以骗取卖方的保证金、质押金、履约金、开证费等。

(1)不是有效的信用证文件或信用证中包括有条件生效的条款。如信用证中有"详情后告""随寄证实书""待获得有关当局签发的进口许可证后才能生效"或"待收到货样或函电确认后生效"等。

(2)能否做到信用证项下的相符交单，取决于开证申请人行为的条款。如信用证只有在收到进口许可证时方能生效，而这种生效还需经开证申请人的授权；发货需等申请人通知，申请人的通知作为结汇单据之一；运输工具和启运港或目的港需申请人确认，确认文件作为结汇单据之一；客检证书；将保险声明书的确认件作为议付单据之一等。

(3)信用证中对银行的承付或议付责任设置了超出"相符交单"若干前提条件的条款。如要求受益人提交开证申请人验货证明，则需待申请人确认后，开证行方可将款项贷记有关账户。

(4)信用证的规定前后矛盾致使受益人不可能做到"相符交单"的条款。如 FOB 或 FCA 成交方式中要求在提单上注明"Freight Prepaid"①；CFR 或 CPT 成交方式中要求受益人提交保险单等。

---

① Freight Collect 到付与 Freight Prepaid 预付的区别：①Freight Collect：运费到付，由目的港收货人支付海运费。一般是在走 FOB 的时候。如果 CFR 或者 CIF 成交，那么就是 Freight Prepaid，运费预付，由发货人 SHIPPER 支付海运费。②Freight Collect：运费到付：这种付款方式，一般用于 FOB，所谓的 FOB，就是：FREE ON BOARD，俗称离岸价。这种付款方式，能为卖方节约成本，减少操作程序。③运费预付提单(Freight Prepaid B/L)：成交价格中 CIF、CFR 条件为运费预付，按规定货物托运时，必须预付运费。在运费预付情况下出具的提单，称为运费预付提单。这种提单正面再有"运费预付"(Freight Prepaid；Freight Paid)字样，付费后，若货物灭失，运费不退。

(5)受益人若按信用证的规定行事将会失去对货物所有权的控制的条款。如要求将提单做成以开证申请人为抬头的记名提单,要求将正本提单全部或部分直接寄交开证申请人。

"软条款"具有极大的隐蔽性,主要有以下特征:①来证金额较大,在50万美元以上。②来证含有制约受益人权利的"软条款"。③证中货物一般为大宗建筑材料和包装材料,如"花岗石、鹅卵石、铸铁井盖、木箱和纤维袋"等。④买方要求出口企业按合同金额或开证金额的5%~15%预付履约金、佣金或质保金给买方代表或中介人。⑤买方获得履约金、佣金或质保金后,即借故刁难,拒绝签发检验证书,或不通知装船,使出口企业无法取得全套单据议付,白白遭受损失。

三、信用证的具体审核要点

信用证是国际贸易中使用最普遍的付款方式。其特点是受益人(通常为出口商)在提供了符合信用证规定的有关单证的前提下,由开证行承担第一付款责任,其性质属于银行信用。应该说在满足信用证条款的情况下,利用信用证付款既安全又快捷。

【注意】信用证付款方式强调"单单相符、单证相符"的"严格符合"原则,如果受益人提供的文件不符合信用证的规定,不仅会产生额外的费用,而且会遭到开证行的拒付,会给安全、及时收汇带来很大的风险。信用证是依据买卖合同开立的,信用证的内容理应与买卖合同的条款相一致。但在实际业务中,由于种种原因,如国外客户或开证行的疏忽和差错,或者某些国家对开立信用证有特别规定,或者国外客户对我国的政策不了解等,会出现开立的信用证条款与买卖合同条款不符等问题。

所以事先对信用证条款进行审核,对不符合买卖合同规定或无法办到的信用证条款及时提请开证申请人(通常为进口商)进行修改,可以大大避免今后不符合信用证规定情况的发生。

(一)审核信用证的依据

审核信用证的依据主要包括以下三方面。

(1)买卖合同。信用证是根据买卖合同开立的,但信用证一经开立,就独立于买卖合同之外。信用证各当事人的权利和责任完全以信用证中所列条款为依据,不受买卖合同的约束,出口商提交的单据即使符合买卖合同的要求,但若与信用证条款不一致,仍会遭银行拒付。因此,审核信用证条款是否与买卖合同条款相符,是外贸单证员收到信用证后的首要工作。

(2)UCP 600。审核信用证时,应遵循UCP 600的规定来确定是否可以接受信用证中的某些条款。例如,UCP 600第38条b款规定,可转让信用证系指特别注明"可转让"(Transferable)字样的信用证;否则,视为不可转让信用证。

(3)业务实际情况。对于买卖合同未作规定或无法根据UCP 600来做出判断的信用证条款,应根据实际业务情况来审核,如对安全收汇的影响、进口国的法令和法规等条款。

(二)通知行审核信用证

审核信用证,是通知行和外贸企业的共同责任,但审核内容各有侧重。通知行着重审核开证行的政治背景、资信能力、付款责任及索汇路线等方面的问题。按UCP 600的规定,信用证可经由另一银行(通知行)通知受益人,而该通知行无须承担责任,但如果该行愿意通知,则应合理审慎地鉴别通知的信用证的表面真实性。如果该行不愿意通知,则必须毫不迟延地告知开证行。如通知行无法鉴别信用证的表面真实性,必须毫不迟延地通知开证行说明它无法鉴别;如通知行仍决定通知受益人,则必须告知受益人它未能鉴别该证的真实性。

（三）受益人审核信用证

外贸企业则着重审核信用证与买卖合同是否一致，以及信用证的一些要求己方能否接受等。审核信用证的要点包括如下方面：

1. 检查信用证的付款保证是否有效

有下列情况之一的，不是一项有效的付款保证或该项付款保证是存在缺陷的：①信用证明确表明是可以撤销的，由于此信用证无须受益人同意可以随时撤销或变更，对受益人来说没有付款保证，一般不予接受。UCP 600 第三条规定，信用证是不可撤销的，即使未如此表明。②应该保兑的信用证未按要求由有关银行进行保兑。③由开证申请人提供的开证申请书。④有条件生效的信用证，如“待获得进口许可证后才能生效”。⑤信用证简电或预先通知。

【拓展阅读 5—1】　　UCP 600 的相关条款

第 11 条　电信传输的和预先通知的信用证和修改

a. 已经证实的电信方式发出的信用证或信用证修改即被视为有效的信用证或修改文据，任何后续的邮寄确认书应被不予理会。

如电信声明“详情后告”（或类似用语）或声明以邮寄确认书为有效信用证或修改，则该电信不被视为有效信用证或修改。开证行必须随即不迟延地开立有效信用证或修改，其条款不得与该电信矛盾。

b. 开证行只有在准备开立有效信用证或做出有效修改时，才可以发出关于开立或修改信用证的初步通知（预先通知）。开证行做出该预先通知，即不可撤销地保证不迟延地开立或修改信用证，且其条款不能与预先通知相矛盾。

2. 检查信用证的金额是否符合合同规定

（1）检查信用证金额是否正确。

（2）检查信用证中的单价、总值、币种及大小写是否一致。

（3）检查有无佣金，是否符合合同规定。如所开的金额已扣除佣金，就不能在信用证上再出现“议付行内扣佣金”的词句。

（4）如数量上可以有一定幅度的溢短装，那么，信用证的支付金额也应允许有一定的伸缩幅度。

【拓展阅读 5—2】　　UCP 600 的相关条款

第 30 条　信用证金额、数量与单价的增减幅度

a.“约”或“大约”用于信用证金额或信用证规定的数量或单价时，应解释为允许有关金额或数量或单价有不超过 10％的增减幅度。

b. 在信用证未以包装单位件数或货物自身件数的方式规定货物数量时，货物数量允许有 5％的增减幅度，只要总支取金额不超过信用证金额。

c. 如果信用证规定了货物数量，而该数量已全部发运，及如果信用证规定了单价，而该单价又未降低，或当第 30 条 b 款不适用时，则即使不允许部分装运，也允许支取的金额有 5％的减幅。若信用证规定有特定的增减幅度或使用第 30 条 a 款提到的用语限定数量，则该减幅不适用。

3. 对货物描述的审核

（1）审核信用证中货物的名称、货号、规格、包装、合同号码、订单号码等内容是否与买卖合同完全一致。

(2)检查信用证的数量是否与合同规定相一致。

(3)检查价格条款是否符合合同规定。不同的价格条款涉及具体费用如运费、保险费由谁承担。如合同中规定 FOB SHANGHAI USD50/PC，那么运费和保险费由买方承担；如果信用证中的价格条款没有按合同的规定表示，而是写成 CIF NEW YORK USD50/PC，对此条款如不及时修改，那么受益人将承担有关的运费和保险费。

4. 检查信用证受益人和开证申请人的名称和地址是否完整和准确

受益人和开证申请人的名称和地址是出口单证中必不可少的，如来证开错应及时修改，以免制单和交单困难，影响收汇。

5. 检查有效期及有效地点、交单期和装运期是否合理

(1)有效期及有效地点。有效期，即信用证的交单截止日，是受益人最迟使用信用证的时间。UCP 600 第 6 条 d 款 i 项规定："信用证必须定一个交单的截止日。规定的承付或议付的截止日将被视为交单的截止日。"承付是指：①如果信用证为即期付款信用证，则即期付款。②如果信用证为延期付款信用证，则承诺延期付款并在承诺到期日付款。③如果信用证为承兑信用证，则承兑受益人开出的汇票并在汇票到期日付款。议付是指，指定银行在相符交单下，在其应获偿付的银行工作日当天或之前向受益人预付或者同意预付款项，从而购买汇票(其付款人为指定银行以外的其他银行)及/或单据的行为。

有效地点，也称到期地点、交单地点，即受益人兑用信用证的银行所在地。其一般有三种情况：在出口地到期、在进口地到期、在第三国到期。在这三种情况中，第一种规定方法对出口商最有利；而第二、第三两种情况，到期地点均在国外，有关单据必须寄送国外，由于无法掌握单据到达国外银行所需的时间且容易延误或丢失，因而风险较大。为此，出口商应争取在出口地到期，若争取不到，则必须提前交单，以防逾期。

【拓展阅读 5—3】　　UCP 600 的相关条款

第 6 条　有效性、有效期限及提示地点

a. 信用证必须规定可以有效使用信用证的银行，或者信用证是否对任何银行均有效。对被指定银行有效的信用证同样也对开证行有效。

b. 信用证必须规定它是否适用于即期付款、延期付款、承兑抑或议付。

c. 不得开立包含有以申请人为汇票付款人条款的信用证。

d. i 信用证必须规定提示单据的有效期限。规定的用于兑付或者议付的有效期限将被认为是提示单据的有效期限。

ii. 可以有效使用信用证的银行所在的地点是提示单据的地点。对任何银行均有效的信用证项下单据提示的地点是任何银行所在的地点。不同于开证行地点的提示单据的地点是开证行地点之外提交单据的地点。

e. 除非如 29(a)中规定，由受益人或代表受益人提示的单据必须在到期日当日或在此之前提交。

(2)交单期，即信用证中规定运输单据出单后，最迟向银行提交的期限。交单期通常按下列原则处理：①信用证有规定的，应按信用证规定的交单期向银行交单。②信用证没有规定的，向银行交单的日期不得迟于货物发运日之后的 21 个日历日内。

【拓展阅读5—4】　　UCP 600的相关条款

第14条　单据审核标准

c. 若包含一份或多份按照本惯例第19条、20条、21条、22条、23条、24条或25条出具的正本运输单据，则必须由受益人或其代表按照相关条款在不迟于装运日后的21个公历日内提交，但无论如何不得迟于信用证的到期日。

(3)装运期。它是指卖方将货物装上运往目的地(港)的运输工具或交付给承运人的日期。信用证中可以没有装运期，只有有效期。若信用证未规定装运期，卖方最迟应在信用证到期日前几天装运。如信用证中的装运期和有效期是同一天，即通常所称的"双到期"，在实际业务操作中，应将装运期提前一定的时间(一般在有效期前10天)，以便有合理的时间来制单结汇。

超过信用证规定的装运期的运输单据将构成不符点，银行有权不付款。检查信用证规定的装运期应注意以下两点：①能否在信用证规定的装运期内备妥有关货物并按期出运。如来证收到时装运期太近，无法按期装运，应及时与客户联系修改。②实际装运期与交单期相距时间太短。

6. 运输条款是否可以接受

(1)装运港(地)和目的港(地)。信用证运输条款中的装运港(地)和目的港(地)应与合同相符，交货地点也必须与价格条款相一致。

(2)若信用证中指定运输方式、运输工具或运输路线以及要求承运人出具船龄或船籍证明，应及时与承运人联系。

(3)分批装运和转运问题。多数信用证是允许转运或分批的(包括信用证中未注明可否转运或分批)。但也有信用证列明不许转运或不准分批，出口商应及时了解在装运期内是否有直达船到目的地，能否提供直运提单及了解货源情况，是否可以在装运期内一次出运。对信用证列有必须分批，且规定每批出运的日期和出运数量，或类似特殊的分运条款的，应根据货源情况决定能否接受。对于分期装运，UCP 600规定，除非信用证另有规定，若一期未能按期完成，信用证对本期及以后各期均告失效。若要续运，必须修改信用证。

(4) 信用证中指定唛头。如货已备妥，唛头已刷好而信用证后到，且信用证指定的唛头与原唛头不一致，应要求修改唛头；否则，需按信用证重新刷制。

【拓展阅读5—5】　　UCP 600的相关条款

第31条　分批支款或分批装运

a. 允许分批支款或分批装运。

b. 表明使用同一运输工具并经由同次航程运输的数套运输单据在同一次提交时，只要显示相同目的地，将不视为部分发运，即使运输单据上标明的发运日期不同或装卸港、接管地或发送地点不同。如果交单由数套运输单据构成，其中最晚的一个发运日将被视为发运日。

含有一套或数套运输单据的交单，如果表明在同一种运输方式下经由数件运输工具运输，即使运输工具在同一天出发运往同一目的地，仍将被视为部分发运。

c. 含有一份以上快递收据、邮政收据或投邮证明的交单，如果单据看似由同一快递或邮政机构在同一地点和日期加盖印戳或签字并且表明同一目的地，将不视为部分发运。

第32条　分期支款或分期装运

如信用证规定在指定的时间段内分期支款或分期发运，任何一期未按信用证规定期限支取或发运，信用证对该期及以后各期均告失效。

7. 检查保险条款是否可以接受

(1)检查保险金额是否符合合同规定。

(2)检查保险险别及其他保险条款是否符合合同规定。

若信用证中要求的投保险别或投保金额超出了合同的规定,受益人应及时和保险公司联系,若保险公司同意且信用证上也表明由此产生的额外费用由开证申请人承担并允许在信用证项下支取,则可接受。

8. 检查银行费用条款是否合理

银行费用(包括议付费、通知费、保兑费、承兑费、修改费、邮费等)一般由发出指示的一方负担。如信用证是由开证申请人申请开立的,同时又由开证行委托通知行通知议付,则来证规定由受益人承担全部费用显然是不合理的。关于银行费用,可由出口商和进口商在谈判时加以明确,一般以双方共同承担为宜。

9. 检查信用证规定的单据条款是否合理

(1)检查一些需要认证的单据特别是使馆认证等能否及时办理和提供。

(2)检查由其他机构或部门出具的有关文件(如出口许可证、运费收据、检验证明等)能否及时提供。

(3)检查要求提交的单据条款是否合理。例如:汇票的付款期限与合同规定不符;在信用证方式下,汇票的付款人为开证申请人;发票种类不当;提单收货人一栏填制要求不妥;提单抬头与背书要求有矛盾;对运输工具、方式或路线的限制无法接受;产地证明书出具机构有误;要求提交的检验证书与实际不符;明明是空运,却要求提供海运提单;明明价格条款是FOB,却要求提供保险单;提单运费条款规定与成交条件有矛盾;要求提单的出单日期比装运期早等。

10. 检查信用证中有无陷阱条款

下列信用证条款对出口商来说是有收汇风险的。

(1)正本提单全部或部分直接寄交开证申请人的条款。如果接受此条款,将面临货、款两空的危险。

(2)将客检证作为议付文件的条款。如接受此条款,受益人正常处理信用证业务的主动权很大程度上掌握在对方手里,会影响安全收汇;同时,要警惕并防范假客检证书诈骗。所谓假客检证书诈骗,是指诈骗分子以申请人代表的名义在受益人出货地签发检验证书,但其签名与开证行留底印鉴不符,致使受益人单据遭到拒付,而货物却被骗走。

例如:中国银行曾收到香港DY金融公司开出的以浙江蓝天信息公司为受益人的信用证,金额为USD800 000.00元,出口货物是2 000台照相机。信用证要求发货前由申请人指定代表出具货物检验证书,其签字必须由开证行证实,且规定1/2的正本提单在装运后交予申请人代表。在装运时,申请人代表来到出货地,提供了检验证书,并以数张大额支票为抵押,从受益人手中拿走了其中一份正本提单。后来,受益人将有关支票委托当地银行议付,但结果被告知"托收支票为空头支票,而申请人代表出具的检验证书签名不符,纯属伪造"。更不幸的是,货物已被全部提走,下落不明。受益人蒙受重大损失,有苦难言。

(3)对于信用证规定必须由开证申请人或其指定的人签署有关单据的条款,如商业发票需由买方签字等,应慎重对待。

(4)信用证对银行的付款、承兑行为规定了若干前提条件,如货物清关后才付款等。

11. 检查有关信用证是否受国际商会第600号《跟单信用证统一惯例》的约束

信用证受国际商会第600号《跟单信用证统一惯例》(即UCP 600)的约束,可以使买卖双方在处理具体信用证业务时,对信用证的有关规定有一个公认的解释和理解,避免因对某一规定的不同理解而产生争议。

四、SWIFT信用证格式说明

SWIFT是环球同业银行金融电信协会(Society for Worldwide Interbank Financial Telecommunication)的缩写,是一个国际银行间非营利性的国际合作组织。它成立于1973年,目前已有200多个国家/地区的10 000多家金融机构加入,通过同业交换电文办理成员银行间的资金调拨、汇款结算和信用证传递等业务。SWIFT系统的特点是电文标准化,采用SWIFT信用证,必须遵守SWIFT使用手册的规定,使用专门的格式和代号,而且信用证必须符合国际商会《跟单信用证统一惯例》的规定。只有SWIFT成员银行才能用密码在它的电信网上进行信用证资料传递,因此该类信用证真实可靠。

SWIFT项下开立的跟单信用证MT格式一共有18种,如MT 700、701、705等,受益人收到的信用证大多是MT700/701格式(开立信用证时使用)、MT707格式(信用证修改时使用)、MT710/711格式(通知由第三家银行开立跟单信用证时使用)。

(一)跟单信用证MT700/701格式说明

动漫视频

跟单信用证

MT700/701格式是开立信用证时使用的,MT700格式最长不能超过2 000个字符,若超过2 000个字符,银行将其分为若干部分,采用一个MT700最多3个MT701格式传递有关跟单信用证条款。表5—3为MT700格式说明。

表5—3　　跟单信用证MT700格式说明

序号	选择	域　名	含　义	说　明
1	必选	20: Documentary Credit Number	跟单信用证号码	
2	可选	23:Reference to Pre-Advice	预先通知号码	如果信用证采取预先通知的方式,该项目内应该填入“PREADV/”,再加上预先通知的编号或日期
3	必选	27:Sequence of Total	报文页次	如果该信用证条款能够全部容纳在MT700报文中,那么该项目内显示1/1;如果该信用证由一份MT700报文和一份MT701报文组成,那么在MT700报文的该项目中显示1/2,在MT701报文的该项目中显示2/2,以此类推
4	可选	31C:Date of Issue	开证日期	如果这项没有填,则开证日期为电文的发送日期
5	必选	31D:Date and Place of Expiry	信用证有效期和有效地点	列明跟单信用证最迟交单日期和交单地点
6	必选	32B: Currency Code, Amount	信用证结算的货币和金额	
7	可选	39A: Percentage Credit Amount Tolerance	信用证金额上下浮动的最大允许范围	该项目的数值表示百分比,如5/5,表示上下浮动最大为5%

续表

序号	选择	域 名	含 义	说 明
8	可选	39B: Maximum Credit Amount	信用证金额最高限额	39B与39A不能同时出现
9	可选	39C: Additional Amounts Covered	附加金额	列明信用证所涉及的附加金额,如保险费、运费、利息等
10	必选	40A: Form of Documentary Credit	跟单信用证形式	见注1
11	必选	41A/D: Available with... by...	指定的有关银行及信用证兑付方式	信用证兑付方式见注2。 如果是自由议付信用证,对该信用证的议付地点不做限制,该项目代号为41D
12	可选	42A: Drawee	汇票付款人	必须与42C同时出现
13	可选	42C: Drafts at...	汇票付款日期	必须与42A同时出现
14	可选	42M: Mixed Payment Details	混合付款条款	
15	可选	42P: Deferred Payment Details	延期付款条款	
16	可选	43P: Partial Shipments	分装条款	列明该信用证项下的货物是否允许分批装运
17	可选	43T: Transshipment	转运条款	列明该信用证项下的货物是否允许转运
18	可选	44A: Loading on Board/Dispatch/Taking in Charge at/from	装船、发运和接收监管的地点	
19	可选	44B: For Transportation to...	货物发送的最终目的地	
20	可选	44C: Latest Date of Shipment	最迟装运日期	列明最迟装船、发运和接受监管的日期
21	可选	44D: Shipment Period	装船期	44C与44D不能同时出现
22	可选	45A: Description of Goods and/or Services	货物描述	货物的情况、价格条款
23	可选	46A: Documents Required	单据要求	各种单据的要求
24	可选	47A: Additional Conditions	附加条款	
25	可选	48: Period for Presentation	交单期限	表明开立运输单据后多少天内交单
26	必选	49: Confirmation Instructions	保兑指示	CONFIRM:要求保兑行保兑该信用证 MAY ADD:收报行可以对该信用证加具保兑 WITHOUT:不要求收报行保兑该信用证
27	必选	50: Applicant	开证申请人	一般为进口商

续表

序号	选择	域　名	含　义	说　明
28	可选	51A:Applicant Bank	开证申请人的银行	如果开证行与开证申请人的银行不是同一家银行,则该项目列明开证申请人的银行
29	可选	53A:Reimbursement Bank	偿付行	列明被开证行授权偿付该信用证金额的银行
30	可选	57A: "Advise through" Bank	通知行	
31	必选	59:Beneficiary	受益人	一般为出口商
32	可选	71B:Charges	费用负担	出现该项目即表示费用由受益人承担。如无此项目,则表示除议付费、转让费外,其他费用均由开证申请人承担
33	可选	72:Sender to Receiver Information	附言	
34	可选	78:Instruction to The Paying / Accepting /Negotiating Bank	给付款行、承兑行、议付行的指示	

注:跟单信用证有六种形式:①Irrevocable(不可撤销跟单信用证)。②Revocable(可撤销跟单信用证)。③Irrevocable Transferable(不可撤销可转让跟单信用证)。④Revocable Transferable(可撤销可转让跟单信用证)。⑤Irrevocable Standby(不可撤销备用信用证)。⑥Revocable Standby(可撤销备用信用证)。

信用证兑付的方式有五种:①Payment(即期付款)。②Acceptance(承兑)。③Negotiation(议付)。④Deferred Payment(延期付款)。⑤Mixed Payment(混合付款)。

(二)信用证修改通知书 MT707 格式说明

MT707 格式是在对跟单信用证进行修改时使用的,用来通知收报行跟单信用证条款的修改内容,该修改应被视为跟单信用证的一部分。表 5—4 为 MT707 格式说明。

表 5—4　　信用证修改通知单 MT707 格式说明

序号	选择	域　名	含　义	说　明
1	必选	20:Sender's Reference	发报行编号	
2	必选	21:Receiver's Reference	收报行编号	发电文的银行不知道收报行的编号,填写"NONREF"
3	可选	23:Issuing Bank's Reference	开证行编号	
4	可选	26E:Number of Amendment	修改次数	该信用证修改的次数,要求按顺序排列
5	可选	30:Date of Amendment	修改日期	如果信用证修改没填这项,修改日期就是发报日期
6	可选	31C:Date of Issue	开证日期	如果这项没有填,则开证日期为电文的发送日期

续表

序号	选择	域　名	含　义	说　明
7	可选	31E:New Date of Expiry	信用证新的有效期	信用证修改后的最后交单日期
8	可选	32B:Increase of Documentary Credit Amount	信用证金额的增加	
9	可选	33B:Decrease of Documentary Credit Amount	信用证金额的减少	
10	可选	34B: New Documentary Credit Amount after Amendment	修改后信用证的金额	
11	可选	39A: Percentage Credit Amount Tolerance	修改后信用证金额上下浮动允许的范围	该项目的数值表示百分比,如 5/5,表示上下浮动最大为 5%
12	可选	39B: Maximum Credit Amount	修改后信用证金额的最高限额	39B 与 39A 不能同时出现
13	可选	39C: Additional Amounts Covered	附加金额的修改	表示信用证所涉及的保险费、利息、运费等金额的修改
14	可选	44A:Loading on Board/Dispatch /Taking in Charge at/from	装船、发运和接收监管的地点的修改	
15	可选	44B: For Transportation to...	货物发运的最终目的地的修改	
16	可选	44C: Latest Date of Shipment	最后装船期的修改	列明最迟装船、发运和接受监管的日期的修改
17	可选	44D:Shipment Period	装船期的修改	44C 与 44D 不能同时出现
18	可选	52A:Issuing Bank	开证行	
19	必选	59: Beneficiary (before this Amendment)	受益人(在本修改前的)	该项目为原信用证的受益人,如果要修改信用证的受益人,则新的受益人名称应该在 79 NARRATIVE 中写明
20	可选	72:Sender to Receiver Information	附言	/BENCON/:要求收报行通知发报行受益人是否接受该信用证的修改。/PHONBEN/:请电话通知受益人(列出受益人的电话号码)。/TELEBEN/:用快捷有效的电信方式通知受益人
21	可选	79:Narrative	修改详述	详细的修改内容

注意:

审核信用证时需要注意以下两个方面。

(1)审核信用证的主要依据是贸易合同和 UCP 600 的相关条款、国际贸易惯例及进口国相关法律的规定。

(2)审核信用证的步骤为:①熟悉买卖合同的内容。②对照买卖合同条款,逐条审核信用证各条款。③列出信用证中的不符条款及漏开条款。

任务四 信用证修改

一、信用证修改的流程

在对信用证进行全面细致的审核之后，如果发现信用证上的条款与合同条款不符，受益人（通常为出口商）应遵循“非改不可的坚决要改，可改可不改的根据实际情况酌情处理”的原则处理。凡是不符合相关法律、法规规定，影响合同执行或安全收汇的条款，受益人应立即要求开证申请人通过原开证行进行必要的书面修改。信用证修改的一般程序是：卖方向买方发函要求改证→买方向开证行申请改证→开证行改证并转交通知行→通知行将改证通知卖方。

【提示】信用证的修改可以由开证申请人提出，也可以由受益人提出。由于修改信用证的条款涉及各当事人的权利和义务，因而不可撤销信用证在其有效期内的任何修改，都必须征得各有关当事人的同意。

二、修改信用证的原则

出口商对信用证的修改应掌握的原则和注意的问题包括以下几个方面：

（1）非改不可的坚决要改，可改可不改的根据实际情况酌情处理。如合同中规定可以“分批装运”，信用证中规定“不许分批装运”，若实际业务中可以不分批装运，则无须修改该条款。

（2）不可撤销信用证的修改必须被各有关当事人全部同意后，方为有效。开证行发出修改通知后不能撤回。

（3）保兑行有权对修改不保兑，但它必须不延误地将该情况通知开证行及受益人。

（4）受益人应对开证申请人提出的修改发出接受或拒绝的通知。根据 UCP 600 的规定，受益人对不可撤销信用证的修改表示拒绝的方法有两种：一是向通知行提交一份拒绝修改的声明书；二是在交单时表示拒绝修改，同时提交仅符合未经修改的原证条款的单据。

（5）在同一信用证上，如有多处需要修改，原则上应一次提出。一份修改通知书包括两项或多项内容，要么全部接受，要么全部拒绝，不能只接受一部分而拒绝另一部分。

（6）受益人提出修改信用证，应及时通知开证申请人，同时规定一个修改通知书到达的时限。

（7）收到信用证修改（书）后，应及时检查修改内容是否符合要求，并分情况表示接受或重新提出修改。

（8）有关信用证修改必须通过原信用证通知行才真实有效，通过客人直接寄送的修改申请书或修改书复印件不是有效的修改。

（9）一般按照责任归属来确定修改费用由谁承担。

【拓展阅读 5－6】 **UCP 600 的相关条款**

第 10 条　修　改

a. 除本惯例第 38 条另有规定外，凡未经开证行、保兑行（如有）以及受益人同意，信用证既不能修改也不能撤销。

b. 自发出信用证修改书之时起，开证行就不可撤销地受其发出修改的约束。保兑行可将其保兑承诺扩展至修改内容,且自其通知该修改之时起,即不可撤销地受到该修改的约束。然而,保兑行可选择仅将修改通知受益人而不对其加具保兑,但必须不延误地将此情况通知开证行和受益人。

c. 在受益人向通知修改的银行表示接受该修改内容之前,原信用证(或包含先前已被接受修改的信用证)的条款和条件对受益人仍然有效。受益人应发出接受或拒绝接受修改的通知。如受益人未提供上述通知,当交单与信用证以及尚未表示接受的修改的要求一致时,即视为受益人已做出接受修改的通知,并从此时起,该信用证已被修改。

d. 通知修改的银行应当通知向其发出修改书的银行任何有关接受或拒绝接受修改的通知。

e. 不允许部分接受修改,部分接受修改将被视为拒绝接受修改的通知。

f. 修改书中做出的除非受益人在某一时间内拒绝接受修改,否则修改将开始生效的条款将被不予置理。

三、信用证常见修改条款

1. 更改受益人名称及地址 amend the beneficiary's name and address to read…
2. 展延装运期及信用证有效期 extend the date of shipment to…and validity to…
3. 增加或减少信用证金额 this credit amount to be increased by…making a total of…
4. 增加或减少货物数量 increase (decrease) the quantity of commodity by…to…
5. 删除信用证条款 delete the clause…
6. 更改装卸地名 shipment to be made from…to…
7. 修改货物名称或规格 merchandise to be changed to read as…
8. 信用证需由…银行附加保兑 this credit shall be confirmed by…bank
9. 修改为准许分批装运或转运 partial shipment and /or transshipment are allowed
10. 更改船名 shipment to be made per s/s…instead of…

四、改证函的基本写法

出口方在审核信用证后,如果发现有与合同不符或有不利于出口方安全收汇的条款,应及时联系进口商通过开证行对信用证进行修改。对改证函的写法并无统一规定和要求,但一般应包括如下三个方面的内容:

(一)开头部分

开头部分主要是感谢对方开来的信用证并引出信用证的号码。例如:

(1)We are very pleased to receive your L/C No. 06SHGM356 issued by the bank of Tokyo,Ltd. New York agency dated Jun. 15,2022.

(2)Thank you for your L/C No. MQC0278 established by AlAhli Bank of Kuwait dated May. 5,2022.

(二)主要修改内容

列明开证行开来的信用证中存在的不符点并说明如何修改。例如:

(1)However we are sorry to find it contains the following discrepancies.

(2) But the following points are in discrepancy with the stipulation of our S/C

No. 02CH98.

(3)As to the description of the goods please insert the word… before…(有关货物的描述,请在…前插入…)

(4)The… should be… not…

(5)The… should be… instead of…

(6)Please delete the clause…

(7)As there is no direct sea sailing to your port next month, please amend the relative L/C to read "transshipment allowed".

(8)P1ease extend the shipment date and the validity of the L/C to... and... respectively.(请分别把装运期和信用证的有效期扩展到……和……)

(三)结束部分

感谢对方的合作,希望信用证修改书在××××年××月××日前开到。例如:

Thank you for your kind cooperation, please see to it that the L/C amendment reach us before July 8, 2022, failing which we shall not be able to effect punctual shipment.

在修改信用证时要注意以下两个方面:

(1)由于信用证是开证行接受开证申请人的指示开立的,信用证的修改也必须由开证申请人去指示银行,受益人直接向开证行发出修改通知是无效的。受益人只能向他的合同关系人(开证申请人)提出要求,进而由开证申请人去指示银行修改。

(2)受益人收到信用证修改通知书后,还需要继续审核,直到确认与买卖合同条款内容一致,或者虽然不一致,但也能接受的时候,才能准备发货。

【学中做5—4】

一、情境

2022年4月22日,广州宇宙进出口公司(Guangzhou Yuzhou Import & Export Corp.)业务员李明代表公司与澳大利亚Morning Star Lighting Co. Ltd. 签订了一份节能灯出口合同。合同编号为GZYZ2218,具体内容见材料1—1。

2022年5月15日,李明收到中国银行广东省分行的信用证通知书和Morning Star Lighting Co. Ltd. 通过中国银行墨尔本分行(Bank of China, Melbourne Branch)开出的信用证。信用证内容见材料1—2。

你是广州宇宙进出口公司的单证员。因为李明对信用证业务不是很熟悉,他请你帮他审核信用证条款并提出改证意见。

二、任务

1. 翻译GZYZ2218号合同条款,正确理解各条款的含义。

2. 翻译BOCMELLC220505号信用证条款,正确理解各条款的含义,填写材料1—3:信用证审核表。

3. 对照GZYZ2218号销售合同与信用证审核表,并依据UCP 600与业务实际情况,查找BOCMELLC100505号信用证中的问题条款。将信用证中的所有问题条款填入材料1—4。

4. 依据业务实际情况,将信用证所有问题条款归类,填入材料1—5。

5. 提出信用证修改意见,填写材料1—6。

材料 1—1:销售合同

SALES CONTRACT

NO. :GZYZ2218　　　　　　　DATE:April 22,2022

THE SELLER:GUANGZHOU YUZHOU IMPORT & EXPORT CORP.
138 Yuehua Road,Guangzhou,P. R. China
Tel:86—20—88839138 Fax:86—20—88839139

THE BUYER:MORNINGSTAR LIGHTING CO. LTD.
360 Queen Street Melbourne VIC,3 000,Australia
Phone:61—3—96023456 Fax:61—3—96024321

This Contract is made by and between the Buyer and Seller,whereby the Buyer agrees to buy and the Seller agrees to sell the under-mentioned commodity according to the terms and conditions stipulated below:

Commodity & specification	Quantity	Unit price	Amount
TRANGLE BRAND 3U—SHAPE ELECTRONIC ENERGY SAVING LAMPS		CIF Sydney	
TR—3U—A　110V　5W　E27/B22	10 000pcs.	USD2. 50/pc	USD25 000. 00
TR—3U—A　110V　7W　E27/B22	10 000pcs.	USD3. 00/pc	USD30 000. 00
TOTAL	20 000pcs.		USD55 000. 00
TOTAL CONTRACT VALUE:SAY U. S. DOLLAR FIFTY FIVE THOUSAND ONLY.			

More or less 5% of the quantity and the amount are allowed.

PACKING:

Each in a box and 100pcs to an export standard carton.

MARKS:

Shipping mark includes MORNINGSTAR,S/C no. ,port of destination and carton no.

Side mark must show the size,the gross weight,the net weight of carton and pieces per carton.

TIME OF SHIPMENT:

Within 30 days upon receipt of the L/C which accord with relevant clauses of this Contract.

PORT OF LOADING AND DESTINATION:

From Huangpu,Guangzhou,China to Sydney,Australia with transshipment allowed and partial shipment prohibited.

INSURANCE:

To be effected by the seller for 130% of invoice value covering All Risks as per CIC of PICC dated 01/01/1981.

TERMS OF PAYMENT: By irrevocable Letter of Credit at sight,reaching the seller not later than May. 20,2022 and remaining valid for negotiation in China for further 15 days after the effected shipment. In case of late arrival of the L/C,the seller shall not be liable for any delay in shipment and shall have the right to rescind the contract and/or claim for damages.

DOCUMENTS:

+ Signed Commercial Invoice in triplicate

+ Full set of clean on board ocean Bill of Lading marked "freight prepaid" made out to order blank endorsed notifying the applicant.

+ Insurance Policy in duplicate endorsed in blank.

+ Packing List in triplicate

+ Certificate of Origin.

INSPECTION:

The Certificate of Quality issued by the Guangzhou Entry—Exit Inspection and Quarantine Bureau shall be taken as the basis of delivery.

CLAIMS:

In case of discrepancy on the quality or quantity (weight) of the goods is found by the buyer, after arrival of the goods at the port of destination, the buyer may, within 30 days and 15 days respectively after arrival of the goods at the port of destination, lodge with the seller a claim which should be supported by an Inspection Certificate issued by a public surveyor approved by the seller. The seller shall, on the merits of the claim, either make good the loss sustained by the buyer or reject their claim, it being agreed that the seller shall not be held responsible for any loss or losses due to natural cause failing within the responsibility of Ship—owners or the Under writers. The seller shall reply to the buyer within 30 days after receipt of the claim.

LATE DELIVERY AND PENALTY:

In case of late delivery the Buyer shall have the right to cancel this contract, reject the goods and lodge a claim against the Seller. Except for Force Majeure, if late delivery occurs, the Seller must pay a penalty and the Buyer shall have the right to lodge a claim against the Seller. The rate of penalty is charged at 0.1% for every day. The total penalty amount will not exceed 5% of the shipment value. The penalty shall be deducted by the paying bank or the Buyer from the payment.

FORCE MAJEURE:

The seller shall not held responsible if they, owing to Force Majeure cause or causes, fail to make delivery within the time stipulated in the Contract or cannot deliver the goods. However, in such a case, the seller shall inform the buyer immediately by cable and if it is requested by the buyer, the seller shall also deliver to buyer by registered letter, a certificate attesting the existence of such a cause or causes.

ARBITRAT I ON:

Al l disputes in connection with this contract or the execution thereof shall be settled amicably by negotiation. In case no settlement can be reached, the case shall then be submitted to the China International Economic Trade Arbitration Commission for settlement by arbitration in accordance with the Commission's arbitration rules. The award rendered by the commission shall be final and binding on both parties. The fees for arbitration shall be borne by the losing party unless otherwise awarded.

This contract is made in two original copies and becomes valid after signature, one copy to be held by each party.

Signed by:

THE SELLER:	**THE BUYER:**
Guangzhou Yuzhou Import & Export Corp.	MorningStar Lighting Co. Ltd.
李明	Ben Housewood

材料 1—2:信用证

MT 700 ISSUE OF A DOCUMENTARY CREDIT
SENDER: BANK OF CHINA, MELBOURNE BRANCH
RECEIVER: BANK OF CHINA, GUANGDONG BRANCH, GUANGZHOU, CHINA
SEQUENCE OF TOTAL: 27: 1/1
FORM OF DOC. CREDIT: 40A: IRREVOCABLE
DOC. CREDIT NUMBER: 20: BOCMELLC220505
DATE OF ISSUE: 31C: 220514
APPLICABLE RULES: 40E: UCP LATEST VERSION
DATE AND PLACE OF EXPIRY: 31D: DATE220715 PLACE IN AUSTRALIA
APPLICANT: 50: MORNING STAR LIGHTING CO. LTD., 360 QUEEN STREET MELBOURNE VIC, 3000, AUSTRALIA
BENEFICIARY: 59: GUANGZHOU YUZHOU IMPORT & EXPORT CORP., 138 YUEHUA ROAD, GUANGZHOU, P. R. CHINA
AMOUNT: 32B: CURRENCY USD AMOUNT 55 000.00, 5% MORE OR LESS ALLOWED
AVAILABLE WITH/BY: 41D: ANY BANK IN CHINA, BY NEGOTIATION
DRAFTS AT: 42C: 30 DAYS AFTER SIGHT
DRAWEE: 42A: BANK OF CHINA, MELBOURNE BRANCH
PARTIAL SHIPMENT: 43P: PROHIBITED
TRANSSHIPMENT: 43T: ALLOWED
PORT OF LOADING/ AIRPORT OF DEPARTURE: 44E: GUANGZHOU, CHINA
PORT OF DISCHARGE: 44F: MELBOURNE, AUSTRALIA
LATEST DATE OF SHIPMENT: 44C: 220531
DESCRIPTION OF GOODS AND/OR SERVICES: 45A: TRANGLE BRAND 3U—SHAPE ENERGY SAVING LAMPS

	QUANTITY	UNIT PRICE	AMOUNT
TR—3U—A, 110V, 5W, E27/B22:	10 000PCS	USD2.50/PC	USD25 000.00
TR—3U—A, 110V, 7W, E27/B22:	10 000PCS	USD3.00/PC	USD30 000.00

AT CIF SYDNEY, AUSTRALIA, WITH 5% MORE OR LESS IN QUANTITY AND AMOUNT ALLOWED.

DOCUMENTS REQUIRED: 46A: + COMMERCIAL INVOICE SIGNED IN TRIPLICATE.
+ PACKING LIST IN TRIPLICATE.

+ CERTIFICATE OF CHINESE ORIGIN.
+ FULL SET (2/3) OF CLEAN 'ON BOARD' OCEAN BILLS OF LADING MADE OUT TO ORDER MARKED FREIGHT TO COLLECT AND NOTIFY APPLICANT.
+ INSURANCE POLICY IN DUPLICATE ENDORSED IN BLANK FOR 130% OF INVOICE VALUE, COVERING ALL RISKS AND WAR RISK OF CIC OF PICC (1/1/1981).

ADDITIONAL CONDITION: 47A: + DOCUMENTS DATED PRIOR TO THE DATE OF THIS CREDIT ARE NOT ACCEPTABLE.
+ THE NUMBER AND THE DATE OF THIS CREDIT AND THE NAME OF ISSUING BANK MUST BE QUOTED ON ALL DOCUMENTS.
+ SHORT FORM/CHARTER PARTY/THIRD PARTY BILL OF LADING IS NOT ACCEPTABLE.
+ ALL PRESENTATIONS CONTAINING DISCREPANCIES WILL ATTRACT A DISCREPANCY FEE OF USD60.00 PLUS TELEX COSTS OR OTHER CURRENCY EQUIVALENT. THIS CHARGE WILL BE DEDUCTED FROM THE BILL AMOUNT.

CHARGES: 71B: ALL CHARGES AND COMMISSIONS OUT OF AUSTRALIA ARE FOR ACCOUNT OF BENEFICIARY.

PERIOD FOR PRESENTATION: 48: WITHIN 15 DAYS AFTER THE DATE OF SHIPMENT, BUT WITHIN THE VALIDITY OF THIS CREDIT.

CONFIRMATION: 49: WITHOUT

REIMBURSING BANK: 53A: BANK OF CHINA MELBOURNE BRANCH

INSTRUCTION INFORMATION TO PRESENTING BANK: 78: ALL DOCUMENTS ARE TO BE REMITTED IN
ONE LOT BY COURIER TO INTERNATIONAL BUSINESS DEPARTMENT, BANK OF CHINA, MELBOURNE
BRANCH 270 QUEEN STREET, MELBOURNE VIC 3000, AUSTRALIA.
PHONE: 61－3－96023655, FAX: 61－3－96023383

材料 1—3：信用证审核表

广州宇宙进出口公司

广州市越华路××号

TEL：0086－20－888391××　FAX：0086－20－888391××

信用证审核表					
20 信用证号		31C 开证日		40A 形式	
32B 金额		31D 有效期/地点		44C 最后船期	
44A 发运地		44B 目的地		48 交单期	
43P 分装/		43T 转运		42C 汇票期限	
51A 开证行					
50 开证人					

续表

59 受益人					
45A 货物描述					
46A 单据要求					
47A 特别条款					
49 保兑		71B 费用		41D 议付	
注意事项					

材料 1—4:信用证问题条款清单

BOCMELLC220505 号信用证中的问题条款

序号	存在问题

材料 1—5:信用证问题条款分类

BOCMELLC220505 号信用证问题条款分类

适用改证原则	问题条款	说　明
原则一、对己方有利又不影响对方利益的问题条款,一般不改		
原则二、对己方有利但会严重影响对方利益的问题条款,一定要改		
原则三、对己方不利但在不增加或基本不增加成本的情况下可以完成的问题条款,可以不改		
原则四、对己方不利又要在增加较大成本的情况下可以完成的问题条款,若对方愿意承担成本则不改,否则一定要改		
原则五、对己方不利、不改会严重影响安全收汇的问题条款,则坚决要改		

训练材料 1—6:信用证修改意见

BOCMELLC220505 号信用证修改意见

条款	原内容	修改为

应知考核

一、单项选择题

1. 目前,我国银行开出的进口信用证基本上是不可撤销议付信用证。信用证的第一付款人是(　　)。

A. 开证申请人　　　　B. 汇票出票人

C. 开证行　　D. 开证申请人或汇票出票人

2. 信用证上若未注明汇票付款人,根据UCP 600的解释,汇票的付款人应是(　　)。

A. The Applicant　　B. The Issuing Bank

C. The Negotiation Bank　　D. The Beneficiary

3. 当信用证条款与买卖合同规定不一致时,受益人可以要求(　　)。

A. 开证行修改　　B. 开证申请人修改

C. 通知行修改　　D. 议付行修改

4. 在汇票的使用过程中,使汇票一切债务终止的环节是(　　)。

A. 提示　　B. 承兑　　C. 背书　　D. 付款

5. 在信用证结算方式下,汇票的受款人通常的抬头方式是(　　)。

A. 限制性抬头　　B. 指示性抬头

C. 持票人抬头　　D. 来人抬头

6. 信用证上如未明确付款人,则制作汇票时,受票人应为(　　)。

A. 开证申请人　　B. 开证行

C. 议付行　　D. 通知行

7. 备用信用证是(　　)。

A. 跟单信用证的一种

B. 一种特殊形式的光票信用证

C. 既可以是跟单信用证,也可以是光票信用证

D. 不适用于投标、履约、还款、预付、赊销等业务

8. 开立信用证时要注意信用证和合同一致,必须做到或标明(　　)。

A. 使用"参阅第×××号合同"或"第×××号合同项下货物"等条款

B. 以对外签订的买卖合同(包括修改后的买卖合同)为依据,合同中规定要在信用证上明确的条款都必须列明

C. 将有关合同作为信用证附件附在信用证后

D. 标明信用证是合同的附属文件

9. 在信用证结算方式下,银行保证向信用证受益人履行付款责任的条件是(　　)。

A. 受益人按期履行合同　　B. 受益人按信用证规定交货

C. 受益人提交严格符合信用证要求的单据　　D. 开证申请人付款赎单

10. 一份信用证若经另一家银行保证对符合信用证要求的单据履行付款义务,这份信用证就成为(　　)。

A. 不可撤销信用证　　B. 不可转让信用证

C. 保兑信用证　　D. 议付信用证

二、多项选择题

1. 在国际贸易中,常用于中间商转售货物交易的信用证有(　　)。

A. 对背信用证　　B. 对开信用证

C. 可撤销信用证　　D. 可转让信用证

2. 某信用证每期用完一定金额后即可自动恢复到原有金额使用,无须等待开证行的通

知，这份信用证是（ ）。

A. 自动循环信用证 B. 非自动循环信用证

C. 半自动循环信用证 D. 按时间循环信用证

3. 审核信用证的依据包括（ ）。

A. 开证申请书 B. 合同 C. UCP 600 D. 发票

4. 属于商业信用的国际贸易结算方式包括（ ）。

A. 信用证 B. 托收 C. 汇付 D. 汇款

5. 信用证结算方式所涉及的主要当事人有（ ）。

A. 受益人 B. 开证行 C. 通知行 D. 议付行

6. 在分批交货的大宗交易中，为节省开证费用易使用（ ）。

A. 对开信用证 B. 循环信用证

C. 时间循环信用证 D. 金额循环信用证

7. 对于成套设备、大型机械产品和交通工具的交易，一般采用的清偿货款的方式有（ ）。

A. 分期付款 B. 延期付款

C. 信用证 D. 托收

8. 信用证支付方式的特点有（ ）。

A. 是一种银行信用 B. 是一种商业信用

C. 是一种自足文件 D. 是一种单据的买卖

9. 以下对可转让信用证表述正确的有（ ）。

A. 只能转让一次

B. 可转让无数次

C. 第二受益人可将信用证转回给第一受益人

D. 信用证上必须有“transferable”字样

10. 对于信用证与合同的关系，下列表述正确的有（ ）。

A. 信用证的开立以买卖合同为依据

B. 信用证的履行不受买卖合同的约束

C. 银行只根据信用证的规定办理信用证业务

D. 合同是审核信用证的依据

三、判断题

1. 汇票、本票、支票都可以分为即期和远期两种。（ ）

2. 信用证支付方式是银行信用。（ ）

3. 在票汇情况下，买方购买银行汇票直接寄给卖方，因采用的是银行汇票，故这种付款方式属于银行信用。（ ）

4. 银行对信用证未规定的单据将不予审核。（ ）

5. 对于单证不符，开证行若要拒付，必须在5个工作日内做出。（ ）

6. 如果来证指定保险勘察代理人，受益人不能接受，应要求改证。（ ）

7. 在信用证和托收支付条件下，汇票的出票依据是买卖合同。（ ）

8. 保兑信用证中的保兑行对保兑信用证负第一性的付款责任。（　　）

9. 当买卖合同与信用证内容有差别时，卖方应按照合同来履行义务，这样才能保证按期得到足额货款。（　　）

10. 无论什么性质的交易，均可开立对背信用证。（　　）

应会考核

■ 观念应用

某出口企业收到一份国外开来的即期议付信用证，正准备按信用证的规定发运货物时，突然开证银行通知，声称开证申请人已经倒闭。

请问：出口企业面对这种情况应如何处理？依据何在？

■ 技能应用

销售合同及买方开来的信用证如下所示。

销售合同

SALES CONTRACT

Sellers: SHANGHAI IMPORT & EXPORT CO., LTD.　　Contract No.: RT05342

Address: ××, GANGXIANG ROAD, SHANGHAI, CHINA　　Signed at: SHANGHAI

Buyers: MAMMUT ENTERPRISESAV　　Date: APR. 22, 2022

Address: TARRAGONA 75—3ER, BARCELONA, SPAIN

This sales contract is made by and between the sellers and the buyers, whereby the sellers agree to sell and the buyers agree to buy the undermentioned goods according to the terms and conditions stipulated below:

(1) Name of commodity and specification	(2) Quantity	(3) Unit	(4) Unit price	(5) Amount
HALOGEN FITTING W500 10% more or less both in amount and quantity allowed	9 600 PCS	PC	FOB SHANGHAI USD 3.80/PC	USD 36 480.00
	Total amount			USD 36 480.00

(6) Packing: CARTON

(7) Delivery from: SHANGHAI to BARCELONA

(8) Shipping marks: N/M

(9) Time of shipment: Within 30 days after receipt of L/C, allowing transshipment and partial shipments.

(10) Term of payment: By 100% confirmed irrevocable letter of credit in favor of the sellers to be available by sight draft to be opened and to reach China before MAY 1, 2021 and to remain valid for negotiation in China until the 15th day after the foresaid time of shipment. L/C must mention this contract number. L/C advised by BANK OF CHINA, SHANGHAI BRANCH. All banking charges outside China (the mainland of China) are for account of the Drawee.

(11) Insurance: To be effected by the buyers.

(12) Arbitration: All disputes arising from the execution of or in connection with this

contract shall be settled amicably by negotiation. In case no settlement can be reached through negotiation the case shall then be submitted to China International Economic & Trade Arbitration Commission in Shenzhen(or in Beijing) for arbitration in accordance with its rules. The arbitral award is final and binding upon both parties for setting the dispute. The fee, for arbitration shall be borne by the losing party unless otherwise awarded by the Commission.

The Seller: SHANGHAI IMPORT & EXPORT CO., LTD. The Buyer: MAMMUT ENTERPRISESAV 李立 JANE

Issue of Documentary Credit

ISSUING BANK	CREDIT ANDORRA ANDORRA LA VELLA, ANDORRA
FORM OF DOC. CREDIT	REVOCABLE
DOC. CREDIT NUMBER	LRT9806457
DATE OF ISSUE	220428
APPLICABLE RULES	UCP LATEST VERSION
DATE AND PLACE OF EXPIRY	DATE 220616 PLACE SPAIN
APPLICANT	MAMMUT ENTERPRISESAV TARRAGONA75－3ER, BARCELONA, SPAIN
BENEFICIARY	SHANGHAI IMPORT & EXPORT CO., LTD. 31, GANGXIANG ROAD, SHANGHAI, CHINA
CURRENCY CODE, AMOUNT	USD 3,648.00 (SAY U.S. DOLLARS THIRTY SIX THOUSAND FOUR HUNDRED AND EIGHTY ONLY.)
AVAILABLE WITH... BY...	ANY BANK IN ADVISING COUNTRY BY NEGOTIATION
DRAFTS AT...	DRAFTS AT 20 DAYS' SIGHT FOR FULL INVOICE VALUE
DRAWEE	CTBAAU2SITS
PARTIAL SHIPMENTS	NOT ALLOWED
TRANSSHIPMENT	ALLOWED
PORT OF LOADING	SHANGHAI
PORT OF DISCHARGE	BARCELONA(SPAIN)
LATEST DATE OF SHIPMENT	MAY 30, 2022
DESCRIPTION OF GOODS	960 PCS OF HALOGEN FITTING W500. USD 3.80 PER PC AS PER SALES CONTRACT RT05234 DD22.4.2022. FOB BARCELONA

续表

DOCUMENTS REQUIRED	* COMMERCIAL INVOICE 1 SIGNED ORIGINAL AND 5 COPIES * PACKING LIST IN 2 COPIES * FULL SET OF CLEAN ON BOARD MARINE BILLS OF LADING, MADE OUT TO ORDER, MARKED "FREIGHT PREPAID" AND NOTIFY APPLICANT(AS INDICATE ABOVE) * GSP CERTIFICATE OF ORIGIN FORM A. CERTIFYING GOODS OF ORIGIN IN CHINA. ISSUED BY COMPETENT AUTHORITIES * SHIPPING ADVICES MUST BE SENT TO APPLICANT WITHIN 2 DAYS AFTER SHIPMENT ADVISING NUMBER OF PACKAGE, GROSS & NET WEIGHT, VESSEL NAME, BILL OF LADING No. AND DATE, CONTRACT No. , VALUE
PRESENTATION PERIOD	6 DAYS AFTER ISSUANCE DATE OF SHIPPING DOCUMENT
CONFIRMATION	WITHOUT
INSTRUCTIONS	THE NEGOTIATING BANK MUST FORWARD THE DRAFTS AND ALL DOCUMENTS BY REGISTERED AIRMAIL DIRECT TO US IN TWO CONSECUTIVE LOTS, UPON RECEIPT OF THE DRAFTS AND DOCUMENTS IN ORDER, WE WILL REMIT THE PROCEEDS AS INSTRUCTED BY THE NEGOTIATING BANK.

【考核要求】

审核上述信用证，将其中内容的不符点指出来并加以改正。

■ 案例分析

1. 大连A进出口公司与加拿大客商签订了一份销售合同。A方收到不可撤销信用证后，发现多处内容与合同规定不符，于是提出了改证的要求。加拿大客商只同意A方的部分改证要求，向开证行提出了改证申请，并经其确认后发出信用证修改通知书。

【考核要求】

请问：该信用证修改通知书有效吗？为什么？

2. 某公司从国外某商行进口一批钢材，货物分两批装运，支付方式为即期信用证，每批分别由中国银行开立一份信用证。第一批货物装运后，卖方在有效期内向银行交单议付，议付行审单后，即向该商行议付货款，随后，中国银行对议付行作了偿付。我方在收到第一批货物后，发现货物品质与合同不符，因而要求开证行对第二份信用证项下的单据拒绝付款，但遭开证行拒绝。

【考核要求】

请问：开证行这样做是否合理？为什么？

项目实训

【实训项目】

审核信用证。

【实训情境】

SALES CONFIRMATION

Contract No. YM0806009

Date: June 05, 2022

The Seller: Tianjin Yimei International Corp.
Address: 58 Dongli Road Tianjin, China
The Buyer: VALUE TRADING ENTERPRISE, LLC
Address: Rm1008 Green Building Kuwait

This Sales Confirmation is made by and between Seller and Buyer, whereby the Seller agree to sell and the Buyer agree to buy the undermentioned goods according to the terms and conditions stipulated below:

Specification of Goods	Quantity	Unit Price	Amount
Man's Windbreaker		CIFC5 KUWAIT	
Style No. YM082			
Colour: Black	2 500PCS	USD15. 10/PC	USD37 750. 00
Khaki	2 500PCS	USD15. 10/PC	USD37 750. 00
TOTAL	5 000PCS		SUSD75 500. 00
TOTAL AMOUNT: Say U. S. Dollars Seventy Five Thousand Five Hundred Only.			

Packing: 20pcs are packed in one export standard carton.
Shipping Marks:
VALUE
ORDER No. A01
KUWAIT
C/No. 1—UP
Time of Shipment: Before AUG. 10, 2022
Loading Port and Destination: From Tianjin, China to Kuwait
Partial Shipment: Not allowed
Transshipment: Allowed

Insurance: To be effected by the seller for 110% invoice value covering All Risks and War Risk as per CIC of PICC dated 01/01/1981.

Terms of Payment: By L/C at 60 days after sight, reaching the seller before June 15, 2022, and remaining valid for negotiation in China for further 15 days after the effected shipment. L/C must mention this contract number. L/C advised by BANK OF CHINA. All banking charges outside China (the mainland of China) are for account of the Drawee.

Documents:

+Signed commercial invoice in triplicate.

+Full set(3/3)of clean on board ocean Bill of Lading marked Freight Prepaid made out to order blank endorsed notifying the applicant.

+Insurance Policy in duplicate endorsed in blank.

+Packing List in triplicate.

+Certificate of Origin issued by China Chamber of Commerce.

Signed by:

THE SELLER: THE BUYER:

Tianjin Yimei International Corp. VALUE TRADING ENTERPRISE, LLC

Jack Julia

信用证

27: SEQUENCE OF TOTAL: 1/1

40A: FORM OF DOC. CREDIT: IRREVOCABLE

20: DOC. CREDIT NUMBER: KR369/03

31C: DATE OF ISSUE: 220614

40E: APPLICABLE RULES: UCP LATEST VERSION

31D: DATE AND PLCA OF EXPIRY: 220825 KUWAIT

51D: APPLICANT BANK: VALUE TRADING ENTERPRISE CORP.

RM1008 GREEN BUILDING KUWAIT

50: APPLICANT: AORE SPECIALTIES MATERIAL CORP.

YARIMCA, KOCAELI 41740, IZMIT, TURKEY

59: BENEFICIARY: TIANJIN YIMEI INTERNATIONAL CORP.

58 DONGLI ROAD TIANJIN, CHINA

32B: CURRENCY CODE, AMOUNT: USD71 500.00

41A: AVAILABLE WITH…BY: BANK OF CHINA BY NEGOTIATION

42C: DRAFTS AT…: 90 DAYS AFTER SIGHT

42A: DRAWEE: VALUE TRADING ENTERPRISE, LLC

43P: PARTIAL SHIPMENTS: NOT ALLOWED

43T: TRANSSHIPMENT: NOT ALLOWED

44E: PORT OF LOADING/AIRPORT OF DEPARTURE: ANY CHINESE PORT

44F: PORT OF DISCHARGE/AIRPORT OF DESTINATION: KUWAIT BY SEA FREIGHT

44C: LATEST DATE OF SHIPMENT: 220710

45A: DESCRIPTION OF GOODS AND/OR SERVICES: 5 000PCS WINDBREAKER STYLE NO. YM085

AS PER ORDER No. A01 AND S/C No. YM009

AT USD15.10/PC CIF KUWAIT

PACKED IN CARTON OF 20PCS EACH

46A: DOCUMENTS REQUIRED

+SIGNED COMMERCIAL INVOICE IN TRIPLICATE INDICATING L/C No. AND CONTRACT NO.

+FULL SET(3/3) OF CLEAN ON BOARD OCEAN BILL OF LADING MADE OUT TO APPLICANT AND BLANK ENDORSED MARKED "FREIGHT TO COLLECT" NOTIFY THE APPLICANT.

+ SIGNED PACKING LIST IN TRIPLICATE SHOWING THE FOL-

LOWING DETAILS: TOTAL NUMBER OF PACKAGES SHIPPED; CONTENT(S)OF PACKAGE(S),GROSS WEIGHT,NET WEIGHT AND MEASUREMENT.

+CERTIFICATE OF ORIGIN ISSUED AND SIGNED OR AUTHENTICATED BY A LOCAL CHAMBER OF COMMERCE LOCATED IN THE EXPORTING COUNTRY.

+INSURANCE POLICY/CERTIFICATE IN DUPLICATE ENDORSED IN BLANK FOR 120% INVOICE VALUE,COVERING ALL RISKS AND WAR RISK OF CIC OF PICC(01/01/1981).

71B: CHARGES: ALL CHARGES AND COMMISSIONS ARE FOR ACCOUNT OF BENEFICIARY INCLUDING REIMBURSING CHARGES

【实训任务】

1. 根据实训情境审核信用证,指出不符之处,并提出修改意见。

2. 撰写"审核信用证"实训报告。

"审核信用证"实训报告		
项目实训班级:	项目小组:	项目组成员:
实训时间: 年 月 日	实训地点:	实训成绩:
实训目的:		
实训步骤:		
实训结果:		
实训感言:		
不足与今后改进:		

项目组长评定签字: 项目指导教师评定签字:

项目六　常用外贸单证缮制

◇ 知识目标

理解：各种常用外贸单证的概念。

熟知：各种常用外贸单证缮制的要求。

掌握：各种常用外贸单证缮制的具体填写方式和方法。

◇ 技能目标

能够读懂基本外贸单证涉及的商贸专业英语，并在此基础上分析单单相符、单证相符、单合相符；掌握基本常用外贸单证的缮制技能。

◇ 素质目标

能够运用所学的常用外贸单证的缮制知识分析相关案例，培养和提高学生在特定业务情境中分析与解决问题的能力；能够初步认识外贸业务中单据的重要性。

◇ 思政目标

能够正确地理解"不忘初心"的核心要义和精神实质；树立正确的世界观、人生观和价值观，做到学思用贯通、知信行统一；通过常用外贸单证缮制的知识学习，明确在外贸业务工作中的基本工作方法和基本实践操作，提升职业本领和职业技能，从而培养和提高自己的职业素养和职业成就。

◇ 课程思政

单证不符酿大错

2021年11月，大连某出口公司A向国外某贸易有限公司B出口一批大麻籽。对方开来L/C规定："…Credit available by the beneficiary's draft at sight, pay to The Standard Bank, Ltd. only. …covering 150 M/T of Hempseeds, Admixture and moisture must be identical with the contract No. DHF04308 stipulated…A certificate issued by the beneficiary and countersigned by buyer's representative Mr. Smith, his signature must be verified by opening bank, certifying the quality to conform to sample submitted on 15th, July, ××××."（……由受益人开具的即期汇票，只限付给标准银行……150吨大麻籽，杂质及水分必须与第DHF04308号合同规定的一致……受益人出具证明并由买方代表史密斯先生会签，其签字必须由开证银行核实，证明货物品质符合××××年7月15日提供的样品。）

A公司审查L/C后，认为L/C条款与合同规定相符。在货物备妥后即邀请买方代表史密斯先生检验货物。买方代表看货后也认为货物符合样品和合同的要求，表示同意装船。A公司即按L/C要求出具证书，证明所装运货物品质符合××××年7月15日提供的样品，并由买方代表史密斯先生会签。A公司在装运后，于9月13日将L/C所要求的单据向议付银行交单议付。9月29日开证行提出如下不符点：

(1)我方L/C规定“只限付给标准银行”，你方提交的汇票收款人却只表示为“pay to The Standard Bank Ltd.”(付给标准银行)，漏了“only”，违反了L/C的规定。

(2)我方L/C规定货物的杂质和水分必须与第DHF04308号合同的规定一致。从你方发票和其他有关单据上都无法确定杂质和水分的含量已符合上述合同的规定。

(3)你方出具的证书虽然已由史密斯先生会签，但其签字并不真实，经与申请人事先向我行备案的签字存样对照，差别很大，故该证书无法生效。

以上三点与证不符，经联系申请人也不同意接受单据。速告处理意见，我行暂代保管单据。

思政反思　A公司根据开证行的意见，邀请有关专家研究，意欲反驳开证行。但研究后认为开证行的意见无可挑剔，无法反驳对方。关于第三项不符点——签字不符的问题，A公司立即寻找买方代表史密斯先生，才知他早已回国了。A公司又直接责问买方：单据由你方代表史密斯先生亲笔签字，为何与你方在开证行备案的签字不符？但对方一直不答复。开证行又再三催促A公司处理单据意见。最终A公司只好委托其他代理商就地降价处理货物，造成了不小的损失。

当代大学生要培养自己良好的单证缮制习惯，养成小心谨慎的工作态度和认真负责的工作作风；培养自己的岗位能力、实践能力和创业能力；具备从事外贸业务工作者必备的基本功；能够制作、审核各种涉及进出口业务环节的单证，处理单证方面的问题。

◇ **知识精讲**

任务一　商业发票

一、商业发票概述

（一）商业发票的概念

商业发票(Commercial Invoice)简称发票(Invoice)，是在货物装运时，卖方开立的凭以向买方索取货款的价目清单和对整个交易和货物有关内容的总体说明。它是买卖双方收付货款、记账、收发货物、清关、纳税、报验时的依据，也是买卖双方索赔、理赔以及保险索赔的依据，更是进出口报关完税必不可少的单据之一，同时还是办理各种产地证时，作为凭证由签署机关留存的单据。

动漫视频

商业发票

（二）商业发票的作用

进口商凭发票核对货物及了解货物的品质、规格、价值等情况。它是进出口商记账与核算的依据。在没有汇票时，出口商可凭发票向进口商收款。发票还是报关纳税和实施其他管理的基本依据，发票在作为结汇单据前，即货物出运时，有以下作用：①作为国际商务单据中的基础单据，是缮制报关单、产地证、报检单、投保单等其他单据的依据。②作为报关、报检单据的组成部分。出运过程中，报检报关单都需要附上发票才能起到相应的作用。③发票还有核销外汇的作用。收到外汇后，办理核销时需提供发票。

（三）商业发票的内容

发票体现了以价格为中心的买卖合同的几个主要内容，包括品质条款、数量条款、价格条款，有时还包括包装条款。发票分首文、正文和结文三部分。首文部分包括发票名称、号码、出票日期和地点、抬头人、合同号、运输路线等；正文部分包括货物描述、单价、总金额、唛头等；结文部分包括有关货物产地、包装材料等各种证明文句、发票制作人签章等。

二、商业发票实操

（一）设计商业发票的格式

商业发票的格式，目前都是现成的模板，单证员根据交易磋商的内容进行填写即可。

【注意】①模板的格式是固定的，根据合同或信用的实际要求，必要时可进行调整和修改；②设计的某种格式通常代表一个公司的风格，最好简洁明了，不要设计得过于花哨和复杂。

（二）商业发票的内容填写

(1)出票人名称、地址等的描述必须醒目、正确。如果采用信用证方式收汇，必须与信用证上受益人的名称、地址等完全一致。同时，要注意与其他单据上显示的出口商的名称、地址保持一致。如果信用证已被转让，银行也可接受由第二受益人出具的发票。

发票的出票人有两种表示方式：一是发票的信头直接显示受益人名称；二是由受益人在发票上签字。在实务中，如果发票的出票人是受益人下属的某个部门（如 ABC Co. Ltd. ，Export Dept.），根据国际商会专家小组的意见，这是不允许的。

【学中做 6－1】信用证条款如下：

APPLICANT：XYZ COMPANY，ANYTOWN

BENEFICIARY：ABC COMPANY NANJING

DOCUMENTS REQUIRED：COMMERCIAL INVOICE IN 6 COPIES

发票的出具人应为：ABC COMPANY NANJING

【注意】单据的名称，即“商业发票”(commercial invoice)或“发票”(invoice)字样，应与信用证规定的一致。如果信用证没有对发票的名称做出具体要求（仅要求“发票”），可提交任何形式的发票，商业发票、海关发票、领事发票等都可以，但是在发票的名称中不能有“临时发票”(provisional invoice)或“形式发票”(proforma invoice)等字样。如果信用证要求是“certified invoice”或“detailed invoice”，则发票的名称也应这样显示。

(2)出票日期及出票的基础信息方面必须注意的事项如下：①出票日期不能迟于装运日。有的商品，如矿砂、煤等散装货物，必须装完后才能根据装货实际重量制作商业发票。如信用证有规定，不能早于信用证的开证日。②如果发票中的货物涉及不止一个合约，发票上显示的合约号必须包括全部合约。在信用证方式下，必须标明该笔交易中的信用证号码。

(3)在显示发票抬头人时，必须注意做成信用证的申请人名称、地址。如果信用证有指定其他抬头人的，按来证规定制单。如果信用证已被转让，则银行也可接受由第二受益人提交的以第一受益人为抬头的发票。

【学中做 6－2】信用证条款如下：

APPLICANT：XYZ COMPANY，ANYTOWN

BENEFICIARY：ABC COMPANY NANJING

DOCUMENTS REQUIRED：COMMERCIAL INVOICE IN 6 COPIES

发票的抬头人应为:XYZ COMPANY,ANYTOWN

【学中做 6—3】信用证条款如下:

APPLICANT:MIDDLEMAN COMPANY,HONGKONG

BENEFICIARY:ABC COMPANY,NANJING

DOCUMENTS REQUIRED:

FULL SET OF CLEAN ON BOARD OCEAN B/L MADE OUT TO ORDER AND BLANK ENDORSED

MARKED FREIGHT PREPAID NOTIFYING XYZ COMPANY,NEW YORK,USA

COMMERCIAL INVOICE IN 6 COPIES MADE OUT TO ABOVE NOTIFY PARTY.

发票的抬头人应为:XYZ COMPANY,NEW YORK,USA

(4)运输线路、起运地、目的地必须与其他单据上显示的相一致,并且要订明具体的地名,不要用统称。如信用证中只标明国名,在制作发票时,应打上具体的地名(除非一些特定交易出运时还未确定目的地)。例如:

◆ FROM GUANGZHOU TO NEWYORK W/T HONGKONG BY VESSEL.

◆ PER S. S. "RED STAR"FROM QINGDAO TO LONDON W/T ROTTERDAM.

(5)货物描述部分是发票的中心内容,一般情况下,必须描述得具体。如所列商品较多,信用证上有统称时,发票上可在具体品名上方按来证显示统称。托收和汇款方式收汇的没有限制。

信用证项下,商业发票中对货物的描述必须逐字符合信用证中的描述。在实务中通常有以下几种情况:

①信用证只规定了货物的总称,发票除照样显示外,还可加列详细的货名,但不得与总称矛盾。

【注意】信用证规定"blue cotton wears",而发票却显示"colored cotton wears",这是不允许的。

②信用证未规定货物的总称,但列举的货名很详细,则发票应按照信用证的规定列明。

③信用证规定的货名并非英文,这时发票也应照原文显示出来(可同时用英文表述)。

④信用证规定了多种货名,应根据实际发货情况注明其中的一种或几种,不可盲目照抄。

【提示】除了信用证规定的货物外,发票不能再显示其他货物或免费样品等。

【注意】如果发票的货物描述中某个字母写错,但不影响对该词理解时,开证行不能以此拒付。例如:信用证是"MACHINE",发票误打成"MASHINE"。

(6)货物的规格。规格是货物品质、特征的标志,如一定的大小、长短、轻重、精密度、性能、型号、颜色等。当信用证开列了对规格的要求和条件时,所制发票必须和信用证的规定完全一致,并且应正确表达。如信用证规定"水分不超过×%",应在发票上注明实际含水量。

(7)货物的包装、件数和数量必须在发票中表明,并与其他单据一致。凡"约""大概""大约"或类似的词语用于信用证数量时,应理解为有关数量不超过10%的增减幅度。

如果信用证中所列货物以重量、长度、面积或体积等作为数量单位,而不是按包装单位或个数计数的,在信用证对货物数量没有不得增减的要求和所支取的金额未超过信用证金额的前提下,允许货物数量有5%的增减幅度。

【做中学 6—1】 more or less 的具体做法

合同规定“500 M/T 5% more or less at seller's option”，这是什么条款？卖方最多可交多少吨？最少可交多少吨？

分析：

溢短装条款。最多：500＋500×5%＝525(吨)；最少：500－500×5%＝475(吨)。

(8)货物重量和包装情况。出口货物的重量在单据中是一项不可忽视的内容，除了重量单、装箱单上应注明毛重、净重外，商业发票上也应注明总的毛重、净重。

【注意】如信用证上明确要求在发票上列明货物重量或以重量计价的商品，在缮制发票时，应详细列明毛重、净重。

【提示】包装情况是指包装性质(箱、袋等)、包装件数等。发票上的重量和包装情况应与其他单据上的一致。

(9)价格条件。发票中的价格条件十分重要，因为它涉及买卖双方责任、费用的承担和风险的划分问题。另外，它也是进口地海关核定关税的依据。

【注意】来证的价格条件如与合同中规定的有出入，应及时修改信用证；如事先未修改，仍应该按照信用证的规定制单，否则会造成单证不符。有的信用证在规定的价格条件后会列出一些附加条件，如 FOB Liner Terms 等，制作发票时，必须按此表述在发票上注明。

(10)单价和总值。这是发票的主要项目，必须准确计算、正确缮打，并认真复核，特别要注意小数点的位置是否正确，金额和数量的横乘、竖加是否有矛盾。若信用证的金额是扣除佣金后的净值，发票金额处应显示总额减佣金。

凡“约”“大概”“大约”或类似的词语用于信用证金额时，应理解为有关金额可有不超过10%的增减幅度。

第一，“约”的容差范围为 10%增减。需要注意的是，“约”放在哪一项，就适用于哪一项，不能以此类推。例如，信用证中货物的单价与数量条款中有“约”等词语，但金额中没有此类词语，金额就不允许有上述幅度的增减。

第二，数量的容差范围为 5%增减。如果信用证没有规定货物数量有增减幅度，只要同时符合下述三个条件，对货物数量的容差允许有 5%的增减幅度：

①信用证未规定数量不得增减；

②支取金额不超过信用证金额；

③货物数量不是按包装单位或个数而是以长度(米、码)、体积(立方米)、容量(升、加仑)、重量(吨、磅)等计数的。

【提示】当信用证规定的金额和数量允许有 5%的增减幅度时，该信用证项下不同颜色、规格的货物，分别可以满足该增减幅度。但是如果其中有单独一项货物的数量或金额超过规定，即使总金额和总数量在规定的范围内，也是不允许的。

(11)唛头。它是运输标志，便于货物的装卸、运输等。凡是来证有指定唛头的，必须逐字按照规定制唛；如无指定，出口商可自行设计唛头。唛头的制作一般以简明、易于识别为原则。唛头的内容包括进口商名称的缩写、合同号(或发票号)、目的港、件号。

【注意】如货物运至目的港后还要转运到内陆城市的，可在目的港下面加打“IN TRANSIT TO ×××”或“IN TRANSIT”字样。

国际贸易中的装运唛头是为了便于识别货物而制作的。如果信用证规定了具体唛头，而且有“唛头仅限于……”(Mark is restricted to…)或“只有这样的唛头才能接受”(Only such mark is acceptable)或“唛头应包括……”(Mark should include…)等类似语句时，则唛头中的每一个字母、数字、排列顺序、位置、图形和特殊标注等都应按信用证规定的原样显示在发票上。

【提示】①如果信用证规定了具体唛头，如“QTY，G. W. ”等，但没有“仅限于”等类似字样，则可以按文字要求加注实际内容，如“QTY 100 SETS，G. W. 1 000KGS”等。②如果信用证规定唛头用英文表示图形，如“In Diamond”或“In Triangle”等，则发票应将菱形或三角形等具体图形表示出来。③如果信用证中没有规定唛头，则发票既可以显示具体唛头，也可以用“No Mark”或“N/M”来表示无唛头。

(12)发票上加注各种证明。国外来证有时要求在发票上加注各种费用金额、特定号码、有关证明文句，一般可将这些内容打在发票商品栏下的空白处，大致有以下三种：①注明特定号码，如配额许可证号码等；②运费、保险费等；③缮打证明句，如澳大利亚来证要求加注原料来源证明句等。

(13)折扣、佣金和预付款。如信用证的价格条件中含有佣金，如 CIFC3，并明确在发票中扣除，则应列式予以扣除；如价格条件中含有佣金，但信用证没有规定扣减，但规定发票金额是减佣后的净值，则在发票上也应显示减佣。

(14)关于“错漏当查”(Errors and Omissions Excepted，E&O. E.)。“E. &O. E. ”是“errors and omissions excepted”的简称。应该注意的是当发票已经显示了证明真实、正确等文句者，就不能出现“E. &O. E. ”的字样。

(15)更正处。发票的更正处应盖有签发人的更正章。如果该发票是经领事等签证的，则在更正处一定还要有领事的签字或小签。

(16)发票份数。提交的发票份数应与信用证规定的一致，如果信用证中没有特殊要求，其中一份必须是正本。如信用证要求“In duplicate”或“In two copies”，所提供的发票中必须有一张是正本。

(17)签署。如果信用证没有规定，用于对外收汇的商业发票不需要签署(但用于报关、退税等国内管理环节的发票，必须签署)。当信用证要求“Signed invoice”时，发票就需要签署；而要求“Manually signed invoice”时，该发票必须手签。如果发票上有证明的字句(We certify that…)，此类发票必须签署。

【提示】

①以影印、自动或电脑处理或复写方法制作的发票，作为正本者，应在发票上注明“正本”(Original)字样，并由出单人签字。UCP 600 规定商业发票可不必签字，但有时来证规定发票需要签字的，还是要签字，如 Signed commercial invoice 等。

②近几年，我国陆续推出了国内税务机关统一印制的通用出口发票，通常为一套六联，根据用途分为发票联、记账联、税务联、报关联、核销联、存根，内容与上述介绍的一般发票项目相同。

如进口商接受的话，此种格式的发票也可用于收汇。但若与 L/C 或进口商的要求不一致，则不对外使用，只在报关、报检等国内环节中使用。对外收汇时，另外再制作原来常用格式的发票。

③现在还有一些进口商要求出口商按其公司特有的格式发票制单，栏目基本上也与一般

发票相同，若对出口方而言无不妥之处，出口商可协助进口商按其要求办，在对外收汇和国外进口商办理有关手续时使用。

【职场指南6—1】　　　　　　其他相关发票

(1)海关发票(Customs Invoice)

海关发票是某些国家的海关(如非洲、美洲、大洋洲)制作的一种固定格式的发票，由出口商填制，供进口商进口货物报关时使用。海关发票的作用：①进口国海关凭以估价完税或征收差别待遇关税，核定货物原产地；②作为编制统计资料用。

总的来说，海关发票中的内容应与商业发票或其他单据相一致。其内容主要有商品的价值(Value)和商品的产地(Origin of Goods)。填制海关发票应注意的事项如下：①如有国内市场价栏目，需注意填写的数字小于FOB价，否则会被作为倾销对待；②收货人一栏应填目的地收货人的名称、地址；③如果价格条款为CIF，出口方负责运保费，海关发票上正确列明运费和保险费，并要正确打出FOB价；④生产国填写中国；⑤海关发票上与商业发票相同的项目，要与商业发票上的内容描述完全一致；⑥更正之处需加小签(手签)；⑦签字和证明以个人名义出现的，人称用“I”；⑧各国的海关发票格式不能混用，栏目要填写完整，不适用的栏目填N/A。

(2)领事发票(Consular Invoice)

领事发票又称签证发票，是按某些国家的法令规定，出口商对这些国家输入货物时，必须取得进口国在出口国或其邻近地区的领事签证，作为装运单据一部分或货物进口报关的前提条件之一的特殊发票。

领事发票是和商业发票平行的单据，是一份官方单证，有些国家规定了领事发票的固定格式，这种格式发票可以从领事馆获得。在实际工作中，比较多的情况是有些国家来证规定由其领事在商业发票上认证，目的是证实商品的确实产地，收取认证费。对此，在计算出口价格时，应将这笔费用考虑进去。目前，领事发票已很少用。

(3)厂商发票(Manufacturer Invoice)

厂商发票是厂方出具给出口商的销售货物的凭证。来证要求提供厂商发票，目的通常是检查是否有削价倾销行为，以便确定应否征收反倾销税。

厂商发票的基本制作要求如下：①在单据上部要印有醒目粗体字“厂商发票”(Manufacturer Invoice)字样。②抬头人缮打出口商。③出票日期应早于商业发票日期。④货物名称、规格、数量、件数必须与商业发票一致。⑤货币应缮打出口国币制；价格的填制可按发票货价适当打折，如按FOB价打九折或八五折。⑥货物出厂时，一般无出口装运标记，厂商发票不必缮打唛头；如来证有明确规定，则厂商发票也应打上唛头。⑦厂方作为出单人，由厂方负责人签字盖章。

(4)形式发票(Proforma Invoice)

形式发票也称预开发票或估计发票，通常在成交前作为进口商向其本国当局申请进口许可证或请求核批外汇之用。出口商有时应进口商的要求，发出一份列有出售货物的名称、规格、单价等内容的非正式参考性发票，供进口商向其本国贸易管理当局或外汇管理当局等申请进口许可证或批准外汇等之用；有时也用于报盘，作为交易前的发盘。形式发票不是一种正式发票，不能用于托收和议付，它所列的单价等也仅是出口商根据当时情况所做出的估计，对双方都无最终的约束力，所以说形式发票只是一种估计单，正式成交后还要重新缮制商业发票。

形式发票与商业发票的关系密切，信用证在货物描述后面常有“按照某月某日之形式发票”等条款，对此援引，只要在商业发票上注明“AS PER PROFORMA INVOICE NO. …DATED…”即可。假如来证附有形式发票，则形式发票构成信用证的组成部分，制单时要将形式发票内容全部打上。

【做中学 6—2】

根据合同及信用证的相关内容制作商业发票。

信用证内容如下：

APR. 05，2022　　09：36：32　　LOGICAL TERMINAL P005

MT：S700 ISSUE OF DOCUMENTARY CREDIT PAGE 00001

FUNC SWPR3

UMR 00182387

MAGACK DWS7651 AUTH OK，KEY B19604214 FAEA9B2，BKCHCHBJ SAIVJPJT

RECORD BASIC HEADER 0 700 1547 970225 SAIBJPJTCXXX3846992024 970315

* STANDARD CHARTERED BANK

* LONDON

USER HEADER　SERVICE CODE 103：

BANK. PRIORITY 113：

MSG USER REF. 108：INFO. FROM

SEQUENCE OF TOTAL * 27：1/1

FORM OF DOC. CREDIT　* 40A：IRREVOCABLE

DOC. CREDIT NUMBER　* 20：IM02023502

DATE OF ISSUE 31C：220405

DATE AND PLACE OF EXPIRY　* 31D：DATE220615 AT NEGOTIATING BANK'S COUNTER

APPLICANT　* 50：CHR TRADING CO. ，LTD.
39 TOTTENHAM COURT ROAD，MARYLEBONE，
LONDON W1T 2AR，UNITED KINGDOM

BENEFICIARY * 59：NINGBO TEXTILES IMP. AND EXP. CORPORATION
12 GUOYI STREET，NINGBO，CHINA

AMOUNT　* 32B：CURRENCY USD AMOUNT 16 000. 00

AVAILABLE WITH…BY…　* 41D：ANY BANK
BY NEGOTIATION

DRAFTS AT…42C：AT 30 DAYS AFTER SIGHT FOR FULL INVOICE VALUE

DRAWEE 42A：HARMY BANK LTD. ，LONDON

PARTIAL SHIPMENTS43P：PROHIBITED

TRANSSHIPMENT 43T：PERMITTED

LOADING IN CHARGE44A：CHINA

FOR TRANSPORT TO44B：LONDON

LATEST DATE OF SHIPMENT44C：220531

DESCRIPTION OF GOODS 45A：

FULL COTTON KNITTED WOMEN TROUSERS AS PER S/C No. DE236256

ART No.	QUANTITY	UNIT PRICE
88—701	6 000 PCS	USD 1.00/PC
88—702	8 000 PCS	USD 1.25/PC

PRICE TERM：CIF LONDON

DOCUMENTS REQUIRED 46A：

+ FULL SET(3/3)OF ORIGINAL CLEAN ON BOARD OCEAN BILLS OF LADING MADE OUT TO ORDER AND BLANK ENDORSED AND MARKED“FREIGHT PREPAID”NOTIFY APPLICANT(WITH FULL NAME AND ADDRESS).

+ SIGNED COMMERCIAL INVOICE IN 5 FOLDS CERTIFYING THAT THE GOODS ARE OF CHINESE ORIGIN AND SHOWING H. S. CODE 610462.

+ BENEFICIARY'S CERTIFICATE STATING THAT ONE SET OF NON—NEGOTIABLE SHIPPING DOCUMENTS HAVE BEEN SENT TO APPLICANT BY AIRMAIL WITHIN 2 DAYS AFTER SHIPMENT.

+ DETAILED PACKING LIST IN 3 FOLDS.

+ G. S. P. FORM. ISSUED BY AUTHORITY.

+ MARINE INSURANCE POLICY IN DUPLICATE ENDORSED IN BLANK FOR 110% OF THE INVOICE VALUE INCLUDING：OCEAN MARINE CARGO CLAUSES (ALL RISKS)AND OCEAN MARINE CARGO WAR RISK CLAUSES OF THE PEOPLE'S INSURANCE COMPANY OF CHINA INCLUDING WAREHOUSE TO WAREHOUSE CLAUSE，CLAIMS PAYABLE IN LONDON IN CURRENCY OF DRAFTS.

ADDITIONAL COND. 47A：

(1)ALL DOCUMENTS SHOULD MENTION L/C No..

(2)AN ADDITIONAL FEE OF USD 50.00 OR EQUIVALENT WILL BE DEDUCTED FROM THE PROCEEDS PAID UNDER ANY DRAWING WHERE DOCUMENTS PRESENTED ARE FOUND NOT TO BE IN STRICT CONFORMITY WITH THE TERMS OF THIS CREDIT.

(3)THE GOODS TO BE PACKED IN EXPORT CARTONS.

DETAILS OF CHARGES 71B：ALL BANK CHARGES OUTSIDE LONDON INCLUDING REIMBURSEMENT COMMISSIONS ARE FOR ACCOUNT OF BENEFICIARY.

PRESENTATION PERIOD 48：DOCUMENTS MUST BE PRESENTED WITHIN 10 DAYS AFTER THE DATE OF SHIPMENT，BUT WITHIN THE VALIDITY OF THE CREDIT.

CONFIRMATION *49：WITHOUT

INSTRUCTIONS 78：

THE NEGOTIATING BANK MUST FORWARD THE DRAFTS AND ALL DOCUMENTS BY REGISTERED AIRMAIL DIRECT TO US(INTERNATIONAL CENTER MAIL ADDRESS IN TWO CONSECUTIVE LOTS，UPON RECEIPT OF THE DRAFTS AND DOCUMENTS IN ORDER).

WE WILL REMIT THE PROCEEDS AS INSTRUCTED BY THE NEGOTIATING BANK.

TRAILER:MAC:CF6F97BC

CHK:F04138D93C1B

补充材料如下:

(1)发票号码:GD04—017

(2)提单号码:COS365

(3)船名、航次:BILLJIE V. 998

(4)包装情况:100 PCS/CTN
GROSS W. T. 10 KGS/CTN
NET W. T. 8 KGS/CTN
MEASUREMENT:60×50×40 CM/CTN

(5)提单签单人及签发日期:NINGBO DAHAI SHIPPING CO. ,LTD. 李大为

(6)SHIPPED ON BOARD DATE:MAY 28,2022

(7)唛头:ITOCHU/DE236256/LONDON/No. 1—UP

(8)出口企业有权签字人:刘淑

(9)原产地标准及产地证号:"P",ZJNB888788

(10)保单号:PICC2022128

根据上述信息制作发票如下。

<table>
<tr><td colspan="5">COMMERCIAL INVOICE</td></tr>
<tr><td colspan="2" rowspan="3">EXPORTER:</td><td>INVOICE No.:</td><td colspan="2"></td></tr>
<tr><td>INVOICE DATE:</td><td colspan="2"></td></tr>
<tr><td>L/C No.:</td><td colspan="2"></td></tr>
<tr><td colspan="2" rowspan="3">TO:</td><td>L/C DATE:</td><td colspan="2"></td></tr>
<tr><td>S/C No.:</td><td colspan="2"></td></tr>
<tr><td>S/C DATE:</td><td colspan="2"></td></tr>
<tr><td colspan="2">TRANSPORT DETAILS:</td><td colspan="3">TERMS OF PAYMENT:</td></tr>
<tr><td colspan="2"></td><td colspan="3">BY L/C</td></tr>
<tr><td>唛头
MARKS & NUMBERS</td><td>货名
DESCRIPTION OF GOODS</td><td>数量
QUANTITY</td><td>单价
UNIT PRICE</td><td>总值
AMOUNT</td></tr>
<tr><td rowspan="3"></td><td></td><td></td><td></td><td></td></tr>
<tr><td></td><td></td><td></td><td></td></tr>
<tr><td></td><td></td><td></td><td></td></tr>
<tr><td colspan="5">NINGBO TEXTILES IMP. AND EXP. CORPORATION
刘 淑</td></tr>
</table>

任务二　包装单据

一、包装单据概述

（一）包装单据

包装单据（Packing Documents）是记载或描述商品包装情况的单据，是商业发票的附属单据，也是货运单据中的一项重要单据。其主要作用是补充商业发票的不足。除散装货物外，包装商品一般都需要提供包装单据。进口地海关验货、公证行检验、进口商核对货物时，常常都以包装单据为依据，了解包装件号内的具体内容和包装情况。

（二）包装单据的种类

包装单据的种类很多，常见的有以下几种：①装箱单（Packing List）；②包装说明（Packing Specification）；③详细装箱单（Detail Packing List）；④包装提要（Packing Summary）；⑤重量单（Weight List/Note）；⑥重量证书（Weight Certificate）；⑦磅码单（Weight Memo）；⑧尺码单（Measurement List）；⑨花色搭配单（Assortment List）。

动漫视频

装箱单

其中，装箱单载明装箱货物的名称、规格、数量、重量、唛头以及箱号、件数和包装情况等。如系定量箱装，每件包装货物都是统一的重量，则只需说明总件数、单件重量和合计重量；若系不定量包装，则必须提供尽可能详细的装箱内容，逐件列出每件包装货物的细节，包括商品的货号、花色搭配、毛净重、尺码等。

重量单除载明装箱单上的内容外，还要尽量清楚地表明商品每箱毛、净重及总重量，供买方参考。

尺码单侧重于说明每件货物的尺码和总尺码，即在装箱单内容的基础上再重点说明每件、每个不同规格项目的尺码和总尺码。不是同一规格尺码的，要逐一列明。

（三）包装单据的作用

包装单据的作用包括：①出口商缮制商业发票及其他单据时计量、计价的基础资料；②进口商清点数量或重量以及销售货物的依据；③海关查验货物的凭证；④公证或商检机构查验货物的参考资料。

【注意】一般情况下，根据商品和信用证要求的不同，出口商要提供适当的包装单据。包装单的各项内容必须与其他单据一致，尤其是重量、件数或尺码等必须与提单一致，还要与实货相符。

二、包装单据实操

（一）设计包装单据的格式

包装单据的设计以商业发票为基础，商业发票的格式目前都是现成的模板，单证员只要根据交易磋商的内容进行填写即可。

（二）设计文头

文头，即出口商的名称和详细地址、电话、传真等，要求名称、地址等必须醒目、正确。如果是采用信用证方式收汇的,必须与信用证上受益人的名称、地址等完全一致。同时,要注意与其他单据上显示的出口商的名称、地址的一致性。

(三)包装单据的内容

包装单据并无固定的格式和内容,通常由出口商根据货物的种类和进口商的要求仿照商业发票的大体格式来制作。出口商制作的包装单格式不尽相同,但基本内容相似,主要包括单据名称、编号、出单日期、货物名称、唛头、规格、件数、毛重与净重、签章等,有时还涉及包装材料、包装方式、包装规格等。

(1)单据名称(Name of Document),即在包装单上应标明"Packing List"字样。信用证中经常要求这样的单据:"Packing Note, Packing Specification, Measurement List, Assortment List"等,这些都是类似包装单的内容。由于这些单据的名称不同,所以依据各种商品的包装情况和要求,其具体内容也不同。

(2)编号或商业发票编号(No. /Invoice No.)。包装单可以有自己的编号,但是由于商业发票是核心单据,所以一般都用商业发票的编号作为包装单的编号,有的包装单上会直接出现商业发票编号栏。如"Invoice No. :JY20220320"。

(3)出单日期(Date)。它可按发票日期填。包装单的缮制一般在发票之后,所以也可比发票日期晚,但不要晚于提单日期。如"Invoice Date:March 20,2022"。

(4)出口商名称和地址(Exporter's name and Address),即出票人,要求与信用证受益人或合同卖方一致。

(5)买方名称和地址(Buyer's name and Address),即抬头人,要求与开证申请人或合同买方一致。

(6)运输方式和航线(Means of Transportation and Route)。包装单上也可表示运输方式及运输路线,写法可与发票相同。

(7)唛头及件数(Marks & No.)。唛头应与发票、提单等单据的唛头一致。在单位包装货量或品种不固定的情况下,需注明每个包装件内的包装情况,因此包装件应编号。在每个包装件内,一般应尽可能详细地列出有关的包装细节,如规格、型号、色泽、内装量等。

【注意】有的注明实际唛头,有时也可以只注"as per invoice No. xxx"。如无唛头,则缮制为"N/M"。

(8)品名和规格(Name of Commodity & Specification)。品名必须与发票和信用证一致。规格包括商品的规格和包装的规格,都要按货物情况和信用证要求详细填列。

(9)数量(Quantity)。如果每种规格产品包装单位的重量不同,应将不同规格的数量分别表示出来,最后累计出合计数。

(10)毛重(Gross Weight)。如果有几种规格,每种规格的毛重不同,则应分别列出毛重。如果货物的单件不是定量包装(如粮谷类麻袋包装的商品,一般只是每袋大约的重量,如第一袋 90 千克,第二袋 89.7 千克,第三袋 90.4 千克),应尽可能不出具包装单;如果要出具,则必须整批货物每袋过磅、编号,并作记录。如果 10 000 袋,则必须过磅 10 000 次,然后在包装单上列出 10 000 个数。这种包装单又称为"磅码单",相当麻烦。

(11)净重(Net Weight)。这里的净重指每件的净重及合计的净重。

(12)尺码(Measurement)。这里的尺码指每件的体积及合计体积。

(13)签章(Signature)。如果信用证无特别规定,装箱单、重量单或尺码单无须签署;但当包装单据中含有证明文句时，则应该签署。如果信用证要求中性包装（Neutral Packing）或规定中性包装单（in white paper/in plain），本栏应空白不签章。

【职场指南 6—2】　　缮制包装单据应注意的事项

（1）包装单据的名称应与信用证规定的名称一致，因为包装单据的内容，既包括包装的商品内容，也包括包装的种类和件数、单件毛净重和总的毛净重、单件尺码和总尺码（体积），所以无论信用证要求的包装单据是何名称，都应按其规定名称填写。

（2）毛净重应列明单件的毛重和净重、总毛重和总净重，必须与发票和运输单据、产地证、出口许可证的数字相符；对于计价的重量、数字，更需注意。

（3）如果信用证规定要列明内包装（Inner Packing）情况，必须在单据中充分体现出来。例如，信用证规定，每件装一胶袋，每打装一纸盒，每 20 打装一纸箱，则需注明："Packing: each piece in a poly bag, one dozen in a cardboard box and then 20 dozens in a carton."

（4）重量单如冠以 Certificate of Weight，则加注"We certify that the weight is true and correct."的证明句为好。

（5）包装单据一般不应显示货物的单价和总金额。因为进口商把商品转售给第三者时只要交付包装单和货物，不愿泄漏其购买成本。

（6）为了符合信用证不接受联合单据的要求，可以利用分别冠以重量单、尺码单的单据，一次缮制，按照信用证的规定份数分别提供给银行。

【做中学 6—3】

根据任务一中做中学 6—2 的信用证和补充资料，制作装箱单。

<table>
<tr><td colspan="7">PACKING LIST</td></tr>
<tr><td colspan="3" rowspan="4">EXPORTER:</td><td colspan="2">INVOICE No.:</td><td colspan="2"></td></tr>
<tr><td colspan="2">INVOICE DATE:</td><td colspan="2"></td></tr>
<tr><td colspan="2">FROM:</td><td colspan="2">TO:</td></tr>
<tr><td colspan="4">SHIPPED BY</td></tr>
<tr><td colspan="3">TO:</td><td colspan="4">SHIPPING MARK:</td></tr>
<tr><td>C/Nos.</td><td>No. AND KINDS OF PKGS.</td><td>GOODS&PACKING</td><td>QTY.</td><td>G. W.</td><td>N. W.</td><td>MEAS.</td></tr>
<tr><td></td><td></td><td></td><td></td><td></td><td></td><td></td></tr>
<tr><td colspan="7"></td></tr>
<tr><td colspan="7"></td></tr>
</table>

任务三　产地证书

一、原产地证书概述

(一)原产地证书的概念

原产地证书(Certificate of Origin)是证明产品真实来源地的商业文书,简称产地证。它是证明出口货物产地的书面文件;是进口国海关作为实施差别关税、进口限制、不同进口配额和不同税率的依据;是进出口通关和贸易统计的重要依据。

原地产证书

(二)原产地证书的作用

1. 实施差别税率

当进口国与出口国两国政府之间签订的贸易协定中,规定对协定所载明的商品减免其进口税率,或协定中规定了最惠国条款,即对来自协定国的货物适用于从第三国输入的同样货物的相同的低税率时,由进口国海关查验货物的产地证明书,并据此对协定国与非协定国的商品课征不同的进口关税。

2. 实行进口限制

进口配额分为全球配额和国别配额。对于国别配额,需提供产地证明书,以便海关据此查核输入的货物是否在其国别配额内。有些国家限制从某个国家或地区进口货物,也要求以产地证来确定货物来源国。

二、原产地证书的分类

2019 年 9 月 27 日,商务部、海关总署、中国贸促会发布关于实施对外贸易经营者备案和原产地企业备案“两证合一”的公告,决定自 2019 年 10 月 15 日起,在全国范围内推广对外贸易经营者备案和原产地企业备案“两证合一”改革工作。海关和中国国际贸易促进委员会签发的产地证最多、最权威。

产地证

(一)一般原产地证书

1. 登录

企业完成对外贸易经营者备案后,登录贸促会原产地证书申报系统:http://qiye.ccpiteco.net

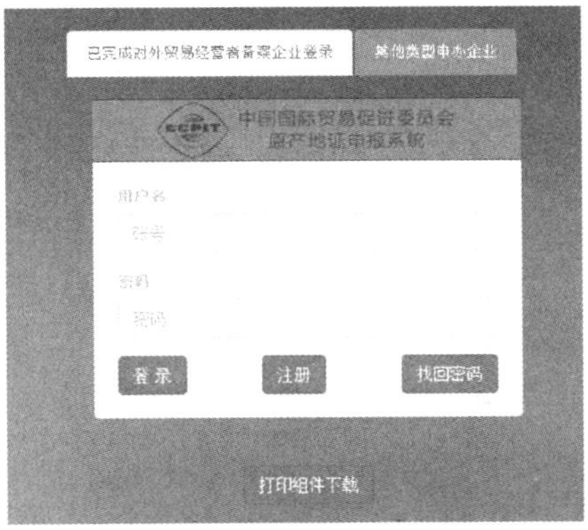

(1)首次登录直接输入“统一社会信用代码”,点击登录会显示初始密码:

(2)登录成功后会跳转到修改密码页面。

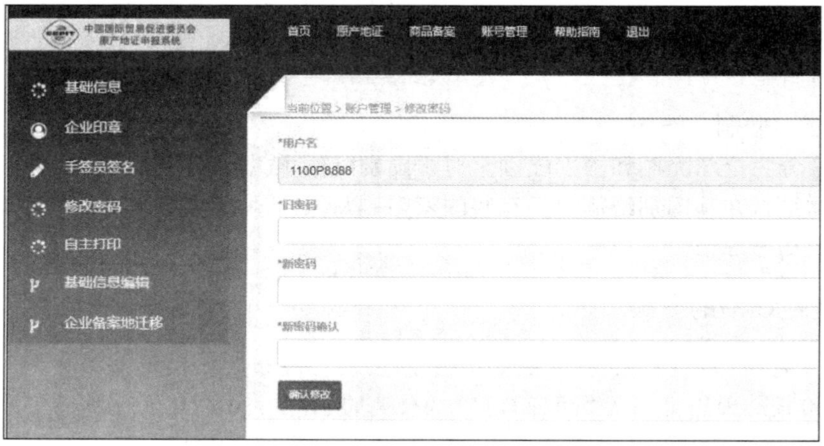

2. 新建手签员

点击“新建手签员”,填写相关信息,下载手签员授权书填写后提交。

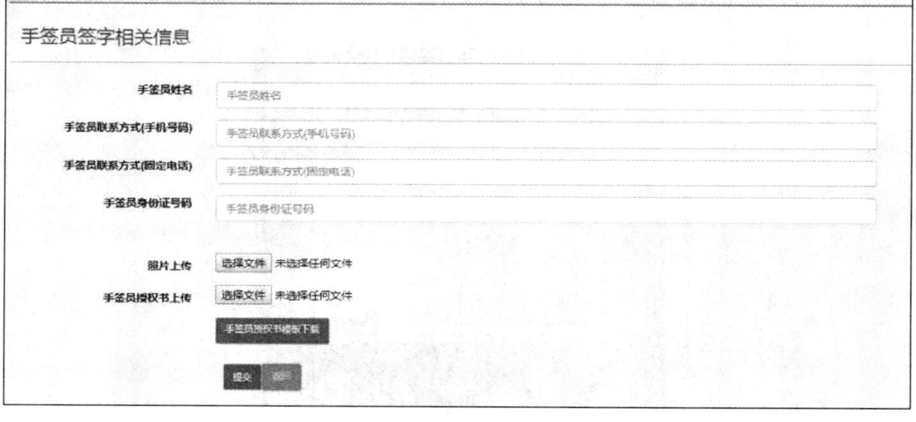

3. 上传企业印章

点击“企业印章”，按界面提示与要求上传本企业印章电子图片，若未按要求上传印章图片，企业到贸促会领取原产地证书时需携带印章并在现场加盖。

4. 填报产地证书信息

手签员信息、企业印章审核通过之后，企业可按界面提示进行原产地证书信息录入，填写完原产地证书详细信息并保存之后，点击“发送”按钮，提交到贸促会，等待审核。

5. 领取原产地证书

提交原产地证书申请后，要及时查看原产地证书状态，当状态变为“已发证”，标志贸促会审核通过，即可到当地贸促会领取证书。

【注意】①在 2019 年 10 月 15 日之前已完成贸促会原产地备案的企业申办原产地证书操作流程不变。②不需进行对外贸易经营者备案的其他主体(如生产商、保税区内从事国际贸易的企业、外商投资企业等)，点击“其他类型申办企业”选项，按提示进行相关操作。不办理对外贸易经营者备案的其他主体(如生产商、保税区内从事国际贸易的企业、外商投资企业等)，点击“其他类型申办企业”选项，按照提示进行相关操作。

6. 特别服务事项办理

(1)备案地迁移申请。如在 A 市商务局完成备案的企业因特别原因不在 A 市贸促会申办原产地证书，可申请将备案地迁移到 B 市贸促会。备案地迁移申请需经 A 市贸促会与 B 市贸促会同意。

(2)企业选择要迁移的地区和贸促会，点击发送按钮发送申请。

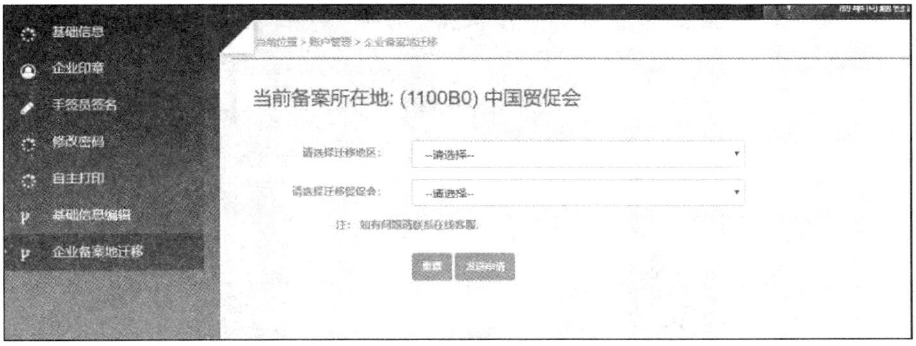

(3)发送完成后，企业可查看迁移申请状态。

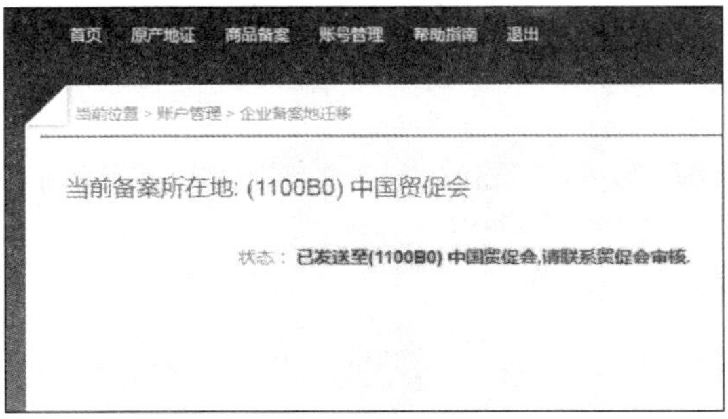

7. 贸促会原产地证书自主打印服务申请

原产地证书自主打印是贸促会原产地电子政务平台建设突出成果，通过先进技术保障，支持企业足不出户完成原产地证书的自主打印，实现真正意义上的“不见面办公”。

企业如申请贸促会原产地证书自主打印服务，可点击“自主打印申请”，查看“自主打印企业申请材料”和“贸促会原产地证书打印机清单”后，按要求上传申请资料，提交后等待贸促会审核。

“单一窗口”标准版用户手册（原产地证书自助打印机）

8. 其他主体申办流程

不需要进行对外贸易经营者备案的其他主体（如生产商、保税区内企业等），点击“其他类型申办企业”选项，按照提示进行相关操作。

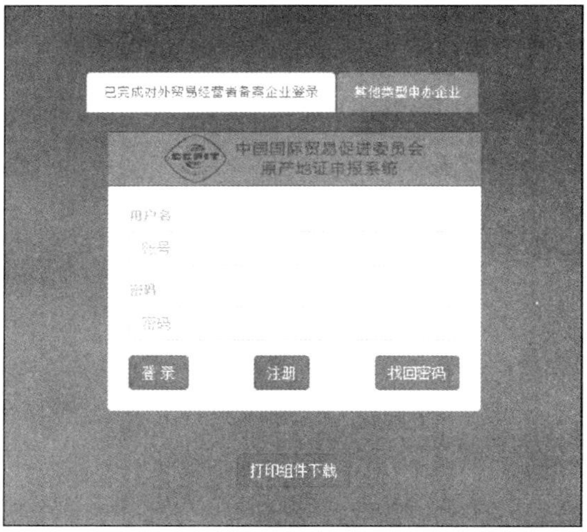

9. 自主打印

(1)登录申报系统(http://qiye.ccpiteco.net)点击“账号管理”，左侧菜单栏找到并点击自主打印选项（如图所示）

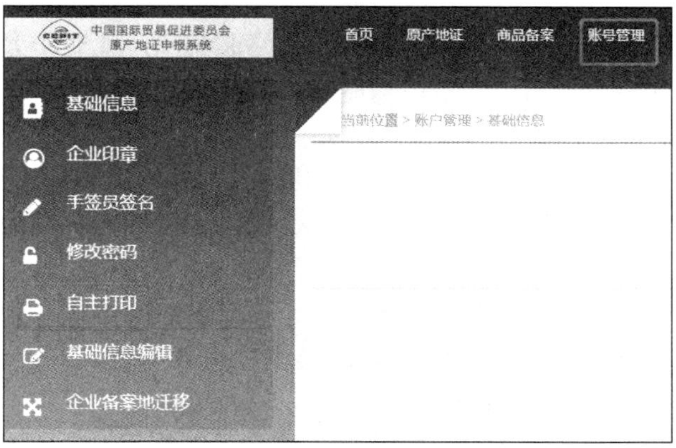

(2) 申请材料(包括打分表)填写盖章后扫描上传即可,(目前已取消打印机型号限制)。等待审核通过即可自主打印。

(3)原产地证书数据实时传输海关,全球实时可查询

所有证书信息均可在 http://check. ccpiteco. net/网站全球实时查询,证书数据实时传输海关,并根据我国海关一部署不断推进原产地证书电子数据跨境传,通关享惠更便利。

(二)原产地证书的缮制

“单一窗口”标准版用户手册(原产地综合服务平台)

1. 出口商(Exporter)

此栏填写信用证受益人(出口方)的名称、详细地址及国家(地区)。若经其他转口商买卖,可在出口商后面缮打“VIA”,然后再填写转口商名称、地址和国家(地区)。此栏不得留空。

2. 收货人(Consignee)

此栏填写最终收货人名称、详细地址和国家(地区),一般是合同中的买方或信用证的开证申请人。有时由于贸易的需要,信用证规定所有单证收货人一栏留空,则在此栏加注“TO WHOM IT MAY CONCERN”(致有关的人)或“TO ORDER”(凭指示)。

3. 运输方式与路线(Means of transport and route)

此栏应填写装运港和目的港的具体港口名称及运输方式。如需转运还应填写转运地，如FROM XINGANG/TIANJIN TO NEWYORK BY VESSEL VIA HONGKONG。

4. 目的地国家或地区(Country/region of destination)

填写目的港及国名(地区名)。

5. 仅供签证机构使用(For certifying authority use only)

此栏为签证机构在签发后发证书、补发证书或加注其他声明时使用。证书申领单位应将此栏留空。

6. 标记及号码(Marks & Numbers)

此栏应按信用证唛头完整填写，与出口发票上的唛头保持一致；不可简单地填写"AS PER INVOICE No. …"或"AS PER B/L No. …"。此栏不得留空，如果没有唛头，应填"No. MARK"或"N/M"。如果唛头多，此栏填不下，可填在第7～10栏的空白处。

7. 包装的数量及种类、货物描述(Number and kind of packages; description of goods)

包装的数量及种类要按实际情况填写，并与其他单据一致，如500 CARTONS(FIVE HUNDRED CARTONS ONLY)OF BEJING ROYAL JELLY。如果货物为散装，在商品名称后应加注"IN BULK"。商品名称要求按照信用证填写具体名称，不得用概括性表述，如不能笼统地填"MACHINE"或"GARMENT"等。有的国外来证要求在所有单据上加注合同号、信用证号，则可在此栏填写。本栏的末行下紧接着要打上一行"* * * *"符号表示结束，以防再添加内容。

8. 商品H.S.税目号(H.S. Code)

按照《中华人民共和国海关进出口税则》填写商品的H.S.品目号，并与报关单一致，必须准确无误。若同一证书包含多种商品，则应将相应的品目号全部填上。

9. 数量(Quantity)

此栏应填写出口货物的数量及计量单位。

10. 发票号码与日期(Number and date of invoices)

此栏必须严格按照商业发票填写。日期应早于实际出口日期或与实际出口日期相同。此栏应注意英文日期的表述方法。

11. 出口商声明(Declaration by the exporter)

此栏要求填写出口商申领证书的地点和日期，由出口商在签证机构注册的人员签字，并加盖出口商中英文的单位印章。

【注意】申领日期不得早于发票日期，最早为同日。

(12)签证机构证明(Certification)：此栏由签证机构签字、盖章，注明签署地点、日期。

【注意】签字与盖章不得重合。签发日期不得早于第10栏的发票日期和第11栏的申领日期，但应略早于提单日期，表明货物在装船前检验，并且应注意不能超过检验有效期限才装船。

(三)普惠制产地证

1. 普惠制与普惠制产地证

普惠制(Generalized System of Preference, GSP)是发达国家对来自发展中国家的商品(特别是制成品和半制成品)普遍给予优惠待遇的一种制度。这种优惠待遇是普遍的、非歧视的、非互惠的。目前给予我国普惠制待遇的国家共39个：欧盟27国(比利时、丹麦、德国、法国、爱尔兰、意大利、卢森堡、荷兰、希腊、葡萄牙、西班牙、奥地利、芬兰、瑞典、波兰、捷克、斯洛伐克、拉脱维亚、爱沙尼亚、立陶宛、匈牙利、马耳他、塞浦路斯、斯洛文尼亚、罗马尼亚、保加利亚、克罗地亚)和挪威、瑞士、土耳其、俄罗斯、白俄罗斯、乌克兰、哈萨克斯坦、日本、加拿大、澳大利亚、新西兰和列支敦士登公国。

普惠制产地证(Generalized System of Preference Certificate of Origin)是普惠制的主要单据。凡是向给予我国普惠制待遇的国家出口受惠商品,需提供这种产地证,作为进口国海关减免关税的依据。普惠制产地证的书面格式名称为"格式 A"(Form A),见表 6－4。根据大多数给惠国的规定,享受普惠制必须持凭受惠国政府指定的机构签署的普惠制原产地证书(注:我国政府指定各地海关签发普惠制原产地证书)。

【拓展阅读 6－1】 享受普惠制待遇商品符合的条件

(1)原产地标准。一切商品均可分为两类:一类为"完全原产地",即商品完全是受惠国出产或制造,没有使用任何进口原料或零部件;另一类为全部或部分使用了进口原料或零部件(包括来源不明的原料和零部件)生产的产品。从普惠制的角度来说,受惠国出口的商品要获得普惠制关税的待遇,该出口商品必须在受惠国进行生产和制造,其中所使用的进口原料或零部件必须经过充分加工,使这些进口原料或零部件有了实质性改变,或者符合给惠国提出的其他条件。

(2)商品要符合直接运输的原则。也就是说,出口商品不但要在受惠国生产或制造,而且必须直接从受惠国运往给惠国。通过过境国的,必须在过境国海关的监管之下,没有投入当地市场销售或交付当地使用,更不能在那里进行其他再加工。

(3)必须提供有效的证明文件,即普惠制原产地证书(申报和证明联合)格式 A(简称 GSP FORM A)及其他有关单证。FORM A 产地证书不同于一般产地证书,后者是享受最惠国待遇的有效证件,前者是享受普惠制减、免税待遇的有效证件。

根据我国《普遍优惠制原产地证明书签证管理办法》及其实施细则的规定,有进出口经营权的国内企业,中外合资、中外合作和外商独资企业,国外企业、商社常驻中国代表机构,对外承接来料加工、来图来样加工、来件装配和补偿贸易业务的企业,经营旅游商品的销售部门,参加国际经济、文化交流及拍卖等活动需出售展品、样品等的有关单位,均可向当地海关申请办理普惠制原产地证书的签证。

2. 普惠制产地证实操

普惠制对我国企业的商品出口是有利的,因此我们应充分利用。最常见的普惠制单据是 GSP FORM A,此格式产地证适用于一般商品,由出口商缮制后,由海关签发。

第一步:注册申请。根据有关规定,凡是在我国市场监督管理部门取得注册登记的国有外贸进出口企业和生产企业、三资企业和三来一补企业,均可向企业所在地的海关提出注册申请。

注册时应提供:①政府主管部门授予企业进出口经营权的文件。②企业营业执照副本。③填制完整的"普惠制产地证注册登记证"和"申请签发普惠制原产地证明书注册登记表"。④含有进口成分的商品,必须提交"产品成本明细单"。⑤"原产地证手签人员授权书"。

第二步:调查。申请注册的企业,其产品必须符合给惠国的原产地规则。在收到有关企业的注册申请后,海关将派员对生产企业进行实地调查,核对企业提供的有关资料,查看生产企业的原材料情况、生产和加工工序,如其产品使用了进口原材料,则需核算产品中使用的进口原材料的价值在制成品中所占的比例，以便确定其原产地资格。

第三步：审核。经审核，产品的原产地资格符合有关规定，海关将对企业进行注册登记，给予注册编号。至此，该企业便可向海关申请办理普惠制产地证了。

第四步：签证。普惠制产地证是联合单证，即申请单位的申报和签证机构的证明。因此，普惠制产地证需由申请单位缮制，并在规定的栏目签名、盖章后，将证书送到海关。海关根据发票等有关单证对产地证审核，审核无误，在证书的有关栏目盖章、签名。

企业应在货物出运前至少 5 天申请签证，申请时应提供的单证有：①“普惠制原产地证明书申请书”。②“普惠制原产地证明书 FORM A”一式三份。③出口货物商业发票。④签证机构认为必要的其他证明文件。

第五步：缮制普惠制产地证“格式 A”(FORM A)。产地证标题栏(右上角)“Certificate No. ”后填写签证机构所编的证书号；“Issued in”后填写“中华人民共和国”全称的英文：“THE PEOPLE’S REPUBLIC OF CHINA”，意为“在中华人民共和国签发”。

(1)Goods consigned from(Exporter’s business name，address，country)：出口商的名称、地址、国别。此栏具有强制性，必须填写出口商详细的地址，包括街道名、门牌号等。此栏中的出口商必须为合约签署方，不能填中间商。

(2)Goods consigned to(Consignee’s name，address，country)：此栏一般填写给惠国最终收货人(即信用证上规定的提单通知人或特别声明的收货人)的名称、地址、国家(地区)。如最终收货人不明确，可填写发票抬头人，但不要填中间商的名称。如果特殊情况下，欧盟国家要求此栏留空或填“To whom it may concern”，也可接受。

(3)Means of transport and route(as far as known)：运输方式与路线(就所知而言)。此栏应填写装运港和目的港的具体港口名称、运输方式等。如需转运，还应填写转运地。

(4)For office use：供官方使用。出口公司应将此栏留空，由签证机构填写。

(5)Item number：商品顺序号。此栏应根据不同类别的商品依次列出序列号。在收货人、运输条件相同的情况下，如果同批出口货物有不同的品种，则可按不同品种、发票号分列“1”“2”“3”…对于单项商品，此栏可填“1”或留空。

(6)Marks and number of package：唛头和包装编号。此栏应与发票一致。如货物无唛头，应填“N/M”；如果唛头内容过多，此栏不够，可向第 7～10 栏延伸，如还不够，可另加附页，打上原证件号，并由海关授权签证人手签，加盖公章。

(7)Number and kind of packages；description of goods：包装的数量及种类；货物描述。商品名称应具体填写，其详细程度应能在 H. S. 的四位数字级品目中准确归类。商品的商标、牌名、货号因与关税无关，可不填具。商品名称填写完毕，应加上“＊＊＊＊”作为结束符，以防他人加填伪造内容。若 L/C 中有特殊规定，如要求填具合同、信用证号码等，均可在该栏体现。包装件数应在阿拉伯数字后面用括号加注大写英文数字。

(8)Origin criterion(See Notes Overleaf)：原产地标准(参照证书背面)。原产地标准是国外海关审证的核心内容。为了确保 GSP 仅给予在发展中国家生产、收获和制造，并从发展中国家出运的产品，各给惠国都制定了详细的原产地标准。特别是对于含有进口成分的产品，情况复杂，国外要求更加严格，出口商极易弄错而造成退证。

【提示】原产于第三国的产品如果仅在受惠国进行轻微加工或仅经受惠国转运，一般是没有资格享受普惠制待遇的。因此此栏应参照证书背面认真谨慎地填写。

现将给予中国最惠国待遇的国家对此栏的填写规定说明如下：

①“P”：产品无进口成分，完全系中国生产。

②“W”：货物运往欧盟成员国、挪威、瑞士和日本等国，货物含有进口成分，但符合加工标准。在“W”后标注产品的 H. S. 税目号。如“W”欧盟等国将加工标准作为确定产品是否经过实质性改造的标准，即如果进口成分与其制成品的 H. S. 品名号不同，则认为经过了实质性改造，该出口商品可享受 GSP 待遇。

③“Y”：货物运往保加利亚、捷克斯洛伐克、匈牙利、独联体等国，在出口受惠国增值的产品，填“Y”，并在其后加注进口原料和部件的价值在该产品离岸价中所占的百分比。这些国家规定进口成分价值不得超过产品离岸价的 50%。

④“F”：货物运往加拿大，含有进口成分，进口成分占产品出厂价的 40%以下。

⑤“G”：货物运往加拿大，含有进口成分，实施全球性原产地累计条款。

⑥“PK”：货物在一个受惠国生产而在另一个或多个受惠国制作或加工，并出口至东欧等国家，实施全球性或区域性原产地累计条款，即将全球所有的受惠国或某一个经济区域的若干个受惠国的原料和劳务价值进行累加，作为判断该出口国加工产品的增值标准。对我国来说，从其他受惠国进口原料、零部件加工成成品出口至给惠国，仍可享受关税减免的待遇。

⑦出口到澳大利亚、新西兰的产品，此栏可留空。

(9)Gross weight or other quantity：毛重或其他数量。此栏应按商品的正常计量单位填写，如“只”“件”“匹”“双”“台”“打”等，如 5 000DOZEN，3 500KGS。以毛重计算的填毛重，只有净重的填净重亦可，但要标上“N. W. ”。注意：此栏的数量为出口货物的数量，不要缮打货物包装的数量。

(10)Number and date of invoices：发票号码和日期：按正式发票填写。为避免对月份、日期的误解，月份必须用英文缩写格式。

(11)Certification：检验检疫机构的签证证明。此栏填写签署地点、日期(如 BEIJING CHINA JUNE 20,2021)及授权签证人手签、签证机构的印章。此栏的签发日期不得早于发票日期和出口商申报日期，且不能迟于提单日期。手签与公章的位置不得重合。

(12)Declaration by the exporter：出口商的声明。此栏填写申报地点、日期，由申报人员签字，并加盖出口商中英文对照的印章(正副本上都需加盖)。

【注意】此栏日期不得早于发票日期(第 10 栏)，不得迟于签证机构签发日期(第 11 栏)。

各公司应指派专人负责在此栏手签，手签姓名应在海关登记，并保持相对稳定；进口国横线上的国名一定要正确填写。进口国一般与最终收货人或目的港的国别一致，如果难以确定，以第 3 栏目的港口国别为准。

【提示】凡货物运往欧盟 27 国范围内，进口国不明确时，进口国可填 E. U. ；在证书正本和所有副本上盖章时，应避免覆盖进口国名称和手签人姓名；国名应是正式的和全称的。

(四)对美纺织品原产地证书

对美国出口纺织品一般使用原产地声明书(Declaration of Country of Origin)，声明书由出口商出具。此声明书有三种格式：①格式 A，为单一国家声明书(Single Country Declaration)，声明商品的原产地只有一个国家。②格式 B，为多国家声明书(Multiple Country Declaration)，声明商品的原材料是由几个国家生产的。③格式 C，是非多种纤维纺织品的声明书，也称否定式声明(Negative Declaration)，适用于主要价值或主要重量属于麻或丝的原料，或其中所含羊毛量不超过 17%的纺织品。

（五）对欧盟纺织品原产地证书

对欧盟国家出口纺织品时，信用证中一般规定需提供特定的产地证，即纺织品产地证(Certificate of Origin Textile Product)。这种产地证由商务部(厅)签发。欧洲经济共同体纺织品产地证明书，这种产地证明书的英文全称是 European Economic Community Certificate of Origin (Textile Products)，简称 EEC 纺织品产地证。专门用于需要配额的纺织品类产品，是欧盟进口国海关控制配额的主要依据(见表 6—1)。

表 6—1　　输欧盟纺织品产地证

<table>
<tr><td rowspan="2">1. Exporter(EID, name, full address, country)</td><td>ORIGINAL</td><td>2. No.</td></tr>
<tr><td>3. Quota year</td><td>4. Category number</td></tr>
<tr><td rowspan="2">5. Consignee(name, full address, country) Means of transport and route</td><td colspan="2">CERTIFICATION OF ORIGIN
(Textile product)</td></tr>
<tr><td>6. Country of origin</td><td>7. Country of destination</td></tr>
<tr><td>8. Place and date of shipment—Means of transport</td><td colspan="2">9. Supplementary details</td></tr>
<tr><td>10. Marks and numbers/Number and kind of package/Description of goods</td><td>11. Quantity(1)</td><td>12. FOB Value(2)</td></tr>
<tr><td colspan="3">13. CERTIFICATION BY THE COMPETENT AUTHORITY, the undersigned, certify that the goods described above originated in the country shown in box No. 6, in accordance with the provisions in force in the European Community.</td></tr>
<tr><td>14. Competent authority (name, full address, country)</td><td colspan="2">At ____________ on ____________
(Signature)　　(Stamp)</td></tr>
</table>

（六）区域性经济集团互惠原产地证书

目前，区域性经济集团互惠原产地证书主要有“中国—东盟自由贸易区优惠原产地证明书”、《亚太贸易协定》原产地证明书、中国—巴基斯坦自由贸易区优惠原产地证明书、《中国—智利自贸区协定》原产地证书等。区域性经济集团互惠原产地证书是具有法律效力的在协定成员国之间就特定产品享受互惠减免关税待遇的官方凭证。为推动共建“一带一路”高质量发展，构建面向全球的高标准自由贸易区网络，实施互利共赢的开放战略，根据中国与有关国家或地区签订的自贸协定或优惠贸易安排，2020 年中国将继续对原产于 23 个国家或地区的部分商品实施协定税率。其中，进一步降税的有中国与新西兰、秘鲁、哥斯达黎加、瑞士、冰岛、新加坡、澳大利亚、韩国、格鲁吉亚、智利、巴基斯坦自贸协定以及亚太贸易协定。

1.《中国—东盟自由贸易区》优惠原产地证明书(FORM E)

中国—东盟自贸区原产地证英文名称为 ASEAN-CHINA FREE TRADE AREA PREFERENTIAL TARIFF CERTIFICATE OF ORIGIN FORM E，又称格式 E，或 FORM E。自 1991 年中国—东盟建立对话关系以来，我国与东盟国家交往日益密切，2010 年中国—东盟自由贸易区全面建成；2013 年中国与东盟携手建设更加紧密的中国—东盟命运共同体；2019 年中国—东盟自由贸易区升级《议定书》全面生效，双边经贸发展取得举世瞩目的成就。可以签发《中国—东盟自由贸易区》优惠原产地证书的国家有：文莱、柬埔寨、印度尼西亚、老挝、马来西亚、缅甸、菲律宾、新加坡、泰国、越南10个国家，其中印尼的申请要求比较严，需要单单一致。30年间，我国与东盟贸易发生巨大变化。据海关统计，中国—东盟双边贸易由1991年的83.6亿美元增长到2020年的6 852.8亿美元，年均增长16.5%，比同期中国外贸整体年均增速高出3.4个百分点。其中，出口由44.5亿美元增长到3 836.8亿美元，年均增长16.4%；进口由39.1亿美元增长到3 016亿美元，年均增长16.5%。2020年，东盟成为我国第一大贸易伙伴，我国连续第12年保持东盟第一大贸易伙伴地位。截至2020年底，中国企业享惠进口中国—东盟自由贸易区货物3.3万亿元，年均增幅27%；双方之间90%以上的货物可享受零关税待遇，共计减让税款3 149亿元。2021年前8个月，我国对东盟进出口5 539.2亿美元，增长33.3%，占同期我国外贸进出口总值的14.5%。

【职能指南6—3】江西奋发营销有限公司位于南昌市安义县，我司下个月将要出口一批门窗五金配件到东盟，现想了解清楚该怎么办理自己的原产地证明书FORM E，需要走哪些程序？

办理原产地证书分企业备案和证书申请两个环节。

(1)企业备案 。登录“互联网＋海关”一体化网上办事平台(http://online.customs.gov.cn)，点击“税费业务”模块，点击“原产地企业备案”。(注：如果企业没有电子口岸卡或没有注册“互联网＋海关”，需在“互联网＋海关”注册后，凭注册账号、密码登录)。进入原产地综合服务平台(ocr.customs.gov.cn:8080)后，点击“备案申请”，填写备案信息、提交营业执照扫描件等4项电子资料。提交的备案信息、电子资料经审核无误的，系统提示审核成功，并将备案号反馈给企业。提交的备案信息、电子资料经审核有误的，系统会将错误信息反馈给企业，企业需根据情况进行修改后重新提交。

(2)证书申请。登录“互联网＋海关”一体化网上办事平台(http://online.customs.gov.cn)，点击“税费业务”模块，在“原产地管理”项下点击“更多”，在新弹出的窗口中点击“原产地证书签发”。进入相关页面后，点击“新建证书”菜单，选择要申请的原产地证书，录入“基本信息”和“货物信息”后，点击“申报”按钮。其中，带有黄色底纹的字段为必填项，不填写无法完成申报。申报完成之后，点击“证书查询”界面查看单据状态，查看海关审核回执。提交的申请信息经审核无误的，系统提示审核成功。提交的申请信息经审核有误的，系统会将错误信息反馈给企业，企业需根据情况进行修改后重新提交。系统审核成功之后，在“查询结果列表”中勾选一条记录，点击界面中“打印”按钮。可选择打印申请书、打印发票、打印认证凭条。企业可通过国际贸易“单一窗口”(https://www.singlewindow.cn)自行打印海关审核通过的版式化原产地证书。

2.《亚太贸易协定》原产地证明书(FORM B)

2018年7月1日起，《亚太贸易协定》第四轮关税减让成果文件——《亚太贸易协定第二修正案》(以下简称《修正案》)正式生效实施。《亚太贸易协定》是我国参加的第一个优惠贸易安排，成员包括中国、印度、韩国、斯里兰卡、孟加拉国、老挝六国。根据《修正案》达成的成果，7月1日起，6个成员国将对10 312个税目的产品削减关税，数量较第三轮谈判增长2.5倍，平均降税幅度达33%。《修正案》对原产地规则进行了优化，首次增加了产品特定原产地规则，为清单内产品设立了税则归类改变标准；新增对“累积成分”和“直接运输”两个术语的注释，原产地规则描述更加清晰；海关税则编码填写由原来的“4位”改为“6位”，原产地证书填制更趋完善。

3.《中国与巴基斯坦自由贸易区》原产地证明书(FORM P)

根据商务部的消息,2019 年 12 月 1 日,中国和巴基斯坦政府修订《自由贸易协定》的协定书,现在已经正式生效。目前两国已经完成了相关的程序,根据协定书的内容,降低关税的安排将会在 2020 年 1 月 1 日起正式实施。中巴两国间相互实施零关税产品的税目数比例将从此前的 35%逐步增加至 75%。此外,双方还将对占各自税目数比例 5%的其他产品实施 20%幅度的部分降税。具体降税安排可查询中国自由贸易区服务网。两国将占各自全部税目 80%的产品纳入关税减让,并对彼此重点关注的主要出口产品给予了充分考虑。巴方将中方重点关注的机电、家具、纺织、磷肥、玻璃制品、汽车及摩托车零部件等出口优势产品纳入关税减让。中方将巴方重点关注的棉纱、皮革、服装、水产品、坚果等出口优势产品纳入关税减让。《议定书》降税安排的实施,将进一步扩大两国间市场开放,使两国企业和消费者享受到更多优惠,推动中巴自贸区建设进入新阶段。

截止到现在,中国已签协议的自贸区共 19 个,正在谈判的自贸区 12 个,处于研究阶段的自贸区 8 个,优惠贸易安排 1 个。

4.《中国—智利自由贸易区》原产地证书(FORM F)

中国—智利自贸协定,是我国与拉美国家签署的第一个自贸协定,从 2006 年 10 月正式实施。此后,绝大部分产品通过最多 10 轮(年)降税进程已实现零关税。而此次升级协定,是指《中华人民共和国政府与智利共和国政府关于修订〈自由贸易协定〉及〈自由贸易协定关于服务贸易的补充协定〉的议定书》(以下简称"议定书")。根据议定书,中智双方承诺在原有 97%以上产品已实现零关税的基础上,再增加家电、纺织服装等 54 个产品,税率由原 6%直接降为零,总体零关税产品比例达到约 98%,于 2019 年 3 月 1 日起正式实施。

5.《中国—新西兰自贸区》原产地证书

自 2008 年 10 月 1 日起,各地海关开始签发中国—新西兰自由贸易区原产地证书。中国与新西兰 2008 年 4 月 7 日在北京正式签署双边自由贸易协定,协定将于 2008 年 10 月 1 日生效,这是中国与其他国家签署的第一个全面的自由贸易协定,也是中国与发达国家签署的第一个自由贸易协定。2016 年 11 月,中新双方启动了自贸协定升级谈判,并于 2019 年 11 月达成,但有待中国正式签署。如今,中新正式签署自贸升级协定,不仅意味着中新国际贸易合作将进一步开放和紧密,也展示了中国作为世界第二大经济体对外的包容性。

目前,中国是新西兰最大的贸易伙伴,目前双向货物和服务贸易额每年超过 320 亿纽币,按照笔者写稿实时汇率(1 元人民币=0.214 6 新西兰元),大约 1 491.4 亿元。其中,乳制品业务是双方一大核心业务板块。

新西兰是世界上最大的乳制品出口国,出口总量占世界乳制品贸易的三分之一。2019 年,新西兰对中国的奶制品出口额超过 266 亿元人民币,同比增长超过 25%;并以 40%的占有率,稳居中国进口乳制品市场第一。

据中国海关统计,2020 年 1~11 月中国共进口婴幼儿配方奶粉 30.67 万吨,其中新西兰进口 6.38 万吨,占比 20.8%,位列中国婴配粉进口第二,仅次于欧盟。2020 年 1~11 月中国共进口大包粉 90.17 万吨,主要来自新西兰,占 71.6%。

6.《中国—新加坡自贸区》原产地证书

中国一新加坡自贸区原产地证书 FORM X,英文全称:COMBINED DECLARATION AND CERTIFICATE FORM X。自 2009 年 1 月 1 日起,各地海关开始签发中国—新加坡自由贸易区原产地证书。截至2020年，我国企业在中新自贸协定项下累计享惠进口565亿元人民币，获税款减让114亿元人民币。

7.《中国—秘鲁自贸区》原产地证书

中国一秘鲁贸易区原产地证，CERTIFICATE OF ORIGIN FORM CHINA-PERU FTA 简称FR秘鲁原产地证书，2010年3月1日，《中国—秘鲁自由贸易协定》正式生效，这标志着中国—秘鲁自贸区货物贸易降税进程正式启动，为双边贸易发展提供了新的机遇和更广阔的空间。

自2014年7月1日起启用其“单一窗口”签发《中国一秘鲁自贸协定》项下原产地证书(原产地证书样本见附件)。现就秘方新调整的有关原产地证书填制规则通知如下：

①原产地证书号由“4位数年份”+“—08—”+“7位数编号”组成。

②若原产地证书为补发，则原产地证书右上角“(see Overleaf Instruction)”下方应印制“ISSUED RETROSPECTIVELY”字样。

③原产地证书第13栏及第14栏的日期为印制或加盖，不再采用手写。

④原产地证书第1栏至第14栏栏目规定以外的额外信息均应填制在第5栏“备注栏”。

⑤原产地证书第5栏“备注栏”应标明该份证书总页数及当前的页数。例如1/1，或1/3等。

⑥如原产地证书上所列货物的制造商不止一个，则应附页列明。附页应包含原产地证书上的商品对应项号、制造商的唯一税务编码、制造商名称、地址及商品HS编码等。

8.《区域全面经济伙伴关系协定》

RCEP协议指的是《区域全面经济伙伴关系协定》，是由中国、日本、韩国、澳大利亚、新西兰和东盟十国共15方成员于2012年制定的协定。RCEP协议的意义在于大幅提升区域内的贸易活动，推进贸易投资自由化、便利化，帮助各国更好地应对挑战，增强本地区未来发展的潜力，造福于本地区的各国人民。

RCEP协议的核心目标是：规定参与国之间90%的货物贸易将实现零关税；实施统一的原产地规则，允许在整个RCEP范围内计算产品增加值；拓宽对服务贸易和跨国投资的准入；增加电子商务便利化的新规则。2020年11月15日，东盟十国、中国、日本、韩国、澳大利亚和新西兰签署RCEP协定。RCEP协定生效后，区域内90%以上货物出口实现“零关税”，区域产业链、供应链和价值链进一步融合，我国出口企业将获更多发展机遇。

【做中学6—4】

根据任务一中做中学6—2提供的信用证和补充资料，制作普惠制产地证。

<table>
<tr><td colspan="3">1. Goods consigned from (Exporter's name, address, country)</td><td colspan="3" rowspan="2">Reference No.
GENERALIZED SYSTEM OF PREFERENCES
CERTIFICATE OF ORIGIN
(combined declaration and certificate)
FORM A
Issued in THE PEOPLE'S REPUBLIC OF CHINA
(country)
see notes overleaf</td></tr>
<tr><td colspan="3">2. Goods consigned to(Consignee's name, address, country)</td></tr>
<tr><td colspan="3">3. Means of transport and route(as far as known)</td><td colspan="3">4. For official use</td></tr>
<tr><td>5. Item number</td><td>6. Marks and numbers</td><td>7. Number and kind of packages; description of goods</td><td>8. Origin criterion (see notes overleaf)</td><td>9. Gross weight or other Quantity</td><td>10. Number and date of invoices</td></tr>
<tr><td colspan="3">11. Certification
It is hereby certified, on the basis of control carried out, that the declaration by the exporter is correct.</td><td colspan="3">12. Declaration by the exporter
The undersigned hereby declares that the above details and statements are correct; that all the goods were produced in CHINA and that they comply with the origin requirements specified for those goods in the Generalized System of Preferences for goods exported to ________________ (importing country)</td></tr>
<tr><td colspan="3">Place and date, Signature and stamp of certifying authority</td><td colspan="3">Place and date, Signature and stamp of authorized signatory</td></tr>
</table>

9. CEPA 原产地证书

CEPA(Closer Economic Partnership Arrangement)优惠原产地证书是指中国内地、香港、澳门更紧密经贸关系的相关协定。为促进内地与澳门经贸往来，根据《〈内地与澳门关于建立更紧密经贸关系的安排〉货物贸易协议》有关规定，海关总署 2018 年对部分商品原产地标准予以修订，见表所示，经修订的标准自 2021 年 1 月 1 日起执行。

10. ECFA 原产地证书

ECFA(Economic Cooperation Framework Agreement)即《海峡两岸经济合作框架协议》，已于 2010 年 9 月 12 日正式生效，协议的目的是加强和增进海峡两岸双方之间的经济、贸易和投资合作，促进双方货物和服务贸易进一步自由化，逐步建立公平、透明、便利的投资及其保障机制；扩大经济合作领域，建立合作机制。

任务四　商检证书

一、商品检验

出入境检验检疫(Entry-exit Inspection and Quarantine)是指海关依照法律、行政法规和国际惯例等要求，对出入境的货物、交通运输工具、人员等进行检验检疫、认证等的监督管理工作。出入境检验检疫的目的是保护国家经济的顺利发展、保护人民的生命安全以及生活环境的安全与健康。

动漫视频

商检

商品检验(Commodity Inspection)简称商检,是指在国际货物买卖中,对于卖方交付的货物的质量、数量和包装进行检验,以确定合同标的是否符合买卖合同的规定;有时还对装运技术条件和货物在装卸、运输过程中发生的残损、短缺进行检验和鉴定,以明确事故的起因和责任的归属。商品检验也包括根据一国的法律或行政法规对某些进出口货物或有关事项进行质量、数量、包装、卫生、安全等方面的强制性检验或检疫。

海关受理鉴定业务的范围主要有:①进出口商品的质量、数量、重量、包装鉴定和货载衡量。②进出口商品的监视装载和监视卸载。③进出口商品的积载鉴定、残损鉴定、载损鉴定和海损鉴定。④装载出口商品的船舶、车辆、飞机、集装箱等运载工具的适载鉴定。⑤装载进出口商品的船舶封舱、舱口检视、空距测量。⑥集装箱及集装箱货物鉴定。⑦与进出口商品有关的外商投资财产的价值、品种、质量、数量和损失鉴定。⑧抽取并签封各类样品。⑨签发价值证书及其他鉴定证书。⑩其他进出口商品鉴定业务。

【职场指南 6—4】　　我国出口商品进行检验的程序

(1)受理。首先由报验人提供有关单证和资料,如外贸合同、信用证、厂检结果单正本等;海关在审查上述单证符合要求后,受理该批商品的报验;如发现有不合要求者,可要求申请人补充或修改有关条款。

(2)抽样。由海关派员主持进行,根据不同的货物形态,采取随机取样方式抽取样品。报验人应提供存货地点情况,并配合海关人员做好抽样工作。

(3)检验。海关可以使用从感官到化学分析、仪器分析等各种技术手段,对出口商品进行检验。检验的形式有商检自验、共同检验、驻厂检验和产地检验。

(4)签发。海关对检验合格的商品签发检验证书。出口企业在取得货物报关地海关签发的检验证书后,在规定的有效期内报运出口。

二、报检单证

对外经济贸易关系人在向海关报验时,应按照海关的要求,真实、准确地填写报验单并签名盖章。报验单是关系人向海关申请检验的正式文件,也是海关进行检验的一种原始凭证。

【提示】一般对于不同合同、不同发票、不同提单或装运单的商品应分别填写申请单。报验时除了提交申请单外,还应根据以下的不同情况分别提供各种单证。

出口商品在报验时,一般应提供外贸合同(或售货确认书及函电)、信用证原件的复印件或副本,必要时提供原件。合同如果有补充协议的,要提供补充的协议书;合同、信用证有更改的,要提供合同、信用证的修改书或更改的函电。对订有长期贸易合同而采取记账方式结算的,各外贸进出口公司每年一次将合同副本送交海关。申请检验时,只在申请单上填明合同号即可,不必每批附交合同副本。

【注意】凡属危险或法定检验范围内的商品,在申请品质、规格、数量、重量、安全、卫生检验时,必须提交海关签发的出口商品包装性能检验合格单证,海关凭此受理上述各种报验手续。

凭样品成交的商品,需提供经国外买方确认、双方签封或合同、信用证已明确需经海关签封的样品。临时看样成交的商品,申请人还必须将样品的编号送交海关一份。对于服装、纺织品、皮鞋、工艺品等商品,在报验时还应提交文字表达不了的样卡、色卡或实物样品。

属于必须向海关办理卫生注册和出口商品质量许可证的商品，报验时必须提供海关签发的卫生注册证书或出口质量许可证编号和厂检合格单。冷冻、水产、畜产品和罐头食品等需办理卫生证时，必须附交海关签发的卫生注册证书和厂检合格单。

经发运地海关检验合格的商品，需在口岸申请换证的，必须附交发运地海关签发的"出口商品检验换证凭单"（简称"换证凭单"）正本。[①]

经生产经营部门检验的，应提交检验结果单。第一次检验不合格，经返工整理后申请重新检验的，应附交原来的海关签发的不合格通知单和返工整理记录；申请重量/数量鉴定的，应附交重量明细单、装箱单等资料；申请积载鉴定、监视装载的，应提供配载图、配载计划等资料；申请出口商品包装使用鉴定的，应附交海关签发的包装性能检验合格单；申请委托检验的，报验人应填写"委托检验申请单"并提交检验样品、检验标准和方法。国外委托人在办理委托检验手续时，还应提供有关函电、资料。

三、检验检疫证书（Inspection and Quarantine Certificate）

检验检疫证书是各种进出口商品检验证书、鉴定证书和其他证明书的统称，是对外贸易有关各方履行契约义务、处理索赔争议和仲裁、诉讼举证时具有法律依据的有效证件，也是海关验放、征收关税和优惠减免关税的必要证明。目前主要的检验检疫证书其种类和用途主要有：

（1）品质检验证书，是出口商品交货结汇和进口商品结算索赔的有效凭证；法定检验商品的证书，是进出口商品报关、输出输入的合法凭证。

（2）重量或数量检验证书，是出口商品交货结汇、签发提单和进口商品结算索赔的有效凭证；出口商品的重量证书，也是国外报关征税和计算运费、装卸费用的证件。

（3）兽医检验证书，是证明出口动物产品或食品经过检疫合格的证件。其适用于冻畜肉、冻禽、禽畜罐头、冻兔、皮张、毛类、绒类、猪鬃和肠衣等出口商品，是对外交货、银行结汇和进口国通关的重要证件。

（4）卫生/健康证书，是证明可供人类食用的出口动物产品、食品等经过卫生检验或检疫合格的证件。其适用于肠衣、罐头、冻鱼、冻虾、蛋品、乳制品和蜂蜜等，是对外交货、银行结汇和通关验放的有效证件。

（5）消毒检验证书，是证明出口动物产品经过消毒处理保证安全卫生的证件。其适用于猪鬃、马尾、皮张、山羊毛、羽毛和人发等商品，是对外交货、银行结汇和国外通关验放的有效凭证。

---

①　海关总署公告2018年第50号（海关总署关于全面取消《入/出境货物通关单》有关事项的公告）规定如下：

（1）涉及法定检验检疫要求的进口商品申报时，在报关单随附单证栏中不再填写原通关单代码和编号。企业可以通过"单一窗口"（包括通过"互联网＋海关"接入"单一窗口"）报关报检合一界面向海关一次申报。如需使用"单一窗口"单独报关、报检界面或者报关报检企业客户端申报，企业应当在报关单随附单证栏中填写报检电子回执上的检验检疫编号，并填写代码"A"。

（2）涉及法定检验检疫要求的出口商品申报时，企业无须在报关单随附单证栏中填写原通关单代码和编号，应当填写报检电子回执上的企业报检电子底账数据号，并填写代码"B"。

（3）对于特殊情况下仍需检验检疫纸质证明文件的，按以下方式处理：①对入境动植物及其产品，在运输途中需提供运递证明的，出具纸质"入境货物调离通知单"；②对出口集中申报等特殊货物，或者因计算机、系统等故障问题，根据需要出具纸质"出境货物检验检疫工作联系单"。

（4）海关统一发送一次放行指令，海关监管作业场所经营单位凭海关放行指令为企业办理货物提离手续。

(6)熏蒸证书,是用于证明出口的粮食、谷物、油籽、豆类和皮张等商品,以及包装用木材与植物性填充物等,已经过熏蒸灭虫的证书。

(7)残损检验证书,是证明进口商品残损情况的证件。其适用于进口商品发生残、短、渍和毁等情况,可作为受货人向发货人或承运人或保险人等有关责任方索赔的有效证件。

(8)积载鉴定证书,是证明船方和集装箱装货部门正确配载、积载货物,履行运输契约义务的证件,可供货物交接或发生货损时处理争议之用。

(9)财产价值鉴定证书,是对外贸易关系人和司法、仲裁和验资等有关部门索赔、理赔、评估或裁判的重要依据。

(10)船舱检验证书,证明承运出口商品的船舱清洁、密固,冷藏效能及其他技术条件符合保护承载商品的质量和数量完整与安全的要求。它可作为承运人履行租船契约适载义务、对外贸易关系方进行货物交接和处理货损事故的依据。

(11)生丝品级及公量检验证书,是出口生丝的专用证书。其作用相当于品质检验证书和重量/数量检验证书。

(12)舱口检视证书、监视装/卸载证书、舱口封识证书、油温空距证书、集装箱监装/拆证书,作为证明承运人履行契约义务、明确责任界限、便于处理货损货差责任事故的证明。

(13)价值证明书,作为进口国管理外汇和征收关税的凭证。在发票上签盖海关的价值证明章与价值证明书具有同等效力。

(14)货载衡量检验证书,是证明进出口商品的重量、体积吨位的证件,可作为计算运费和制订配载计划的依据。

(15)集装箱租箱交货检验证书、租船交船剩水/油重量鉴定证书,可作为契约双方明确履约责任和处理费用清算的凭证。

【职场指南6—5】　　缮制检验检疫证书应注意的问题

各种检验检疫证书除了作为证明商品品质、规格、数量、重量、包装以及卫生条件等的公证鉴定法律文件外,还作为出口商议付货款的单证,也是进出口商之间证明交货的有关条件符合合同规定的依据。如果与合同的规定不符,检验检疫证书便会成为进出口商拒收、索赔或理赔的依据。在缮制检验检疫证书时应特别注意以下几个问题:

(1)检验检疫证书的主要内容。其应包括发货人、收货人、出证日期、货物名称、件数、唛头及检验检疫结果,且必须符合合同和信用证的要求,并与发票和其他单据一致。

(2)发货人。一般情况下,发货人应该是货物的出口商。但是,当信用证的受益人不是实际发货人而是以信用证受益人以外的一方作为发货人时,"发货人"一栏应与提单的"托运人"名称相同,以便保持单据相互一致。

(3)收货人。检验检疫证书是公证证明,它对任何合法持有人都具有同等效力,因此,除非信用证另有规定,这一栏不用填写,或做成"To whom it may concern"或空白抬头"To Order"。

(4)出证日期。其直接关系到证书是否成立和有效。海关对各类商品都规定了不同的有效期限,如果证书上的时间过早,超过了有效期限出口商才装船交货,将会遭到收货人和银行的异议,不承认证书中所述的检验检疫结果,甚至要求重新检验检疫,特别是对容易变质的农副产品、食品等的要求更加严格。因此,证书中的日期应略早于提单日期,而不是越早越好;如果证书日期迟于提单签发日期,该证书将会失效。

(5)生产日期。有的来证规定品质证书和重量证书上必须标上出口商品的生产月份,则必须照办。

(6)其他注意事项。海关应根据信用证的要求缮制检验检疫证书,不必加注信用证不要求提供的内容或证明文句,以免画蛇添足。

【同步案例 6—1】 伪造健康证书,法不容情

江苏常州海关人员对来自日本的伯利兹籍"永盛 1 号"轮实施检疫查验时,发现 2 名中国籍船员的健康证书都出自"营口海关",而两份证书中的印章却有明显差异。其中,船长钟××的健康证书与海关总署网站上公布的伪造健康证书的破绽一致,印章中"营口"的拼音误拼为"YINGKOV","中华人民共和国"的"PEOPLE'S" 误拼为"PEOPLI'S",且印章的颜色与规定的红色相比偏黑。海关人员立即对船长进行了询问,最终船长承认证书是伪造的。海关人员当场没收了伪造证书,并安排船长尽快重新体检。为慎重起见,海关人员立即与辽宁营口海关取得联系,并将伪造的健康证书复印件传真过去。经营口局保健中心体检人员仔细核对,确认该证书系伪造,并出具了伪造确认书。常州海关对船长进行了批评教育,没收了假健康证,对该船长行政处罚 500 元人民币。

精析:近年来,涉嫌伪造检验检疫证书的事件时有发生。伪造检验检疫证书严重影响了我国检验检疫制度的正常程序。

【做中学 6—5】 正确更改证单

大连某进出口企业出口货物 10 吨,由海关对货物进行了检验,检验合格,取得了证书。这时,卖方接到买方来函称,市场上对该货物的需求很大,所以市场价格上涨,要求卖方追加 20 吨货物一同运出。卖方考虑到所要追加的货物和原来的货物品质以及各项指标完全一致,无须报海关重新进行检查,遂自行对其证书进行了局部的修改。你认为该公司的做法符合规范吗? 为什么?

分析:该公司的做法不符合规范。正确的证书更改程序是在检验检疫证书签发后,报检人要求更改证单内容的,应退回原证单(含副本);确有特殊情况不能退回的,申请人应书面说明理由,经法定代表人签字、加盖公章,并在指定的报纸上声明作废,经检务责任人审批后,方能重新签发;不能退回原证单的,更改后的证单(Revision)在原证编号前加"R",并在证单上加注"本证书/单系××日签发的×××号证书/单的更正,原发×××号证书/单作废",签发日期为更改证单的实际签发日期。

【职场指南 6—6】 检验检疫证单的丢失

检验检疫证单作为贸易结汇、通关等的重要凭证,企业应妥善保管和使用,一旦丢失,应及时报告海关,并登报声明作废。

海关指定《中国国门时报》为丢失检验检疫证单声明作废的报纸,今后凡丢失检验检疫证单的,统一在《中国国门时报》上声明作废。《中国国门时报》报社凭声明单位的营业执照复印件和公函等有效文件受理刊登。各地海关在受理重发证单的申请时,应审核其在《中国国门时报》上刊登的作废声明。

任务五 租船订舱

一、出口货物订舱业务

（一）出口货物订舱业务流程

在 CIF 和 CFR 条件下，出口商应在合同和信用证规定的装运时间内办理好货物的运输手续。出口货物订舱业务流程如图 6—1 所示。

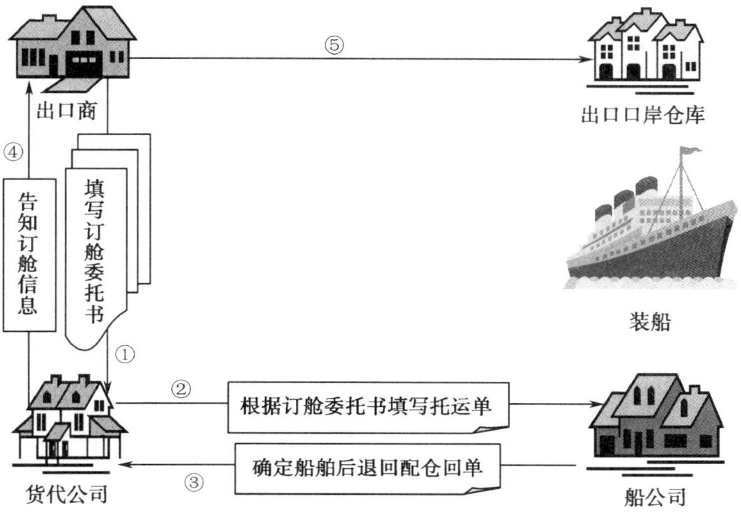

注：①出口商缮制订舱委托书，随附商业发票和装箱单，委托货代公司向船公司办理订舱。②货代公司缮制托运单向船公司订舱。③船公司确定船舶后，向货代公司签发配仓回单。④货代公司将订舱信息告知出口商，通知装货时间。⑤货代公司或出口商按指定装货时间将出口货物送到码头指定仓库。

图 6—1 出口货物订舱业务流程

（二）出口订舱委托书的缮制

订舱委托书是出口企业和货运代理公司之间委托代理关系的证明文件，无统一格式，各货运代理公司制作的内容大致相同(其样单见表 6—2)。

订舱委托书的主要内容及缮制方法如下：①经营单位：填写出口商名称，并与发票同项内容一致。②编号：由货运代理公司提供，并由其填写。③发货人：填写实际发货人的名称。④收货人：应根据信用证的规定填写。⑤被通知人：指货到目的港后及时接受船方发出的到货通知的人，其职责是及时转告真实收货人接货。在国际贸易中，被通知人有时是买方本人，有时也可能是其代理人。注意：被通知人的填写必须严格依照信用证的规定，并注明地址。⑥海洋运费：CIF 和 CFR 条件下选择预付，FOB 条件下选择到付。⑦毛重：填写本批货物的总毛重。⑧尺码：填写本批货物总的体积数。

表 6—2 订舱委托书样单

经营单位 （托运人）				编号		
B/L 项目要求	发货人 Shipper					
	收货人 Consignee					
	被通知人 Notify Party					
海洋运费（ ） Sea Freight	预付（ ）或到付（ ） Prepaid or Collect		提单份数		提单寄送地址	
起运港		目的港	可否转船		可否分批	
集装箱预配数	20’×	40’×	装运期限		有效期限	
标记唛头	包装件数	中英文货号 Description of Goods	毛重	尺码	成交条件	
			特种货物 □冷藏货 □危险品	重件：每件重量 大件 （长×宽×高）		
内装箱（CFS）地址			特种集装箱			
门对门装箱地址			物资备妥日期			
外币结算账号			物资进栈：自送（ ）或派送（ ）			
声明事项			人民币结算单位账号			
			托运人签章			
			电话			
			传真			
			联系人			
			地址			
			制单日期			

二、进口货物订舱业务

（一）进口货物订舱业务流程

在 FOB 条件下，由进口商或其委托货运代理公司办理货物运输和保险手续。进口订舱、保险业务流程如图 6—2 所示。

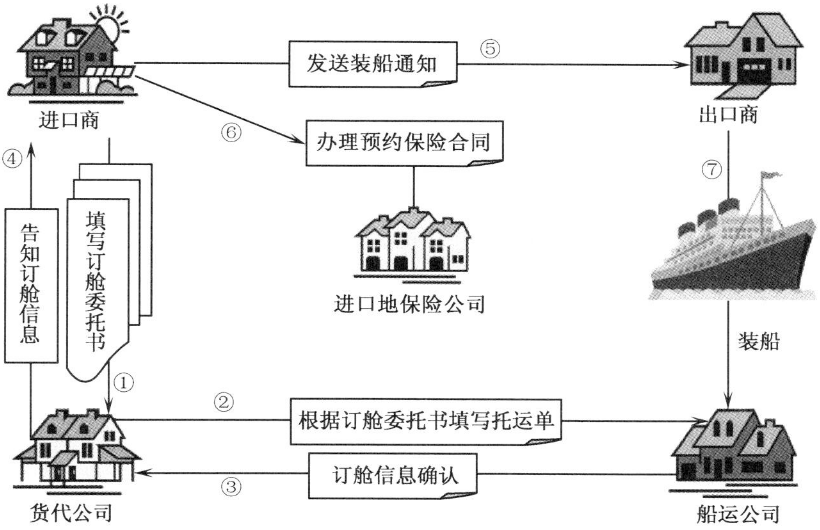

注:①进口商缮制订舱委托书,委托货代公司向船公司办理订舱手续。②货代公司向船公司递交货物托运单,代办订舱手续。③④货代公司获知订舱信息后告知进口商。⑤⑥进口商与保险公司签订进口货物预约保险合同,并通知出口商装船信息。

图 6—2　进口订舱、保险业务流程

(二)进口订舱委托书的缮制方法

进口商通常在本地委托本国外运公司承办进口货物的运输事宜。按照海运运输的业务要求,必须由委托人(进口商)填写进口订舱委托书(其样单见表 6—3)。

表 6—3　　**进口订舱委托书**

编号:　　日期:

货名(英文)			
重量		尺码	
合同号		包装	
装运港		交货期	
装货条款			
发货人名称、地址			
发货人电挂			
订妥船名		抵达港口	
备注		委托单位:	

注:①危险品需注明性能,重大件需注明每件重量及尺码。②装货条款需详细注明。

三、预约保险合同的填制

我国进口业务一般都以 FOB 或 CFR 价格条件成交，在这种情况下，通常由进口企业办理保险事宜，采用预约保险的做法。在货物运输保险中，对于有大量运输业务的单位，如对逐笔业务进行保险，不仅繁琐，而且容易发生漏保等差错。为了简化投保手续，可以与保险公司签订预约保险合同。

动漫视频

预约保险

预约保险合同一般要求投保人对所有的运输业务都投保，双方约定保险标的、保险险别、保险费率、适用保险条款、保险费和赔款的支付方法等。遇到特殊情况，即使未及时办理投保手续，只要货物装上了保险单载明的运输工具，或被承运人收受并签发运单，保险公司就自动承担被保险人货物灭失或损坏的风险。但这并不意味着可以不办投保手续，被保险人仍需向保险公司逐笔投保，只不过投保时限没有那么严格。同时，保险公司也会经常核查投保人的账目，一旦发现漏保或未投保的货物，无论是否发生保险事故，即使货物已经安全运抵，都会要求补办投保手续并收取相应的保险费。预约保险合同样单如下。

中国人民财产保险股份有限公司

进口货物运输预约保险合同

合同号：TX 202223　　　　日期：2022 年 3 月 15 日

甲方：林海进出口贸易公司

乙方：中国人民财产保险股份有限公司上海分公司

双方就进口货物的运输预约保险拟定各条以资共同遵守：

1. 保险范围

甲方从国外进口的全部各种货物需要投保的险别由甲方选定并在投保单中填明。乙方根据不同的险别规定不同的费率。现暂定如下：

货物，不论运输方式，凡贸易条款规定由买方办理保险的，都属于本合同范围之内。甲方应根据本合同规定，向乙方办理投保手续并支付保险费。

乙方对上述保险范围内的货物负有自动承保的责任，在发生本合同规定范围内的损失时，均按本合同的规定负责赔偿。

2. 保险金额

保险金额以货物的到岸价(CIF)即货价加运费加保险费为准(运费可采用实际运费，亦可由双方协定一个平均运费率计算)。

3. 保险险别和费率

货物种类	运输方式	保险险别	保险费率
扳手	江海运输	一切险、战争险	按约定

4. 保险责任

各种险别的责任范围，以中国人民保险公司制定的“海洋运输保险条款”“海洋运输货物战争险条款”“海运进口货物国内转运期间保险责任扩展条款”“航空运输一切险条款”和其他有关条款的规定为准。

5. 投保手续

甲方一经掌握货物发运情况，即应向乙方寄送起运通知书，办理投保手续。通知书一式五份，由保险公司签认后，退回一份。如不办理投保，货物发生损失，乙方不予赔偿。

6. 保险费

乙方根据甲方寄送的起运通知书并依照前列相应的费率逐笔计收保费，甲方应及时付费。

7. 索赔手续和期限

本合同所保货物发生保险责任范围内的损失时，乙方应按其制定的“关于海运进口保险货物残损检验的赔款给付方法”和“进口货物施救整理费用支付方法”迅速处理。甲方应尽力采取防止货物受损范围扩大的措施，对已遭受损失的货物必须积极抢救，尽量减少货物的损失。向乙方办理索赔的有效期限以保险货物卸离海港之日起满一年终止；如有特殊需要，可向乙方提出延长索赔期。

8. 合同期限

本合同自 2022 年 3 月 15 日起开始生效。

四、装船通知

（一）装船通知的概念和作用

装运通知(Shipping Advice)又称 Declaration of shipment 或 Notice of shipment，系出口商向进口商发出货物已于某月某日或将于某月某日装运某船的通知。货物装船后，卖方应及时向国外买方发出装船通知，以便对方准备付款、赎单以及办理进口报关和接货手续。特别是在 CFR 合同下，卖方负责安排在装运港将货物装上船，而买方需自行办理货物运输保险，以就货物装上船后可能遭受灭失或损坏的风险取得保障。因此，在货物装上船前，即风险转移至买方前，买方及时向保险公司办理保险是一个至关重要的问题。《2010 年通则》中规定，卖方必须给予买方关于货物已按规定交至船上的充分的通知。虽然《2010 年通则》对“卖方未能给予买方该项充分的通知的后果”没有做出具体的规定，但是根据有关货物买卖合同的适用法律，因遗漏或未及时向买方发出装船通知，而使买方未能及时办妥货运保险所造成的后果，卖方应承担违约责任。为此，货物装船后，卖方应及时以电传或双方商定的其他形式发出装船通知。

买方办妥租船订舱手续后，应及时将船名、航次、舱位信息、船期、预期到达时间和船籍等有关内容告知卖方，以便卖方根据船期调整生产进度及备货，保证船货衔接得当。在执行 FOB 术语时，应特别注意船货衔接的问题；在合同的具体履行过程中，买卖双方应加强沟通，以降低损失发生的可能性。

装运通知的内容通常包括货名、装运数量、船名、装船日期、契约或信用证号码等。这项通知，大多以电报方式为之，然也有用航邮方式的。装运通知的作用在于方便买方投立保险、准备提货手续或转售；出口商作此项通知时，有时尚附上或另行寄上货运单据副本，以便进口商明了装货内容。若碰到货运单据正本迟到的情况，仍可及时办理担保提货(Delivery against letter of guarantee)。

【提示】装船通知没有固定的内容和格式，通常由卖方根据买方的要求自行拟定。

装船通知样单如下。

Shipping Advice		
From:		Date:
To:		
Date of Shipment	Contract No.	Letter of Credit No. :
Dear Sirs:		
We wish to advise that the following stipulated vessel will arrive at port.		
On/about Vessel's name	Voy No. .	
We'll appreciate to see that the covering goods would be shipped on the above vessel on the date of L/C called.		

(二)装运通知缮制

1. 进口商信息

填写进口方公司名称及地址(英文),可参考“合同”中“买方(Buyer)”信息填写。

2. 发票编号

填写商业发票编号,可在“商业发票”中查找。

3. 通知日期

按照当前日期填写。

4. 信用证编号

信用证(L/C)方式下需填写,可参考“信用证”中相关内容;非信用证方式下不填。

5. 合同号

填写合同编号。

6. 海运提单/航空运单编号

海运方式下,填写海运提单编号;空运方式下,填写航空运单编号。

7. 船名/航班号

海运方式下,填写船名;空运方式下,填写航班号。

8. 航次

海运方式下,填写航次;空运方式下不填。

9. 装运港

装运港,根据“合同”中相关内容填写。如“Shanghai,China”。

10. 目的港

目的港,根据“合同”中相关内容填写。如“Hamburg,Germany”。

11. 装运日期

根据“订舱确认书”中相关内容填写。

12. 预计到达日期

填写预计的到达日期,应大于等于装运日期。

13. 货物描述

填写商品名称(英文),如有多种货物,以分号隔开。可参考“合同”中相关内容填写。

14. 包装及数量

填写货物的总包装件数,数量和单位要分开填写。注意:包装数量大于1时,包装单位要加复数“S”。

15. 货价

货物总价，根据"合同"中相关内容填写。注意币别和金额要分开填，如"USD 92240"。

16. 出口商名称

填写出口商公司英文名称。

任务六　海运单据

国际货物的运输70%以上是通过海洋运输来完成的，主要原因是海洋运输具有通过能力强、运量大、运费低廉等优点。海洋运输的重要凭证是海运提单。出口商在货物备妥后，通常委托货运代理进行租船订舱，这一过程主要涉及两种单据：海运托运单和海运提单。

一、海运托运单

（一）海运托运单的概念

海运托运单（Booking Note，B/N）是出口商向外运公司提供出运货物的必要资料，是外运公司向船公司订舱、配载及外运公司与出口仓库或生产厂家之间往来提货的依据。

【注意】*海运托运单不是出口结汇的正式单据，是日后制作提单、出口结汇的主要材料。*

海洋运输有两种方式：①传统的散货运输。②现代化的集装箱运输。两种不同的运输方式，分别使用不同的托运单。实际业务中，90%的货物都使用集装箱托运，故海运托运单也称为集装箱货物托运单。

集装箱货物托运单又称"场站收据"（Dock Receipt，D/R）又称港站收据或码头收据，是国际集装箱运输专用出口货运单证，它是由承运人委托CY、CFS或内陆CFS在收到FCL或LCL后，签发给托运人的证明已收到托运货物并对货物开始负有责任的凭证。场站收据一般是在托运人口头或书面订舱，与船公司或船代达成货物运输的协议，船代确认订舱后由船代交托运人或货代填制，在承运人委托的码头堆场、CFS或内陆CFS收到FCL或LCL后签发生效，托运人或其代理人可凭场站收据向船代换取已装船或待装船提单。场站收据一式十二联，性质与散货运输托运单相同（见表6—4）。

表6—4　　集装箱货物托运单

<table>
<tr><td colspan="2">Shipper(发货人)</td><td colspan="2" rowspan="4">D/R No.(编号)
场站收据
DOCK RECEIPT
Received by the Carrier the Total number of containers or other Packages or units stated below to be transported subject to the terms and conditions of the Carrier's regular form of B/L(for Combined Transport or Port to Port Shipment) which shall be deemed to be incorporated herein.</td></tr>
<tr><td colspan="2">Consignee(收货人)
Tel:</td></tr>
<tr><td colspan="2">Notify Party(通知人)
Tel:</td></tr>
<tr><td>Pre-carriage by(前程运输)</td><td>Place of Receipt(收货地点)</td></tr>
<tr><td>Ocean Vessel(船名)</td><td>Voy. No.(航次)</td><td>Port of Loading(装货港)</td><td>Date(日期)
场站章</td></tr>
</table>

续表

<table>
<tr><td colspan="2">Port of Discharge(卸货港)</td><td colspan="2">Place of Delivery(交货地点)</td><td colspan="3">Final Destination for the Merchant's Reference(目的地)</td></tr>
<tr><td>Container No. /Seal No.(集装箱号/封号)</td><td>Marks & Nos.(唛头和铅封号)</td><td>No. of Containers/of Packages(箱数/件数)</td><td colspan="2">Kind of Packages/ Description of Goods(包装种类/货名)</td><td>Gross Weight (Kgs)(毛重)</td><td>Measurement(m^3)(尺码)</td></tr>
<tr><td colspan="7">TOTAL NUMBER OF CONTAINERS OR PACKAGES(IN WORDS)
集装箱数或件数合计(大写)</td></tr>
<tr><td colspan="7">Container No.(集装箱号)　Seal No.(封号)　Packages(件数)</td></tr>
<tr><td colspan="4">Received(实收)</td><td colspan="3">By Terminal Clerk/Tally Clerk
(场站员/理货员签字)</td></tr>
<tr><td rowspan="2">Freight & Charges(运费计算)</td><td>Prepaid at(预付地点)</td><td>Payable at(到付地点)</td><td colspan="4">Place of Issue(签发地点)
Booking Approved by(订舱确认)</td></tr>
<tr><td>Total Prepaid(预付总额)</td><td>No. of Original B(s)/L(正本提单份数)</td><td colspan="4">Monetary Amount(货值金额)</td></tr>
<tr><td colspan="2">Service Type on Receiving
(接收服务类型)
□—CY,□—CFS,□—DOOR</td><td colspan="2">Service Type on Delivery
(交付服务类型)
□—CY,□—CFS,□—DOOR</td><td>Reefer Temperature Required
(冷藏温度)</td><td>°F</td><td>℃</td></tr>
<tr><td>Type of Goods(货物种类)</td><td colspan="2">□ Ordinary(普通)□ Reefer(冷藏)
□ Dangerous(危险品)□ Auto(裸装车辆)
□ Liquid(液体)□ Live Animal(活动物)□ Bulk(散货)</td><td>Dangerous Goods(危险品)</td><td colspan="3">Class:
Property
IMDG Code Page:
UN No.</td></tr>
<tr><td colspan="4">发货人或代理地址:</td><td>联系人:</td><td colspan="2">电话:</td></tr>
<tr><td>可否转船</td><td>可否分批</td><td colspan="2">装期</td><td rowspan="3">备注</td><td colspan="2" rowspan="3">装箱场站名称</td></tr>
<tr><td colspan="2">有效期</td><td colspan="2">制单日期</td></tr>
<tr><td colspan="4">海运费由________支付
如预付运费托收承付,请填准银行账号</td></tr>
</table>

集装箱货物托运单各联用途如下:第一联,货主留底;第二联,集装箱货物托运单,船代理留底;第三联,运费通知(1);第四联,运费通知(2);第五联,装货单,场站收据副本(第五联正联),附页,缴纳出口货物港务费申请书(第五联附页);第六联,场站收据副本,大副联;第七联,场站收据;第八联,货运代理留底;第九联,配舱回单(1);第十联,配舱回单(2);第十一、第十二联,由货主机动使用。

(二)集装箱货物托运单实操

(1)编号(D/R No.):这一栏填写将要签发的集装箱提单号码。

(2)发货人(Shipper):即托运人,指委托运输人,一般为出口方(Exporter)。本栏填写卖方的名称,需与提单一致。

(3)收货人(Consignee):具体填写方法见海运出口托运单,常采用指示收货人(To Order 或 To Order of…)的填写方法,不标明具体收货人的名址,以方便单据的转让。

(4)被通知方(Notify Party):填写方法同散货运输托运单。在信用证支付方式下,按来证规定的通知人缮制。如来证不要求在提单上注明被通知方,可提供目的港收货人的名称和地址,并注明仅缮制在副本提单上,以便船公司通知客户提货清关。

(5)集装箱号(Container No.):是指装载货物进出境的集装箱两侧标识的全球唯一的编号。其组成规则是:箱主代号(3 位字母)+设备识别号"U"+顺序号(6 位数字)+校验码(1 位数字)。例如:EASU9809490。

(6)铅封号、标记与号码(Seal No.,Marks & Nos.):第五、第六栏的内容可以连在一起填写。如果托运时已装好箱,即整箱货(FCL),则填集装箱号码及海关查验后作为封箱的铅封号;如果为拼箱货(LCL),可先填入货物具体唛头,在场站装箱完毕后,填集装箱号码。但如 L/C 有规定,则必须严格与信用证的规定一致。在集装箱号和铅封号之后,还应加注货物的具体交接方式,如 FCL/FCL、CY/CY、LCL/LCL、CFS/CFS、CY/CFS、CFS/CY 等。

(7)箱数或件数(No. of Container or Packages):如为托运人装箱的是整箱货,可只标注集装箱数量,如"3 container",只要海关已对集装箱封箱,承运人对箱内的内容和数量不负责任。如需注明箱内小件数量,数量前应加"said to container…"。如果是拼箱货,该栏的填制可参照散货运输托运单相同栏目的填制方法,填写货物最大包装件数。

(8)包装种类与货名(Kind of Packages;Description of Goods):①填写包装材料及形式,必须与合同及 L/C 的要求一致。②货名可只填写统称,如同时出口两种及两种以上货物,需分别填写,不允许只填写其中一种数量较多或金额较大的货物。

(9)毛重(Gross Weight):填写货物毛重,以千克计。

(10)尺码(Measurements):此栏填货物尺码总数,它不仅包括各件货物尺码之和,还包括件与件之间堆放时的合理空隙所占的体积。

(11)集装箱数或件数合计(Total Number of Containers or Packages):用大写表示集装箱数(整箱托运时)或本托运单项下的商品总件数(拼箱托运时)。

(12)~(14)由场站员或理货员(Terminal Clerk/Tally Clerk)于理货后填写。

(15)Freight 由船方或其代理填写。正本提单份数(No. of Original B/L)按证中规定填写,若证中只规定"Full Set""Complete Set"等,未规定具体份数,可掌握 2~3 份;提单份数通常用大写英文数字注明,有的在大写字母之后用括号或斜线隔开,加注阿拉伯数字,如"TWO/2"。

(16)签发地点(Place of Issue):通常为承运人接收货物或装船地址,但有时也不一致,按实际情况填写即可。

(17)(18)货物交接方式,一般有 9 种:CY－CY、CY－DOOR、DOOR－CY、DOOR－DOOR、CY－CFS、CFS－CY、CFS－CFS、CFS－DOOR、DOOR－CFS。

(19)种类(Type of Goods):在确认的托运种类前打"√"。冷藏货物需填冷藏温度。危险品必须提供下列内容:危险品的化学成分、国际海运危险品法规号码、包装标志和使用鉴定、港监签证,外包装上注明危险品标志。

(20)~(24)根据货物不需要转运①和需要转运②两种情况填制:

(20)前程运输(Pre…Carriage by):①空白。②填第一程船的船名或联合运输过程中在装货港装船前的运输工具名称。例如,从沈阳用火车将集装箱及货物运到大连新港,再运至目的港,此栏可填"Wagon No. ××××"。

(21)收货地点(Place of Receipt):①空白或场站。②指前段运输的收货地点,按上例情形,此栏应填沈阳(ShenYang)。

(22)船名、航次(Ocean Vessel & Voy. No.):①船名。②第二程船名。

(23)装货港(Port of Loading):①装货港名称。②中转港名称。

本栏应按L/C规定填写。若证中只笼统规定装货港名称,如“Chinese main port”,制单时应根据实际情况填具体港口名称,并加注“China”;如有重名的,需加注地区名以示区别,如Xingang/Dalian/China或Xingang/Tianjin/China;若证中同时列明几个启运港,如“Xingang/Qinhuangdao/Tangshan”,制单时只填实际装运港的名称。

(24)卸货港(Port of Discharge):①卸货港(目的港)名称。②二程卸货港(目的港)名称。

(25)交货地点(Place of Delivery):如为港至港运输,此栏填目的港名称;如为联合运输,此栏填最终将货物交与收货人的地点(城市)名称。除FOB术语外,目的港不能填笼统名称,如信用证规定目的港为“Negoya/Kobe/Yokohama”,这表示由卖方选港,制单时根据实际只填一个即可;若来证规定“Option Negoya/Kobe/Yokohama”,则表示由买方选港,制单时应按次序全部照打。

(26)目的地(Final Destination for the Merchant's Reference):填货物实际到达的目的地,供货主参考。

(27)~(29)分别为发货人或代理人地址、联系人、电话。

(30)可否转船:填N/Y或可/否,注意前后一致。

(31)可否分批:填N/Y或可/否,如为“Y”,则在备注栏内加以具体说明。

(32)装运期限(Time of Shipment):严格按照信用证或合同的规定填写,如Not later than July 8,2022。装运期既可表示为一段时间,如Month of Shipment:May,2022;也可表示为不早于××日,不迟于××日,如Shipment not earlier than…and not later than…,latest Shipment be…。

(33)有效期(Expiry Date):在信用证支付条件下,有效期与装运期有着较密切的关系。一般规定信用证在运输单据签发日后21天内有效。这一栏要参照信用证的规定填写。如果装运期空白不填的话,这一栏也可空白。

(34)制单日期:它必须早于最迟装运期和有效期,可以是开立发票的日期,也可以早于发票日期。

(35)海运费由哪一方支付,如预付费用托收支付,填银行账号。

(36)装箱场站名称。

(27)~(36)栏均用中文填写。

(37)备注:特别说明处。

(38)场站签章、日期:在货物入站CY或CFS后,由场站签收。

二、海运提单

(一)海运提单的概念

动漫视频

海运提单

海运提单(Bill of Lading,B/L)简称提单,是承运人或其代理人在收到有关承运货物时签发给托运人的一种收据,也是目前海运业务中使用最为广泛的运输单据。它是证明托运的货物已经收到,或已经装载到船上,并允诺将其运往指定目的地交付收货人的书面凭证。海运提单也是收货人在目的港据以向船公司或其代理人提取货物的凭证。

（二）海运提单的性质与作用

（1）货物收据（Receipt for the goods）。提单是由船长或船公司或其代理人签发给托运人的表明货物已经收讫的收据（Receipt for the Goods）。它证明货物已运至承运人指定的仓库或地点，并置于承运人的有效监控之下，承运人许诺按收据内容将货物交付给收货人。因此，提单是托运人向银行结汇的主要单据之一。

（2）运输契约的证明（Evidence of the Contract of Carriage）。提单本身并不是运输契约，提单背面的条款一般由承运人单方拟定并签字，而不是由双方协商拟定。但提单条款的有关规定可以作为制约承运人与托运人或提单持有人等各方之间的权利与义务、责任与豁免，处理他们之间有关海运方面的争议的依据。

（3）物权凭证。提单是货物所有权的凭证（Document of Title），即提单就是货物的象征。在国际贸易中，正本提单作为钱与货的衔接点，是卖方凭以议付、买方凭以提货、承运人凭以交货的依据。提单可以通过背书（Endorse）进行转让，转让提单意味着转让物权。卖方将物权（正本提单）转让给了银行，就可以得到相应的货款；买方只有将款项交付给银行，才能得到物权（正本提单）并凭以提货。正因为提单具有此性质，所以提单的持有人可凭提单向银行办理抵押贷款或叙作押汇，从而获得银行的融资。

（三）海运提单的关系人

（1）承运人（Carrier）。是指与托运人签订运输合同的关系人。根据不同情况，他可能是船舶所有人，也可能是租船人。

（2）托运人（Shipper）。是指与承运人签订运输合同的关系人。根据情况不同，他可能是发货人，也可能是收货人。

（3）收货人（Consignee）。是指提单的抬头人、受让人、持有人或记名提单载明的特定人。收货人有在目的港凭提单向承运人提取货物的权利。

（4）被通知方（Notify Party）。是指承运人在货物到港后通知的对象，一般是收货人的代理人（Agent），负责办理清关提货手续。

【提示】 提单上要详细列明被通知方的名称、地址，以及电话、传真号码和具体经办人等，以便货到目的港后及时通知。

（5）受让人（Transferee/Assignee）。是指经过背书转让接受提单的人，也是提单的持有人。受让人有权向承运人提货，同时承担托运人在运输契约中的义务。比如，采用FOB术语时，提单显示“Freight Collect”，则受让人应支付运费。

（6）持单人（Holder）。是指经过正当手续持有提单的人。持单人可凭提单提取货物。

（四）海运提单的签发

（1）海运提单的签署。提单必须经过签署才能产生效力。有权签署提单的人包括：①承运人，即船东（也称轮船公司）。②承运人的具名代理或代表。③船长。④船长的具名代理或代表。

【注意】 签署提单时必须加注承运人的名称，而且后两种签署人签署时还应加注船长的名称和身份。

（2）海运提单的签发地点和日期。提单的签发地点为货物的装船港，签发日期应当是货物实际装船完毕的日期。在装运散装货物时，可按开装日期签发提单。

(3)海运提单签发的份数。提单是货物收据，最好签发一份正本，但实际业务中通常都签发三份正本，主要是防止提单遗失、被窃或延迟到达。每一份正本都必须正式签字，正本提单的正面印有正本份数，其中一份凭以提货后，其他两份就会自动失效。信用证通常都要求受益人提交全套提单，即船公司签发的所有提单正本。

【注意】根据信用证的要求，可以签发若干份提单副本。

(五)海运提单的种类

在进出口贸易实践中，会遇到各种各样的海运提单，从不同的角度划分可以将其分为不同的种类。

1. 按是否已装船划分

(1)已装船提单(On Board/Shipped B/L)。它是指承运人将货物装上指定船舶后所签发的提单，特点是提单上必须以文字表明货物已装在某条船上，并载有装船日期，同时还应由船长或其代理人签字。根据《跟单信用证统一惯例》，如信用证要求海运提单作为运输单据，银行将接受注明货物已装船或已装指名船舶的提单。

【提示】在国际贸易中，一般要求卖方提供已装船提单。

(2)备运提单(Received for Shipment B/L)。它又称收讫待运提单，是指承运人已收到托运货物等待装运期间所签发的提单。在签发备运提单的情况下，发货人可在货物装船后凭以调换已装船提单；或经承运人或其代理人在备运提单上批注货物已装上某具名船舶及装船日期，并签署后使其成为已装船提单。

2. 按提单上对货物外表状况有无不良批注划分

(1)清洁提单(Clean B/L)。它是指货物在装船时"表面状况良好"、承运人在提单上未加注任何有关货物受损或包装不良等批注的提单。根据《跟单信用证统一惯例》，除非信用证中明确规定可以接受的条款或批注，银行只接受清洁提单。

【注意】清洁提单是提单转让时所必备的条件。

(2)不清洁提单(Unclean/Foul B/L)。它是指承运人在提单上对货物表面状况或包装有不良或存在缺陷等批注的提单。例如，提单上批注"××件损坏"(…packages in damaged condition)、"铁条松散或丢失"(Iron strap loose or missing)等。

【同步案例 6—2】 提供已装船、清洁的记名提单就能顺利完成交易吗？

某加拿大商人打算购买我国某商品，向我国某进出口公司报价：每吨 5 000 加元 CIF 魁北克，1 月份装运，即期不可撤销信用证付款，并要求我方提供已装船、清洁的记名提单。对此条件我方应如何考虑并如何答复？

精析：魁北克 1 月份天气非常冷，港口会结冰，船只将无法进港。所以我方公司不能贸然答应进口商提出的要求。

3. 按提单收货人抬头的不同划分

(1)记名提单(Straight B/L)。它是指提单上的收货人栏内填明特定收货人名称，只能由该特定收货人提货。由于这种提单不能通过背书方式转让给第三方，不能流通，故在国际贸易中很少使用。有些国家的惯例甚至规定，记名提单的收货人甚至可以不凭提单提货，只要在"到货通知单"上背书即可提货，这样对卖方不利。

【提示】记名提单的优点：安全；缺点：不能流通转让，不便利。

(2)不记名提单(Bearer B/L)。它是指提单收货人栏内不注明任何收货人,只注明提单“持有人”(Bearer)字样或空缺。谁持有提单,谁就可以提货,承运人交货只凭单,不凭人。

【提示】优点:流通性强。缺点:风险大,不安全。一旦提单遗失,很难区分提单的非法获得者和提单的善意受让人,故其在国际贸易中很少使用。

(3)指示提单(Order B/L)。它是指在提单上的收货人栏内注明“凭指定”(To Order)或“凭××人指定”(To Order of …)字样。

【注意】指示提单可经过背书转让,故其在国际贸易中广为使用。

背书可分为“记名背书”(Special Endorsement)和“空白背书”(Blank Endorsement)。背书人(提单转让人)在提单后签名盖章,并指明受让人(被背书人)的名字,叫记名背书。记名背书的提单受让人如需再转让,必须再加以背书。在提单后签名盖章而不写受让人的名字,叫不记名背书或空白背书。

4. 按运输方式的不同划分

(1)直达提单(Direct B/L)。它是指轮船中途不经过换船而直接驶往目的港所签发的提单。凡合同和信用证规定不准转船者,必须使用直达提单。

(2)转船提单(Transshipment B/L)。它是指从装运港装货的轮船不直接驶往目的港,而需在中途换装另外船舶所签发的提单。在这种提单上要注明“转船”或“在××港转船”字样。

(3)联运提单(Through B/L)。它是指以海运和其他运输方式联合运输时由第一程承运人所签发的包括全程运输的提单。与转船提单一样,货物在中途转换运输工具和进行交接,由第一程承运人或其代理人向下一程承运人办理。

【注意】联运提单虽包括全程运输,但签发联运提单的承运人一般都在提单中规定,只承担他负责运输的一段航程内的货损责任。

5. 按船舶营运方式的不同划分

(1)班轮提单(Liner B/L)。它是由班轮公司承运货物后签发给托运人的提单。

(2)租船提单(Charter Party B/L)。它是承运人根据租船合同而签发的提单。这种提单上通常注明“一切条件、条款和免责事项遵照××××年×月×日的租船合同”或“根据××租船合同出立”字样。这种提单受租船合同条款的约束。

【提示】银行或买方在接受这种租船提单时,通常要求卖方提供租船合同的副本。

6. 按提单内容的繁简划分

(1)全式提单(Long Form B/L)。它是指既有提单正面条款又有提单背面条款的提单。背面条款一般详细规定了承运人与托运人之间的权利和义务。

(2)简式提单或略式提单(Short Form B/L)。它是指仅有提单正面条款,而没有提单背面条款的提单。此种提单一般都列有“本提单货物的收受、保管、运输和运费等项,均按本公司提单上的条款办理”字样。此外,租船合同项下所签发的提单,通常也是略式提单,在这种略式提单上应注明“所有条件根据××××年×月×日签订的租船合同”。

【提示】简式提单与全式提单在法律上具有同等效力。但租船合同项下的略式提单,除非信用证另有规定,银行一般不予接受。

7. 按提单使用效力的不同划分

(1)正本提单(Original B/L)。它是指提单上有承运人、船长或其代理人签字盖章并注明签发日期的提单。这种提单在法律上和商业上都是公认有效的单证。提单上必须标明“正本”

(Original)字样，正本提单一般签发一式两份或三份，凭其中的任何一份提货后，其余的即作废。

【注意】根据《跟单信用证统一惯例》，银行接受仅有一份的正本提单，如签发一份以上正本提单时，应包括全套正本提单。买方与银行通常要求卖方提供船公司签发的全部正本提单，即所谓"全套"(Full Set)提单。

(2)副本提单(Copy B/L)。它是指提单上没有承运人、船长或其代理人签字盖章，而仅供工作上参考之用的提单。副本提单上一般都有"Copy"或"Non－negotiable"(不作流通转让)字样，以示与正本提单有别。

8. 其他种类提单

(1)集装箱提单(Container B/L)。它是指由负责集装箱运输的经营人或其代理人，在收到货物后签发给托运人的提单。集装箱提单与传统的海运提单有所不同，其中包括集装箱联运提单(Combined Transport B/L)和多式联运单据(Multimodal Transport Document，MTD)等。

(2)舱面提单(On Deck B/L)。它是指承运货物装在船舶甲板上所签发的提单，故又称甲板货提单。根据《跟单信用证统一惯例》，除非信用证另有约定，银行不接受甲板货提单。

由于货物装在甲板上风险较大，故托运人一般都向保险公司加保甲板险，承运人在签发提单时加批"货装甲板"字样。《海牙规则》不适用甲板货，除非在提单条款中明确订明。货物装在甲板上受损的风险很大，所以进口商一般不愿意货物装在甲板上，不接受甲板货提单。

在《海牙规则》下，舱面货是指"在运输合同上声明装载于舱面上并且已经这样装运的货物"。因此，构成舱面货必须同时满足两个条件：货物装在甲板上，需在运输合同中声明货物装载于甲板。所谓在运输合同中声明，是指承运人在签发的海运提单上记载货物被装于甲板上，通常以"on deck"字样标记在提单正面。如果提单上没有这样的记载，即被视为货物装于舱内。

(3)过期提单(Stale B/L)。它是指过了装运期的提单、过了银行规定的交单议付日期的提单、晚于货物到达目的港的提单，常见于近洋运输。故在近洋国家间的贸易合同中，一般都订有"过期提单可以接受"(Stale B/L is acceptable)的条款。

动漫视频

倒签提单

(4)倒签提单(Anti-dated B/L)。它是指承运人应托运人的要求，提单签发的日期早于实际装船日期的提单，以符合信用证对装船日期的规定，便于在信用证下结汇。

(5)预借提单(Advanced B/L)。它是指由于信用证规定的结汇日期已到，而货主因故未能及时备妥货物装船，或因为船期延误，影响了货物装船，托运人要求承运人先行签发已装船提单，以便结汇。

(六)海运提单实操

(1)提单正面印明承运人的全名，最好还要表明承运人的完整身份。

(2)提单的名称(见前面关于提单的介绍)。

(3)提单号码(B/L No.)。提单上必须注明承运人及其代理人规定的提单编号，以便核查，否则提单无效。

(4)托运人(Shipper)。即发货人，一般为L/C的受益人，也可以是第三方。如发货人为出口商，此处缮打出口商的名称、地址。

(5)收货人(Consignee)。即提单抬头人,应严格按合同及 L/C 的具体规定填写。一般填法有下面几种:

第一,记名收货人。来证中有条款"Consigned to ×××",则提单的"收货人"栏应照打"Consigned to ×××",意为"交付×××"。

第二,不记名式。即"收货人"一栏留空不填或填"To Bearer"(极少采用)。

第三,不记名指示。来证中有条款"Full set of B/L made out to order",在提单的"收货人"栏中应缮打"To order",意为凭指示。

第四,记名指示。它又包括以下几种情况:

①来证中有条款"Full set of B/L made out to order of shipper",则提单需经托运人背书进行转让,在提单的"收货人"栏中应缮打"To order of shipper",意为凭托运人指示。

②来证中有条款"Full set of B/L made out to order of Applicant",则提单需经开证申请人背书进行转让,在提单的"收货人"栏中应缮打"To order of 开证申请人名称(完全按照信用证中开证申请人的名称缮制)",意为凭开证申请人指示。

③来证中有条款"Full set of B/L made out to order of Issuing Bank",则提单需经开证行背书进行转让,在提单的"收货人"栏中应缮打"To order of 开证行名称",意为凭开证行指示。

④来证中有条款"Full set of B/L made out to order of Negotiation",则提单需经议付行背书进行转让,在提单的"收货人"栏中应缮打"To order of 议付行名称",意为凭议付行指示。

【注意】①如果提单的"收货人"一栏只填写"to order",则称为托运人指示提单。记载"to order of shipper"与记载"to order"一样,也是托运人指示提单。在托运人未指定收货人或受让人以前,货物仍然属于托运人。②如果提单的"收货人"一栏填写"to order of×××",则称为记名指示提单。在这种情况下,由记名的指示人指定收货人或受让人。记名的指示人可以是银行也可以是贸易商。

(6)被通知方(Notify Party)。一般应按 L/C 的规定填写被通知方详细的名称、地址。若 L/C 中规定"NOTIFY…ONLY"(仅通知×××),则此栏中不可漏填"ONLY"。由于在指示性提单中无收货人的名址,因此需有被通知人接受收货人的委托,通知收货人提货。被通知人通常为船运公司(收货人的代理人)、买方或其他与买方联系密切的人,在我国一般为中国对外贸易运输总公司或其代理公司或分公司。被通知人也可能是进口方或开证行,如信用证中规定"Notify Party Applicant",则将开证申请人的全称缮打在此栏即可;若信用证中规定"Notify Party Applicant and Us",则缮打开证申请人的全称和开证行名称。若 L/C 未规定 Notify Party,提单正本中此栏可留空不填,但交给承运人随船带去的副本提单上必须缮打收货人详细的名称和地址,以便货抵目地港后可联系被通知人做好报关提货准备。

(7)一程船名(Pre-Carriage by)。如货物需要转运,在这一栏填写第一程船的船名;如果货物不需要转运,此栏留空。

(8)收货地点(Place of Receipt)。指向船方实际交货的地点(又称接受监管地)。如货物需要转运,在这一栏填写收货的港口名称或地点;如果货物不需要转运,此栏留空。

(9)船名(Ocean Vessel)、航次(Voyage No.)。均按配舱回单填写,没有航次的船舶可不填航次。货装直达船时,直接填写直达船名;货物需要转运的,填写第二程船的船名;采用联合运输方式装运集装箱时,应注明海运船名和第一种运输方式的运输工具的名称。

【注意】①若是已装船提单,此栏注明船名和航次。若是收货待运提单,在货物实际装船完毕后再填写船名。②根据 UCP 600，如果提单没有表明信用证规定的装运港为装运港，或者载有“预期的”或类似的关于装运港的限定语，则需以已装船批注表明信用证规定的装运港、发运日期以及实际船名。即使提单以事先印就的文字表明了货物已装载或装运于具名船只，本规定仍适用。③此栏必须填写船名和航次(Voy No.)，如没有航次，允许航次空白。

(10)装货港(Port of Loading)。填实际装运货物的港口的名称，应严格按照 L/C 的规定与要求填写。如果 L/C 中仅笼统规定，如“China Port”，或同时列有几个起运港，如 Xingang/Qinhuangdao/Dalian 的，应根据实际情况填写具体港口名称。

(11)卸货港(Port of Discharge)。指海运承运人中止承运责任的港口，在直达运输情况下一般填目的港，在转船运输情况下一般填转运港。对于 L/C 中尚未确定目的港的情形(如 One Suitable American Port at Opener's Option)，提单上应按 L/C 的规定填写。

(12)交货地(Place of Delivery)。即最终目的地。如果货物目的地就是目的港，这一栏可留空。

(13)集装箱号(Container No.)。填写集装箱号，若无，填“N/M”。

(14)唛头及号码(Marks & Nos.)。如信用证中有明确规定，则应按信用证缮制，每个字符和数字、图形的排列位置都应与 L/C 完全一致，但箱数要明确，不能按 L/C“1－UP”的形式填写，且提单上的唛头应与发票和装箱单上的完全一致。

【提示】如果信用证中没有规定，则按买卖双方的约定或由卖方缮制，并注意单单一致。如果没有唛头，填“N/M”。

(15)集装箱数或最大包装件数(No. of Containers or Packages)。填集装箱数或其他形式最大包装的件数。

(16)货名(Description of Goods)。应与托运单的内容完全一致，所使用的文字遵照 L/C 的要求。如无特殊说明，用英文填写。

(17)毛重(Gross Weight)。一般填写货物的总毛重，以千克表示。

(18)尺码(Measurement)。一般填写货物的总尺码，以立方米表示。

(19)大写件数(Total Number of Containers or Packages(IN WORDS))：用大写表示集装箱数或其他形式最大包装的件数，与第 15 栏中的数字一致；由数字、单位和 ONLY 组成，如“SAY THREE HUNDRED FIFTY CARTONS ONLY”。

(20)提单签发的份数(Number of Original B/L)。一般来说，一份 L/C 缮打一套提单，不能两个 L/C 合打一套提单，否则结汇有困难。有时，L/C 中规定了许多商品的品种或数量，买方为了提货方便或需转让提单，要求每一种商品或每一定数量制一套提单，则将出现同一 L/C 项下多套提单的情况。提单正本一般一式两份或三份，当凭借其中任意一份提货时，其余各份均告失效。副本非流通提单数量不限，除非信用证另有规定，签发的正本提单必须全套提交。正本提单上应印有“ORIGINAL”字样，并需注明发单日和承运人、船长或其代理人的签章。对于未注明“ORIGINAL”字样或标有“COPY”或“NEGOTIABLE”字样的提单，只能是供参考用的副本提单，这种提单往往没有承运人、船长或其代理人的签章。

(21)运费(Freight & Charges)。除非 L/C 另有规定，提单上一般不必列出运费的具体金额。如可注明“Freight Prepaid as Arranged”字样。

(22)货物价值申报(excess value declaration)。如果托运人有货物价值向承运人申报，可填写在此栏内。如果不需要对货物价值进行申报，此栏为空。

(23)运费费率(Rate)。运费费率即运费单价,指的是在“计费吨”的条件下,每一计费吨的计收运费为多少。

(24)费率的计量单位(Per)。费率的计量单位有很多,如:吨、立方米、集装箱个数和货物价值(从价)等。

(25)预付运费金额(Prepaid)。此栏内容有两层含义:一是此笔运费由卖方支付;二是需支付的运费金额。通常情况下,此栏不显示运杂费用金额。

(26)到付运费金额(Collect)。此栏内容有两层含义:一是此笔运费由买方支付;二是需支付的运费金额。通常情况下,此栏不显示运杂费用金额。

(27)外汇汇率(Ex. Rate)。Ex. 即外汇(Foreign Exchange)。这里假设承运人与托运人约定运费以美元计价和支付,而托运人实际用人民币支付这笔运费,这样就需要标明人民币兑美元的汇率。

(28)预付运费的地点(Prepaid at)。此栏一般是指提单签发所在地,即卖方需要把运费支付到承运人或其代理签发提单所在地的指定银行账户里。

(29)到付运费的地点(Payable at)。此栏一般是指货物运输的目的港所在地,即买方需要把运费支付到承运人或其代理在目的港所在地的指定银行账户里。

(30)提单签发日期、地点(Date and Place of Issue)。提单签发日期不得迟于货物装运期。在备运提单下,提单签发日期为承运人收到货物的日期;在已装船提单下,提单签发日期与装船日期一致,为货物全部装上船的日期。提单签发地点指货物实际装运的港口或接受监管的地点。

(31)承运人签章(Signed by the Carrier)。提单上必须有承运人本人或其代理的签章才能生效,签章的方式应遵照 L/C 的规定。

如果信用证规定提供已装船提单,必须由船长签字并注明开船时间(有“Date…”和“Laden on Board”或“Shipped on Board”字样)。

海运提单样单见表 6—5 和表 6—6。

表 6—5 海运提单

<table>
<tr><td colspan="2">Shipper</td><td rowspan="7">B/L No.
COSCO
中国远洋运输公司
CHINA OCEAN SHIPPING COMPANY
Cable: Telex:
COSCO BEIJING 22264 CRCPK CN
GUANGZHOU 44330 COSCA CN
Combined Transport BILL OF LADING
RECEIVED in apparent good order and condition except as otherwise noted the total number of containers or other packages or units enumerated below for transportation from the place of receipt to the place of delivery subject to the terms and conditions hereof. One of the Bill of Lading must be surrendered duly endorsed in the exchange for the goods or delivery order. On presentation of this document duly endorsed to the Carrier by or on behalf of the Holder of the Bill of Lading, the rights and liabilities arising in accordance with the terms and conditions hereof shall, without prejudice to any rule of common law or statute rendering them binding on the Merchant, become binding in all respects between the Carrier and the Holder of the Bill of Lading as though the contract evidenced hereby had been made between them. IN WITNESS whereof the number of original Bill of Lading stated under have been signed, all of this tenor and date, one of which being accomplished, the other(s) to be void.</td></tr>
<tr><td colspan="2">Consignee</td></tr>
<tr><td colspan="2">Notify Party</td></tr>
<tr><td>Pre-carriage by</td><td>Place of Receipt</td></tr>
<tr><td>Ocean Vessel
Voy. No.</td><td>Place of Loading</td></tr>
<tr><td>Port of Discharge</td><td>Place of Delivery</td></tr>
<tr><td></td><td></td></tr>
</table>

<table>
<tr><td>Container No.</td><td>Seal No.
Marks & Nos.</td><td>No. of Containers
or P'kgs</td><td>Kind of Packages;
Description of Goods</td><td>Gross Weight</td><td>Measurement</td></tr>
<tr><td></td><td></td><td></td><td></td><td></td><td></td></tr>
<tr><td colspan="6">TOTAL NUMBER OF CONTAINERS
OR PACKAGES(IN WORDS)</td></tr>
</table>

<table>
<tr><td colspan="2">Freight & Charges</td><td>Revenue Tons</td><td>Rate</td><td>Per</td><td>Prepaid</td><td>Collect</td></tr>
<tr><td rowspan="2">Ex. Rate</td><td>Prepaid at</td><td colspan="3">Payable at</td><td colspan="2">Place and date of Issue</td></tr>
<tr><td>Total Prepaid</td><td colspan="3">No. of Originals B(s)/L</td><td colspan="2" rowspan="2">Signed for the Carrier</td></tr>
<tr><td colspan="5">LADEN ON BOARD THE VESSEL
Date
By ....</td></tr>
</table>

【做中学 6—6】

根据任务一中做中学 6—2 部分的信用证和补充资料，制作海运提单。

表　　　　　　　　　　　　　　　海运提单

<table>
<tr><td colspan="2">Shipper</td><td rowspan="8">B/L No.
COSCO
中国远洋运输公司
CHINA OCEAN SHIPPING COMPANY
Cable:　　　　　Telex:
COSCO BEIJING　22264 CRCPK CN
GUANGZHOU　44330 COSCA CN
Combined Transport BILL OF LADING
RECEIVED in apparent good order and condition except as otherwise noted the total number of containers or other packages or units enumerated below for transportation from the place of receipt to the place of delivery subject to the terms and conditions hereof. One of the Bill of Lading must be surrendered duly endorsed in the exchange for the goods or delivery order. On presentation of this document duly endorsed to the Carrier by or on behalf of the Holder of the Bill of Lading, the rights and liabilities arising in accordance with the terms and conditions hereof shall, without prejudice to any rule of common law or statute rendering them binding on the Merchant, become binding in all respects between the Carrier and the Holder of the Bill of Lading as though the contract evidenced hereby had been made between them. IN WITNESS whereof the number of original Bill of Lading stated under have been signed, all of this tenor and date, one of which being accomplished, the other(s) to be void.</td></tr>
<tr><td colspan="2">Consignee</td></tr>
<tr><td colspan="2">Notify Party</td></tr>
<tr><td>Pre-carriage by</td><td>Place of Receipt</td></tr>
<tr><td>Ocean Vessel
Voy. No.</td><td>Place of Loading</td></tr>
<tr><td>Port of Discharge</td><td>Place of Delivery</td></tr>
<tr><td></td><td></td></tr>
</table>

<table>
<tr><td>Container No.</td><td>Seal No.
Marks & Nos.</td><td>No. of Containers
or P'kgs</td><td>Kind of Packages;
Description of Goods</td><td>Gross Weight</td><td>Measurement</td></tr>
<tr><td></td><td></td><td></td><td></td><td></td><td></td></tr>
<tr><td colspan="6">TOTAL NUMBER OF CONTAINERS
OR PACKAGES(IN WORDS)</td></tr>
</table>

<table>
<tr><td colspan="2">Freight & Charges</td><td>Revenue Tons</td><td>Rate</td><td>Per</td><td>Prepaid</td><td>Collect</td></tr>
<tr><td rowspan="2">Ex. Rate</td><td colspan="2">Prepaid at</td><td colspan="2">Payable at</td><td colspan="2">Place and date of Issue</td></tr>
<tr><td colspan="2">Total Prepaid</td><td colspan="2">No. of Originals B(s)/L</td><td colspan="2" rowspan="2">Signed for the Carrier</td></tr>
<tr><td colspan="5">LADEN ON BOARD THE VESSEL
Date
By ....</td></tr>
</table>

任务七　保险单据

出口货物如按 CIF 和 CIP 条件成交，应由出口企业在发票填制完毕后向当地中国人民保险公司办理投保手续；如按照 CFR 或 FOB 条件成交，保险由进口方办理，卖方必须将货物出运的情况及时通知买方，如果因卖方原因导致买方投保不及时，货物损失保险公司拒赔，一切责任由卖方承担。

【职场指南 6—7】　出口企业办理货物保险的具体投保程序

(1)投保人根据出口合同或信用证规定，在备妥货物并确定装运日期和运输工具后，按保险公司规定的格式逐笔填制投保单，送保险公司投保。

(2)保险公司以投保单为凭出具保险单，作为接受保险的正式凭证。投保人应认真审核。

(3)投保人在保险公司出具保险单后，如需更改险别、运输工具、航程、保险期限及保险金额等，必须向保险公司提出申请，保险公司立即出立批单，附在保险单上作为保险单的组成部分。

(4)投保人按规定缴纳保险费。

(5)被保险货物抵达目的地后，如发生承保责任范围内的损失，可由国外收货人凭保险单等有关凭证向保险公司或其代理人索赔。

一、投保单

(一)投保单的概念

在进出口业务中，投保海运保险时，投保人均需填写进出口货运投保单，作为其对保险标的及其他相关事实的告知和陈述，保险人则根据投保单所填写的内容决定是否接受保险。投保单(Insurance Slip)又称"投保书"、"要保书"，是投保人向保险人申请订立保险合同的书面要约。投保单是由保险人事先准备、具有统一格式的书据。投保人必须依其所列项目一一如实填写，以供保险人决定是否承保或以何种条件、何种费率承保。投保单本身并非正式合同的文本，但一经保险人接受后，即成为保险合同的一部分。投保人提出保险要约时，均需填具投保单。

【提示】如投保单填写的内容不实或故意隐瞒、欺诈，都将影响保险合同的效力。

【注意】保险人如果接受保险，即以投保单为依据，出立保险单，确定其所承担的保险责任，并由此确定保险费率，计算投保人应缴纳的保险费。

(二)投保单实操

(1)保险人(Insurer)。即承保人，一般为保险公司或保险商或其代理人，但不能为保险经纪人。

(2)被保险人(Insured's Name)。此项为受保险合同保障的一方。一般是谁为投保人，谁为被保险人。如果以CIF条件成交，由卖方办理保险，一般以卖方本人为被保险人。如果以FOB或CFR条件成交，由买方自行投保，直接以其本人为被保险人。若信用证要求以进口商为被保险人或指明要过户给某一银行或第三者，应在投保单上填明。

(3)保单号次(Policy number)。此项确定保险保障的贸易货物的具体批号，以便发生索赔时进行核对。出口货物填写该批货物的发票号码，进口货物则填写贸易合同号码。

(4)标记(Marks & Nos.)。此项应填写商品的运输标志，或写明按发票规定(as Invoice)。

(5)包装及数量(Packing & Quantity)。此项写明包装方式以及包装数量，并填写最大包装的件数。如果一次投保有数种不同包装时，可以件(Packages)为单位。散装货应填写散装重量。如果采用集装箱运输，应予注明(in-container)。

(6)保险货物项目(Description of Goods)。应填写保险货物的名称，按发票或信用证填写，如果货名过多，可只写统称，不必过于具体。

(7)保险金额与货币(Amount of Insurance and Currency)。填写按照贸易合同或信用证规定的加成计算得出的保险金额数值。计算时一般按发票的金额加成。保险金额货币名称要与发票一致。

(8)运输工具(Means of transport)。海运时应写明具体的船名。如果中途需转船，已知第二程船时应写上船名；如果第二程船名未知，则只需写上转船字样。集装箱运输应打明用集装箱。

(9)开航日期(Sailing Date)。一般应注明"按照提单"或注明船舶的大致开航日期。

(10)装运港和目的港(Port of Shipment and Port of Destination)。填写起始地和目的地名称。中途如需转船，则应注明转船地。

【提示】若到目的地后,需转运内陆,应注明内陆地名称。如果到达目的地路线不止一条,要填写经过的中途港(地)的名称。

(11)承保险别(Conditions)。具体写明险别以及按什么保险条款执行。

(12)偿付地点(Claims payable at)。通常在目的地支付赔款。如果被保险人要求在目的地以外的地方赔款,应予注明。

(13)投保人签章(Applicant signature)。应如实填写投保公司名称、电话、地址。

(14)投保日期(Date of Insurance)。投保日期应在船舶开航日期或货物启运日期前。

在出口投保时,有时为简化手续,投保人不单独填写投保单,而以现成的公司发票副本代替投保单,并将下列内容在发票上逐一列明:承保险别、投保金额、运输工具、开航日期、赔款地点、保单份数、投保日期、其他要求等。

办理投保手续后,投保人如果发现填写内容有错误、遗漏,或实际情况发生变化,应及时通知保险人,申请变更有关内容,以免因重要事实陈述不实而致保险人解除保险合同或拒付保险赔款。

<table>
<tr><td colspan="2">中国平安财产保险股份有限公司
进 出 口 货 物 运 输 险 投 保 单</td></tr>
<tr><td colspan="2">被保险人
Insured:</td></tr>
<tr><td>兹拟向中国平安财产保险股份有限公司投保下列货物运输保险:
Herein apply to the Company for Transportation Insurance of following cargo:
品名:
唛头:
数量:
请将保险货物项目、标记、数量及包装注明此上。
Please state items, marks, quantity and packing of cargo insured hereabove.</td><td>请将投保的险别及条件注明如下:
Please state risks insured against and conditions:

TO:</td></tr>
<tr><td colspan="2">装载运输工具(船名/车号): 船龄: 集装箱运输: 是□ 否□ 整船运输: 是□ 否□
Per Conveyance Age of VesseME Container Load Yes No Full Vessel Charter Yes No</td></tr>
<tr><td colspan="2">发票或提单号 开航日期: 年 月 日
Invoice No. or B/L Slg. On or abt. Year APRIL Day</td></tr>
<tr><td colspan="2">自: 国 港/地 经: 港/地 至: 国 港/地
FromFrom: Country Port Via: Port To: Country Port</td></tr>
<tr><td colspan="2">发票金额 保险金额
Invoice Value: Amount Insured:</td></tr>
<tr><td colspan="2">费率 保险费
Rate: Premium:</td></tr>
<tr><td colspan="2">备注
Remarks:</td></tr>
<tr><td colspan="2">投保人兹声明上述所填内容属实,同意以本投保单作为订立保险合同的依据;对贵公司就货物运输保险条款及附加险条款(包括责任免除和投保人及被保险人义务部分)的内容及说明已经了解。
投保人签章:
Name/Seal of Proposer:

日期: 年 月 日
Date: Year JAN. Day</td></tr>
</table>

二、保险单

(一)保险单的概念

保险公司接受投保人的投保申请后,认为可以接受的,便根据投保单的内容缮制保险单,作为保险合同成立的书面凭证。

【注意】投保人则需参照信用证、贸易合同及发票等单据对保险单进行审核,以保证单证一致、单单一致,并与合同的规定相符。

【提示】保险单一式若干份,保险公司留存一份,其余交给投保人,作为其议付的单据之一,同时保险单也是被保险人向保险人索赔的依据。

常见的保险单据有以下几种。

(1)保险单(Insurance Policy)。其俗称"大保单",是一种正式的保险合同。该保险单背面印有保险条款,它是一种独立的保险凭证,一旦货物受到损失,承保人和被保险人都要按照保险条款和投保险别来分清货损,处理索赔。当L/C要求提交保险单或保险凭证时,银行可接受保险单。

动漫视频

保险单

【提示】目前,国内保险公司均出具保险单作为出口贸易的保险凭证。

(2)保险凭证(Insurance Certificate)。俗称"小保单",是一种简单的保险凭证,具有与大保单同等的效力。但它在背面不印刷保险条款,只印刷承保责任界限,其余事项如保险当事人的权利、义务及相关保险责任范围的约定以保险公司的保险条款为准,缺乏完整的独立性。

【注意】当L/C明确要求Insurance Policy时,银行不能接受保险凭证。

(3)联合保险凭证(Combined Insurance Certificate)。它又称承保证明(Risk Note),它是我国保险公司使用的将发票与保险相结合的形式最简单的保险单据。保险公司仅将承保险别、保险金额及保险编号加注于出口货物发票上,并正式签章作为已经保险的证据。目前仅适用于由港澳中银集团银行开立L/C,将货运至中国港澳、新马地区华商的部分出口业务。

(4)预约保险单(Open Policy)。它是保险公司承保被保险人在一定时期内发运的、以CIF价格条件成交的出口货物或以FOB、CFR价格条件成交的进口货物的保险单。预约保险单载明保险货物的范围、险别、保险费率、每批运输货物的最高保险金额以及保险费的结付办法等。凡属于预约保险范围内的进出口货物,一经启运,即自动按预约保险单所列条件承保,但被保险人在获悉每批保险货物起运时,应立即以启运通知书或其他书面形式将该批货物的名称、数量、保险金额、运输工具的种类和名称、航程起讫地点、开航日期等情况通知保险公司。

(5)保险批单(Endorsement)。它是保险人应投保人申请,对已开立的原保单做出更改的文件。当保险公司按照被保险人的申请签发了保险单据后,直至保险期限结束前,被保险人如果中途因保险单据上的某项内容有错误,或由于某种原因需要修改保险单据上的某项内容时,可以向保险人提出修改申请,由保险人出具批单进行修改。批单须粘贴在原保单上,并加盖骑缝章,注明更改或补充的内容。

(二)保险单实操

(1)发票号码(Invoice No.)。填写投保货物商业发票的号码。

(2)保险单号次(Policy No.)。填写保险单号码。

(3)被保险人(TheInsured)。如来证无特别规定,保险单的被保险人应是信用证上的受益人,由于出口货物绝大部分均由外贸公司向保险公司投保,按照习惯,被保险人一栏中填写出

口公司的名称。但遇到特殊规定时,具体填写内容应按照 L/C 的特殊规定而定。如:

信用证要求保险单为 TO THE ORDER OF…或 IN FAVOR OF…BANK(以……银行抬头或受益),即应在被保险人处填写"出口公司名称+HELD TO THE ORDER OF…BANK(或 IN FAVOR OF…BANK)"。

信用证有特殊要求,所有单据以……为抬头人,那么应在被保险人栏以……为被保险人,这种保险单就不要背书。

信用证规定,TO THE THIRD PARTY(以第三者名称,即中性名称作为抬头人),则应填写"TOWHOMITMAYCONCERN"(被保险利益人)。

信用证规定,TOORDER(保单为空白抬头),被保险人名称应填写"THEAPPLICANT+出口公司名+FORTHEACCOUNTOFWHOMITMAYCONCERN"(受益人为被保险利益人)。

(4)保险货物项目(Description of Goods)。应填写保险货物的名称,按发票或信用证填写,如果货名过多,可只写统称,不必过于具体。

(5)包装、单位及数量(Quantity)。与提单相同,此项写明包装方式以及包装数量,并填写最大包装的件数。如果一次投保有数种不同包装,可以件(Packages)为单位。散装货应填写散装重量。如果采用集装箱运输,应予注明(in Container)。

(6)保险金额(Amount Insured)。其一般按照发票金额加一成(即 110%发票金额)填写,至少等于发票金额。对超出 110%的保险费可要求由开证人承担,最终以双方商定的比例计算得出,但中国人民保险公司不接受保额超过发票总值 30%,以防止个别买主故意灭损货物,串通当地检验部门取得检验证明,向保险公司索赔。保额尾数四舍五入取整,金额大小写必须一致,并使用与信用证或发票相同的货币开立保单。

(7)承保险别(Conditions)。其一般应包括具体投保险别、保险责任起讫时间、适用保险条款的文本及日期。出口公司只需在副本上填写这一栏目的内容。当全套保险单填好交给保险公司审核、确认时,才由保险公司把承保险别的详细内容加注在正本保险单上。填制时应注意严格按信用证规定的险别投保,并且为了避免混乱和误解,最好按信用证规定的顺序填写。

(8)货物标记(Marks&Nos.),即唛头和号码,应与发票和运输单据一致。如果唛头较为复杂,可注明 AS PERINVOICE No. …(被保险人索赔时一定要提交发票)。但如果信用证规定所有单据均要显示装运唛头,则应按照实际唛头填写。

(9)总保险金额(Total Amount Insured)。填写总保险金额时应将保险金额以大写的形式填入。计价货币也应以全称形式填入。保险金额使用的货币应该与信用证使用的货币一致,保险总金额大写应与保险金额的阿拉伯数字一致。

(10)保费(Premium)。一般已经由保险公司在保险单上印上"ASARRANGED"字样,出口公司不必填写具体金额。但如果信用证要求:

INSURANCE POLICY OR CERTIFICATE FOR FULL INVOICE VALUE PLUS 10% MARKED PREMIUM PAID. 或 INSURANCE POLICY OR CERTIFICATE END OR SEDIN BLANK FULL INVOICE VALUE PLUS 10% MARKED PREMIUM PAID USD…制单时应将印好的"AS ARRANGED"的字样删除,并且加盖核对章后打上"PAID"或"PAID USD…"字样。

(11)运输工具(Per Conveyance S. S.)。填写装载船的船名。当运输由两程运输完成时,应分别按照提单填写一程船名和二程船名。如一程船名为 DAEWOO，二程船名为 PIONEER，则该栏应填写：DAEWOO/PIONEER。如转运到内陆应加 Other Conveyance。如船名未知应填写“TO BE DECLARED”。

（12）开航日期（Sailing on or about…）。一般填写提单装运日期，若填写时尚不知准确的提单日，也可填写提单签发日前 5 天之内的任何一天的日期，或填写“AS Per B/L”即以提单为准。

（13）启运港（14）目的港（From…to…）。填写：FROM 装运港 TO 目的港。当一批货物经转船到达目的港时，这一栏填写：目的港 W/A（VIA）转运港。

（15）保险单份数（Copies of Insurance Policy）。当信用证没有特别说明保险单份数时，出口公司一般提交一套完整的保险单（一份原件，一份复印件）。

当来证要求提供的保险单“IN DUPLICATE /IN TWO FOLDS/IN TWO COPIES”时，出口公司提交给保险公司一张正本保险单和一张副本保险单构成全套保险单。其中正本保险单可经背书转让。根据“UCP 600”的规定，正本必须有“正本”（ORIGINAL）字样。

（16）赔款偿付地点（Claim Payable at…）。一般来说，将目的地作为赔付地点，将目的地名称填入该栏。赔款货币一般为与信用证和投保额相同的货币。

（17）日期（Date）。它指保险单的签发日期。由于保险公司提供仓至仓（Warehouse to Warehouse，W/W）服务，所以要求保险手续在货物离开出口方仓库前办理。保险单的日期也应是货物离开出口方仓库前的日期。

（18）投保地点（Place）。填写投保地点的名称，一般为装运港（地）的名称。

（19）保险公司代表签名（Signature）。

<table>
<tr><td colspan="8">中保财产保险有限公司
The People's Insurance (Property) Company of China, Ltd</td></tr>
<tr><td>发票号码
Invoice No.</td><td colspan="3">IV0000066</td><td colspan="2">保险单号次
Policy No.</td><td colspan="2">MI000931</td></tr>
<tr><td colspan="8">海 洋 货 物 运 输 保 险 单
MARINE CARGO TRANSPORTATION INSURANCE POLICY</td></tr>
<tr><td>被保险人
Insured</td><td colspan="7">JAPAN SAKURA LIMITED COMPANY</td></tr>
<tr><td colspan="8">中保财产保险有限公司(以下简称本公司)根据被保险人的要求,及其所缴付约定的保险费,按照本保险单承担险别和背面所载条款与下列特别条款承保下列货物运输保险,特签发本保险单。
This policy of Insurance witnesses that the People's Insurance (Property) Company of China, Ltd. (hereinafter called "The Company"), at the request of the Insured and in consideration of the agreed premium paid by the Insured, undertakes to insure the undermentioned goods in transportation subject to conditions of the Policy as per the Clauses printed overleaf and other special clauses attached hereon.</td></tr>
<tr><td colspan="2">保险货物项目
Descriptions of Goods</td><td colspan="2">包装
Packing</td><td colspan="2">重量
WEIGHT</td><td colspan="2">保险金额
Amount Insured</td></tr>
<tr><td colspan="2">PLASTIC CUP
SIZE: H12. 3cm
CAPACITY: 410mcl
PACKING: 10PCS/CARTON</td><td colspan="2">CARTONS</td><td colspan="2">30 000KGS</td><td colspan="2">USD444 308. 18</td></tr>
<tr><td colspan="2">承保险别
Conditions</td><td colspan="6">货物标记
Marks of Goods</td></tr>
<tr><td colspan="2">COVERING F. P. A AND WAR RISK AS PER PICC 1/1/1981</td><td colspan="6">PLASTIC CUP
JAPAN
C/NO: 1—10 000
MADE IN CHINA</td></tr>
<tr><td colspan="2">总保险金额:
Total Amount Insured:</td><td colspan="6">USD FOUR HUNDRED AND FORTY FOUR THOUSAND AND THREE HUNDRED EIGHT CENTS EIGHTEEN ONLY</td></tr>
<tr><td>保费
Premium</td><td>USD 1 014. 53</td><td>载运输工具
Per conveyance S. S</td><td colspan="2">TBA</td><td>开航日期
Slg. on or abt</td><td colspan="2">2022—06—04</td></tr>
<tr><td>起运港
Form</td><td>Shanghai, China</td><td>目的港
To</td><td colspan="5">Nagoya, Japan</td></tr>
<tr><td colspan="8">所保货物,如发生本保险单项下可能引起索赔的损失或损坏,应立即通知本公司下述代理人查勘。如有索赔,应向本公司提交保险单正本(本保险单共有______份正本)及有关文件。如一份正本已用于索赔,其余正本则自动失效。
In the event of loss or damage which may result in acclaim under this Policy, immediate notice must be given to the Company's Agent as mentioned here under. Claims, if any, one of the Original Policy which has been issued in ______ original (s) together with the relevant documents shall be surrendered to the Company. If one of the Original Policy has been accomplished, the others to be void.</td></tr>
<tr><td>赔款偿付地点
Claim payable at</td><td colspan="7">Nagoya, Japan</td></tr>
<tr><td>日期
Date</td><td colspan="7">2022—06—06</td></tr>
</table>

三、保险单的背书

在 CIF 交易条件下，出口方向银行交单结汇时，在提单转让的同时，在保险单的正本及第二联的背面应背书(Endorsement)签章，将保险单的权益转移给单据持有人。单据持有人成为新的被保险人，享有向保险人索赔的权利。保险单据的背书转让事先无需通知保险人，但转让形式取决于信用证的相关规定。

1. 空白背书(Blank Endorsed)

其只注明被保险人(包括出口公司的名称和经办人的名字)的名称。当来证没有明确使用哪一种背书时，也使用空白背书方式。

2. 记名背书

当来证要求“DELIVERY TO THE ORDER OF…BANK”或“ENDORSED IN NAME OF…”，即规定使用记名方式背书。即在保险单背面注明被保险人的名称和经办人的名字后，打上“DELIVERY TO THE ORDER OF…”或“ENDORSED IN NAME OF…”的字样。记名背书在出口业务中较少使用。

3. 记名指示背书

当来证要求“INSURANCE POLICY OR CERTIFICATE INNEGOTIABLE FOR MISSUED TO THE ORDER OF…”，即规定使用记名指示方式背书。在制单时，要在保险单背面打上“TO THE ORDER OF…”，然后签署被保险人的名称。

4. 无须背书的情形

若信用证规定“INSURANCE POLICY ISSUED TO WHOM IT MAY CONCERN”(被保险人为中性名称)或“INSURANCE POLICY ISSUED TO BEARER”(保单签发给被保险人)，则保单无需背书即可转让。当被保险货物损失(承保范围内)后，保险单的持有人享有向保险公司或其代理人索赔的权利并得到合理的补偿。

四、保险金额、保险费的计算

1. 出口货物保险金额的计算

保险金额是投保人对货物的投保金额，也是保险公司赔偿的最高金额。我国出口货物保险金额一般是按 CIF 或 CIP 值加成 10%，即将买方预期利润和有关费用加入货价内一并计算。由于货物的价格、运输目的地等情况不同，保险加成金额也不同，最高可达 30%。即：

出口货物保险金额＝CIF 价×(1＋加成率)

若进口方报的是 CFR 价或 CPT 价，却要求出口方代为办理货运保险，或是要求改报 CIF 价或 CIP 价，应先把 CFR 价或 CPT 价转化为 CIF 价或 CIP 价，然后再计算保险金额。计算公式如下：

CIF 或 CIP＝CFR 或 CPT/[1－保险费率(1＋加成率)]

保险金额＝CIF 或 CIP×(1＋加成率)

【做中学 6－7】　　保险金额的计算

某公司出口服装一批到东南亚某港口，原定价为东南亚港口每包 CFR105 美元，保险费率为 0.8%，按加成 10%作为保险金额，改报成 CIF 价格后的保险金额计算方法如下：

CIF＝105/[1－0.8%×(1＋10%)]＝105.93(美元)

保险金额＝105.9322×(1＋10％)≈116(美元)

2. 保险费的计算

保险费是由投保人向保险人缴纳的，它是保险人经营业务的基本收入，也是保险人支付保险赔款的资金来源。被保险人要得到保险人对有关险别的承保，必须缴纳保险费。

保险费通常是保险金额和保险费率的乘积。即：

保险费＝保险金额×(进)出口保险费率

保险费率是按照商品品种、航程、险别等因素计算出来的，并根据具体情况作适当调整。进出口保险费率可以通过查费率表得知。

【做中学 6－8】 **保险费的计算**

有一批纺织品出口至伦敦，发票金额为 20 000 美元，按发票金额加成 10％投保海运一切险和战争险，试计算保险费。(一切险和战争险的保险费率分别为 0.5％和 0.03％。)

保险费计算过程如下：

保险金额＝20 000×110％＝22 000(美元)

保险费＝22 000×(0.5％＋0.03％)＝116.6(美元)

【做中学 6－9】

根据任务一中做中学 6－2 部分的信用证内容及补充资料制作保险单。

中保财产保险有限公司
The People's Insurance(Property)Company Of China, Ltd.

发票号码 Invoice No. 保险单号次 Policy No.

海洋货物运输保险单
MARINE CARGO TRANSPORTATION INSURANCE POLICY

被保险人
Insured: ……

中保财产保险有限公司(以下简称本公司)根据被保险人的要求及其所缴纳的约定的保险费，按照本保险单承担的险别和背面所载条款与下列特别条款承保下列货物运输保险，特签发本保险单。

This Policy of Insurance witnesses that The People's Insurance(Property)Company of China, Ltd. , at the request of the Insured and in consideration of the agreed premium paid by the Insured, undertakes to insure the under-mentioned goods in transportation subject to the conditions of policy as per the clauses printed overleaf and other special clauses attached hereon.

保险货物项目 Descriptions of Goods	包装 Packing	单位 Unit	数量 Quantity	保险金额 Amount Insured
承保险别 Condition				货物标记 Marks of Goods
总保险金额				
Total Amount Insured:				
保费	运输工具		开航日期	
Premium As Arranged	Per Conveyance S. S.		Slg. on or abt	
启运港		目的港		

续表

From .... To ....
所保货物，如发生本保险单项下可能引起索赔的损失或损坏，应立即通知本公司下述代理人勘察。如有索赔，应向本公司提交保险单正本(本保险单共有____份正本)及有关文件。如一份正本已用于索赔，其余正本则自动失效。
In the event of loss or damage which may result in a claim under this policy, immediate notice must be given to the company's agent as mentioned hereunder. Claims, if any, one of the original policy which has been issued in ____ Original(s) together with the relevant documents shall be surrendered to the company, if one of the original policy has been accomplished, the others to be void.
赔款偿付地点 Claim Payable at .... 日期 在 Date .... at .... General Manager

任务八 跟单汇票

一、汇票的概念

按照《中华人民共和国票据法》(以下简称《票据法》)第 19 条的定义："汇票是出票人签发的，委托付款人在见票时或在指定日期无条件支付确定金额给收款人或持票人的票据。"汇票包括三个基本当事人：出票人、受票人(付款人)和受款人。

汇票

二、汇票的内容

汇票必须要式齐全，即应当具备必要的内容。我国《票据法》第 22 条明确规定，汇票必须记载下列事项：①表明"汇票"的字样。②无条件支付的委托。③确定的金额。④付款人名称。⑤收款人名称。⑥出票日期。⑦出票人签章。

【提示】汇票上未记载上述规定事项之一的，汇票无效。

在实际业务中，汇票通常需列明付款日期、付款地点和出票地点等内容。对此，我国《票据法》第 23 条也做了下述具体规定："汇票上记载付款日期、付款地、出票地等事项的，应当清楚、明确。汇票上未记载付款日期的，为见票即付。汇票上未记载付款地的，以付款人的营业场所、住所或者经常居住地为付款地。汇票上未记载出票地的，出票人的营业场所、住所或经常居住地为出票地。"

上述基本内容一般为汇票的要项，但并不是汇票的全部内容。按照各国票据法的规定，汇票的要项必须齐全，否则受票人有权拒付。此外，汇票还可以有一些票据法允许的其他内容记载，如利息和利率、付一不付二、禁止转让、免除做成拒绝证书、汇票编号、出票条款等。

三、汇票的种类

汇票从不同的角度可分为以下几种。

1. 按出票人的不同，汇票可分为银行汇票(Banker's Draft)和商业汇票(Commercial Draft)

银行汇票的出票人和付款人都是银行，签发后一般交给汇款人，由汇款人寄交收款人向指定的付款银行取款。出票行签发汇票后必须将付款通知书寄给国外付款行，以便付款行在收款人持票取款时进行核对。银行汇票一般是不随附货运单据的光票。商业汇票的出票人是工商企业或个人，付款人可以是工商企业或个人，也可以是银行。

【注意】商业汇票大多附有货运单据，即跟单汇票。

2. 按有无随附货运单据，汇票可分为光票(Clean Bill)和跟单汇票(Documentary Bill)

前者不附带货运单据，后者附带货运单据。银行汇票多为光票，商业汇票多为跟单汇票。

3. 按付款时间的不同，汇票可分为即期汇票(Sight Draft)和远期汇票(Time Draft or Usance Draft)

前者见票即付，即即期汇票的持票人向付款人提示，付款人见票时应立即付款；后者在见票后一定期限或特定日期付款。

4. 按承兑人的不同，可分为商业承兑汇票(Commercial Acceptance Draft)和银行承兑汇票(Banker's Acceptance Draft)

前者由工商企业或个人承兑远期汇票，后者由银行承兑远期商业汇票。

四、汇票的使用

即期汇票的使用需经出票、提示和付款三个程序。远期汇票的使用需经出票、提示、承兑和付款四个程序。如需转让，通常经过背书行为转让。汇票遭到拒付时，还要涉及做成拒绝证书和行使追索权等法律权利。

1. 出票(to Draw a draft)

即填写汇票内容，签章并交付给收款人。出票人承担保证该票必然会被承兑或付款的责任。汇票通常一式两份，分别寄发，以防遗失(银行汇票只签发一份)，但只对其中一份承兑或付款，汇票上都写明"付一不付二"(Pay this first bill of exchange second of the same tenor and date being unpaid to…)或"付二不付一"字样，以防重复承兑或付款。

2. 提示(Presentation)

即收款人或持票人将汇票提交给付款人要求承兑或付款。付款人看到汇票，即为见票(Sight)。

3. 承兑(Acceptance)

承兑是指汇票付款人承诺在汇票到期日支付汇票金额的票据行为。承兑的手续是由付款人在汇票正面写上"承兑"(accepted)字样，注明承兑的日期，并由付款人签名，交还持票人。按《票据法》的一般规则，仅有付款人的签名而未写"承兑"字样，也构成承兑。

4. 付款(Payment)

即付款人将票款支付给持票人。即期汇票见票即付，远期汇票到期再付。

5. 背书(Endorsement)

即持票人在汇票的背面签上自己的名字(空白背书)，或再加上受让人(Transferee)，即被背书人的名称(记名背书)，将汇票交给受让人。

6. 拒付(Dishonour)

即拒绝付款或拒绝承兑。汇票一旦被拒付，持票人可向前手（包括所有的背书人和出票人）追索票款。付款人或承兑人死亡、逃匿、依法宣告破产或因违法被责令停业等也作为拒付。

五、跟单汇票实操

汇票一般一式两份，具有同等效力，其中一份付讫，另一份自动失效。汇票的缮制应注意以下几个问题：

（1）票据名称。汇票应表明“汇票”的字样，即注明“Bill of Exchange”、“Exchange”或“Draft”。

（2）出票日期和地点。出票日期一般为议付日期，不能早于其他所有单据的出单日期，更不得迟于信用证的有效期及最迟交单期，否则视为不符。

信用证规定一个有效期（即最迟交单期），并规定一个在装运日后若干天必须交单的特定期限，如果信用证未规定一个在装运日后必须交单的特定期限，则银行将不接受迟于装运日期后 21 天提交的单据。无论如何，出口人必须在信用证规定的特定交单期内交单议付，但同时必须在信用证的有效期内；有效到期日若逢银行休假日，则顺延至下一个营业日。所以一般商业汇票多以该信用证的实际议付日期作为汇票的出票日期，托收支付方式则以寄单日期作为出票日期，目前有些企业单位多委托议付行在议付时或托收行在寄单时由其代填汇票的出票日期。

商业汇票的出具地点，在信用证支付方式项下就是议付地点，托收方式则以托收行接受托收手续的地点作为汇票出具地点。由于国际上票据法互不一致，如果发生纠纷时则以汇票出具地点的所在国的票据法为法律依据，所以出票地点在这种情况下变成重要的项目。

（3）无条件的书面支付命令。“无条件”意即不能附带任何限制性的支付条件；作为支付命令，汇票必须用祈使的、命令的语气，不能用“WE WOULD BE APPRECIATE IF YOU WILL PAY…”“WOULD YOU PLEASE PAY…”等商量或请求的语气书写。

（4）付款期限。应按信用证的规定填写。如果是即期汇票，则填见票即付（at sight）。即在汇票的此栏加打“＊”或“ ”，如 AT＊＊＊＊SIGHT，或 AT SIGHT；如果是远期汇票，则应按信用证的规定填写，通常有 4 种规定方式：

①见票后若干天付款（At…days after sight）。如 AT 90 DAYS AFTER SIGHT。

②提单签发日后若干天付款（At…days after date of B/L）。如 AT 60 DAYS AFTER DATE OF B/L。

③出票后若干天付款（At…days after date of draft）。如 AT 60 DAYS AFTER DATE OF DRAFT。

④（At a fixed date in future）。如 AT JULY 1，2022FIXED。其中常用的是前两种方法。

对于托收支付方式，此处应注明：“D/P at Sight”或“D/P××Days”或“D/A××Days”。

（5）收款人（Payee）。汇票上收款人的记载通常称为“抬头”，与提单抬头的出具方法完全一致，也包括记名抬头、指示性抬头、来人抬头三种基本方式：

①记名抬头又称限制性抬头，即汇票的受款人限制仅付给某人。例如，“仅付××公司”（Pay××Co. only 或 Pay to×××not transferable），不能背书转让，只能由指定公司收取票款。

②指示性抬头，即受款人为某人的指示人。例如，“付××公司指定人”（Pay to the order

of ×× Co.)，持票人背书后才能转让。这种方式最普遍。在信用证支付方式下的汇票多以议付行的指示人为汇票受款人，如果议付行是中国银行，即填："Pay to the order of Bank of China."。

③来人抬头。例如，"付给来人"(Pay to bearer)，无需背书，仅凭交付即可转让。

我国外贸易中一般以银行指示为抬头，收款人为出口地议付行。在汇票上填总行名称即可，不必再填分行名称，如：Pay to the order of Bank of China。若 L/C 无特别规定，则为凭议付行指示。

(6)汇票金额。它有两栏：大写金额和小写金额。在填制汇票金额和币种时应注意以下几点：①汇票金额不得超过信用证规定的总金额或其允许的金额增减幅度。托收项下汇票的金额和发票金额一般也应一致。②如果信用证金额前有"大约"(about 或 approximate)字样，则金额伸缩幅度为 10%。③如果属于托收项下，合同规定托收费用或远期付款的利息由买方承担，又允许在托收时与货款同时收取时，则汇票金额应以发票的金额加上其利息或托收费作为汇票金额。④汇票金额的大小写必须一致。⑤汇票上的货币名称与金额原则上应与发票一致。⑥汇票金额不得涂改，不得加盖校对章。⑦出票条款。出票条款又称出票根据。出票条款表明汇票是根据某号信用证开出的，包括开证行名称、信用证号码、开证日期 3 项。采用托收方式时，则应注明有关销售合同号码。

(7)利息条款。汇票上的利息条款有明确的利率和利息的起讫日期，是开证行向进口方算收利息的依据，与出口方无关。出票时，必须按照信用证的规定将利息条款在汇票上列明，但是，如果信用证未规定利息条款，则汇票上无须加注利息条款。

(8)号码。因汇票的号码不是汇票的必要项目，而且在全套结算单据中商业发票是中心单据，所以目前一般汇票的编号多以商业发票号码作为汇票的号码。

(9)付款人。他也称受票人，指接受支付命令付款的人。一般按 L/C 规定填具。通常 L/C 项下汇票以开证行或其指定银行为付款人，托收项下汇票以开证人(一般为买方)为付款人。如信用证规定"draft drawn on us 或 Issuing Bank"，即付款人填开证行。如果信用证指定有偿付行，则应按信用证规定缮制两套汇票，一套汇票的付款人为开证行，连同整套货运单据寄交开证行审核；而另一套汇票的付款人则为开证行指定的偿付行，光票寄偿付行索汇。

(10)款已付讫。此栏应注明商品的总称和件数，为便于查对，最好注上发票号码。如"500 DOZENS OF 100% COTTON MEN'S SHIRT AS PER INVOICE No. ZC155"。

(11)出票人签字或盖章。一般是信用证的受益人，即出口人。在可转让信用证情况下，其汇票的出票人可能是信用证的第二受益人。在托收方式下，一般为买卖合同的出口人。在我国出口业务中，习惯做法是在汇票的右下角盖法人章(出口企业英文条章及法人代表的手签印章)。

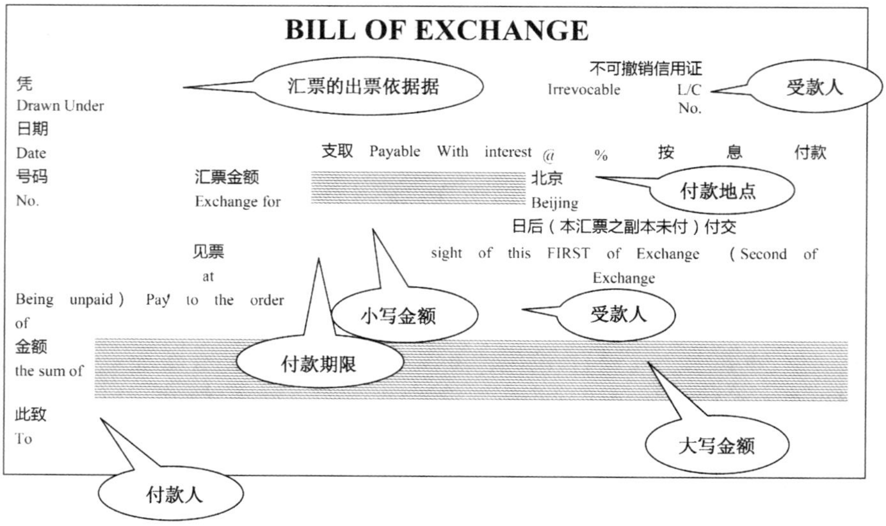

【拓展阅读 6—2】　　　国际贸易的三种常用结算方式

1. 信用证结算方式

信用证方式是银行信用介入国际货物买卖价款结算的产物。它的出现不仅在一定程度上解决了买卖双方互不信任的矛盾，而且还能使双方在使用信用证结算货款的过程中获得银行资金融通的便利，从而促进了国际贸易的发展。因此，信用证结算方式被广泛应用于国际贸易中，成为当今国际贸易的一种主要的结算方式。

信用证是银行作出的有条件的付款承诺，即银行根据开证申请人的请求和指示，向受益人开具的有一定金额、并在一定期限内凭规定的单据承诺付款的书面文件；或者是银行在规定金额、日期和单据的条件下，愿意代开证申请人承购受益人汇票的保证书。它属于银行信用，采用的是逆汇法。跟单信用证流程如图 6—3 所示。

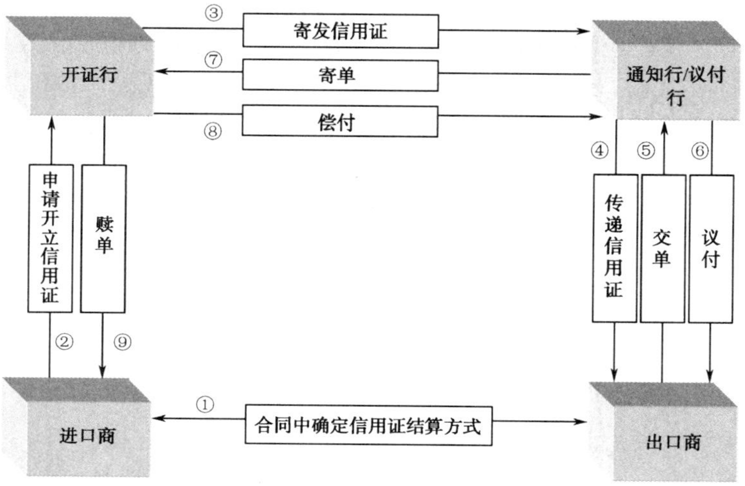

图 6—3　跟单信用证流程

2. 汇付结算方式

汇付是国际贸易中常用的货款结算方式。汇付又称汇款，是付款人通过银行，使用各种结算工具将货款汇交收款人的一种结算方式。它属于商业信用，采用顺汇法。汇付业务涉及的当事人有四个：付款人（汇款人）、收款人、汇出行和汇入行。其中，付款人（通常为进口人）与汇出行（委托汇出汇款的银行）之间订有合约关系，汇出行与汇入行（汇出行的代理行）之间订有代理合约关系。

在办理汇付业务时，需要由汇款人向汇出行填交汇款申请书，汇出行有义务根据汇款申请书的指示向汇入行发出付款委托书；汇入行收到付款委托书后，有义务向收款人（通常为出口人）解付货款。但汇出行和汇入行对不属于自身过失而造成的损失（如付款委托书在邮递途中遗失或延误等致使收款人无法或迟期收到货款）不承担责任，而且汇出行对汇入行工作上的过失也不承担责任。电汇业务流程如图 6—4 所示。

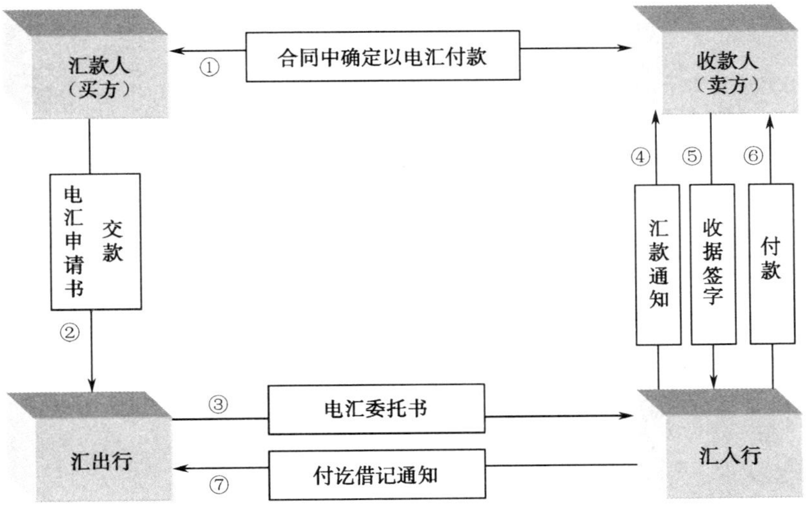

图 6—4　电汇业务流程

3. 托收结算方式

托收也是国际贸易中常用的货款结算方式。托收是出口人在货物装运后，开具以进口方为付款人的汇票（随附或不随付货运单据），委托出口地银行通过它在进口地的分行或代理行代其收取货款一种结算方式。它属于商业信用，采用的是逆汇法。托收方式的当事人有委托人、托收行、代收行和付款人。委托人即开出汇票委托银行向国外付款人代收货款的人，也称为出票人，通常为出口人；托收行即接受出口人的委托代为收款的出口地银行；代收行即接受托收行的委托代出口人收取货款的进口地银行；汇票上的付款人即托收的付款人，通常为进口人。

上述当事人中，委托人与托收行之间、托收行与代收行之间都是委托代理关系，付款人与代收行之间则不存在任何法律关系，付款人是根据买卖合同付款的。因此，委托人能否收到货款，完全视进口人的信誉好坏而定，代收行与托收行均不承担责任。

在办理托收业务时，委托人要向托收行递交一份托收委托书，委托人在该委托书中发出各种指示，托收行和代收行均按照委托的指示向付款人代收货款。跟单托收业务流程如图 6—5 所示。

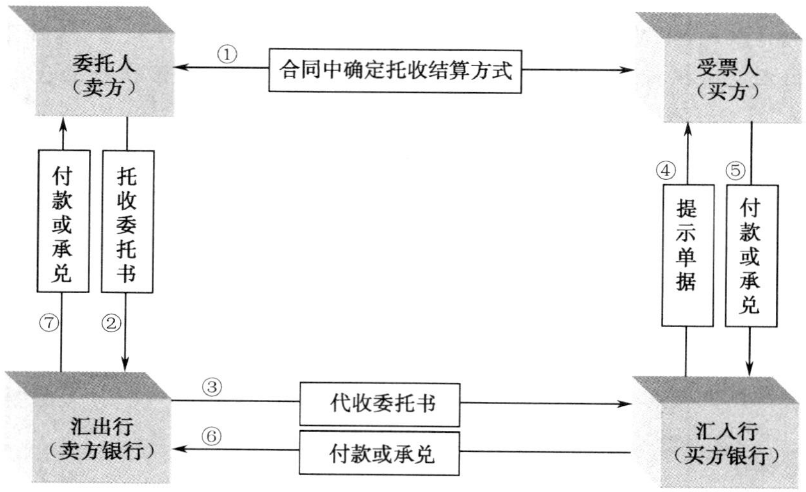

图 6—5 跟单托收业务流程

【做中学 6—10】

根据任务一中做中学 6—2 部分的信用证和补充资料，制作汇票如下：

凭
Drawn under ....
信用证 第 号
L/C No. ....
日期
Dated ....
按 息 付款
Payable with interest @.................% per annum1
号码 汇票金额 中国，宁波 年 月 日
No. :............... Exchange for Ningbo, China ....
见票 日后(本汇票之副本未付)
At 30 DAYS AFTER SIGHT Sight of this FIRST of Exchange (Second of exchange being unpaid)
pay to the order of .... 或其指定人
付金额
The sum of ....
To ....

NINGBO TEXTILES IMP. AND EXP. CORPORATION
刘 淑

任务九 受益人证明

受益人声明(Beneficiary's Statement)或受益人证明(Beneficiary's Certificate)是指进口商在信用证内要求受益人开出证明,证明其办理了某项工作(如提供副本单据、拍发开船电报等)或证实某件事实(如货物符合合同规定等)的单据。受益人证明无固定格式,只需打在白纸上即可。

缮制受益人证明时须注意下列事项:

(1)单据上要有受益人声明(Beneficiary's Statement) 或受益人证明(Beneficiary's Certificate)的字样。

(2)证明的内容要与信用证要求相符。通常受益人声明或受益人证明除人称、动词时态需改动外,其他文句应照抄信用证上的原文。

(3)受益人声明或受益人证明上应显示信用证号和发票号。

(4)受益人声明或受益人证明的日期不能迟于信用证规定的日期,应等于或晚于提单日期,一般可与提单日期相同。

(5)由受益人出具并正式签章。

受益人证明

BEIJING ABC CO. ,LTD.

1 HUIXIN STREET,CHAOYANG DISTRICT,BEIJING,CHINA TEL:010－84648888
FAX:010－84648889

BENEFICIARY CERTIFICATE

INVOICE NO. :INV□M123No. :BC□M123 DATE:FEB. 20,2022
BUYER:DEF CORPORATION
L/C NO. :IM□0789
THIS IS TO CERTIFY THAT THE GOODS ARE ORIGINALLY SHIPPED FROM XINGANG AND IN CONFORMITY WITH THE CONTRACT NO. SC□M123.
ISSUED BY:BEIJING ABC CO. LTD.
1 HUIXIN STREET,CHAOYANG DISTRICT,
BEIJING,CHINA

....
Authorized Signature

进出口货物报关单是指进出口货物的收发货人或其代理人，按照海关规定的格式对进出口货物的实际情况做出的书面申明，以此要求海关对其货物按适用的海关制度办理报关手续的法律文书。

【做中学 6－11】

根据任务一做中学 6－2 的信用证制作装船通知和受益人证明，要求格式清楚、内容完整。

SHIPPINGADVICE	
TO:	DATE: INVOICENo.: S/CNo.: L/CNo.:
DEARSIRS,	
WEHEREBYINFORMYOUTHATTHEGOODSUNDERTHEABOVEMENTIONEDCREDITHAVEBEENSHIPPED. THEDETAILSOFTHESHIPMENTARESTATEDBELOW.	
COMMODITY:	
QUANTITYOFGOODS/PACKAGES:	
TOTALG. T:	
DATEOFDEPARTURE:	
B/LNo.:	
PORTOFLOADING:	
DESTINATION:	
SHIPPINGMARKS:	

CERTIFICATE
DATE:MAY28,2022
INV. No.:GD04－017
L/CNo.:IM02023502
TOWHOMITMAYCONCERN,
WEARESTATINGTHATONESETOFNON-NEGOTIABLESHIPPINGDOCUMENTSHASBEENSENTTOAPPLICANTBYAIRMAILWITHIN2DAYSAFTERSHIPMENT.
NINGBOTEXTILESIMP. ANDEXP. CORPORATION 刘　淑

任务十　出口许可证

一、出口许可证管理制度

出口许可证(Export Licence)是国家管理货物出境的法律凭证。凡实行出口配额许可证管理和出口许可证管理的商品,各类进出口企业应在出口前按规定向指定的发证机构申领出口许可证,海关凭出口许可证接受申报和验放。

出口许可证一般由经营单位于货物装运之前向签证机关提出书面申请,即填写出口许可证申请表(附样),经签证机关审核,符合有关规定、手续完备的,予以签发出口许可证。出口单位申领许可证时,要向发证机关提交有关批件、材料和出口合同的副本或复印件,必要时还要出具信用证,填写出口许可证申请表一份,连同填写好的出口许可证(附样)送交发证机关审核。

【提示】委托代理出口的,由接受代理的外贸公司申领出口许可证。

商务部是全国出口许可证的归口管理部门,负责制定出口许可证管理办法及规章制度,监督、检查出口许可证管理办法的执行情况,处罚违规行为。商务部会同海关总署制定、调整和发布年度出口许可证管理货物目录。

商务部统一管理、指导全国各发证机构的出口许可证签发工作,商务部配额许可证事务局,商务部驻各地特派员办事处和各省、自治区、直辖市、计划单列市,以及商务部授权的其他省会城市商务厅(局)、外经贸委(厅、局)为出口许可证的发证机构,负责在授权范围内签发“中华人民共和国出口许可证”(以下简称出口许可证)。

【注意】出口许可证是国家管理货物出口的凭证,不得买卖、转让、涂改、伪造和变造。

凡属于出口许可证管理的货物,除国家另有规定外,对外贸易经营者应当在出口前按规定向指定的发证机构申领出口许可证,海关凭出口许可证接受申报和验放。向海关报关所提交的许可证必须做到“证货相符”“单证相符”。

对下列情况之一,国家可以实行出口配额许可证或出口许可证管理:①为维护国家安全或者社会公共利益,需要限制出口的;②国内供应短缺或者为有效保护可能用竭的国内资源,需要限制出口的;③对任何形式的农业、牧业、渔业产品有必要限制出口的;④根据中华人民共和国所缔结或者参加的国际条约、协定的规定,需要限制出口的。

二、出口许可证申请表与出口许可证实操

出口许可证申请表的项目与出口许可证基本相同,可参照出口许可证的填写规范填写。出口许可证一式五联,一份正本,四份副本。其中正本交发货人办理通关手续,货物放行后,由海关收回并于 14 日内退原发证机关,背面有海关验放签注栏;第二联由发证机关留存备案;第三联用作银行结汇单据;第四联由海关留存备案;第五联供电脑建档。

申领出口许可证的单位,应按以下规范填写出口许可证。

(1)申请单位名称及编码(exporter)。应填写有出口经营权的各类进出口企业的全称或有出口经营权的代理公司全称;若为非外贸单位经批准出口货物,此栏应填写该单位全称;编

码按发证机关编定的电脑代码填写，共8位，无电脑数码的，填8个“0”。

(2)发货单位名称及编码(consignor)。发货人一般与出口商是一致的，此栏一般填写出口公司的全称及统一编制的编码，与第一栏内容基本相同。

(3)出口许可证编号(license No.)。编号由发证机关统一排定。

(4)许可证有效期(validity)。应填写许可证的到期日。①对实行“一批一证”制的许可证有效期从发证之日算起，最长不超过3个月。②对不实行“一批一证”制的许可证有效期从发证之日算起，最长不超过6个月。③对超过有效期的许可证，最长可展期2个月，但须经发证机关批准并盖章。④出口指标应在有效年度内使用，跨年度指标视同作废。

(5)贸易方式(terms of trade)：该栏填写范围包括一般贸易、边境贸易、协定贸易、易货贸易、补偿贸易、进料加工、来料加工、转口贸易、期货贸易、工程承包、外资企业进口、非贸易和租赁出口。

【提示】出口单位根据实际情况，选填其中一种方式，不得使用非规范术语。

(6)合同号(Contract No.)。是指申领许可证、报关及结汇时所用出口合同的编码。该栏应填写当次出口所凭借的成交合同号码，号码长度在20个(含20个)英文字母或阿拉伯数字之内。

(7)出运口岸(port of shipment)。此栏应填写海关验放货物允许出口的边境口岸，即装运港或出境口岸。此栏填写应明确、具体，且最多填写3个口岸。

(8)输往国家(地区)(country of destination)。此栏填写货物实际运达或买断的目的国家(地区)，即最终目的地，一般指合同目的地。本栏只能填写一个具体国家(地区)的准确全称，不能填写抵达的具体城市或港口全称，更不能填写途经的中间国家、地区、港口及城市的名称。

(9)收款方式(terms of payment)。此栏可选择以下几种支付方式填充：现金、信用证、托收、免费、记账、本票、汇付和托收等。

(10)运输方式(means of transport)。货物通关外运的方式可填写海上运输、铁路运输、公路运输、航空运输、邮政运输和自带等。

(11)唛头—包装件数(marks & numbers-number of packages)。此栏应按照发票内容填写。若为散装货物，此栏可不填写；若无唛头，则填写N/M。

(12)商品名称及商品编码(description of commodity & commodity No.)。此栏应按外经贸部发布的出口许可证管理商品名录的标准名称和统一编码填写。对不属于名录中的出口商品，商品名称填写“其他”，编码填写“9999”。

(13)规格等级(specification)。此栏用于对出口商品作具体说明，包括具体品种、规格、等级等，出口货物必须与此栏说明的品种、规格或等级相一致。一份许可证该栏的填写数量最多不能超过4个，否则应另行填写出口许可证申请表。

(14)单位(unit)。此栏应填写货物的计量单位。通常一次外运的货物作为一批，因此商品计量单位栏常填写为“批”。

(15)数量(quantity)。此栏填写出口许可证允许出口商品的多少，应填写实际出运数量。此栏允许保留一位小数，尾数超出一位的，应四舍五入。计量单位为“批”的，数量填为“1”。

(16)单价(unit price)。此栏按合同成交单价填写，是与计量单位相一致的单位价格。计量单位为“批”的，此栏应填写商品价值的总金额，整体上将该商品作为单位商品对待。

(17)总值(amount)。此栏为商品数量与单价的乘积，应与发票上列明的总值一致，小数部分应四舍五入取整。

(18)总值折算美元(amount in USD)。此栏填写由签证机关根据国家公布的外汇牌价将商品总值折算为美元的金额。

(19)总计(total)。将各项目的合计数分别填入对应栏目，以便从总体上把握出口业务状况。

(20)备注(supplementary details)。此栏为补充说明栏，填写以上各栏未尽事宜、需特别说明的内容或需强调的内容。

(21)发证机关盖章及发证日期(issuing authority's stamp & signature & date)。由发证机关盖章并填写发证日期。

【职场指南 6—4】　　　　出口许可证缮制注意事项

(1)许可证的内容不得擅自涂改、伪造。

(2)许可证签发后，出口单位需变更许可证内容时，应在原出口许可证和合同有效期内到原发证机关换证。否则原出口指标视为作废，须重新申领新的许可证。

(3)出口货物报关单经营单位应与出口许可证上的出口商或发货人一致。对还贷或补偿贸易方式下的代理出口企业，代理外资企业出口的外贸企业，国家组织统一联合经营的商品玉米、大米、大豆、棉花、原油、成品油、煤炭、钨类和锑类的出口企业，报关单填报的经营单位也可以是许可证备注栏内注明的企业。

(4)出口许可证申请表中的出运数量应与合同、信用证和出口报关单规定的数量保持一致；实际出运数量不得超出出口许可证允许的数量；结汇时的价格不能低于许可证列明的价格。

(5)出口许可证中的贸易方式、出运口岸等项目应与出口报关单一致。

(6)许可证备注栏内不允许手工签注，如有涂改或手写内容，海关均视为无效许可证，并上报海关总署政策法规司和外经贸部配额许可证事务局。

(7)“非一批一证”的出口许可证，可在同一口岸多次报关，但最多不能超过12次。

中华人民共和国出口许可证申请表

<table>
<tr><td colspan="3">1. 出口商：　　　代码：
领证人姓名：　　电话：</td><td colspan="3">3. 出口许可证号：</td></tr>
<tr><td colspan="3">2. 发货人：　　　代码：</td><td colspan="3">4. 出口许可证有效截止日期：
年　月　日</td></tr>
<tr><td colspan="3">5. 贸易方式：</td><td colspan="3">8. 进口国(地区)：</td></tr>
<tr><td colspan="3">6. 合同号：</td><td colspan="3">9. 付款方式：</td></tr>
<tr><td colspan="3">7. 报关口岸：</td><td colspan="3">10. 运输方式：</td></tr>
<tr><td colspan="3">11. 商品名称：</td><td colspan="3">商品编码：</td></tr>
<tr><td>12. 规格、等级</td><td>13. 单位</td><td>14. 数量</td><td>15. 单价(币别)</td><td>16. 总值(币别)</td><td>17. 总值折美元</td></tr>
<tr><td></td><td></td><td></td><td></td><td></td><td></td></tr>
<tr><td></td><td></td><td></td><td></td><td></td><td></td></tr>
</table>

续表

18. 总　计					
19. 备　注 申请单位盖章 申领日期：			20. 签证机构审批(初审)： 经办人： 终审：		

填表说明：①本表应用正楷逐项填写清楚，不得涂改、遗漏，否则无效。②本表内容需打印多份许可证的，请在备注栏内注明。

中华人民共和国出口货物许可证

EXPORT LICENCE OF THE PEOPLE'S REPUBLIC OF CHINA

1. 申领许可证单位：　　编码： Exporter			3. 出口许可证编号： License No.		
2. 发货单位：　　编码： Consigner			4. 许可证有效期： Validity		
5. 贸易方式： Terms of trade			8. 输往国家(地区)： Country of destination		
6. 合同号： Contract No.			9. 收款方式： Terms of payment		
7. 出运口岸： Port of shipment			10. 运输方式： Means of transport		
11. 唛头—包装件数： Marks & numbers-number of packages					
12. 商品名称： Description of commodity			商品编号： Commodity No.		
13. 规格等级 Specification	单位 Unit	14. 数量 Quantity	15. 单价 Unit price	16. 总值 Amount	17. 总值折美元 Amount in USD
18. 总计 Total					
19. 备注： Supplementary details			20. 发证机关盖章 Issuing authority's stamp & Signature 发证日期 Date		

三、“单一窗口”许可证件

（一）操作指引

为方便跨境贸易主体“一站式”办理业务，进一步提升贸易便利化水平，海关总署（国家口岸管理办公室）会同商务部推动相关服务对接，5 月 26 日起，单一窗口登录用户可通过单一窗口“许可证件”功能直接进入商务部系统在线申领《两用物项和技术进口许可证》《两用物项和技术出口许可证》《技术出口许可证》和《技术出口合同登记证》等 4 种证件。

截至目前，已有 29 种监管证件实现通过“单一窗口”受理。为方便跨境贸易主体“一站式”办理业务，进一步提升贸易便利化水平，海关总署（国家口岸管理办公室）会同商务部推动相关服务对接，单一窗口登录用户可通过单一窗口“许可证件”功能直接进入商务部系统在线申领《两用物项和技术进口许可证》《两用物项和技术出口许可证》《技术出口许可证》和《技术出口合同登记证》等 4 种证件。

企业用户登中国国际贸易“单一窗口”门户（https://www.singlewindow.cn/），界面如图 6－6 所示，点击“标准版应用－许可证件”图标，单击“两用物项和技术进出口许可证”“技术出口许可证”“技术出口合同登记证”等进入相应业务系统。

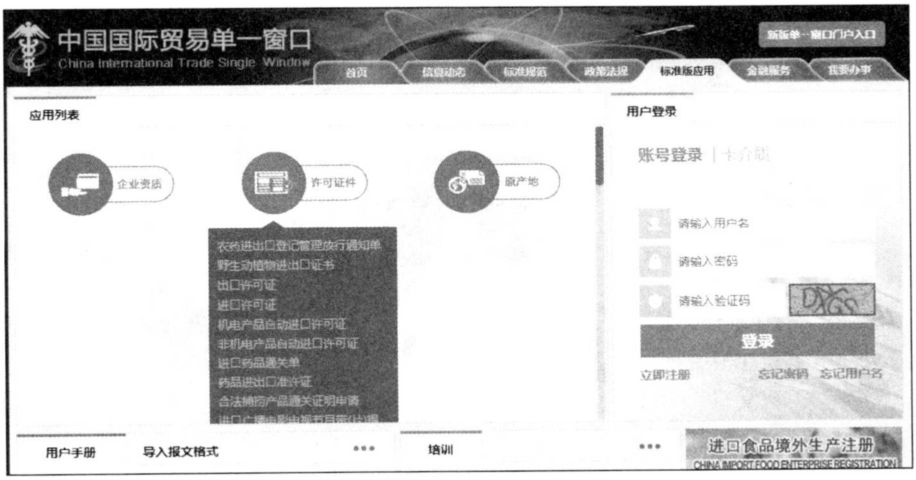

图 6－6　单一窗口界面

（二）模块功能

“单一窗口”标准版许可证件申请系统，为申报人提供进出口环节所需监管证件的在线申请功能，实现申报人通过“单一窗口’一点接入提交满足监管部门要求的申请信息，监管部门按照确定的规则进行审核，并将审核结果通过“单一窗口”统一反馈，便于企业查询。

目前，“单一窗口”标准版许可证申请系统涵盖农业农村部、商务部、国家林业和草原局广电总局、中宣部、工业和信息化部等 6 个部委 11 种证件的线上申请，根据证件类型将其归纳为包括“农药进出口登记管理放行通知单”“野生动植物进出口证书申请”“有毒化学品环境管理放行通知单”“机电产品自动进口许可证”“非机电产品自动进口许可证”“进口广播电影电视节目带（片）提取单申请”“援外项目任务通知单申请”“音像制品（成品）进口批准单申请”等 9 个申报子系统，申报人可根据需求进入相应的子系统申请证件，为进一步优化营商环境创造条件。如图6—7所示。

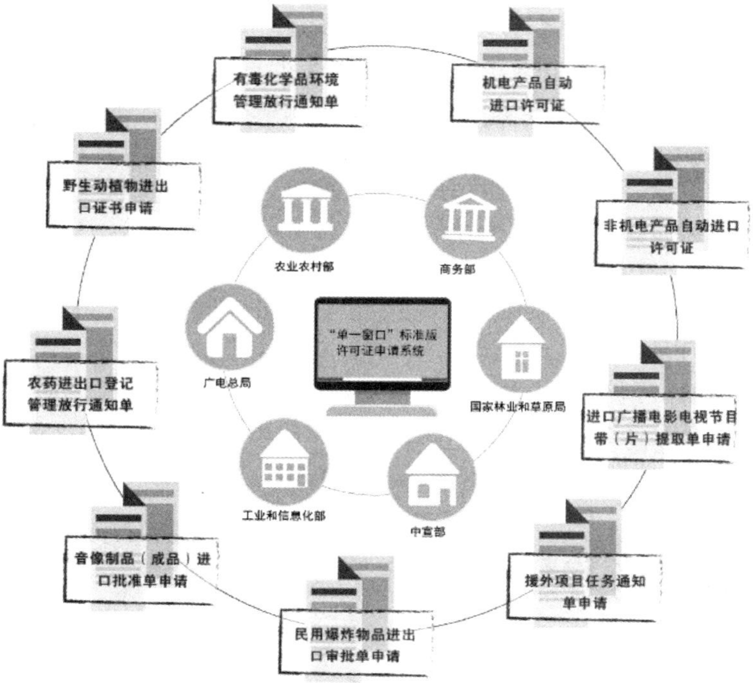

图6—7 模块功能

（三）许可证申请功能

1.“一点接入”。用户可实现“一点接入”，登录单一窗口，申请不同的许可证件，也可在申请证件完成后进行其他相关操作。

2. 线上提交证明文件。用户可在“机电产品自动进口许可证”“非机电产品自动进口许可证”“野生动植物进出口证书申请”“有毒化学品环境管理放行通知单”“援外项目任务通知单申请”系统中按照监管部门要求上传电子版证明文件（支持PDF，JPG格式），节省成本，同时加快申请审批速度。

3. 录入便捷。单证申请界面中，多项信息为默认反填。部分信息根据用户常用习惯反填，减少录入工作。

4. 导入商品表格。“援外项目任务通知单申请”系统支持用户导入商品信息表格，避免商品信息的逐条录入，减轻用户负担。

5. 复制。用户可选择一条现有单证进行复制，直接生成新的申请信息，无需再次录入。

6. 预览。用户录入申请信息保存成功后，可以点击“预览”按钮查看单证样式。

7. 许可证状态查询。用户可进入单一窗口标准版应用一查询统计系统，在许可证状态查询菜单中，查询许可证状态。目前可查询农药进出口登记管理放行通知单、野生动植物进出口证书、有毒化学品环境管理放行通知单、机电产品自动进口许口证4个许可证件的状态。

8. 许可证联网状态查询。用户可进入单一窗口标准版应用一查询统计系统，在联网状态查询菜单中，查询机电产品自动进口许可证、进口广播电影电视节目带（片）提取单、援外项目任务通知单、音像制品（成品）进口批准单、民用爆炸物品进出口审批单申请证件数据是否已成功发往海关，以便企业顺利报关。

9. 短信或微信通知。用户可进入查询统计系统，在通关状态订阅菜单内订阅农药进出口登记管理放行通知单、野生动植物进出口证书、有毒化学品环境管理放行通知单、机电产品自动进口许可证 4 个证件的短信或微信通知。订阅成功后，单一窗口将通过短信或微信方式第一时间将审批结果告知用户。

10. 状态和许可证联网状态微信小程序查询许可证。用户可在微信小程序中添加“掌上单一窗口”，无需登录单一窗口即可查询许可证状态和许可证联网状态。

11. 证书余量查询。在“机电产品自动进口许可证”和“野生动植物进出口证书申请”系统中可查询机电产品进口单证和物种证明的证书余量。

12. 批量申报。“机电产品自动进口许可证”“非机电产品自动进口许可证”“野生动植物进出口证书”系统实现了批量申报，提高申报效率。

13. 批量打印。“机电产品自动进口许可证”和“非机电产品自动进口许可证”系统实现了批量打印，用户可选中多个单证，点击“批量打印”按钮，一次展示多个单证申请表，实现批量打印。

14。支持导入。“机电产品自动进口许可证”和“非机电产品自动进口许可证”系统支持与企业 ERP 系统进行对接，企业可通过 ERP 系统将数据自动导入到证件申请系统中，避免重复录入。同时可接收监管部门的审批结果。

应知考核

一、单项选择题

1. 付款人对远期汇票表示承担到期付款责任的行为称为（　　）。

A. 见票　　B. 即期付款　　C. 承兑　　D. 远期付款

2. 结汇单据中最重要的单据，能让有关当事人了解一笔交易的全貌，其他单据都是以其为依据的是（　　）。

A. 商业发票　　B. 保险单　　C. 装箱单　　D. 产地证

3. 海关对法定检验的进口货物凭出入境检验检疫机构签发的（　　）办理海关通关手续。

A. 进口许可证　　B. 进口货物报关单

C. 查验通知　　D. 入境货物通关单

4. 国际贸易中使用的金融票据主要有汇票、本票和支票。其中（　　）使用最多。

A. 汇票　　B. 本票　　C. 支票　　D. 以上都对

5. 出口商得到托运确认后，应填制（　　）连同发票等相关单据向海关申报出口货物。

A. 汇票　　B. 入境货物通关单

C. 出口货物报关单　　D. 装货单

6. GSP Form A 是（　　）。

A. 品质证明书　　B. 普惠制产地证书

C. 重量证明书　　D. 动植物检疫证书

7. 清洁提单是指(　　)。
A. 承运人未加有关货物或包装不良之类批注的提单
B. 不载有任何批注的提单
C. 表面整洁无涂改痕迹的提单
D. 提单收货人栏内没有指明任何收货人的提单
8. 关于提单,下面说法正确的是(　　)。
A. 提单是代表货物所有权的物权凭证或运输契约
B. 提单辅助发票说明之不足,并详细说明包装内容或货物数量以及标记号
C. 提单是国外卖方或厂商对货物出具的明细账单
D. 提单又称来源证,主要对货物产地厂家作佐证,便于海关掌握国别地区,作纳税时参考
9. 北京某贸易公司一批进口货从美国波士顿装运经中国香港中转,运抵天津塘沽港报关进境。该公司填写进口报关时,应在装货港一栏中填报(　　)。
A. 香港　　B. 天津　　C. 波士顿　　D. 塘沽港
10. 德国某公司受联合国世界卫生组织委托,将数台德国产医疗设备运至我国。我方在进口报关单启运国和原产国栏目分别填报(　　)。
A. 联合国,德国　　B. 德国,德国
C. 德国,联合国　　D. 联合国,联合国

二、多项选择题

1. 不是物权凭证的运输单据是(　　)。
A. 海运提单　　B. 空运单据　　C. 快递收据　　D. 不可转让海运提单
2. 本票与汇票的区别在于(　　)。
A. 前者是无条件支付承诺,后者是无条件的支付命令
B. 前者的票面当事人为两个,后者则一般为三个
C. 对于远期票据,前者在使用过程中无需承兑,后者则有承兑环节
D. 前者的主债务人不会变化,后者的主债务人因承兑而发生变化
3. 下列属于区域性经济集团互惠原产地证书的有(　　)。
A. FORM EB. FORM BC. FORM PD. FORM F
4. 国际标准化组织推荐的标准唛头应包括的内容有(　　)。
A. 收货人名称的缩写或代号　　B. 目的港(地)
C. 箱号或件号　　D. 参考号(合同号、订单号等)
5. 买方和银行通常不接受的提单有(　　)。
A. 已装船提单　　B. 备运提单　　C. 不清洁提单　　D. 过期提单
6. 根据 UCP 600 的分类,保险单据包括(　　)。
A. 保险单　　B. 保险凭证　　C. 预约保险单　　D. 投保声明
7. 进口商在审核信用证项下商业发票时应注意的要点有(　　)。
A. 发票的出票人应是信用证的受益人(可转让信用证除外),与汇票的出票人应为同一人
B. 发票的抬头人应是信用证开证申请人
C. 发票的出票日期不应迟于汇票的出票日期,亦不应迟于信用证的议付有效期

D. 商品名称、数量、规格、单价、包装、价格条款、合同号码等，以及货物描述必须与信用证的规定相符，单价乘以数量必须与发票总金额相符

8. 以下关于保险凭证的说法中正确的是(　　)。

A. 俗称“小保单”，是一种简约化的保险单

B. 既有正面内容，又有背面内容

C. 与保险单具有同等效力

D. 在实务中，保险单可以代替保险凭证

9. 提单的发货人 SHIPPER 一栏内通常可以记载(　　)。

A. 销售合同下的供应商　　B. 代表供应商与承运人签订合同的人

C. 将货物交给承运的人　　D. 与托运人订立合同的人

10. 海运提单做成指示抬头，CONSIGNEE 一栏可以填成(　　)。

A. TO ORDER　　B. TO ORDER OF SHIPPER

C. CONSIGNED TO　　D. TO ORDER OF ISSUING BANK

三、判断题

1. 汇票的受款人又称受票人，也就是汇票出票人的命令对汇票付款的人。(　　)

2. 如买卖合同规定的装运条款为“Shipment during June/July in two equal lots”，这表明出口人必须在 6 月、7 月两个月内各装一批，每批数量相等。(　　)

3. 保险加成的目的是用来弥补进口人经营管理费用或与其利润的损失。(　　)

4. 如果一张汇票未注明“汇票”字样，并不影响此汇票的使用。(　　)

5. Drawee 是指汇票的出票人。一般情况下是开证行，但有时也会是偿付行。(　　)

6. 记名提单和指示提单同样可以背书转让。(　　)

7. 一张商业汇票的收款人是“仅付给史密斯”(Pay to Smith only)，这种汇票可以经过背书转让。(　　)

8. 办理出口报关手续时，必须向海关提交出口收汇核销单。(　　)

9. 信用证规定装运港为 Chinese Port，缮制提单时，装运港一栏应照样填 Chinese Port，以免单证不符。(　　)

10. 形式发票是一种正式发票，能用于托收和议付。(　　)

应会考核

■ 观念应用

国际贸易有限责任公司的一业务员与国外客户商定，货款的结算使用美元电汇支付。货物发出后十余天，该公司业务员收到国外客户电汇付款的银行收据传真，当即书面指示船公司将货物电放(凭提单正本影印件提货)给提单上的通知人，客户将货物提走，货款却未到账。经查客户在银行办理了电汇付款手续，取得了银行收据，马上传真给卖方，并要求立即电放货物，在拿到卖方给船公司的电放指示附件后。即去银行撤销了这笔电汇付款，造成该公司 8 万美元的损失。

请问：本业务给我们带来的启示?

■ 技能应用

大连佳鸿公司向英国 ABC 公司出口 landies pant 商品 1 000 件,15 美元 CIF 伦敦价,纸箱包装,每箱 10 件,合同中该货物唛头为:ABClondon Nos. 1—100,合同规定投入保险单一切险加保战争险,该货物于 2019 年 11 月 7 日由大连港装入"吉祥号"轮直航伦敦。

【考核要求】

请结合本项目内容,缮制一张保险单。

■ 案例分析

1. 山东某公司向国外出口一批花生仁,国外客户开来不可撤销信用证,证中的装运条款规定:"Shipment from Chinese port to Singapore in May,Partial shipment prohibited". 我公司因货源不足,先于 5 月 15 日在青岛港将 200 吨花生仁装"东风"轮,取得一套提单;后又在烟台联系到一批货源,在我公司承担相关费用的前提下,该轮船又驶往烟台港装了 300 吨花生仁于同一轮船,5 月 20 日取得有关提单。然后在信用证有效期内将两套单据交银行议付,银行以分批装运,单证不符为由拒付货款。试问,银行的拒付是否合理? 为什么?

【考核要求】

请问,银行的拒付是否合理? 为什么?

2. 我国对澳大利亚出口 1 000 吨大豆,国外开来信用证规定:不允许分批装运。结果我们在规定的期限内分别在大连、新港各装 500 吨于同一航次的同一船上,提单也注明了不同的装运地和不同的装船日期。

【考核要求】

请问:这是否违约? 银行能否议讨?

项目实训

【实训项目】

国际贸易单证的缮制

【实训情境】

根据本项目任务一中做中学 6—2 的资料,缮制商业发票、装箱单、普惠制产地证、海运提单、保险单、汇票、装船通知和受益人证明。

【实训要求】

1. 结合所学的知识,完成上述内容。
2. 撰写"国际贸易单证的缮制"实训报告。

“国际贸易单证的缮制”实训报告		
项目实训班级：	项目小组：	项目组成员：
实训时间：　　年　月　日	实训地点：	实训成绩：
实训目的：		
实训步骤：		
实训结果：		
实训感言：		
不足与今后改进：		

项目组长评定签字：　　　　　　　　　　项目指导教师评定签字：

项目七　关检融合、单一窗口

◇ **知识目标**

理解：进出口货物报关单的概念、种类。

熟知：关检融合、统一申报业务准备工作。

掌握：关检融合、单一窗口报关单填制规范。

◇ **技能目标**

能够独立完成关检融合、统一申报业务准备工作；关检融合、单一窗口报关单填制规范的基本操作技能，并能独立完成一整套外贸业务的单证缮制。

◇ **素质目标**

能够运用所学的关检融合、单一窗口实务知识研究相关案例，培养和提高学生在特定业务情境中分析问题与决策设计的能力；能够结合报关行业规范或标准，分析报关行为的善恶，强化学生职业素养和职业操守道德。

◇ **思政目标**

能够正确地理解"不忘初心"的核心要义和精神实质；树立正确的世界观、人生观和价值观，做到学思用贯通、知信行统一；通过"关检融合、单一窗口"的知识学习，注意实践动手业务能力及创新能力的培养和职业荣誉感，形成完美的职业态度和职业认同，善于发现问题、分析问题和解决问题，同时具备互联网平台基本操作的业务功底。

◇ **课程思政**

报关单应用的启示

大连的某公司在2022年2月对出口到马来西亚的一批冷冻鲅鱼进行货物海关报关过程中被查柜，过磅发现重量为8 000吨，但申报的海关报关单上填写的重量为80 000吨，因此，海关对该批货物进行了相关处理。

思政反思　在查验与申报不符时，常见的处理方法有以下三种：①删单重报。②上缉私科。③改单。删单重报是指通关管理处主管科长和现场海关科长批准的对已录入海关系统的电子报关单数据进行删除且重新申报的过程。上缉私科是指海关对货物进行查验后，发现实际货物信息与申报信息有重要误差，要求进缉私科协助调查处理的情况。改单是指若海关批准改单，则可以向海关申请修改报关单。

在知识经济不断变革的今天，作为新时代的大学生，我们如何高质量地提升知识创新和知识学习，不断地提高专业技能，增长才干，对时代的变迁，要吸收和接纳新知识的力量带给我们的能力和素质的改变，为今后的职业生涯和人生规划打下坚实基础。

◇ **知识精讲**

任务一　进出口货物报关单

一、进出口货物报关单概述

（一）进出口货物报关单的概念

进出口货物报关单是指进出口货物的收发货人或其代理人，按照海关规定的格式对进出口货物的实际情况做出书面声明，以此要求海关对其货物按适用的海关制度办理通关手续的法律文书。

（二）进出口货物报关单的类别

按进出口状态、表现形式、海关监管方式和用途不同，进出口货物报关可分为以下类型：①按进出口状态，可分为进口货物报关单和出口货物报关单。②按表现形式，可分为纸质报关单和电子数据报关单。③按海关监管方式，可分为进料加工进（出）口货物报关单、来料加工及补偿贸易进（出）口货物报关单、一般贸易及其他贸易进（出）口货物报关单。④按用途，可分为报关单录入凭单、预录入报关单和报关单证明联。

（三）关检融合报关单

1. 出口货物报关单

出口货物报关单的系统操作界面如图 7—1 所示。

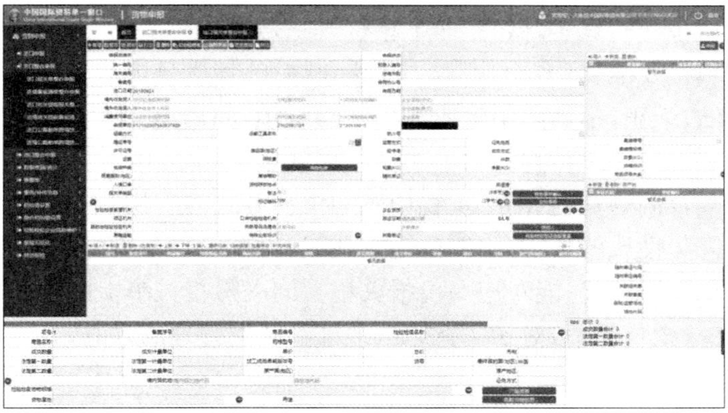

图 7—1　出口货物报关单的系统操作界面

2. 进口货物报关单

进口货物报关单的系统操作界面如图 7—2 所示。

（四）进出口货物报关单的法律效力

进出口货物报关单及其他进出境报关单（证），在对外经济贸易活动中具有十分重要的法律效力，是货物的收发货人向海关报告其进出口货物实际情况及适用海关业务制度、申请海关审查并放行货物的必备法律文书。

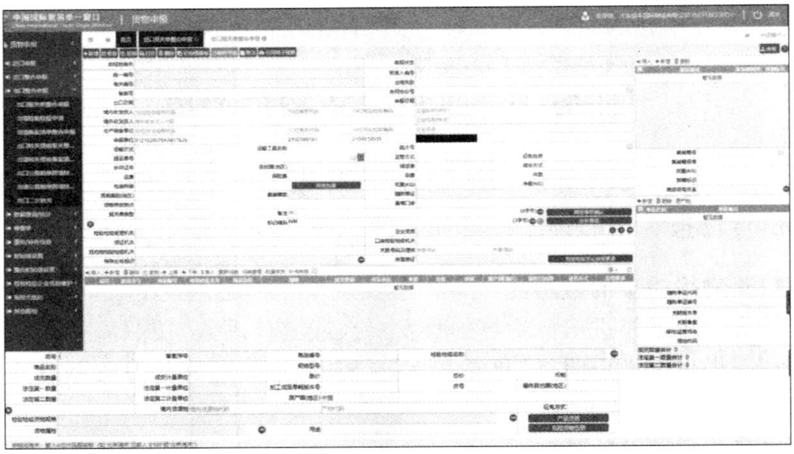

图 7—2　出口货物报关单的系统操作界面

二、进出口货物报关单填制的一般要求

申报人在填制报关单时，应当依法如实向海关申报，对申报内容的真实性、准确性、完整性和规范性承担相应的法律责任。

（1）报关人必须按照《中华人民共和国海关法》《中华人民共和国海关进出口货物申报管理规定》《中华人民共和国海关进出口货物报关单填制规范》的有关规定和要求，向海关如实填报。

（2）报关单的填报必须真实，做到"两个相符"：一是单证相符，二是单货相符。

（3）报关单的填报要准确、齐全、完整、清楚，报关单各栏目内容要逐项详细准确填报（打印），字迹清楚、整洁、端正，不得用铅笔或红色复写纸填写；若有更正，必须在更正项目上加盖校对章。

（4）不同批文或合同的货物、同一货物中不同贸易方式的货物、不同备案号的货物、不同提运单的货物、不同征免性质的货物、不同运输方式或相同运输方式但不同航次的货物等，均应分单填报。一份原产地证书只能对应一份报关单。同一份报关单上的商品不能同时享受协定税率和减免税。在一批货物中，对于实行原产地证书联网管理的，如涉及多份原产地证书或含非原产地证书商品，也分单填报。

（5）在反映进出口商品情况的项目中，须分项填报的主要有下列几种情况：商品编码不同的、商品名称不同的、原产国（地区）/最终目的国（地区）不同的。

（6）已向海关申报的进出口货物报关单，如原填报内容与实际进出口货物不一致而又有正当理由的，申报人应向海关递交书面更正申请，经海关核准后，对原填报的内容进行更改或撤销。

三、关检融合"整合申报项目"介绍

按照海关总署统一部署，从 2018 年 8 月 1 日起，海关进出口货物将实行整合申报，报关单、报检单合并为一张报关单。此次整合申报项目是关检业务融合标志性的改革举措，将改变企业原有报关流程和作业模式，实现报关报检"一张大表"货物申报。

（一）项目主要内容

整合申报项目主要是对海关原报关单申报项目和检验检疫原报检单申报项目进行梳理，报关报检面向企业端整合形成"四个一"，即"一张报关单、一套随附单证、一组参数代码、一个申报系统"。海关总署同步编写并对外发布了《中华人民共和国海关进出口货物报关单填制规范》（2018年第60号）、《进出口货物报关单和进出境货物备案清单格式》（2018年第61号）、《进出口货物报关单申报电子报文格式》（2018年第67号）等公告。

1. 整合原报关、报检申报数据项

在前期征求各部委、报关协会、部分报关企业意见的基础上，按照"依法依规、去繁就简"的原则，对海关原报关单和检验检疫原报检单申报项目进行梳理整合，通过合并共有项、删除极少使用项，将原报关、报检单合计229个货物申报数据项精简到105个，大幅减少企业申报项目。

2. 原报关报检单整合成为一张报关单

整合后的新版报关单以原报关单48个项目为基础，增加部分原报检内容形成了具有56个项目的新报关单打印格式。此次整合对进口、出口货物报关单和进境、出境货物备案清单布局结构进行了优化，版式由竖版改为横版，与国际推荐的报关单样式更加接近，纸质单证全部采用普通打印方式，取消套打，不再印制空白格式单证。修改后的进口、出口货物报关单和进境、出境货物备案清单格式自2018年8月1日起起用，原报关单、备案清单同时废止，原入境、出境货物报检单同时停止使用。

3. 原报关报检单据单证整合为一套随附单证

整合简化申报随附单证，对企业原报关、报检所需随附单证进行梳理，整合随附单证类别代码及申报要求，整合原报关、报检重复提交的随附单据和相关单证，形成统一的随附单证申报规范。

4. 原报关报检参数整合为一组参数代码

对原报关、报检项目涉及的参数代码进行梳理，参照国际标准，实现现有参数代码的标准化。梳理整合后，统一了8个原报关、报检共有项的代码，包括国别（地区）代码、港口代码、币制代码、运输方式代码、监管方式代码、计量单位代码、包装种类代码、集装箱规格代码等。具体参数代码详见：海关总署门户网站→互联网＋海关→通关参数→关检融合部分通关参数查询及下载。

5. 原报关报检申报系统整合为一个申报系统

在申报项目整合的基础上，将原报关报检的申报系统进行整合，形成一个统一的申报系统。用户由"互联网＋海关"、国际贸易"单一窗口"接入。新系统按照整合申报内容对原有报关、报检的申报数据项、参数和随附单据等都进行了调整。

（二）整合原则

海关总署按照在全国通关一体化框架下实现关检业务全面融合的要求，遵循全面融合与平稳过渡相结合、强化监管与简化手续相结合、维护安全与促进便利相结合、防范风险与提升获得感相结合的原则，在企业申报环节以流程整合优化为主线，以信息系统一体化为支撑，以便利企业为目的进一步精简申报项目，参照国际标准，尊重惯例，实现单证统一、代码规范、申报系统整合。

任务二 关检融合、统一申报业务准备

一、"单一窗口"的概念

按照联合国的相关标准,"单一窗口"被定义为:使国际贸易和运输相关各方在单一登记点递交满足全部进口、出口和转口相关监管规定的标准资料和单证的一项措施。单一窗口充分吸取现有数据格式规范、实现数据的简化与便利。(参见《联合国33号建议书:建立国际贸易单一窗口及指南》)

单一窗口

二、"单一窗口"系统

(1)"单一窗口"系统采用网页版的B/S架构模式,无须安装客户端。企业可以随时随地通过网页进行申报操作;

(2)系统环境。①操作系统:Windows 7或10(32位或64位操作系统);不推荐使用Windows XP系统。②浏览器:Chrome20及以上版本;Internet Explorer 9及以上版本,推荐使用IE10或IE11版本;若用户使用Windows 7及以上操作系统,推荐使用Chrome50及以上版本;若用户使用Windows XP系统,推荐使用Chrome26版本的浏览器。

三、"单一窗口"注册前准备工作

"单一窗口"注册前准备工作如表7—1所示。

表7—1 "单一窗口"注册前准备工作

企业中文名称	货物申报企业(报关)
统一社会信用代码	海关注册编码(海关10位编码)
企业法人代表姓名	企业法人卡或UKEY
法人代表身份证号	报关员卡或UKEY
操作员姓名	货物申报企业(报检)
操作员身份证号	报检注册号
读卡器	原产地证注册号

四、用户注册

第一步:登录网站,选择所在区域(图7—3)。

(1)登录"单一窗口":https://www.singlewindow.cn。

(2)选择"我要办事",之后选择用户所在地,例如:辽宁。

第二步：用户注册（见图 7—3）。

图 7—3 用户注册

第三步：企业注册（见图 7—4）。

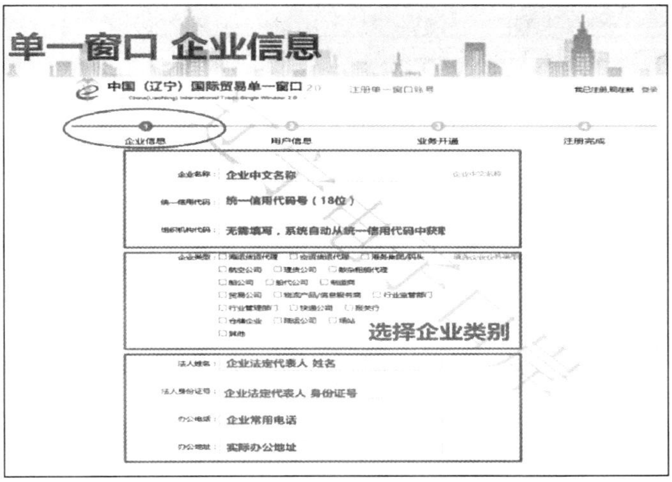

图 7—4 企业注册

第四步：单一窗口，企业管理员，用户注册（见图 7—5）。

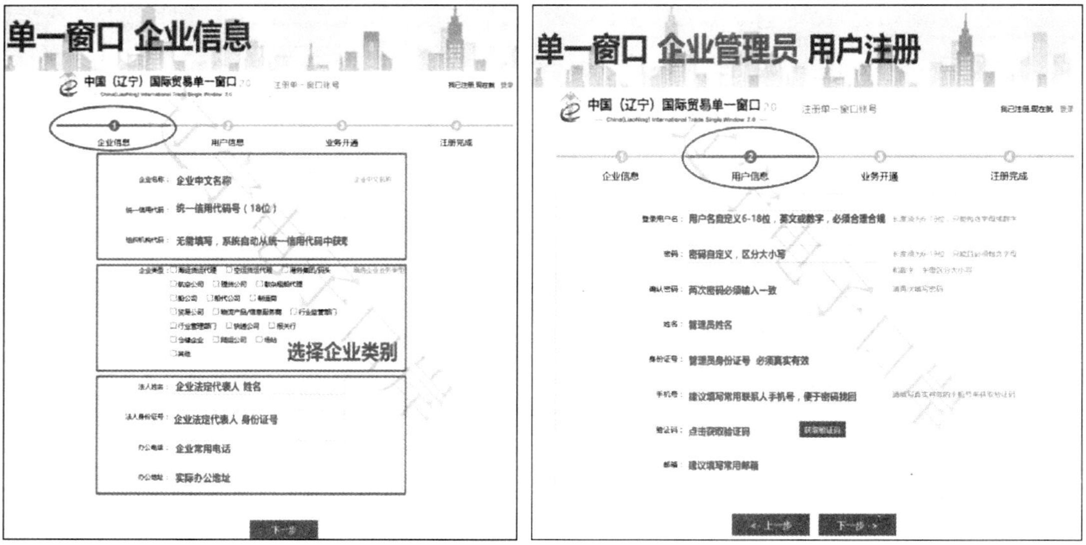

图 7—5　单一窗口—企业管理员—用户注册

第五步：单一窗口，业务开通(见图 7—6)。

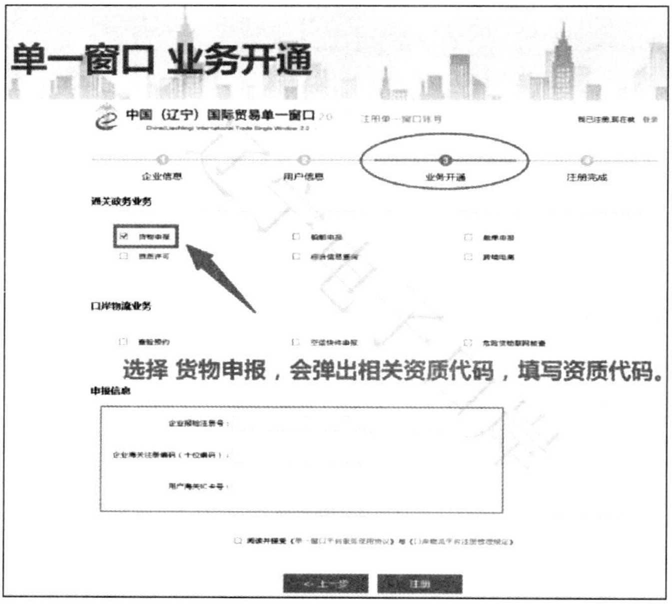

图 7—6　单一窗口—业务开通

第六步：单一窗口，企业管理员，注册完成(见图 7—7)。

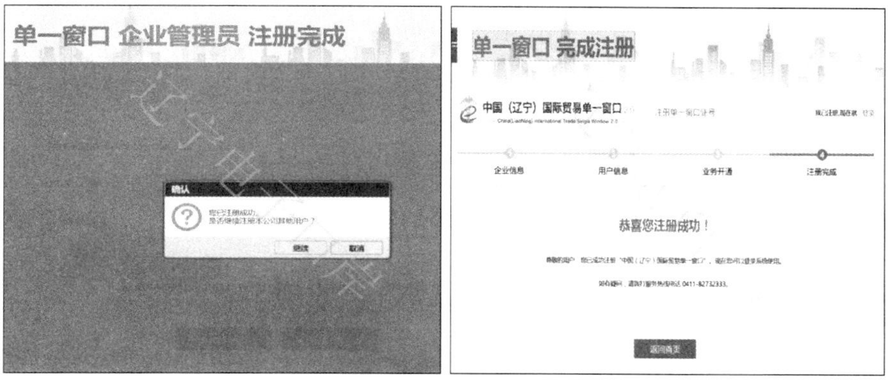

图 7—7　单一窗口—企业管理员—注册完成

五、国际贸易“单一窗口”货物申报

第一步：选择“货物申报”（见图 7—8）。

图 7—8　选择“货物申报”

第二步：单一窗口，用户登录（见图 7—9）。

图 7—9　单一窗口—用户登录

第三步:单一窗口,首次登录认证(见图 7—10)。

(1)首次登录标准版,须验证企业用户信息。

(2)点击“获取验证码”,输入验证码,点击验证。

(3)验证通过后,登录系统。

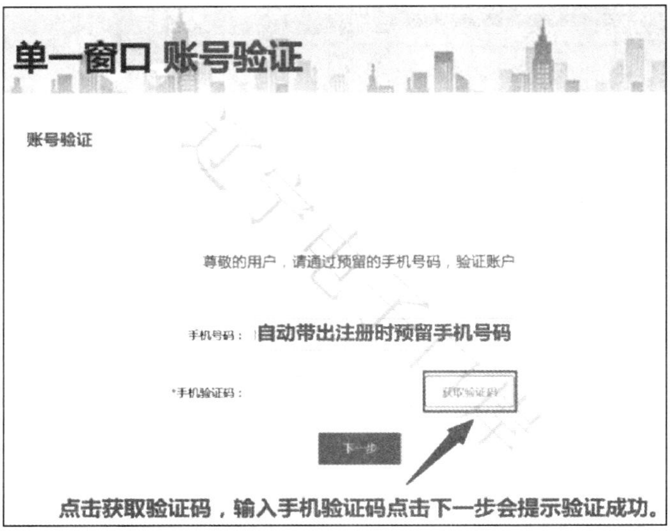

图 7—10 单一窗口—首次登录认证

第四步:单一窗口,操作员账号信息管理(见图 7—11)。

图 7—11 单一窗口—操作员账号信息管理

第五步:单一窗口,报关员卡绑定(一)(见图 7—12)。

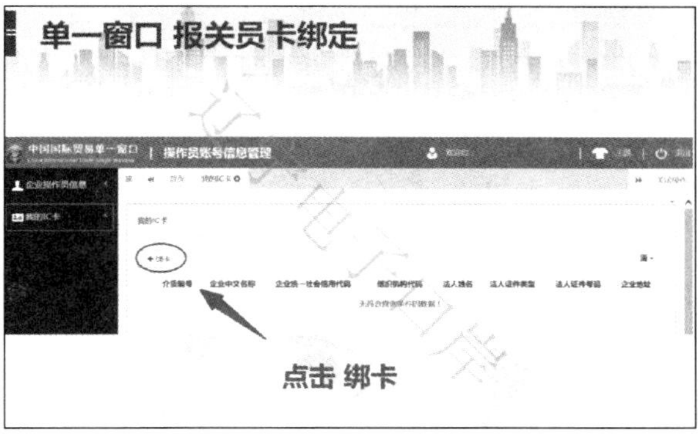

图 7—12　单一窗口—报关员卡绑定(一)

第六步:单一窗口,报关员卡绑定(二)(见图 7—13)。

图 7—13　单一窗口—报关员卡绑定(二)

第七步:单一窗口,报关员卡绑定(三)(见图 7—14)。

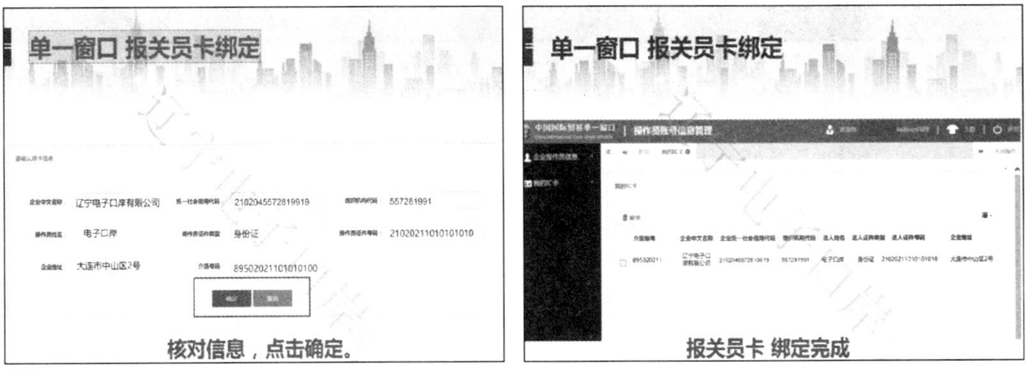

图 7—14　单一窗口—报关员卡绑定(三)

第八步：单一窗口，企业资质绑定(见图 7—15)。

图 7—15　单一窗口—企业资质绑定

第九步：单一窗口，货物申报(见图 7—16)。

图 7—16　单一窗口—货物申报

第十步：单一窗口，企业资质绑定(见图 7—17)。

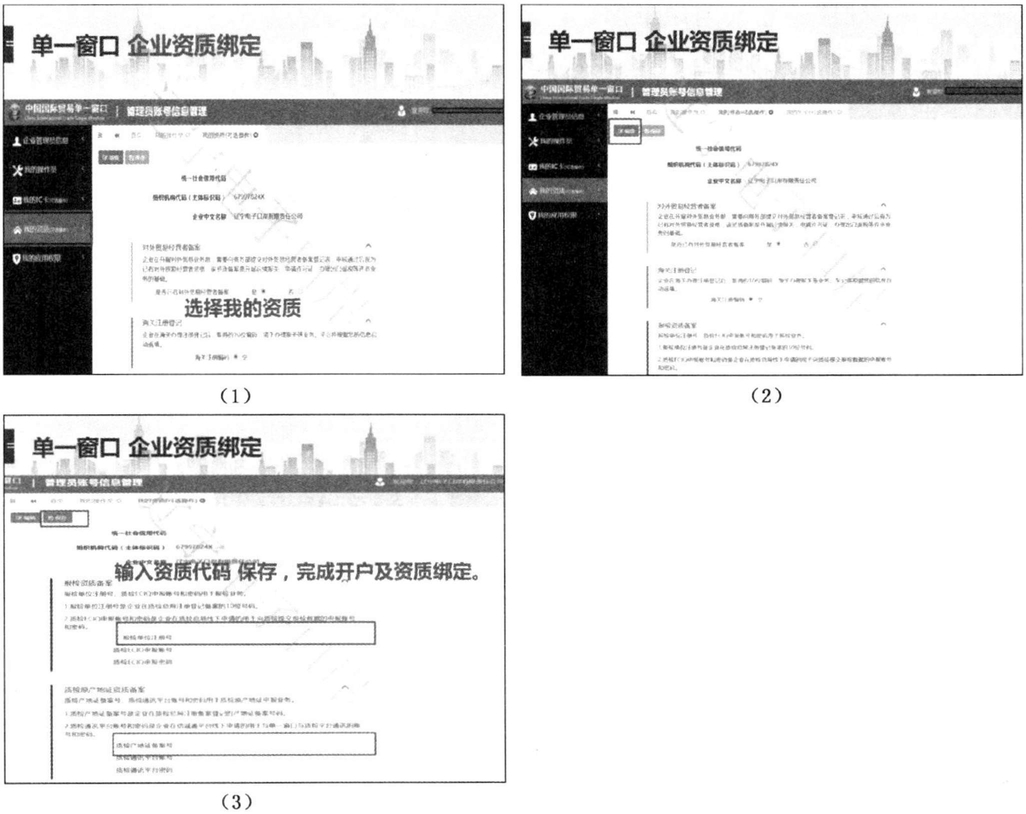

图 7—17　单一窗口—企业资质绑定

六、综合查询

最后是综合查询(见图 7—18)。

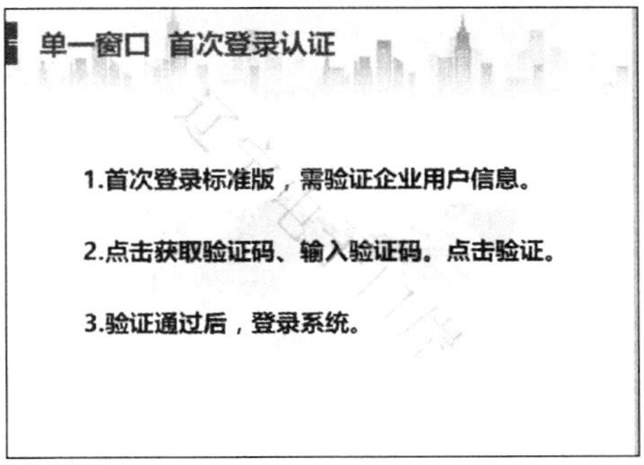

图 7—18　综合查询

七、“单一窗口”标准版用户手册

“单一窗口”标准版用户手册请扫描右侧二维码。

【注意】为保障广大企业数据安全及商业隐私，中国国际贸易“单一窗口”货物申报系统于2020年9月20日进行了优化升级。①货物申报系统中报关申报等相关功能仅支持卡介质登录及操作。(除出/入境检验检疫申请、数据查询/统计中检验检疫申请查询和检验检疫申请业务统计、检验检疫无纸化、其他检验检疫申报外)；②为保障企业数据信息安全，对非报关单收发货人的用户查询权限做出调整。报关单中收发货人在单据任何状态下均可查询完整数据，申报单位在单据审结前可查询完整数据，审结后部分敏感字段界面显示为空、生产销售单位/消费使用单位任何状态下都无法查询数据、录入单位，只能查看暂存状态数据。

“单一窗口”
标准版用户手册

任务三 关检融合、单一窗口报关单填制规范

一、申报地海关

(1)项目类型。该申报项目为必填项。该项目数据类型为4位字符型。

(2)录入要求。根据报关人员在货物进出口时的自主选择，填报海关规定的《关区代码表》中相应海关的名称及代码。例如：选择“广州机场”为申报地海关时，应录入“5141”。

本任务涉及的
代码参数表

【注意】申报地海关的关别代码后两位不能为“00”。

(3)编码规则。

《关区代码表》由三部分组成：①关区代码：由4位数字组成，前两位采用直属海关关别代码，后两位为隶属海关或海关监管场所的代码。②关区名称：直属海关、隶属海关或海关监管场所的中文名称。③关区简称：关区的中文简称，一般为4个汉字。

二、进出境关别

(1)项目类型。该申报项目为必填项。该项目数据类型为4位字符型。

(2)录入要求。根据货物实际进出境的口岸海关，填报海关规定的《关区代码表》中相应口岸海关的名称及代码。例如：货物实际进出境的口岸海关为“广州机场”时，则录入“5141”。

(3)编码规则。《关区代码表》由三部分组成，即关区代码、关区名称和关区简称。

三、备案号

(1)项目类型。该申报项目为选填项。该项目数据类型为12位字符型。

(2)录入要求。填报进出口货物收发货人、消费使用单位、生产销售单位在海关办理加工贸易合同备案或征、减、免税审核确认等手续时，海关核发的“加工贸易手册”、海关特殊监管区域和保税监管场所保税账册、“征免税证明”或其他备案审批文件的编号。

(3)编码规则。备案号为12位字符，结构如下。

第一，第 1 位为备案或审批文件的标记。A 为外商投资企业为生产内销产品进口料件。B 为来料加工进出口货物。C 为进料加工进出口货物。D 为加工贸易不作价进口设备。E 为加工贸易电子账册。G 为加工贸易深加工结转异地报关手册。F 为加工贸易异地报关手册。H 为出口加工区电子账册。J 为保税仓库记账式电子账册。K 为保税仓库备案式电子账册。Y 为原产地证书。Z 为“征免税证明”。Q 为汽车零部件电子账册。

第二，第 2～5 位为核发“加工贸易手册”“征免税证明”等海关关区代码。

第三，第 6 位为年份最后一位，出口加工区设备电子账册第 6 位为“D”。

第四，第 7 位区分不同类型分别定义：①保税仓库电子账册（K、J）第 7 位为保税仓库类型代码。②“加工贸易手册”第 7 位为企业经济类别代码。③深加工结转分册第 7 位为“H”，用于出口加工区深加工结转分册。④“征免税证明”第 7 位为归档标志。

第五，第 8～12 位数为顺序码。

四、征免性质

（1）项目类型。该申报项目为选填项。该项目数据类型为 3 位字符型。

（2）录入要求。根据实际情况，按海关规定的《征免性质代码表》选择填报相应的征免性质简称及代码，持有海关核发的“征免税证明”的，按照“征免税证明”中批注的征免性质填报。

录入时可根据下拉菜单，选择征免性质或按海关规定的《征免性质代码表》录入相应的征免性质代码。例如：一般征税的货物，下拉菜单时可选择“101——一般征税”或录入“101”，栏目自动生成“一般征税”。

一份报关单只允许填报一种征免性质。

（3）编码规则。参数表：《征免性质代码表》。

五、许可证号

（1）项目类型。该申报项目为选填项。该项目数据类型为字符型，最多支持录入 20 位。

（2）录入要求。填报进（出）口许可证、两用物项和技术进（出）口许可证、两用物项和技术出口许可证（定向）、纺织品临时出口许可证、出口许可证（加工贸易）、出口许可证（边境小额贸易）的编号。

【注意】一份报关单只允许填报一个许可证号。

（3）编码规则。无。

六、件数

（1）项目类型。该申报项目为必填项。该项目数据类型为数字型，最多支持录入 9 位。

（2）录入要求。填报进出口货物运输包装的件数（按运输包装计），不得填报为“0”，裸装货物填报为“1”。运输包装是指提运单所列货物件数单位对应的包装。

【注意】①舱单件数为集装箱的，填报集装箱个数。②舱单件数为托盘的，填报托盘数。

（3）编码规则。无。

七、毛重

（1）项目类型。该申报项目为必填项。该项目数据类型为数字型，最多支持录入 19 位，19

位中小数点后最多支持录入 5 位。

(2)录入要求。填报进出口货物及其包装材料的重量之和，计量单位为千克，不足 1 千克的填报为“1”。

【注意】报关单毛重栏目不得为空，毛重应大于或等于 1，不得为“0”。

(3)编码规则。无。

八、净重

(1)项目类型。该申报项目为必填项。该项目数据类型为数字型，最多支持录入 19 位，19 位中小数点后最多支持录入 5 位。

(2)录入要求。填报进出口货物的毛重减去外包装材料后的重量，即货物本身的实际重量，计量单位为千克，不足 1 千克的填报为“1”。

【注意】报关单净重栏目不得为空，净重应大于或等于 1，不得为“0”。

(3)编码规则。无。

九、成交方式

(1)项目类型。该申报项目为必填项。该项目数据类型为 1 位字符型。

(2)录入要求。根据进出口货物实际成交价格条款，按海关规定的《成交方式代码表》选择填报相应的成交方式代码。例如：该货物的成交方式为 CIF，下拉菜单时可选择“1－CIF”或录入“1”，栏目自动生成“CIF”。

【注意】无实际进出境的货物，进口录入 CIF，出口录入 FOB。

(3)编码规则。参数表：《成交方式代码表》。

十、运费标记

(1)项目类型。该申报项目为选填项。该项目数据类型为 1 位字符型。

(2)录入要求。运费为进口货物运抵我国境内输入地点起卸前的运输费用，出口货物运至我国境内输出地点装载后的运输费用。运费可按运费单价、总价或运费率三种方式之一填报。

“运费”项下第一栏为“运费标记”栏。

当按照运费率申报时，“运费标记”栏选择填报“1－率”；当按照每吨货物的运费单价申报时，“运费标记”栏选择填报“2－单价”；当按照运费总价申报时，“运费标记”栏选择填报“3－总价”。

(3)编码规则。参数表：《运费标记代码表》。

十一、运费/率

(1)项目类型。该申报项目为选填项。该项目数据类型为数字型，最多支持录入 19 位，19 位中小数点后最多支持录入 5 位。

(2)录入要求。运费为进口货物运抵我国境内输入地点起卸前的运输费用，出口货物运至我国境内输出地点装载后的运输费用。运费可按运费单价、总价或运费率三种方式之一填报。

“运费”项下第二栏为“运费/率”栏。

当“运费/率”为“1－率”时，在本栏填报运费率；当“运费/率”为“2－单价”时，在本栏填报运费单价；当“运费/率”为“3－总价”时，在本栏填报运费总价。

(3)编码规则。无。

十二、运费币制

(1)项目类型。该申报项目为选填项。该项目数据类型为3位字符型。

(2)录入要求。填报进口货物运抵我国境内输入地点起卸前的运输费用，出口货物运至我国境内输出地点装载后的运输费用。运费可按运费单价、总价或运费率三种方式之一填报。

“运费”项下第三栏为“运费币制”栏。

当“运费币制”栏为“1－率”时，本栏免予录入；当“运费币制”为“2－单价”或“3－总价”时，本栏按海关规定的《货币代码表》录入相应的币种代码。

(3)编码规则。《具体规则：GBT 12406－2008 表示货币和资金的代码 》。注意：原海关《货币代码表》和原检验检疫《货币代码表》采用3位数字，新修订的《货币代码表》采用3位字母。例如：运费币制为美元，“运费币制”应录入“USD”而非原海关代码“502”或原检验检疫代码“840”。参数表：《货币代码表》。

十三、保险费标记

(1)项目类型。该申报项目为选填项。该项目数据类型为1位字符型。

(2)录入要求。保险费为进口货物运抵我国境内输入地点起卸前的保险费用，出口货物运至我国境内输出地点装载后的保险费用。保险费可按保险费总价或保险费率两种方式之一填报。

“保险费”项下第一栏为“保险费标记”栏。

当按照保险费率申报时，“保险费标记”栏选择填报“1－率”；当按照保险费总价申报时，“保险费标记”栏选择填报“3－总价”。

(3)编码规则。参数表：《保费标记代码表》。

十四、保险费/率

(1)项目类型。该申报项目为选填项。该项目数据类型为数字型，最多支持录入19位，19位中小数点后最多支持录入5位。

(2)录入要求。进口货物运抵我国境内输入地点起卸前的保险费用，出口货物运至我国境内输出地点装载后的保险费用。保险费可按保险费总价或保险费率两种方式之一填报。

“保险费”项下第二栏为“保险费/率”栏。

当“保险费/率”为“1－率”时，在本栏填报保险费率；当“保险费/率”为“3－总价”时，在本栏填报保险费总价。

(3)编码规则。无。

十五、保险费币制

(1)项目类型。该申报项目为选填项。该项目数据类型为3位字符型。

(2)录入要求。填报进口货物运抵我国境内输入地点起卸前的保险费用，出口货物运至我国境内输出地点装载后的保险费用。保险费可按保险费总价或保险费率两种方式之一填报。

“保险费”项下第三栏为“保险费币制”栏。

当“保险费币制”栏为“3—总价”时，本栏按海关规定的《货币代码表》录入相应的币种代码；当“保险费币制”栏为“1—率”时，本栏无须填报。

(3)编码规则。具体规则：《GBT 12406—2008 表示货币和资金的代码》。参数表：《货币代码表》。

十六、杂费标记

(1)项目类型。该申报项目为选填项。该项目数据类型为1位字符型。

(2)录入要求。杂费为成交价格以外的、按照《中华人民共和国进出口关税条例》相关规定应计入完税价格或应从完税价格中扣除的费用。

杂费可按杂费总价或杂费率两种方式之一填报。

“杂费”项下第一栏为“杂费标记”栏。

当按照杂费率申报时，“杂费标记”栏选择填报“1—率”；当按照杂费总价申报时，“杂费标记”栏选择填报“3—杂费总价”。

(3)编码规则。参数表：《杂费标记代码表》。

十七、杂费/率

(1)项目类型。该申报项目为选填项。该项目数据类型为数字型，最多支持录入19位，19位中小数点后最多支持录入5位。

(2)录入要求。杂费为成交价格以外的、按照《中华人民共和国进出口关税条例》相关规定应计入完税价格或应从完税价格中扣除的费用。杂费可按杂费总价或杂费率两种方式之一填报。

“杂费”项下第二栏为“杂费/率”栏。

当“杂费/率”为“1—率”时，在本栏填报杂费率；当“杂费/率”为“3—杂费总价”时，在本栏填报杂费总价。

(3)编码规则。无。

十八、杂费币制

(1)项目类型。该申报项目为选填项。该项目数据类型为3位字符型。

(2)录入要求。填报成交价格以外的、按照《中华人民共和国进出口关税条例》相关规定应计入完税价格或应从完税价格中扣除的费用。杂费可按杂费总价或杂费率两种方式之一填报。

“杂费”项下第三栏为“杂费币制”栏。

当“杂费币制”栏为“3—杂费总价”时，本栏按海关规定的《货币代码表》录入相应的币种代码；当“杂费币制”栏为“1—率”时，本栏无须填报。

(3)编码规则。具体规则：《GBT 12406—2008 表示货币和资金的代码》。参数表：《货币代码表》。

十九、随附单证代码

(1)项目类型。该申报项目为选填项。该项目数据类型为1位字符型。

(2)录入要求。除进(出)口许可证、两用物项和技术进(出)口许可证、两用物项和技术出口许可证(定向)、纺织品临时出口许可证、出口许可证(加工贸易)、出口许可证(边境小额贸易)以外的其他进出口许可证件或监管证件,按海关规定的《监管证件代码表》选择填报相应证件代码。

(3)编码规则。参数表:《监管证件代码表》。

二十、随附单证编号

(1)项目类型。该申报项目为选填项。该项目数据类型为字符型,最多支持录入32位。

(2)录入要求。除进(出)口许可证、两用物项和技术进(出)口许可证、两用物项和技术出口许可证(定向)、纺织品临时出口许可证、出口许可证(加工贸易)、出口许可证(边境小额贸易)以外的其他进出口许可证件或监管证件,填报证件编号。

(3)编码规则。参数表:《监管证件代码表》。

二十一、随附单据

(1)项目类型。该申报项目为选填项。该项目数据类型为8位字符型。

(2)录入要求。"报关单类型"为"通关无纸化"的报关单需根据海关各类监管要求,上传相关随附单据。

上传随附单据时,需按海关规定的《随附单据表》录入相应的随附单据编号。例如,上传合同时,"随附单据"需录入"00000004"。

(3)编码规则。参数表:《随附单据表》。

二十二、关联报关单

(1)项目类型。该申报项目为选填项。该项目数据类型为18位字符型。

(2)录入要求。与本报关单有关联关系的,同时在业务管理规范方面又要求填报的报关单号,填报在电子数据报关单中"关联报关单"栏。

(3)编码规则。无。

二十三、关联备案

(1)项目类型。该申报项目为选填项。该项目数据类型为12位字符型。

(2)录入要求。与本报关单有关联关系的,同时在业务管理规范方面又要求填报的备案号,填报在电子数据报关单中"关联备案"栏。

(3)编码规则。无。

二十四、备案序号

(1)项目类型。该申报项目为选填项,该项目数据类型为数字型,最多支持录入19位。

(2)录入要求。"项号"第二行填报"备案序号",专用于加工贸易、减免税等已备案、审批的货物，填报和打印该项货物在“加工贸易手册”或“征免税证明”等备案、审批单证中的顺序编号。

（3）编码规则。无。

二十五、规格型号

（1）项目类型。该申报项目为必填项。该项目数据类型为字符型，最多支持录入255位。

（2）录入要求。具体填报要求如下：

第一，规格型号应据实填报，并与进出口货物收发货人或受委托的报关企业所提交的合同、发票等相关单证相符。

第二，规格型号应当足够详细，以能满足海关归类、审价及许可证件管理要求为准，可参照《中华人民共和国海关进出口商品规范申报目录》中对规格型号的要求进行填报。

第三，对需要海关签发“货物进口证明书”的车辆，商品名称栏填报“车辆品牌＋排气量（注明cc）＋车型（如越野车、小轿车等）”。进口汽车底盘不填报排气量。车辆品牌按照《进口机动车辆制造厂名称和车辆品牌中英文对照表》中“签注名称”一栏的要求填报。规格型号栏可填报“汽油型”等。

第四，由同一运输工具同时运抵同一口岸并且属于同一收货人、使用同一提单的多种进口货物，按照商品归类规则应当归入同一商品编号的，应当将有关商品一并归入该商品编号。规格型号填报一并归类后商品的规格型号。

第五，加工贸易边角料和副产品内销，边角料复出口，填报其报验状态的规格型号。

第六，进口货物收货人以一般贸易方式申报进口属于《需要详细列名申报的汽车零部件清单》（海关总署2006年第64号公告）范围内的汽车生产件的，规格型号填报汽车零部件的完整编号。在零部件编号前应当加注“S”字样，并与零部件编号之间用“/”相隔，零部件编号之后应当依次加注该零部件适用的汽车品牌和车型。汽车零部件属于可以适用于多种汽车车型的通用零部件的，零部件编号后应当加注“TY”字样，并用“/”与零部件编号相隔。与进口汽车零部件规格型号相关的其他需要申报的要素，或者海关规定的其他需要申报的要素，如“功率”“排气量”等，应当在车型或“TY”之后填报，并用“/”与之相隔。

第七，进口货物收货人以一般贸易方式申报进口属于《需要详细列名申报的汽车零部件清单》（海关总署2006年第64号公告）范围内的汽车维修件的，填报规格型号时，应当在零部件编号前加注“W”，并与零部件编号之间用“/”相隔；进口维修件的品牌与该零部件适用的整车厂牌不一致的，应当在零部件编号前加注“WF”，并与零部件编号之间用“/”相隔。其余申报要求同上条执行。

第八，品牌类型。品牌类型为必填项目。可选择“无品牌”“境内自主品牌”“境内收购品牌”“境外品牌（贴牌生产）”“境外品牌（其他）”如实填报。其中，“境内自主品牌”是指由境内企业自主开发、拥有自主知识产权的品牌；“境内收购品牌”是指境内企业收购的原境外品牌；“境外品牌（贴牌生产）”是指境内企业代工贴牌生产中使用的境外品牌；“境外品牌（其他）”是指除代工贴牌生产以外使用的境外品牌。

第九，出口享惠情况。出口享惠情况为出口报关单必填项目。可选择“出口货物在最终目的国（地区）不享受优惠关税”“出口货物在最终目的国（地区）享受优惠关税”“出口货物不能确定在最终目的国（地区）享受优惠关税”如实填报。进口货物报关单不填报该申报项。

(3)编码规则。无。

二十六、成交数量

(1)项目类型。该申报项目为必填项。该项目数据类型为数字型,最多支持录入19位,19位中小数点后最多支持录入5位。

(2)录入要求。填报货物实际成交的数量。

(3)编码规则。无。

二十七、成交计量单位

(1)项目类型。该申报项目为必填项。该项目数据类型为3位字符型。

(2)录入要求。通过下拉菜单选择货物实际成交所用的计量单位。例如,成交单位为“台”,则通过下拉菜单选择“001—台”。

【注意】①已备案的加工贸易及保税货物,成交计量单位必须与“加工贸易手册”中同项号下货物的计量单位一致,加工贸易边角料和副产品内销、边角料复出口,填报其报验状态的计量单位。②优惠贸易协定项下进出口商品的成交计量单位必须与原产地证书上对应商品的计量单位一致。

(3)编码规则。参数表:《计量单位代码表》。

二十八、法定第二数量

(1)项目类型。该申报项目为选填项。该项目数据类型为数字型,最多支持录入19位,19位中小数点后最多支持录入5位。

(2)录入要求。凡列明有法定第二计量单位的,按照法定第二计量单位填报对应的数量。无法定第二计量单位的,无须录入。

(3)编码规则。无。

二十九、最终目的国(地区)

(1)项目类型。该申报项目为必填项。该项目数据类型为3位字符型。

(2)录入要求。最终目的国(地区)按海关规定的《国别(地区)代码表》选择填报已知的进出口货物的最终实际消费、使用或进一步加工制造国别(地区)。

(3)编码规则。海关总署根据国家标准修订的《国别(地区)代码表》由3位英文构成。

【提示】原海关和原检验检疫《国别(地区)代码表》均由3位数字构成,修订后的代码由3位英文字母构成。例如,原海关《国别(地区)代码表》中美国代码为“502”,原检验检疫《国别(地区)代码表》中美国代码为“840”,修订后《国别(地区)代码表》中美国代码为“USA”。

参数表:《国别(地区)代码表》。

三十、征免方式

(1)项目类型。该申报项目为必填项。该项目数据类型为1位字符型。

(2)录入要求。按照海关核发的“征免税证明”或有关政策规定,对报关单所列每项商品选择海关规定的《征减免税方式代码表》中相应的征减免税方式填报。

(3)编码规则。参数表:《征减免税方式代码表》。

三十一、特殊关系确认

(1)项目类型。该申报项目为选填项。该项目数据类型为1位字符型。

(2)录入要求。根据《中华人民共和国海关审定进出口货物完税价格办法》(以下简称《审价办法》)第16条,填报确认进出口行为中买卖双方是否存在特殊关系,有下列情形之一的,应当认为买卖双方存在特殊关系,应在下拉菜单中选择"1—是",反之则选择"0—否":①买卖双方为同一家族成员的。②买卖双方互为商业上的高级职员或者董事的。③一方直接或者间接地受另一方控制的。④买卖双方都直接或者间接地受第三方控制的。⑤买卖双方共同直接或者间接地控制第三方的。⑥一方直接或者间接地拥有、控制或者持有对方5%以上(含5%)公开发行的有表决权的股票或者股份的。⑦一方是另一方的雇员、高级职员或者董事的。⑧买卖双方是同一合伙的成员的。

买卖双方在经营上相互有联系,一方是另一方的独家代理、独家经销或者独家受让人,如果符合前款的规定,也应当视为存在特殊关系。

(3)编码规则。无。

三十二、价格影响确认

(1)项目类型。该申报项目为选填项。该项目数据类型为1位字符型。

(2)录入要求。根据《审价办法》第17条,填报确认纳税义务人是否可以证明特殊关系未对进口货物的成交价格产生影响,纳税义务人能证明其成交价格与同时或者大约同时发生的下列任何一款价格相近的,应当视为特殊关系未对成交价格产生影响,在下拉菜单中选择"0—否",反之则选择"1—是":①向境内无特殊关系的买方出售的相同或者类似进口货物的成交价格。②按照《审价办法》第23条的规定所确定的相同或者类似进口货物的完税价格。③按照《审价办法》第25条的规定所确定的相同或者类似进口货物的完税价格。

【注意】出口货物免予填报,加工贸易及保税监管货物(内销保税货物除外)免予填报。

(3)编码规则。无。

三十三、与货物有关的特许权使用费支付确认

(1)项目类型。该申报项目为选填项。该项目数据类型为1位字符型。

(2)录入要求。根据《审价办法》第11条和第13条,填报确认买方是否存在向卖方或者有关方直接或者间接支付与进口货物有关的特许权使用费,且未包括在进口货物的实付、应付价格中。通过下拉菜单方式选择填报。

买方存在需向卖方或者有关方直接或者间接支付特许权使用费,且未包含在进口货物实付、应付价格中,并且符合《审价办法》第13条的,选择"1—是"。

买方存在需向卖方或者有关方直接或者间接支付特许权使用费,且未包含在进口货物实付、应付价格中,但纳税义务人无法确认是否符合《审价办法》第13条的,选择"1—是"。

买方存在需向卖方或者有关方直接或者间接支付特许权使用费且未包含在实付、应付价格中,纳税义务人根据《审价办法》第13条,可以确认需支付的特许权使用费与进口货物无关的,选择"0—否"。

买方不存在向卖方或者有关方直接或者间接支付特许权使用费的，或者特许权使用费已经包含在进口货物实付、应付价格中的，选择“0—否”。

(3)编码规则。无。

三十四、报关单类型

(1)项目类型。该申报项目为必填项。该项目数据类型为1位字符型。

(2)录入要求。有纸报关通过下拉菜单选择“0—有纸报关”，有纸带清单报关选择“L—有纸带清单报关”，无纸带清单报关选择“D—无纸带清单报”，通关无纸化选择“M—通关无纸化”。

(3)编码规则。无。

三十五、自报自缴

(1)项目类型。该申报项目为选填项。该项目数据类型为1位字符型。

(2)录入要求。进出口企业、单位采用“自主申报、自行缴税”(自报自缴)模式向海关申报时，勾选本项目；反之则不勾选。

(3)编码规则。无。

三十六、自主报税

(1)项目类型。该申报项目为选填项。该项目数据类型为1位字符型。

(2)录入要求。进出口企业、单位采用“自主申报、自行缴税”(自报自缴)模式向海关申报时，勾选本栏目；反之则不勾选。

(3)编码规则。无。

三十七、担保验放

(1)项目类型。该申报项目为选填项。该项目数据类型为1位字符型。

(2)录入要求。进出口企业、单位采用“担保验放”模式向海关申请通关放行，勾选本栏目；反之则不勾选。

(3)编码规则。无。

三十八、税单无纸化

(1)项目类型。该申报项目为选填项。该项目数据类型为1位字符型。

(2)录入要求。进出口企业、单位采用“税单无纸化”模式向海关申报时，勾选本栏目；反之则不勾选。

(3)编码规则。无。

三十九、保税监管场所

(1)项目类型。该申报项目为选填项。该项目数据类型为字符型，最长支持录入10位。

(2)录入要求。保税监管场所进出货物，在“保税监管场所”栏目填报本保税监管场所编码[保税物流中心(B型)填报本中心的国内地区代码]，其中涉及货物在保税监管场所间流转的，在本栏目填报对方保税监管场所代码。

(3)编码规则。无。

四十、货场代码

(1)项目类型。该申报项目为选填项。该项目数据类型为4位字符型。

(2)录入要求。按照进出口货物海关实际监管点，根据海关规定的《海关货场代码表》准确填报本栏目。黄埔海关专用。

(3)编码规则。参数表:《海关货场代码表》。

四十一、货号

(1)项目类型。该申报项目为选填项。该项目数据类型为字符型，最长支持录入30位。

(2)录入要求。申报加工贸易货物进出口报关单时，根据"加工贸易手册"中备案的料件、成品货号填报本栏目。

(3)编码规则。无。

四十二、加工成品单耗版本号

(1)项目类型。该申报项目为选填项。该项目数据类型为8位字符型。

(2)录入要求。申报加工贸易货物出口报关单时，系统自动返填与"加工贸易手册"中备案成品单耗一致的版本号。

(3)编码规则。无。

四十三、境内收发货人

(1)项目类型。该申报项目为必填项。该项目数据类型18位字符型。

(2)录入要求。填报在海关备案的对外签订并执行进出口贸易合同的中国境内法人、其他组织名称及编码。编码填报18位法人和其他组织统一社会信用代码，没有统一社会信用代码的，填报其在海关的备案编码。进口填"境内收货人"，出口填"境内发货人"。人工录入企业代码后，系统自动返

填企业中文名名称。

(3)编码规则。无。

【职场指南7—1】　　如何填写境内收发货人编码

我司还没有办理社会统一信用代码，请问在填报关单时应如何填写境内收发货人编码?

答:根据海关总署公告2018年第60号(《关于修订〈中华人民共和国海关进出口货物报关单填制规范〉的公告》)附件——《海关进出口货物报关单填制规范》第三条:境内收发货人。填报在海关备案的对外签订并执行进出口贸易合同的中国境内法人、其他组织名称及编码。编码填报18位法人和其他组织统一社会信用代码，没有统一社会信用代码的，填报其在海关的备案编码。

特殊情况下填报要求如下:(1)进出口货物合同的签订者和执行者非同一企业的，填报执行合同的企业。(2)外商投资企业委托进出口企业进口投资设备、物品的，填报外商投资企业，并在标记唛码及备注栏注明"委托某进出口企业进口"，同时注明被委托企业的18位法人和其

他组织统一社会信用代码。(3)有代理报关资格的报关企业代理其他进出口企业办理进出口报关手续时,填报委托的进出口企业。(4)海关特殊监管区域收发货人填报该货物的实际经营单位或海关特殊监管区域内经营企业。

四十四、进出口日期

(1)项目类型。该申报项目为必填项。该项目数据类型为8位字符型。

(2)录入要求。进口日期填报运载进口货物的运输工具申报进境的日期。出口日期是指运载出口货物的运输工具办结出境手续的日期,在申报时免予填报。无实际进出境的货物,填报海关接受申报的日期。

进口日期为人工录入,入库后系统自动返填;出口日期在申报时免予填报,入库后系统自动返填。

本栏目为8位数字,顺序为年(4位)、月(2位)、日(2位),格式为“YYYYMMDD”。

(3)编码规则。无。

四十五、运输方式

(1)项目类型。该申报项目为必填项。该项目数据类型为1位字符型。

(2)录入要求。运输方式包括实际运输方式和海关规定的特殊运输方式,前者是指货物实际进出境的运输方式,按进出境所使用的运输工具分类;后者是指货物无实际进出境的运输方式,按货物在境内的流向分类。

根据货物实际进出境的运输方式或货物在境内流向的类别,按照海关规定的《运输方式代码表》选择填报相应的运输方式。

(3)编码规则。参数表:《运输方式代码表》。

四十六、运输工具名称

(1)项目类型。该申报项目为有条件必填项。该项目数据类型为字符型,最多支持录入32位。

(2)录入要求。填报载运货物进出境的运输工具名称或编号。填报内容应与运输部门向海关申报的舱单(载货清单)所列相应内容一致。

(3)编码规则。无。

四十七、航次号

(1)项目类型。该申报项目为有条件必填项,在货物实际进出境触发必填项。该项目数据类型为字符型,最多支持录入32位。

(2)录入要求。填报载运货物进出境的航次号。填报内容应与运输部门向海关申报的舱单(载货清单)所列相应内容一致。

(3)编码规则。无。

四十八、提运单号

(1)项目类型。该申报项目为有条件必填项,在货物实际进出境触发必填项。该项目数据类型为32位字符型。

(2)录入要求。填报进出口货物提单或运单的编号。一份报关单只允许填报一个提单或运单号,一票货物对应多个提单或运单时,应分单填报。

(3)编码规则。无。

四十九、消费使用/生产销售单位代码

(1)项目类型。该申报项目为必填项。该项目数据类型为18位字符型。

(2)录入要求。填报18位法人和其他组织统一社会信用代码,无18位法人和其他组织统一社会信用代码的,填报"NO"。进口填报消费使用单位,出口填报生产销售单位。人工录入企业代码后,系统自动返
填企业中文名称。

(3)编码规则。无。

五十、监管方式

(1)项目类型。该申报项目为必填项。该项目数据类型为4位字符型。

(2)录入要求。根据实际对外贸易情况按海关规定的《监管方式代码表》选择填报相应的监管方式的简称及代码。一份报关单只允许填报一种监管方式。

(3)编码规则。监管方式是以国际贸易中进出口货物的交易方式为基础,结合海关对进出口货物的征税、统计及监管条件综合设定的海关对进出口货物的管理方式。其代码由4位数字构成,前两位是按照海关监管要求和计算机管理需要划分的分类代码,后两位是参照国际标准编制的贸易方式代码。参数表:《监管方式代码表》。

五十一、合同协议号

(1)项目类型。该申报项目为必填项。该项目数据类型为字符型,最多支持录入32位。

(2)录入要求。填报进出口货物合同(包括协议或订单)编号。未发生商业性交易的免予填报。

(3)编码规则。无。

五十二、贸易国别(地区)

(1)项目类型。该申报项目为必填项。该项目数据类型为3位字符型。

(2)录入要求。发生商业性交易按海关规定的《国别(地区)代码表》,选择填报相应的贸易国别(地区)的中文名称及代码。进口填报购自国(地区),出口填报售予国(地区)。

注意:未发生商业性交易的填报货物所有权拥有者所属的国别(地区)。

(3)编码规则。海关总署根据国家标准修订的《国别(地区)代码表》由3位英文构成。参数表:《国别(地区)代码表》。

五十三、起运国/运抵国(地区)

(1)项目类型。该申报项目为必填项。该项目数据类型为3位字符型。

(2)录入要求。起运国(地区)按海关规定的《国别(地区)代码表》填报进口货物起始发出

直接运抵我国，或者在运输中转国(地区)未发生任何商业性交易的情况下运抵我国的国家(地区)。例如，申报进口货物的起运国为美国时，根据下拉菜单选择填报“USA－美国”，也可在本栏录入中文“美国”。

运抵国(地区)按海关规定的《国别(地区)代码表》填报出口货物离开我国关境直接运抵，或者在运输中转国(地区)未发生任何商业性交易的情况下最后运抵的国家(地区)。例如，申报出口货物的运抵国为马来西亚时，根据下拉菜单选择填报代码为“MYS－马来西亚”，也可在本栏录入中文“马来西亚”。

(3)编码规则。海关总署根据国家标准修订的《国别(地区)代码表》由3位英文构成。参数表:《国别(地区)代码表》。

五十四、经停/指运港

(1)项目类型。该申报项目为必填项。该项目数据类型为6位字符型。

(2)录入要求。经停港按海关规定的《港口代码表》选择填报进口货物在运抵我国关境前的最后一个境外装运港。指运港按海关规定的《港口代码表》选择填报出口货物运往境外的最终目的港。

(3)编码规则。根据实际情况，修订后的《港口代码表》由3位英文字母和3位数字组成。例如，缅甸仰光的港口代码为“MMR018”。参数表:《港口代码表》。

五十五、包装种类

(1)项目类型。该申报项目为必填项。该项目数据类型为2位字符型。

(2)录入要求。按照海关规定的《包装种类代码表》选择填报进出口货物的所有包装材料，包括运输包装和其他包装。其中，运输包装即提运单所列货物件数单位对应的包装，按照海关规定的《包装种类代码表》，填报运输包装对应的2位包装种类代码。例如，使用再生木托作为运输包装的，在本栏填报中文“再生木托”或代码“92”。

若还有其他包装，包括货物的各类包装、植物性铺垫材料等，则在“其他包装”栏目的“包装材料种类”中，按照海关规定的《包装种类代码表》填报2位包装种类代码，在“包装件数”栏目中填报对应件数数字。例如，其他包装中含有纸制或纤维板制盒(箱)包装的，在本栏填报中文“纸制或纤维板制盒(箱)”或代码“22”。

(3)编码规则。《包装种类代码表》根据原报关和原报检的《包装种类代码表》修订而成。参数表:《包装种类代码表》。

五十六、标记唛码

(1)项目类型。该申报项目为选填项。该项目数据类型为字符型，最多支持录入400位。

(2)录入要求。填报标记唛码中除图形以外的文字、数字，无标记唛码的填报“N/M”。

(3)编码规则。无。

五十七、备注

(1)项目类型。该申报项目为选填项。该项目数据类型为字符型，最多支持录入70位。

(2)录入要求。有以下情况的须按照填制规范的要求录入相关信息:

①受外商投资企业委托代理其进口投资设备、物品的，在本栏填报进出口企业名称。

②办理进口货物直接退运手续的，在本栏填报“<ZT”+“海关审核联系单号或者《海关责令进口货物直接退运通知书》编号”+“>”。

③保税监管场所进出货物，在“保税/监管场所”栏填报本保税监管场所编码[保税物流中心(B型)填报本中心的国内地区代码]，若涉及货物在保税监管场所间流转的，在本栏填报对方保税监管场所代码。

④涉及加工贸易货物销毁处置的，在本栏填报海关加工贸易货物销毁处置申报表编号。

⑤当监管方式为“暂时进出货物”(2600)和“展览品”(2700)时，填报要求按相应规定进行。

⑥跨境电子商务进出口货物，在本栏填报“跨境电子商务”。

⑦加工贸易副产品内销，在本栏填报“加工贸易副产品内销”。

⑧服务外包货物进口，在本栏填报“国际服务外包进口货物”。

⑨公式定价进口货物，在本栏填报公式定价备案号，格式为：“公式定价”+备案编号+“@”。对于同一报关单下有多项商品的，如某项或某几项商品为公式定价备案的，则在本栏填报为：“公式定价”+备案编号+“#”+商品序号+“@”。

⑩进出口与《预裁定决定书》列明情形相同的货物时，按照《预裁定决定书》在本栏填报，格式为：“预裁定+《预裁定决定书》编号”。例如，某份预裁定决定书编号为R－2－0100－2022－0001，则填报为“预裁定R－2－0100－2022－0001”。

⑪含归类行政裁定报关单，在本栏填报归类行政裁定编号，格式为：“c”+4位数字编号。例如，c0001。

⑫已经在进入特殊监管区时完成检验的货物，在出区入境申报时，在本栏填报“预检验”字样，同时在“关联报检单”栏填报实施预检验的报关单号。

⑬进口直接退运的货物，在本栏填报“直接退运”字样。

⑭企业提供ATA单证册的货物，在本栏填报“ATA单证册”字样。

⑮进出口不含动物源性低风险的生物制品，在本栏填报“不含动物源性”字样。

⑯货物自境外进入境内特殊监管区或者保税仓库的，在本栏填报“保税入库”或者“境外入区”字样。

⑰海关特殊监管区域与境内区外之间采用分送集报方式进出的货物，在本栏填报“分送集报”字样。

⑱军事装备出入境的，在本栏填报“军品”或“军事装备”字样。

⑲申报商品的H.S.编码为3821000000、3002300000的，填报要求为：属于培养基的，在本栏填报“培养基”字样；属于化学试剂的，在本栏填报“化学试剂”字样；不含动物源性成分的，在本栏填报“不含动物源性”字样。

⑳属于修理物品的，在本栏填报“修理物品”字样。

㉑属于下列情况的，在本栏填报“压力容器”“成套设备”“食品添加剂”“成品退换”“旧机电产品”等字样。

㉒HS编码为2903890020(入境六溴环十二烷)，用途为“其他(99)”的，在本栏填报具体用途。

㉓申报时其他必须说明的事项。

(3)编码规则：无。

五十八、集装箱号

(1)项目类型。该申报项目为选填项。该项目数据类型为11位字符型。

(2)录入要求。使用集装箱装载进出口商品的,根据集装箱体上标示的全球唯一编号填报集装箱号。一份报关单有多个集装箱的,则在本栏分别录入集装箱号。

(3)编码规则:无。

五十九、集装箱规格

(1)项目类型。该申报项目为选填项。该项目数据类型为4位字符型。

(2)录入要求。使用集装箱装载进出口商品的,在填报集装箱号后,在本栏按照《集装箱规格代码表》选择填报集装箱规格。例如,装载商品的集装箱规格为"普通2*标准箱(L)",在本栏下拉菜单选择"11—普通2*标准箱(L)"。

(3)编码规则。原报关《集装箱规格代码表》为1位英文,原报检《集装箱规格代码表》为3位数字,现行《集装箱规格代码表》采用2位数字代码。参数表:《集装箱规格代码表》。

六十、商品编号

(1)项目类型。该申报项目为必填项。该项目数据类型为13位字符型。

(2)录入要求。填报由13位数字组成的商品编号。前8位为《中华人民共和国海关进出口税则》和《中华人民共和国海关统计商品目录》确定的编码;9～10位为监管附加编号,11～13位为检验检疫附加编号。

例如,申报进口商品"活龙虾",需先在"商品编号"栏录入"0306329000"10位数编号,再在"检验检疫编码"栏下拉菜单的"101活虾""102鲜活或冷的带壳或去壳的龙虾(养殖)""103鲜活或冷的带壳或去壳的龙虾(野生的)"中,选择"101活虾"检验检疫附加编号。

(3)编码规则:无。

六十一、商品名称

(1)项目类型。该申报项目为必填项。该项目数据类型为字符型,最多支持录入255位。

(2)录入要求。填报要求如下:第一,商品名称应据实填报,并与进出口货物收发货人或受委托的报关企业所提交的合同、发票等相关单证相符。第二,商品名称应当规范,以能满足海关归类、审价及许可证件管理要求为准,可参照《中华人民共和国海关进出口商品规范申报目录》中对商品名称的要求进行填报。第三,已备案的加工贸易及保税货物,填报的内容必须与备案登记中同项号下货物的商品名称一致。第四,对需要海关签发"货物进口证明书"的车辆,商品名称栏填报"车辆品牌+排气量(注明cc)+车型(如越野车、小轿车等)"。第五,由同一运输工具同时运抵同一口岸并且属于同一收货人、使用同一提单的多种进口货物,按照商品归类规则应当归入同一商品编号的,应当将有关商品一并归入该商品编号。商品名称填报一并归类后的商品名称。第六,加工贸易边角料和副产品内销,边角料复出口,填报其报验状态的名称。第七,进口货物收货人以一般贸易方式申报进口属于《需要详细列名申报的汽车零部件清单》(海关总署2006年第64号公告)范围内的汽车生产件的,商品名称填报进口汽车零部件的详细中文商品名称和品牌,中文商品名称与品牌之间用"/"相隔,必要时可加注英文商业名称。第八,出口享惠情况。出口享惠情况为出口报关单必填项目。可选择“出口货物在最终目的国(地区)不享受优惠关税”“出口货物在最终目的国(地区)享受优惠关税”“出口货物不能确定在最终目的国(地区)享受优惠关税”如实填报。进口货物报关单不填报该申报项。

(3)编码规则:无。

六十二、法定第一数量

(1)项目类型。该申报项目为必填项。该项目数据类型为数字型,最多支持录入 19 位,19 位中小数点后最多支持录入 5 位。

(2)录入要求。进出口货物按《中华人民共和国海关统计商品目录》中确定的法定第一计量单位,填报对应的法定第一数量。第一,法定计量单位为“千克”的按数量填报,特殊情况下填报要求如下:①装入可重复使用的包装容器的货物,应按货物扣除包装容器后的重量填报,如罐装同位素、罐装氧气及类似品等。②使用不可分割包装材料和包装容器的货物,按货物的净重填报(即包括内层直接包装的净重),如采用供零售包装的罐头、药品及类似品等。③按照商业惯例以公量重计价的商品,应按公量重填报,如未脱脂羊毛、羊毛条等。④采用以毛重作为净重计价的货物,可按毛重填报,如粮食、饲料等大宗散装货物。⑤采用零售包装的酒类、饮料、化妆品,按照液体部分的重量填报。第二,成套设备、减免税货物如需分批进口,货物实际进口时,应按照实际报验状态确定数量。第三,具有完整品或制成品基本特征的不完整品、未制成品,根据《商品名称及编码协调制度》归类规则应按完整品归类的,按照构成完整品的实际数量填报。第四,法定计量单位为立方米的气体货物,折算成标准状况(即摄氏零度及 1 个标准大气压)下的体积进行填报。

(3)编码规则:无。

六十三、总价

(1)项目类型。该申报项目为必填项。该项目数据类型为数字型,最多支持录入 19 位,19 位中小数点后最多支持录入 5 位。

(2)录入要求。填报同一项号下进出口货物实际成交的商品总价格。无实际成交价格的,填报货值。录入成交数量、成交单位、单价后,总价会自动生成。例如,某进口商品,录入成交数量 1 000,成交单位为千克(代码 0.35),单价 10,总价则会自动生成 10 000。

(3)编码规则:无。

六十四、币制

(1)项目类型。该申报项目为必填项。该项目数据类型为 3 位字符型。

(2)录入要求。按海关规定的《货币代码表》选择相应的货币名称及代码填报,如《货币代码表》中无实际成交币种,需将实际成交货币按申报日外汇折算率折算成《货币代码表》列明的货币填报。

录入时可在本栏下拉菜单中选择币制或按《货币代码表》录入相应的币制代码。

(3)编码规则。具体规则:《GBT 12406－2008 表示货币和资金的代码》。参数表:《货币代码表》。

六十五、原产国(地区)

(1)项目类型。该申报项目为必填项。该项目数据类型为3位字符型。

(2)录入要求。原产国(地区)依据《中华人民共和国进出口货物原产地条例》《海关总署关于非优惠原产地规则中实质性改变标准的规定》以及海关总署关于各项优惠贸易协定原产地管理规章规定的原产地确定标准,按海关规定的《国别(地区)代码表》选择填报相应的国别(地区)名称及代码。例如,某进口货物的原产国为“美国”,可在本栏下拉菜单中选择“UAS－美国”或录入“USA”,栏目自动生成“USA－美国”。

(3)编码规则。海关总署根据国家标准修订的《国别(地区)代码表》由3位英文字母构成。参数表:《国别(地区)代码表》。

六十六、境内目的地/境内货源地

(1)项目类型。该申报项目为必填项。该项目数据类型为字符型,“境内目的地/境内货源地代码”为5位,“目的地/产地代码”为6位。

(2)录入要求。进口申报境内目的地,出口申报境内货源地和产地。

境内目的地填报已知的进口货物在国内的消费、使用地或最终运抵地,其中最终运抵地为最终使用单位所在的地区。境内货源地填报出口货物在国内的产地或原始发货地。

按海关规定的《国内地区代码表》选择填报相应的国内地区名称及代码,并根据《中华人民共和国行政区划代码表》(简称《行政区划代码表》)选择填报对应的县级行政区名称及代码。无下属区县级行政区的,可选择填报地市级行政区。

例如,某批货物的境内目的地是广州市花都区。在“境内目的地”栏下拉菜单选择“44019－广州其他”,或按海关规定的《国内地区代码表》录入“44019”,栏目自动生成“44019－广州其他”。

同时“目的地”栏下拉菜单选择“440100－广东省广州市”,或根据《行政区划代码表》录入“440114”,栏目自动生成“广州市花都区”。

(3)编码规则。参数表:《国内地区代码表》和《行政区划代码表》。

六十七、境外收发货人代码

(1)项目类型。该申报项目为选填项。该项目数据类型为字符型,最多支持录入20位。

(2)录入要求。境外收货人通常是指签订并执行出口贸易合同中的买方或合同指定的收货人,境外发货人通常是指签订并执行进口贸易合同中的卖方。

对于AEO互认国家(地区)企业的,编码填报AEO编码,填报样式按照海关总署发布的相关公告要求填报(如新加坡AEO企业填报样式为SG123456789012,韩国AEO企业填报样式为KR1234567,具体见相关公告要求)。

(3)编码规则:无。

六十八、境外收发货人名称(外文)

(1)项目类型。该申报项目为必填项。该项目数据类型为字符型,最多支持录入100位。

(2)录入要求。境外收货人通常是指签订并执行出口贸易合同中的买方或合同指定的收货人，境外发货人通常是指签订并执行进口贸易合同中的卖方。

（3）编码规则。无。

六十九、货物存放地点

（1）项目类型。该申报项目为条件必填项。该项目数据类型为字符型，最多支持录入 100 位。

（2）录入要求。填报货物进境后存放的场所或地点，包括海关监管作业场所、分拨仓库、定点加工厂、隔离检疫场、企业自有仓库等。

（3）编码规则。无。

七十、起运港

（1）项目类型。该申报项目为必填项。该项目数据类型为 8 位字符型。

（2）录入要求。填报进口货物在运抵我国关境前的第一个境外装运港。根据实际情况，按海关规定的《港口代码表》填报相应的港口名称及代码。

（3）编码规则。根据实际情况，修订后的《港口代码表》由 3 位英文字母和 3 位数字组成。例如，缅甸仰光的港口代码为“MMR018”。参数表：《港口代码表》。

七十一、入境口岸/离境口岸

（1）项目类型。该申报项目为必填项。该项目数据类型为 6 位数字型。

（2）录入要求。入境口岸按海关规定的《国内口岸编码表》，选择填报进境货物从跨境运输工具卸离的第一个境内口岸的中文名称及代码；采取多式联运跨境运输的，填报多式联运货物最终卸离的境内口岸的中文名称及代码；过境货物填报货物进入境内的第一个口岸的中文名称及代码；从海关特殊监管区域或保税监管场所进境的，填报海关特殊监管区域或保税监管场所的中文名称及代码。其他无实际进境的货物，填报货物所在地的城市名称及代码。

出境口岸按海关规定的《国内口岸编码表》，选择填报装运出境货物的跨境运输工具离境的第一个境内口岸的中文名称及代码；采取多式联运跨境运输的，填报多式联运货物最初离境的境内口岸，中文名称及代码；过境货物填报货物离境的第一个境内口岸的中文名称及代码；从海关特殊区域或保税监管场所出境的，填报海关特殊区域或保税监管场所的中文名称及代码。其他无实际出境的货物，填报货物所在地的城市名称及代码。

（3）编码规则。参数表：《国内口岸编码表》。

七十二、检验检疫编码（原 CIQ 编码）

（1）项目类型。该申报项目为必填项。该项目数据类型为 13 位字符型。

（2）录入要求。在 13 位数字组成的商品编号中，前 8 位为《中华人民共和国海关进出口税则》和《中华人民共和国海关统计商品目录》确定的编码；第 9～10 位为监管附加编号，第 11～13 位为检验检疫附加编号。

例如，申报进口商品“活龙虾”，需先在“商品编号”栏录入 “0306329000” 10 位数编号，再在“检验检疫编码”栏下拉菜单的“101 活虾”“102 鲜活或冷的带壳或去壳的龙虾（养殖）”“103 鲜活或冷的带壳或去壳的龙虾（野生的）” 中，选择“101 活虾”检验检疫附加编号。

(3)编码规则。无。

七十三、原产国(地区)

(1)项目类型。该申报项目为选填项。该项目数据类型为6位字符型,最多支持录入50位。

(2)录入要求。入境货物填写在原产国(地区)内的生产区域,如州、省等。例如,申报原产于美国纽约的樱桃,在本栏录入"840097—美国纽约"。

(3)编码规则。参数表:《世界各国和地区名称和一级行政区划代码表》。

七十四、特殊业务标识

(1)项目类型。该申报项目为选填项。该项目数据类型为10位字符型。

(2)录入要求。属于国际赛事、特殊进出军工物资、国际援助物资、国际会议、直通放行、外交礼遇、转关等特殊业务,根据实际情况勾选。

(3)编码规则。无。

七十五、检验检疫受理机关

(1)项目类型。该申报项目为必填项。该项目数据类型为10位字符型。

(2)录入要求。填报提交报关单和随附单据的检验检疫机关。

(3)编码规则。参数表:《检验检疫机构代码表》。

七十六、企业资质

(1)项目类型。该申报项目为有条件必填项。该项目数据类型为5位字符型。

(2)录入要求。按进出口货物种类及相关要求,须在本栏选择填报货物的生产商/进出口商/代理商必须取得的资质类别。有多个资质的须全部填写。

(3)编码规则。参数表:《企业资质类别代码表》。

七十七、企业资质编号

(1)项目类型。该申报项目为有条件必填项。该项目数据类型为40位字符型。

(2)录入要求。按进出口货物种类及相关要求,须在本栏填报货物生产商/进出口商/代理商必须取得的资质对应的注册/备案编号。有多个资质的须全部填写。

(3)编码规则。无。

七十八、领证机关

(1)项目类型。该申报项目为必填项。该项目数据类型为10位字符型。

(2)录入要求。填报领取证单的检验检疫机关。

(3)编码规则。参数表:《检验检疫机构代码表》。

七十九、口岸检验检疫机关

(1)项目类型。该申报项目为必填项。该项目数据类型为10位字符型。

(2)录入要求。填报对入境货物实施检验检疫的检验检疫机关。

(3)编码规则。参数表:《检验检疫机构代码表》。

八十、B/L 号

(1)项目类型。该申报项目为有条件选填项。该项目数据类型为字符型,最多支持录入20位。

(2)录入要求。填报入境货物的提货单或出库单号码。当运输方式为“航空运输”时,无须填写。

(3)编码规则。无。

八十一、目的地检验检疫机关

(1)项目类型。该申报项目为有条件必填项。该项目数据类型为10位字符型。

(2)录入要求。需要在目的地检验检疫机关实施检验检疫的,在本栏填写对应的检验检疫机关。

(3)编码规则。参数表:《检验检疫机构代码表》。

八十二、起运日期

(1)项目类型。该申报项目为必填项。该项目数据类型为8位字符型。

(2)录入要求。填报装载入境货物的运输工具离开起运口岸的日期。本栏目为8位数字,顺序为年(4位)、月(2位)、日(2位),格式为“YYYYMMDD”。

(3)编码规则。无。

八十三、原箱运输

(1)项目类型。该申报项目为选填项。该项目数据类型为1位字符型。

(2)录入要求。申报使用集装箱运输的货物,根据是否原集装箱原箱运输,勾选“是”或“否”。

(3)编码规则。无。

八十四、使用单位联系人

(1)项目类型。该申报项目为选填项。该项目数据类型为字符型,最多支持录入20位。

(2)录入要求。填报进境货物销售、使用单位的联系人名字。

(3)编码规则。无。

八十五、使用单位的联系电话

(1)项目类型。该申报项目为选填项。该项目数据类型为字符型,最多支持录入20位。

(2)录入要求。填报进境货物销售、使用单位的联系人的电话。

(3)编码规则。无。

八十六、UN 编码

(1)项目类型。该申报项目是有条件必填项。该项目数据类型为字符型,最多支持录入20 位。

(2)录入要求。进出口货物为危险货物的,须按照《关于危险货物运输的建议书》,在“危险货物信息”中填写危险货物对应的 UN 编码。

(3)编码规则。参数表:《关于危险货物运输的建议书》。

八十七、非危险化学品

(1)项目类型。该申报项目是有条件选填项。该项目数据类型为 1 位字符型。

(2)录入要求。企业填报的商品 HS 编码可能是危险化学品时,会弹出“危险货物信息”窗口进行提示,企业可在“非危险化学品”栏目中选择“是”或“否”。

(3)编码规则。无。

八十八、危包规格

(1)项目类型。该申报项目有条件选填项。该项目数据类型为字符型,最多支持录入 24 位。

(2)录入要求。进出口货物为危险货物的,须根据危险货物包装规格实际情况,按照海关规定的《危险货物包装规格代码表》在“危险货物信息”项下的“危包规格”中,选择填报危险货物的包装规格代码。

(3)编码规则。参数表:《危险货物包装规格代码表》。

八十九、危包类别

(1)项目类型。该申报项目有条件必填项。该项目数据类型为 4 位字符型。

(2)录入要求。进出口货物为危险货物的,须按照《危险货物运输包装类别划分方法》,在“危险货物信息”项下的“危包类别”中,勾选危险货物的包装类别。

危险货物包装根据其内装物的危险程度划分为三种包装类别:一类为盛装具有较大危险性的货物,二类为盛装具有中等危险性的货物,三类为盛装具有较小危险性的货物。

(3)编码规则。参数表:《危险货物运输包装类别划分方法》。

九十、危险货物名称

(1)项目类型。该申报项目有条件必填项。该项目数据类型为字符型,最多支持录入 80 位。

(2)录入要求。进出口货物为危险货物的,须在“危险货物信息”项下的“危险货物名称”中,填写危险货物的实际名称。

(3)编码规则。无。

九十一、货物属性

(1)项目类型。该申报项目有条件必填项。该项目数据类型为字符型,最多支持录入 20

位。

(2)录入要求。根据进出口货物的 HS 编码和货物的实际情况,按照海关规定的《货物属性代码表》,在本栏下拉菜单中勾选货物属性的对应代码。有多种属性的要同时选择。

(3)编码规则。参数表:《货物属性代码表》。

九十二、用途代码

(1)项目类型。该申报项目为有条件必填项。该项目数据类型为 4 位字符型。

(2)录入要求。根据进境货物的使用范围或目的,按照海关规定的《货物用途代码表》在本栏下拉菜单中填报。例如,进口货物为核苷酸类食品添加剂(HS 编码为 2934999001)时,用于工业时,应在本栏选择“工业用途”;用于食品添加剂时,应在本栏选择“食品添加剂”。

(3)编码规则。参数表:《货物用途代码表》。

九十三、所需单证

(1)项目类型。该申报项目为选填项目。该项目数据类型为字符型,最多支持录入 500 位。

(2)录入要求。进出口企业申请出具检验检疫证单时,应根据相关要求,在“所需单证”项下的“检验检疫签证申报要素”中,勾选申请出具的检验检疫证单类型。

(3)编码规则。无。

九十四、检验检疫货物规格

(1)项目类型。该申报项目为选填项。该项目数据类型为字符型,最多支持录入 2 000 位。

(2)录入要求。在“检验检疫货物规格”项下,填报“成分/原料/组分”“产品有效期”“产品保质期”“境外生产企业”“货物规格”“货物型号”“货物品牌”“生产日期”“生产批次”等栏目。

(3)编码规则。无。

九十五、产品许可/审批/备案号码

(1)项目类型。

该申报项目为有条件必填项。该项目数据类型为字符型,最多支持录入 40 位。

(2)录入要求。进出口货物取得了许可、审批或备案等资质时,应在“产品资质”项下的“产品许可/审批/备案号码”中填报对应的许可、审批或备案证件编号。

(3)编码规则。无。

九十六、产品许可/审批/备案核销货物序号

(1)项目类型。该申报项目为有条件必填项。该项目数据类型为 2 位字符型。

(2)录入要求。进出口货物取得了许可、审批或备案等资质时,应在“产品资质”项下的“产品许可/审批/备案核销货物序号”中填报被核销文件中对应货物的序号。

(3)编码规则。无。

九十七、产品许可/审批/备案核销数量

(1)项目类型。该申报项目为有条件必填项。该项目数据类型为字符型,最多支持录入20位。

(2)录入要求。进出口货物取得了许可、审批或备案等资质时,应在“产品资质”项下的“产品许可/审批/备案核销数量”中,填报被核销文件中对应货物的本次实际进出口数(重)量。

【提示】特殊物品审批单支持导入。

(3)编码规则。无。

九十八、产品许可/审批/备案类别代码

(1)项目类型。该申报项目为有条件必填项。该项目数据类型为5位字符型。

(2)录入要求。进出口货物取得了许可、审批或备案等资质时,应在“产品资质”项下的“产品许可/审批/备案类别代码”中填报对应的许可、审批或备案证件类别。

(3)编码规则。无。

九十九、产品许可/审批/备案名称

(1)项目类型。该申报项目为有条件必填项。该项目数据类型为字符型,最多支持录入100位。

(2)录入要求。进出口货物取得了许可、审批或备案等资质时,应在“产品资质”项下的“产品许可/审批/备案名称”中填报对应的许可、审批或备案证件名称。

(3)编码规则。无。

一〇〇、集装箱拼箱标识

(1)项目类型。该申报项目为选填项。该项目数据类型为1位字符型。

(2)录入要求。进出口货物装运集装箱为拼箱时,在本栏下拉菜单中选择“是”或“否”。

(3)编码规则。无。

一〇一、集装箱商品项号关系

(1)项目类型。该申报项目为必填项。该项目数据类型为字符型,最多支持录入255位。

(2)录入要求。当使用集装箱装载货物时,需填报集装箱体的信息,包括集装箱号、集装箱规格、集装箱商品项号关系、集装箱货重。

其中,集装箱商品项号关系信息填报单个集装箱对应的商品项号,半角逗号分隔。例如,“APJU4116601”箱号的集装箱中装载了项号为1、3和5的商品时,应在“商品项号关系”录入“1,3,5”。

(3)编码规则。无。

一〇二、集装箱货重(KG)

(1)项目类型。该申报项目为必填项。该项目数据类型为数字型,最多支持录入19位,19位中小数点后最多录入5位。

(2)录入要求。当使用集装箱装载货物时,须填报集装箱体的信息,包括集装箱号、集装箱规格、集装箱商品项号关系、集装箱货重。

其中,集装箱货重录入集装箱箱体自重(千克)+装载货物重量(千克)。例如,集装箱重量和箱内装载的200箱商品重量合计为15 555千克时,在本栏录入"15 555千克"。

(3)编码规则。无。

一〇三、关联号码及理由

(1)项目类型。该申报项目为有条件必填项。该项目数据类型为2位数字型。

(2)录入要求。进出口货物报关单有关联报关单时,在本栏中填报关联报关单号码,并在下拉菜单中选择关联报关单的关联理由。

(3)编码规则。无。

一〇四、检验检疫签证申报要素

(1)项目类型。该申报项目为有条件必填项。该项目数据类型为字符型,最多支持录入4 000位。

(2)录入要求。填报"所需单证"项下"检验检疫签证申报要素"时,在确认境内收发货人名称(外文)、境外收发货人名称(中文)、境外收发货人地址、卸毕日期和商品英文名称后,根据现行相关规定和实际需要,勾选申请单证类型,确认申请单证正本数和申请单证副本数后保存数据。

(3)编码规则。无。

一〇五、VIN信息

(1)项目类型。该申报项目为有条件必填项。该项目数据类型为字符型。

(2)录入要求。申报进口已获3C认证的机动车辆时,填报机动车车辆识别代码,包括:VIN序号、车辆识别代码(VIN)、单价、底盘(车架号)、发动机号或电机号、发票所列数量、品名(英文名称)、品名(中文名称)、提运单日期、型号(英文)、质量保质期共11项内容。

(3)编码规则。无。

应知考核

一、单项选择题

1. 海关规定对在海关注册登记的企业给予10位数代码编号,称为"经营单位代码"。在下列选项中,10位数代码的正确组成规定是(　　)。

A. 地区代码、企业性质代码和顺序代码

B. 企业详细地址代码、特殊地区代码、企业性质代码和顺序代码

C. 企业所在省、直辖市代码,特殊地区代码,企业性质代码和顺序代码

D. 企业的属地行政区代码、经济区代码、企业性质代码和企业顺序代码

2. 英国生产的产品,中国某公司自新加坡购买,从新加坡起运经中国香港转运至中国内地,填写报关单时起运地为(　　)。

A. 英国　　B. 新加坡　　C. 中国香港　　D. 不用填

3. 我国某进出口公司(甲方)与新加坡某公司(乙方)签订一出口合同。合同中订明,甲方向乙方出售 5 000 件衬衫,于 2022 年 4 月 10 日在上海装船,途经中国香港运往新加坡。在签订合同时,甲方得知乙方还要将该批货物从新加坡运往智利。根据上述情况填写报关单时,以下填写正确的是(　　)。

A. 运抵国(地区)为“香港”,最终目的国(地区)为“新加坡”

B. 运抵国(地区)为“新加坡”,最终目的国(地区)为“智利”

C. 运抵国(地区)为“香港”,最终目的国(地区)为“智利”

D. 运抵国(地区)为“智利”,最终目的国(地区)为“智利”

4. 100 美元的运费单价应填报(　　)。

A. 502/100/1　　B. 100 美元　　C. 100　　D. 502/100/2

5. 大连盛凯公司(0903535020)委托辽宁省机械设备进出口公司(0801914031)与日本三菱重工签约进口工程机械,并委托大连外运公司代理报关,在填制进口报关单时,“经营单位”栏应为(　　)。

A. 大连盛凯公司(0903535020)

B. 辽宁省机械设备进出口公司(0801914031)

C. 大连盛凯公司

D. 大连外运公司

6. 某进出口公司向从国外进口一批钢板共 70 吨,在运输过程中加以捆扎放于船的甲板上。进口报关单上的“件数”和“包装种类”两个项目的正确填报应是(　　)。

A. 件数为 70,包装种类为“吨”　　B. 件数为 1,包装种类为“散装”

C. 件数为 1,包装种类为“裸装”　　D. 件数为 1,包装种类为“其他”

7. 某进出口公司向某国出口 500 吨散装小麦,该批小麦分装在一条船的三个船舱内,海关报关单上的“件数”和“包装种类”两个项目的正确填报应是(　　)。

A. 件数为 500 吨,包装种类为“吨”　　B. 件数为 1,包装种类为“船”

C. 件数为 3,包装种类为“船舱”　　D. 件数为 1,包装种类为“散装”

8. 我国某进出口公司从香港特别行政区购进一批松下显示器,该显示器为日本品牌,其中显像管为韩国生产,集成电路板由新加坡生产,其他零件均为马来西亚生产,最后由韩国组装成整机。该公司向海关申报进口该批电视机时,原产地应填报为(　　)。

A. 日本　　B. 韩国　　C. 新加坡　　D. 马来西亚

9. 某工厂从无关系的美国某企业购买了一批机械设备,成交条件为 CIF 广州,该批货物的发票列示如下:机械设备 USD10 000,运保费 USD500,卖方佣金 USD3 500,培训费 USD500,设备调试费 USD700。该批货物向海关申报的总价应是(　　)。

A. USD10 500　　B. USD14 500　　C. USD14 000　　D. USD15 200

10. 在中国台湾纺成的纱线,运到日本织成棉织物,并进行冲洗、烫、漂白、染色、印花。上述棉织物又被运往越南制成睡衣,后又经中国香港更换包装转销中国内地。中国海关应以下列(　　)为该货物的原产地。

A. 日本,因为成衣在日本进行了第一次实质性加工

B. 中国台湾，因为纱线是在中国台湾完成制造的

C. 越南，因为制成成衣在税则归类方面已经有了改变

D. 中国香港，因为该货物是从中国香港进口的

二、多项选择题

1. 某公司从日本进口联合收割机10台，并同时进口部分附件，分装30箱装运进口，发票注明每台单价为CIFSHANGHAIUSD22 400，总价为USD224 000，附件不另计价。进口货物报关单中以下栏目填报正确的是(　　)。

A. 成交方式：海运　　B. 件数：30

C. 商品名称：联合收割机及附件　　D. 单价：22 400

2. 某合资企业从英国进口一批作为投资的机器设备，该企业委托A进出口公司对外签订进口合同，并代办进口手续，A公司与外商订货后，随即委托B公司具体办理货物运输事宜，同时委托C报关公司负责办理进口报关手续。根据这种情况，请指出下列出现在报关单栏目内的单位中错误的有(　　)。

A. 经营单位：A进出口公司　　B. 收货单位：某合资企业

C. 经营单位：B公司　　D. 收货单位：A进出口公司

3. 下列叙述中正确的有(　　)。

A. 件数栏目裸装货物填报为1

B. 毛重栏计量单位为千克，不足1千克的填报为1

C. 0.3%的保险费率，币制是美元，填报为502/0.3/1

D. 应计入完税价格的502英镑杂费总价在报关单杂费栏中填报为303/502/3

4. 在填报报关单"总价"项目时，下列叙述中正确的是(　　)。

A. "一般贸易"货物应按合同上订明的实际价格填报

B. 总价如非整数，其小数点后保留4位，第5位及以后略去

C. 无实际成交价格，可以免予填报

D. 某公司进口数码相机1 000台，单价为300美元，则总价栏应填写"502/300000/3"

5. 北京某合资企业，经海关同意，将原从日本横滨港(港口航线代码1354)，海运进口的投资设备，转为内销。其进口货物报关单上的"装货港"应填报为(　　)。

A. 日本横滨港(1354)　　B. 中国境内

C. 0142　　D. 142

6. 下列对于货物属性代码的表述中正确的是(　　)。

A. 入境强制性产品认证产品：必须在入境民用商品认证(11目录内、12目录外、13无须办理3C认证)中勾选对应项

B. 食品、化妆品是否预包装、是否首次进口，必须在食品及化妆品(14预包装、15非预包装、18首次进口)中勾选对应项

C. 凡符合海关规定含转基因成分须申报的，必须在转基因(16转基因产品、17非转基因产品)中勾选对应项

D. "成套设备""旧机电"产品，必须在货物属性(18首次进出口、19正常、20废品、21旧品、22成套设备)中勾选对应项

7. 下列对于境内目的/境内货源地表述中正确的是(　　)。

A. 最终使用单位难以确定的，填报货物进口时预知的最终收货单位所在地

B. 出口货物产地难以确定的，填报最早发运该出口货物的单位所在地

C. 海关特殊监管区域、保税物流中心(B型)与境外之间的进出境货物，境内目的地/境内货源地填报本海关特殊监管区域、保税物流中心(B型)所对应的国内地区名称及代码

D. 出口货物须同时在“境内目的地代码”和“目的地代码”两个栏目录入相应的国内地区和县级行政区名称及代码；进口货物须同时在“境内货源地代码”和“产地代码”两个栏目录入相应的国内地区和县级行政区名称及代码

8. 进口货物收货人以一般贸易方式申报进口属于《需要详细列名申报的汽车零部件清单》范围内的汽车生产件的，下列表述中正确的是(　　)。

A. 商品名称填报进口汽车零部件的详细中文商品名称和品牌

B. 中文商品名称与品牌之间用“/”相隔

C. 中文商品名称与品牌之间无须用“/”隔开

D. 必要时加注英文商业名称

9. 下列对于经停/指运港表述中正确的是(　　)。

A. 出口货物的最终目的港不可预知的，按尽可能预知的目的港作为指运港填报

B. 经停港/指运港在《港口代码表》中无港口名称及代码的，可选择填报相应的国家名称及代码

C. 实际进出境的货物，填报“中国境内”及代码“CHN000”

D. 经停港按海关规定的《港口代码表》选择填报进口货物在运抵我国关境前的最后一个境外装运港

10. 消费使用单位填报已知的进口货物在境内的最终消费、使用单位的名称，包括(　　)。

A. 自行进口货物的单位

B. 委托进出口企业进口货物的单位

C. 自行出口货物的单位

D. 委托进出口企业出口货物的单位

三、判断题

1. 某化工进出口公司下属某厂以进料加工贸易方式进口原料一批，经海运抵港后，进口报关单的“备案号”栏应填报为该货物的《进料加工登记手册》的编号。(　　)

2. 同一张报关单上不允许填写不同海关统计商品编号的货物。(　　)

3. 报关单上的“收货单位”应为进口货物在境内的最终消费、使用的单位名称，“发货单位”应为出口货物在境内的生产或销售的单位名称。(　　)

4. 一份报关单可以允许填报多个许可证号。(　　)

5. 经营单位编码的第6位数为“1”，则表示该企业的经济类型为“有进出口经营权的集体企业”(　　)

6. 申报地海关的关别代码后两位为“00”。(　　)

7. 一份报关单只允许填报一个备案号，一份报关单只允许填报一种征免性质。(　　)

8. 报关单毛重栏目不得为空,毛重应大于或等于1,不得为0。 ( )

9. 保险费币制为美元,“保险费币制”应录入“USD”。 ( )

10. 加工贸易内销征税报关单,“随附单证代码”栏填报“Y”。一般贸易进出口货物“随附单证代码”栏填报“C”。 ( )

应会考核

■ 观念应用

【背景资料】

众所周知,海关有四大任务,即监管、征税、缉私和统计。王红对于前面三项任务都能理解,但对于“统计”这一任务却犯难了。海关是如何实行统计的呢?有人说,海关是利用H2000系统对电子录入报关单的栏目自动进行统计的,王红将信将疑。您能解答王红的疑惑吗?

■ 技能应用

北京煤炭进出口总公司对巴基斯坦签约出口“水洗炼焦煤”10万吨,由唐山煤炭分公司执行合同,组织货源,并安排出口。在这一情况下报关单“经营单位”栏目应填报为“北京煤炭进出口总公司”11091×××××(北京煤炭进出口总公司的编号)。该填报是否正确?为什么?

■ 案例分析

1. 一报关员认为,进口货物报关单上的“收货单位”应为进口货物在境内的最终消费、使用的单位名称,出口货物报关单上的“发货单位”应为出口货物在境内的生产或销售的单位名称。这种想法是否正确?为什么?

2. 某汽车进出口公司进口50辆德国生产小轿车,每辆车上附带一套法国生产的维修工具。进口报关时,维修工具的原产国应按小轿车填报德国。该处理是否正确?为什么?

项目实训

【实训项目】

关检融合报关单。

【实训情境】

通过本项目的实训,掌握和熟悉关检融合、单一窗口报关单的基本填制规范,能够独立地完成进出口报关单的实际操作。同时,能够结合商业发票(CommercialInvoice)、装箱单(PackingList)、提单(Bill of Lading,B/L)、装货单(Shipping Order,S/O)完成基本业务。

【实训要求】

请结合下列已经完成的一线(即从国外进口到保税港再从保税港出口到国外)、二线(国内出口到保税港,再从保税港进口到国内)业务报关单和相关单据,模拟演练报关单的实际操作技能,并注意填写事项,请先对英文单据进行解读并翻译成中文。

任务1:一线进口、一线出口。

中华人民共和国海关进口货物报关单

091020181100093796

预录入编号：I20180000080775729　　海关编号：091020181100093796　（连保税港）　　页码/页数：1/1

境内收货人（91210242792014979K）[redacted]	进境关别（0908）连大窑湾	进口日期 20180815	申报日期 20180821	备案号 H09107000055
境外发货人 ESSENTRA FZE	运输方式（2）水路运输	运输工具名称及航次号 ATACAMA/1809I	提运单号 COSU6189619930	货物存放地点 保税港区
消费使用单位（91210242792014979K）[redacted]	监管方式（5031）区内物流货物	征免性质	许可证号	启运港（SGP000）新加坡
合同协议号	贸易国（地区）（ARE）阿联酋	启运国（地区）（ARE）阿联酋	经停港（SGP000）新加坡	入境口岸（210101）大连港大窑湾港区

包装种类（99）其他包装	件数 1844	毛重(千克) 31468	净重(千克) 27758	成交方式（1）CIF	运费	保费	杂费

随附单证及编号

随附单证2:发票

标记唛码及备注

备注:BSG20 [redacted] 国际转口贸易 作业单号:GJR09100180821000001买方:SUIFENHE HUOYI ECONOMIC AND TRADE LIMITED LIABILITY COMPANY境外入区 N/M　集装箱标箱数及号码：10;MAGU4886587;CCLU4698519;CBHU6424899;CBHU6195426;CCLU5106954;

项号	商品编号	商品名称及规格型号	数量及单位	单价/总价/币制	原产国(地区)	最终目的国(地区)	境内目的地	征免
1 (9536	5601221000	过滤烟嘴 0|3|醋酸纤维	27758千克 1844件	94.8578 174917.7600 美元	阿联酋 (ARE)	中国 (CHN)	(21026/210213)大窑湾保税港区/大连市金州区	全免 (3)

特殊关系确认:　　价格影响确认:　　支付特许权使用费确认:　　自报自缴:否

报关人员　报关人员证号09103337　电话　　兹申明对以上内容承担如实申报、依法纳税之法律责任	海关批注及签章
申报单位（91210242792014979K）[redacted]　　申报单位（签章）	

中远海运集装箱运输有限公司
COSCO SHIPPING LINES CO., LTD.

COPY

PAGE: 1 OF 2

TLX: 33057 COSCO SHIPPING
FAX: +86(21) 65458984

PORT TO PORT OR COMBINED TRANSPORT BILL OF LADING

1. Shipper Insert Name Address and Phone/Fax

ESSENTRA FZE
FOR AND ON BEHALF OF MIDDLETON VENT
URES FZE
PO BOX NO 261392
JEBEL ALI FREE ZONE**

Booking No.: 6189619930

Bill of Lading No.: COSU6189619930

Export References: DLC27621001V1

2. Consignee Insert Name Address and Phone/Fax

SUIFENHE HUOYI ECONOMIC AND TRADE L
IMITED LIABILITY COMPANY
SUIFENHE COMPREHENSIVE BONDED ZONE,
ADMINISTRATIVE OFFICE BUILDING,
2ND FLOOR, ROOM 240 - 2*

Forwarding Agent and References
FMC/CHB No.

Point and Country of Origin

3. Notify Party Insert Name Address and Phone/Fax (It is agreed that no responsibility shall attach to the Carrier or his agents for failure to notify)

SINOTRANSLIAONING CO.,LTD.
ROOM 1102,SINOTRANS LIAONING BLDG,
NO.85,RENMIN ROAD,DALIAN,CHINA

Also Notify Party-routing & Instructions

4. Combined Transport* Pre-Carriage by	5. Combined Transport* Place of Receipt JEBEL ALI,DUBAI		
6. Ocean Vessel Voy. No. CMA CGM NORMA 0GE0OE1MA	7. Port of Loading JEBEL ALI	Service Contract No.	Commodity Code
8. Port of Discharge DALIAN	9. Combined Transport* Place of Delivery DALIAN,LIAONING	Type of Movement FCL / FCL	CY-CY

Marks & Nos. Container / Seal No.	No. of Container or Packages	Description of Goods (If Dangerous Goods, See Clause 20)	Gross Weight	Measurement
5 X 40' HC CNTR S	1844 CARTONS	5 X 40' STD CNTRS STC TOTAL 1844 CARTONS 1164 CARTONS OF 4656 TRAYS 132 X 24.3 X 340 STD, FILTER RODS 680 CARTONS OF 3400 TRAYS 108 X 24.30 X 340 STD, FILTER RODS HS CODE : 56012200 FREIGHT COLLECT DDC PAYABLE AT DESTINATION E/D NO.303-03914770-18 SHIPPED ON BOARD	31468.000KGS	75.0000CBM

ON CY-CY TERM
SHIPPER'S LOAD STOW COUNT AND SEAL
OCEAN FREIGHT COLLECT
*SUIFENHE CITY, HEILONGJIANG PROVINCE, CHINA
** TO BE CONTINUED ON ATTACHED LIST **

SURRENDERED

Declared Cargo Value US$

Description of Contents for Shipper's Use Only (Not part of This B/L Contract)

10. Total Number of Containers and/or Packages (in words) Subject to Clause 7 Limitation: SAY FIVE CONTAINERS TOTAL

11. Freight & Charges	Revenue Tons	Rate	Per	Amount	Prepaid	Collect	Freight & Charges Payable at / by

Received in external apparent good order and condition except as otherwise noted. The total number of the packages or units stuffed in the container, the description of the goods and the weights shown in this Bill of Lading are furnished by the merchants, and which the carrier has no reasonable means of checking and is not a part of this Bills of Lading contract. The carrier has issued 3 original Bills of Lading, all of this tenor and date, one of the original Bills of Lading must be surrendered and endorsed or signed against the delivery of the shipment and whereupon any other original Bills of Lading shall be void. The merchants agree to be bound by the terms and conditions of this Bill of Lading as if each had personally signed this Bill of Lading.
*Applicable Only When Document Used as a Combined Transport Bill of Lading.
Demurrage and Detention shall be charged according to the tariff published on the Home page of LINES.COSCOSHIPPING.COM. If any ambiguity or query, please search by "Demurrage & Detention Tariff Enquiry". Other services and more detailed information, pls visit LINES.COSCOSHIPPING.COM.

Date Laden on Board 19 JUL 2018

Signed by:

9805 Date of Issue 19 JUL 2018 Place of Issue DUBAI

Signed for the Carrier, COSCO SHIPPING LINES CO., LTD.

中远海运集装箱运输有限公司
COSCO SHIPPING LINES CO., LTD.　　COPY

Vessel: CMA CGM NORMA　　Voyage: 0GE0OE1MA　　B/L NO.: COSU6189619930　　PAGE: 2 OF 2

Marks & Nos. Container / Seal No.	No. of Container or Packages	Description Of Goods (If Dangerous Goods, See Clause 20)	Gross Weight	Measurement
****DUBAI, UAE COSCO DALIAN INTERNATIONAL FREIGHT COMPANY LTD. 71 REN MIN ROAD ZHONGSHAN DIST DALIAN LIAONING CHINA PHONE: (86)411-82555088 FAX: (86)411-82658940				
MAGU4886587 /176707 /	388 CARTONS	/FCL / FCL /40GP/		
CCLU4698519 /004125 /	388 CARTONS	/FCL / FCL /40GP/		
CBHU6424899 /176763 /	388 CARTONS	/FCL / FCL /40GP/		
CBHU6195426 /B340803 /	388 CARTONS	/FCL / FCL /40GP/		
CCLU5106954 /B340805 /	292 CARTONS	/FCL / FCL /40GP/		

SURRENDERED

COMMERCIAL INVOICE

SHIPPER/EXPORTER ESSENTRA FZE FOR AND ON BEHALF MIDDLETON VENTURES FZE PO BOX NO : 261393 JEBEL ALI FREE ZONE		**NO& DATE OF INVOICE** MV/NTM/44/18-19 Dt : 01/07/18		
CONSIGNEE(SHIP TO) SUIFENHE HUOYI ECONOMIC AND TRADE LIMITED LIABILITY COMPANY SUIFENHE COMPREHENSIVE BODED ZONE ADMINISTRATIVE OFFICE BUIDING, 2ND FLOOR, ROOM 240-2 TEL : 0411-3955-8931		**L/C ISSUING BANK**		
NOTIFY PARTY(BILL TO)		**REMARKS**		
PORT OF LOADING	**FINAL DESTINATION**			
JEBEL ALI	DALIAN CHINA			
CARRIER	**SAILING ON**			
SHIPPING MARK	**DESCRIPTION OF GOODS**	**Q'ty**	**UNIT PRICE**	**AMOUNT**
			(US$)	**(US$)**
NO MARKING	MONO ACETATE FILTER RODS	37 057.60 1 000/RODS	4.72	$174 917.76
	TOTAL	**37 057.60** 1 000/RODS		**$174 917.76**

PACKING LIST

SHIPPER/EXPORTER ESSENTRA FZE FOR AND ON BEHALF MIDDLETON VENT URES FZE PO BOX NO : 261393 JEBEL ALI FREE ZONE		**NO& DATE OF INVOICE** MV/NTM/44/18-19 Dt: 25/06/18 **NO& DATE OF L/C**			
CONSIGNEE(SHIP TO) SUIFENHE HUOYI ECONOMIC AND TRADE LIMITED LIABILITY COMPANY SUIFENHE COMPREHENSIVE BODED ZONE ADMINISTRATIVE OFFICE BUIDING, 2ND FLOOR, ROOM 240-2 TEL : 0411-3955-8931		**REMARKS**			
NOTIFY PARTY(BILL TO) SAME AS CONSIGNEE					
PORT OF LOADING JEBEL ALI	**FINAL DESTINATION** DALIAN CHINA				
CARRIER	**SAILING ON**				
SHIPPING MARK	**DESCRIPTION OF GOODS**	**Q'ty**	**N.W**	**G.W**	**M3**
	MONO ACETATE FILTER RODS	1 844 CTNS	27 758 KGS	31 468 KGS	
	TOTAL	1 844 CTNS	27 758 KGS	31 468 KGS	

中华人民共和国海关出口货物报关单

0910201801000510 66

预录入编号：E20180000084813509 海关编号：091020180100051066 （连保税港） 页码/页数：1/1

境内发货人（91210242792014979K） [redacted]	出境关别（0908） 连大窑湾	出口日期	申报日期 20180823	备案号 H09107000055
境外收货人 KOREA GYONGHENG TRADING CORPORATION	运输方式（2） 水路运输	运输工具名称及航次号 TONG MYONG 9/1834E	提运单号 1834E302EX	
生产销售单位（91210242792014979K） [redacted]	监管方式（5034） 区内物流货物	征免性质	许可证号	
合同协议号	贸易国（地区）（PRK） 朝鲜	运抵国（地区）（PRK） 朝鲜	指运港（PRK905） 南浦（朝鲜）	离境口岸（210101） 大连港大窑湾港区

包装种类（99） 其他包装	件数 1844	毛重(千克) 31 468	净重(千克) 27 758	成交方式（3） FOB	运费	保费	杂费

随附单证及编号

随附单证2：发票；企业提供的其他

标记唛码及备注

备注：BSG20[redacted] 作业单号GJR09101180822000049 卖方：SUIFENHE HUOYI ECONOMIC AND TRADE LIMITED LIABILITY COMPANY国际转口贸易 N/M 关联报关单号：091020181100093796 集装箱标箱数及号码：10；CICU9766462；CICU9765300；YCCU4700904；YCCU4700843；CICU9766272；

项号	商品编号	商品名称及规格型号	数量及单位	单价/总价/币制	原产国(地区)	最终目的国(地区)	境内货源地	征免
1 (9536	5601221000	过滤烟嘴 0 0|醋酸纤维	27 758千克 1844件	94.8578 174 917.7600 美元	阿联酋 (ARE)	朝鲜 (PRK)	(21026)大窑湾保税港区	全免 (3)

特殊关系确认： 价格影响确认： 支付特许权使用费确认： 自报自缴：否

报关人员 报关人员证号09103337 电话 兹申明对以上内容承担如实申报、依法纳税之法律责任	海关批注及签章
申报单位（91210242792014979K）[redacted] 申报单位（签章）	

COMMERCIAL INVOICE

SHIPPER/EXPORTER SUIFENHE HUOYI ECONOMIC AND TRADE LIMITED LIABILITY COMPANY SUIFENHE COMPREHENSIVE BODED ZONE ADMINISTRATIVE OFFICE BUIDING, 2ND FLOOR, ROOM 240-2 TEL : 0411-3955-8931	**NO& DATE OF INVOICE** MV/NTM/30/18-19 Dt : 018/07/18 **NO& DATE OF L/C**
CONSIGNEE(SHIP TO)	**L/C ISSUING BANK**
NOTIFY PARTY(BILL TO)	**REMARKS**
PORT OF LOADING: DALIAN, CHINA **FINAL DESTINATION**: NAMPO	
CARRIER **SAILING ON**	

SHIPPING MARK	DESCRIPTION OF GOODS	Q'ty	UNIT PRICE (US$)	AMOUNT (US$)
NO MARKING	MONO ACETATE FILTER RODS	37 057.60 1 000/RODS	4.72	$174 917.76
	TOTAL	37 057.60 1 000/RODS		$174 917.76

PACKING LIST

SHIPPER/EXPORTER SUIFENHE HUOYI ECONOMIC AND TRADE LIMITE LIABILITY COMPANY SUIFENHE COMPREHENSIVE 2ND FLOOR, ROOM 240-2 TEL : 0411-3955-893		NO& DATE OF INVOICE MV/NTM/30/18-19 NO& DATE OF L/C
CONSIGNEE(SHIP TO) 0		REMARKS
NOTIFY PARTY(BILL TO) SAME AS CONSIGNEE		
PORT OF LOADING DALIAN, CHINA	FINAL DESTINATION NAMPO	
CARRIER	SAILING ON	

SHIPPING MARK	DESCRIPTION OF GOODS	Q'ty	N.W.	G.W.	M^3
	MONO ACETATE FILTER RODS	1 844 CTNS	27 758.00 KGS	31 468.00 KGS	
	TOTAL	1 844 CTNS	27 758 KGS	31 468 KGS	

任务 2:二线出口入区、二线进口出区。

中华人民共和国海关出口货物报关单

091020180100050538

预录入编号：E20180000084618511　　海关编号：091020180100050538　　（连保税港）　　页码/页数：1/1

境内发货人（9121021311837522XJ） [redacted]	出境关别（0910） 连保税港	出口日期	申报日期 20180821	备案号 B09037455723
境外收货人 NO	运输方式（Y） 保税港区	运输工具名称及航次号	提运单号	
生产销售单位（9121021311837522XJ） [redacted]	监管方式（0214） 来料加工	征免性质（502） 来料加工	许可证号	
合同协议号	贸易国（地区）（JPN） 日本	运抵国（地区）（CHN） 中国	指运港（CHN000） 中国境内	离境口岸（210104） 大连大窑湾保税港区
包装种类（99） 其他包装	件数 12；毛重（千克）2105.75	净重（千克）1675；成交方式（3）FOB	运费；保费	杂费

随附单证及编号

随附单证2：代理报关委托协议（电子）；发票；装箱单

标记唛码及备注　两单一审报关单

备注：BSG20 [redacted] 加工费：838369JPY 材料费：7707536JPY作业单GJS09100180821000060买方：MELCO TECHNOREX CO.,LTD N/M　关联报关单号：091020181100094061

项号	商品编号	商品名称及规格型号	数量及单位	单价/总价/币制	原产国（地区）	最终目的国（地区）	境内货源地	征免
1 (14)	8414599050	轴流风扇 3|0|变频器散热用|散热扇|7.92W|MTR|MMF-12J24DS-CP1	500台 125千克 500个	645.3300 322665.0000 日本元	中国 (CHN)	中国 (CHN)	(21022)大连经济技术开发区	全免 (3)
2 (1)	8414599050	轴流风扇 3|0|变频器散热用|散热扇|2.4W|MTR|MMF-06H24SS-CX1	19 200台 960千克 19 200个	254.7700 4 891 584.0000 日本元	中国 (CHN)	中国 (CHN)	(21022)大连经济技术开发区	全免 (3)
3 (4)	8414599050	轴流风扇 3|0|变频器散热用|散热扇|2.16W|MTR|MMF-06H24SS-CX7	4 800台 240千克 4 800个	270.3900 1 297 872.0000 日本元	中国 (CHN)	中国 (CHN)	(21022)大连经济技术开发区	全免 (3)
4 (23)	8414599050	轴流风扇 3|0|变频器散热用|散热扇|3.6W|MTR|MMF-06L24SS-CX1	5 800台 290千克 5 800个	316.7100 1 836 918.0000 日本元	中国 (CHN)	中国 (CHN)	(21022)大连经济技术开发区	全免 (3)
5 (24)	8414599050	轴流风扇 3|0|变频器散热用|散热扇|4.8W|MTR|MMF-08L24SS-CX1	600台 60千克 600个	328.1100 196 866.0000 日本元	中国 (CHN)	中国 (CHN)	(21022)大连经济技术开发区	全免 (3)

特殊关系确认：　　价格影响确认：　　支付特许权使用费确认：　　自报自缴：否

报关人员　　报关人员证号09103315　　电话 兹申明对以上内容承担如实申报、依法纳税之法律责任 申报单位（912102007560837828）[redacted]　　申报单位（签章）	海关批注及签章

中华人民共和国海关进口货物报关单

0910201811000094061

预录入编号：I20180000084623953　　海关编号：091020181100094061　　（连保税港）　　页码/页数：1/1

境内收货人（91210242792014979K） [redacted]	进境关别（0910） 连保税港	进口日期 20180821	申报日期 20180821	备案号 H09107000055
境外发货人 NO	运输方式（9） 其他方式运输	运输工具名称及航次号	提运单号	货物存放地点 保税港区
消费使用单位（91210242792014979K） [redacted]	监管方式（5000） 料件进出区	征免性质	许可证号	启运港（CHN000） 中国境内
合同协议号	贸易国（地区）（JPN） 日本	启运国（地区）（CHN） 中国	经停港（CHN000） 中国境内	入境口岸（210104） 大连大窑湾保税港区
包装种类（99） 其他包装	件数 12；毛重（千克）2105.75	净重（千克）1675；成交方式（1）CIF	运费；保费	杂费
随附单证及编号				
标记唛码及备注　两单一审备案清单 备注：BSG20 [redacted] N/M				

项号	商品编号	商品名称及规格型号	数量及单位	单价/总价/币制	原产国（地区）	最终目的国（地区）	境内目的地	征免
1 (5071	8414599050	轴流风扇 3|3|变频器散热用|散热扇|7.92W|MTR|MMF-12J24DS-CP1	500台 125千克 500个	645.3300 322 665.0000 日本元	中国 (CHN)	中国 (CHN)	(21026/210213)大窑湾保税港区/大连市金州区	全免 (3)
2 (5071	8414599050	轴流风扇 3|3|变频器散热用|散热扇|2.4W|MTR|MMF-06H24SS-CX1	19 200台 960千克 19 200个	254.7700 4 891 584.0000 日本元	中国 (CHN)	中国 (CHN)	(21026/210213)大窑湾保税港区/大连市金州区	全免 (3)
3 (5071	8414599050	轴流风扇 3|3|变频器散热用|散热扇|2.16W|MTR|MMF-06H24SS-CX7	4 800台 240千克 4 800个	270.3900 1 297 872.0000 日本元	中国 (CHN)	中国 (CHN)	(21026/210213)大窑湾保税港区/大连市金州区	全免 (3)
4 (5071	8414599050	轴流风扇 3|3|变频器散热用|散热扇|3.6W|MTR|MMF-06L24SS-CX1	5 800台 290千克 5 800个	316.7100 1 836 918.0000 日本元	中国 (CHN)	中国 (CHN)	(21026/210213)大窑湾保税港区/大连市金州区	全免 (3)
5 (5071	8414599050	轴流风扇 3|3|变频器散热用|散热扇|4.8W|MTR|MMF-08L24SS-CX1	600台 60千克 600个	328.1100 196 866.0000 日本元	中国 (CHN)	中国 (CIN)	(21026/210213)大窑湾保税港区/大连市金州区	全免 (3)

特殊关系确认：　　价格影响确认：　　支付特许权使用费确认：　　自报自缴：否

报关人员　　报关人员证号09103337　　电话　　兹申明对以上内容承担如实申报、依法纳税之法律责任 申报单位（91210242792014979K）[redacted]　　申报单位（签章）	海关批注及签章

DALIAN DIER OFFICE EQUIPMENT CO.,LTD

No.8-1 Liaohe Mide Road Economic DEVELOPMENT ZONE,DALIAN CITY

TEX:0411-6278-4225

INVOICE

FAX:0411-6278-4226

NO: DIER-18953

DATA: Aug.21.2018

CONSIGNEE: MELCO TECHNOREX CO.,LTD

1933-1 Hamakawa Shinden Kakegawa-city,Shizuoka,Japan

TEL:(0537)72-5611

FAX:(0537)72-5216

MARKS&NOS	Description of Goods			Quantity			Amount
DIER-18953	MATERIAL FEE (NO COMMERCIAL VALUE)						
SHIZUOKA							
C/S NO.1- 12	64770	98H230	/MMF-12J24DS-CP1	300	PCS	JPY 618.80	JPY 185 640.00
FAN MOTOR ASS'Y	64795	98H239	/MMF-06H24SS-CX1	16 200	PCS	JPY 227.66	JPY 3 688 092.00
	64817	98H289	/MMF-06H24SS-CX7	2 400	PCS	JPY 243.28	JPY 583 872.00
	64857	98H582	/MMF-06L24SS-CX1	2 400	PCS	JPY 289.45	JPY 694 680.00
	67057	98H230	/MMF-12J24DS-CP1	200	PCS	JPY 618.80	JPY 123 760.00
	67085	98H239	/MMF-06H24SS-CX1	3 000	PCS	JPY 227.66	JPY 682 980.00
	67120	98H289	/MMF-06H24SS-CX7	2 400	PCS	JPY 243.28	JPY 583 872.00
	67206	98H582	/MMF-06L24SS-CX1	3 400	PCS	JPY 289.45	JPY 984 130.00
	67215	98H583	/MMF-08L24SS-CX1	600	PCS	JPY 300.85	JPY 180 510.00

TOTAL:	30900	PCS	JPY 7,707,536.00

FAN MOTOR ASS'Y PROCESSING FEE

64770	98H230	/MMF-12J24DS-CP1	300 PCS	JPY 26.53	JPY 7 959.00
64795	98H239	/MMF-06H24SS-CX1	16 200 PCS	JPY 27.11	JPY 439 182.00
64817	98H289	/MMF-06H24SS-CX7	2 400 PCS	JPY 27.11	JPY 65 064.00
64857	98H582	/MMF-06L24SS-CX1	2 400 PCS	JPY 27.26	JPY 65 424.00
67057	98H230	/MMF-12J24DS-CP1	200 PCS	JPY 26.53	JPY 5 306.00
67085	98H239	/MMF-06H24SS-CX1	3 000 PCS	JPY 27.11	JPY 81 330.00
67120	98H289	/MMF-06H24SS-CX7	2 400 PCS	JPY 27.11	JPY 65 064.00
67206	98H582	/MMF-06L24SS-CX1	3 400 PCS	JPY 27.26	JPY 92 684.00
67215	98H583	/MMF-08L24SS-CX1	600 PCS	JPY 27.26	JPY 16 356.00

TOTAL: 30 900 PCS JPY 838 369.00

Contracting Country：JAPAN

TOTAL:F.O.B 30 900 PCS JPY 8 545 905.00

MADE IN CHINA

PACKINGLIST

DIER-18953
Aug.21.2018

MARKS&NOS	CASE NO.	Description		Quantity	PCS	CTNS		N/W(KG)	G/W(KG)
DIER-18953	1	98H239	/MMF-06H24SS-CX1	3 000	PCS	15	CTNS	150.00	187.60
SHIZUOKA	2	98H289	/MMF-06H24SS-CX7	2 400	PCS	12	CTNS	120.00	153.70
C/S NO.1- 12		98H289	/MMF-06H24SS-CX7	600	PCS	3	CTNS	30.00	33.90
	3	98H582	/MMF-06L24SS-CX1	1 200	PCS	6	CTNS	60.00	85.90
		98H289	/MMF-06H24SS-CX7	1 800	PCS	9	CTNS	90.00	101.70
	4	98H230	/MMF-12J24DS-CP1	300	PCS	6	CTNS	75.00	101.50
		98H230	/MMF-12J24DS-CP1	100	PCS	2	CTNS	25.00	27.80
	5	98H582	/MMF-06L24SS-CX1	1 200	PCS	6	CTNS	60.00	85.90
		98H582	/MMF-06L24SS-CX1	1 800	PCS	9	CTNS	90.00	101.70
	6	98H239	/MMF-06H24SS-CX1	1 400	PCS	7	CTNS	70.00	97.20
		98H582	/MMF-06L24SS-CX1	1 600	PCS	8	CTNS	80.00	90.40
	7	98H239	/MMF-06H24SS-CX1	3 000	PCS	15	CTNS	150.00	187.60
	8	98H239	/MMF-06H24SS-CX1	3 000	PCS	15	CTNS	150.00	187.60
	9	98H239	/MMF-06H24SS-CX1	3 000	PCS	15	CTNS	150.00	187.60
	10	98H230	/MMF-12J24DS-CP1	100	PCS	2	CTNS	25.00	45.90
		98H583	/MMF-08L24SS-CX1	600	PCS	3	CTNS	60.00	65.85
	11	98H239	/MMF-06H24SS-CX1	3 000	PCS	15	CTNS	150.00	187.60
	12	98H239	/MMF-06H24SS-CX1	2 800	PCS	14	CTNS	140.00	176.30

Contracting Country：JAPAN

TOTAL:	30 900	PCS	162	CTNS	1 675.00	2 105.75

162 CARTONS
12 PALLETS
V: 11.556

中华人民共和国海关进口货物报关单

091020181100094665

预录入编号：I20180000084636981　　海关编号：091020181100094665　　（连保税港）　　页码/页数：1/2

境内收货人（91210213604820712A） [redacted]	进境关别（0910） 连保税港	进口日期 20180822		申报日期 20180822	备案号 E09037000013
境外发货人 MITSUBISHI ELECTRIC TRADING CORPORATION	运输方式（Y） 保税港区	运输工具名称及航次号		提运单号 100050538	货物存放地点 保税港区
消费使用单位（91210213604820712A） [redacted]	监管方式（0615） 进料对口	征免性质（503） 进料加工		许可证号	启运港（CHN000） 中国境内
合同协议号 MDI-09266	贸易国（地区）（JPN） 日本	启运国（地区）（CHN） 中国		经停港（CHN000） 中国境内	入境口岸（210104） 大连大窑湾保税港区
包装种类（99） 其他包装	件数 12 / 毛重（千克）2105.75	净重（千克） 1675	成交方式（1） CIF	运费 / 保费	杂费

随附单证及编号

随附单证2：发票；企业提供的其他；代理报关委托协议（电子）

标记唛码及备注　两单一审报关单

备注：BSG20 [redacted] 卖方：MELCO TECHNOREX CO., LTD. 作业单GJS09101180822000098关联号091020180100050538 N/M　关联报关单号：091020180100050830

项号	商品编号	商品名称及规格型号	数量及单位	单价/总价/币制	原产国（地区）	最终目的国（地区）	境内目的地	征免
1 (1808	8414599050	轴流风扇 3|3|变频器散热用|散热扇|2.4W|MTR|MMF-06H24SS-CX1	16 200台 810千克 16 200个	361.0000 5 848 200.0000 日本元	中国 (CHN)	中国 (CHN)	(21022/210213)大连经济技术开发区/大连市金州区	全免 (3)
2 (1808	8414599050	轴流风扇 3|3|变频器散热用|散热扇|2.4W|MTR|MMF-06H24SS-CX1	3 000台 150千克 3 000个	361.0000 1 083 000.0000 日本元	中国 (CHN)	中国 (CHN)	(21022/210213)大连经济技术开发区/大连市金州区	全免 (3)
3 (2385	8414599050	轴流风扇 3|3|变频器散热用|散热扇|2.16W|MTR|MMF-06H24SS-CX7	2 400台 120千克 2 400个	353.0000 847 200.0000 日本元	中国 (CHN)	中国 (CHN)	(21022/210213)大连经济技术开发区/大连市金州区	全免 (3)
4 (2385	8414599050	轴流风扇 3|3|变频器散热用|散热扇|2.16W|MTR|MMF-06H24SS-CX7	2 400台 120千克 2 400个	353.0000 847 200.0000 日本元	中国 (CHN)	中国 (CHN)	(21022/210213)大连经济技术开发区/大连市金州区	全免 (3)
5 (2794	8414599050	轴流风扇 3|3|变频器散热用|散热扇|3.6W|MTR|MMF-06L24SS-CX1	2 400台 120千克 2 400个	350.0000 840 000.0000 日本元	中国 (CHN)	中国 (CHN)	(21022/210213)大连经济技术开发区/大连市金州区	全免 (3)
6 (2794	8414599050	轴流风扇 3|3|变频器散热用|散热扇|3.6W|MTR|MMF-06L24SS-CX1	3 400台 170千克 3 400个	350.0000 1 190 000.0000 日本元	中国 (CHN)	中国 (CHN)	(21022/210213)大连经济技术开发区/大连市金州区	全免 (3)

特殊关系确认：否　　价格影响确认：否　　支付特许权使用费确认：否　　自报自缴：否

报关人员石磊　　报关人员证号09103315　　电话　　兹申明对以上内容承担如实申报、依法纳税之法律责任 申报单位（912102007560837828）[redacted]　　申报单位（签章）	海关批注及签章

中华人民共和国海关进口货物报关单

091020181100094665

预录入编号：I20180000084636981　　海关编号：091020181100094665　（连保税港）　　页码/页数：2/2

项号	商品编号	商品名称及规格型号	数量及单位	单价/总价/币制	原产国（地区）	最终目的国（地区）	境内目的地	征免
7 (2795	8414599050	轴流风扇 3|3|变频器散热用|散热扇|4.8W|MTR|MMF-08L24SS-CX1	600台 60千克 600个	446.0000 267 600.0000 日本元	中国 (CHN)	中国 (CHN)	(21022/210213)大连经济技术开发区/大连市金州区	全免 (3)
8 (1599	8414599050	轴流风扇 3|3|变频器散热用|散热扇|7.92W|MTR|MMF-12J24DS-CP1	300台 75千克 300个	730.0000 219 000.0000 日本元	中国 (CHN)	中国 (CHN)	(21022/210213)大连经济技术开发区/大连市金州区	全免 (3)
9 (1599	8414599050	轴流风扇 3|3|变频器散热用|散热扇|7.92W|MTR|MMF-12J24DS-CP1	200台 50千克 200个	730.0000 146 000.0000 日本元	中国 (CHN)	中国 (CHN)	(21022/210213)大连经济技术开发区/大连市金州区	全免 (3)

中华人民共和国海关出口货物报关单

0910201801000050830

预录入编号：E20180000085219781　　海关编号：091020180100050830　　(连保税港)　　页码/页数：1/2

境内发货人 (91210242792014979K) [redacted]	出境关别 (0910) 连保税港		出口日期	申报日期 20180822	备案号 H09107000055
境外收货人 NO	运输方式 (9) 其他方式运输		运输工具名称及航次号	提运单号	
生产销售单位 (91210242792014979K) [redacted]	监管方式 (5000) 料件进出区		征免性质	许可证号	
合同协议号	贸易国（地区）(JPN) 日本		运抵国（地区）(CHN) 中国	指运港 (CHN000) 中国境内	离境口岸 (210104) 大连大窑湾保税港区
包装种类 (99) 其他包装	件数 12	毛重(千克) 2105.75	净重(千克) 1675　成交方式 (3) FOB	运费　保费	杂费
随附单证及编号					
标记唛码及备注　两单一审备案清单 备注：BSG20 [redacted] N/M					

项号	商品编号	商品名称及规格型号	数量及单位	单价/总价/币制	原产国(地区)	最终目的国(地区)	境内货源地	征免
1 (5071	8414599050	轴流风扇 3|0|变频器散热用|散热扇|2.4W|MTR|MMF-06H24SS-CX1	16 200台 810千克 16 200个	361.0000 5 848 200.0000 日本元	中国 (CHN)	中国 (CHN)	(21026)大窑湾保税港区	全免 (3)
2 (5071	8414599050	轴流风扇 3|0|变频器散热用|散热扇|2.4W|MTR|MMF-06H24SS-CX1	3 000台 150千克 3 000个	361.0000 1 083 000.0000 日本元	中国 (CHN)	中国 (CHN)	(21026)大窑湾保税港区	全免 (3)
3 (5071	8414599050	轴流风扇 3|0|变频器散热用|散热扇|2.16W|MTR|MMF-06H24SS-CX7	2 400台 120千克 2 400个	353.0000 847 200.0000 日本元	中国 (CHN)	中国 (CHN)	(21026)大窑湾保税港区	全免 (3)
4 (5071	8414599050	轴流风扇 3|0|变频器散热用|散热扇|2.16W|MTR|MMF-06H24SS-CX7	2 400台 120千克 2 400个	353.0000 847 200.0000 日本元	中国 (CHN)	中国 (CHN)	(21026)大窑湾保税港区	全免 (3)
5 (5071	8414599050	轴流风扇 3|0|变频器散热用|散热扇|3.6W|MTR|MMF-06L24SS-CX1	2 400台 120千克 2 400个	350.0000 840 000.0000 日本元	中国 (CHN)	中国 (CHN)	(21026)大窑湾保税港区	全免 (3)
6 (5071	8414599050	轴流风扇 3|0|变频器散热用|散热扇|3.6W|MTR|MMF-06L24SS-CX1	3 400台 170千克 3 400个	350.0000 1 190 000.0000 日本元	中国 (CHN)	中国 (CHN)	(21026)大窑湾保税港区	全免 (3)

特殊关系确认：　　价格影响确认：　　支付特许权使用费确认：　　自报自缴：否

报关人员　　报关人员证号09103337　　电话　　兹申明对以上内容承担如实申报、依法纳税之法律责任　　海关批注及签章

申报单位 (91210242792014979K)[redacted]　　申报单位（签章）

中华人民共和国海关出口货物报关单

091020180100050830

预录入编号：E20180000085249781　　海关编号：091020180100050830　　（连保税港）　　页码/页数：2/2

项号	商品编号	商品名称及规格型号	数量及单位	单价/总价/币制	原产国（地区）	最终目的国（地区）	境内货源地	征免
7 (5071	8414599050	轴流风扇 3|0|变频器散热用|散热扇|4.8W|MTR|MMF-08L24SS-CX1	600台 60千克 600个	446.0000 267600.0000 日本元	中国 (CHN)	中国 (CHN)	(21026)大窑湾保税港区	全免 (3)
8 (5071	8414599050	轴流风扇 3|0|变频器散热用|散热扇|7.92W|MTR|MMF-12J24DS-CP1	300台 75千克 300个	730.0000 219000.0000 日本元	中国 (CHN)	中国 (CHN)	(21026)大窑湾保税港区	全免 (3)
9 (5071	8414599050	轴流风扇 3|0|变频器散热用|散热扇|7.92W|MTR|MMF-12J24DS-CP1	200台 50千克 200个	730.0000 146000.0000 日本元	中国 (CHN)	中国 (CHN)	(21026)大窑湾保税港区	全免 (3)

MELCO TECHNOREX

INVOICE

TO: MITSUBISHI ELECTRIC DALIAN INDUSTRIAL PRODUCTS CO., LTD.
DONGBEI 3-5, DALIAN ECONOMIC & TECHNICAL
DEVELOPMENT ZONE, DALIAN CHINA 116600
TEL: 86-411-87620535
FAX: 86-411-87649310
ATTN: MS. ZHANG FANG

NO.: MDI-09266
DATE: Aug 20, 2018

DELIVER TO: DALIAN YUE FENG WAN XIN INTERNATIONAL LOGISTICS CO.,LTD.
IVB-4-2, FREE TRADE LOGISTICS PARK,DALIAN,CHINA

TEL 0411-87599207
FAX 0411-87599209

P/O NO LINE	DESCRIPTION	QUANTITY	UNIT PRICE	AMOUNT
NBL 12180401				
0001048969	MMF-06H24SS-CX1	16 200 PCS	JP¥ 361	JP¥ 5 848 200 -
0001049160	MMF-06H24SS-CX7	2 400 PCS	JP¥ 353	JP¥ 847 200 -
0001049217	MMF-06L24SS-CX1	2 400 PCS	JP¥ 350	JP¥ 840 000 -
0001048868	MMF-12J24DS-CP1	300 PCS	JP¥ 730	JP¥ 219 000 -
NBL 12180501				
0001060493	MMF-06H24SS-CX1	1 400 PCS	JP¥ 361	JP¥ 505 400 -
0001060488	MMF-06H24SS-CX1	1 600 PCS	JP¥ 361	JP¥ 577 600 -
0001060644	MMF-06H24SS-CX7	2 400 PCS	JP¥ 353	JP¥ 847 200 -
0001060684	MMF-06L24SS-CX1	1 000 PCS	JP¥ 350	JP¥ 350 000 -
0001060683	MMF-06L24SS-CX1	600 PCS	JP¥ 350	JP¥ 210 000 -
0001060682	MMF-06L24SS-CX1	600 PCS	JP¥ 350	JP¥ 210 000 -
0001060685	MMF-06L24SS-CX1	200 PCS	JP¥ 350	JP¥ 70 000 -
0001060690	MMF-06L24SS-CX1	400 PCS	JP¥ 350	JP¥ 140 000 -
0001060689	MMF-06L24SS-CX1	200 PCS	JP¥ 350	JP¥ 70 000 -
0001060688	MMF-06L24SS-CX1	400 PCS	JP¥ 350	JP¥ 140 000 -
0001060692	MMF-08L24SS-CX1	600 PCS	JP¥ 446	JP¥ 267 600 -
0001060398	MMF-12J24DS-CP1	200 PCS	JP¥ 730	JP¥ 146 000 -
	TOTAL	30,900 PCS		JP¥ 11 288 200 -

TRADE TERMS: CIF DALIAN
PAYMENT TERMS: 60 DAYS AFTER INV DATE
COUNTRY OF ORIGIN: CHINA

MELCO TECHNOREX CO., LTD

鈴木広則

KA BUILDING 2F
3-12-20 IMAIKE
CHIKUSA-KU, NAGOYA 464-0850, JAPAN

MELCO TECHNOREX

PACKING LIST

TO: MITSUBISHI ELECTRIC DALIAN INDUSTRIAL PRODUCTS CO., LTD.
DONGBEI 3-5, DALIAN ECONOMIC & TECHNICAL
DEVELOPMENT ZONE, DALIAN CHINA 116600
TEL: 86-411-87620535
FAX: 86-411-87649310
ATTN: MS. ZHANG FANG

NO.: MDI-09266
DATE: Aug 20, 2018

DELIVER TO: DALIAN YUE FENG WAN XIN INTERNATIONAL LOGISTICS CO.,LTD.
IVB-4-2, FREE TRADE LOGISTICS PARK,DALIAN,CHINA

TEL 0411-87599207
FAX 0411-87599209

IDENTIFYING MARKS&NOS	DESCRIPTION		QUANTITY	N/W	G/W	
MDI	DC AXIAL-FLOW FAN					
DALIAN	MMF-06H24SS-CX1	IU1672-1	19 200 PCS	960.00 KGS	1 211.50 KGS	
P/O NO. NBL12180401、12180501	MMF-06H24SS-CX7	IU2931-1	4 800 PCS	240.00 KGS	289.30 KGS	
C/NO. 1-12	MMF-06L24SS-CX1	IU3258-1	5 800 PCS	290.00 KGS	363.90 KGS	
MADE IN CHINA	MMF-08L24SS-CX1	IU3259-1	600 PCS	60.00 KGS	65.85 KGS	
	MMF-12J24DS-CP1	IU1309-1	500 PCS	125.00 KGS	175.20 KGS	
TOTAL			30 900 PCS	1 675.00 KGS	2 105.75 KGS	162 CARTONS

INVOICE NO.: MDI-09266
P.O.NO.: NBL12180401、12180501
COUNTRY OF ORIGIN: CHINA

MELCO TECHNOREX CO., LTD

KA BUILDING 2F
3-12-20 IMAIKE
CHIKUSA-KU, NAGOYA 464-0850, JAPAN

任务3：填制实训报告

“关检融合报关单”实训报告		
项目实训班级：	项目小组：	项目组成员：
实训时间： 年 月 日	实训地点：	实训成绩：
实训目的：		
实训步骤：		
实训结果：		
实训感言：		
不足与今后改进：		

项目组长评定签字： 项目指导教师评定签字：

项目八　外贸单证审核

◇ **知识目标**

理解:常见的单证不符点及其处理方法;

熟知:单证的审核内容和方法;

掌握:进出口单证审核的基本要领。

◇ **技能目标**

能够具备审核外贸单证的实际应用能力、分析能力和动手能力,通过发现问题,来分析问题和解决问题。

◇ **素质目标**

能够运用所学外贸单证审核的知识解决相关案例,提高在特定业务情境中分析问题与解决问题的能力;能够初步认识外贸业务中单证审核的必要性和谨慎性。

◇ **思政目标**

能够正确理解"不忘初心"的核心要义和精神实质;树立正确的世界观、人生观和价值观,做到学思用贯通、知信行统一;通过外贸单证审核的知识学习,学会在业务处理中采用正确的方法,自身的知识进行外贸单证业务单据的审核,提升外贸业务人员最基本的业务能力和职业素养。

◇ **课程思政**

发票和汇票缮制错误致损案

大连某出口公司 A 与新西兰某中间商成交货物一批,贸易条件为 CFR5%,货值为 CNY52500。国外开来 L/C,总金额为 49 875 元,并注明:"议付时扣 5%佣金额给某商号",原文为"When negotiating documents 5% commission to be deducted from amount negotiated and returned to×× "。但 A 公司在制单中忽略了核对 L/C 金额,在缮制发票和汇票时均按照合同金额 52 500 元,议付时银行扣除 5%,实际金额 49 875 元借记开证行账户。开证行接单后来电拒付,理由是发票金额超过来证金额。多次与开证行及中间商交涉均无效,只好在 L/C 有效期内另赶制新发票和汇票,即金额改为 49 875 元,再扣去 5%佣金,最终损失了 5%的金额计 2 493.75 元。

思政反思　本案例中 A 公司的业务员因缺乏经验,并对缮制单据复核把关不严,忽视了审查 L/C 金额与合同金额是否相符,以致中了中间商设下的圈套,可谓有苦难言。

大学生要善于利用电脑来缮制外贸单据,并具有谨慎的制单责任和严谨的工作态度,保持各种单据的内容必须相互符合,做到单单相符和单证相符,否则会影响外贸业务的正常履行,坚持责任第一位,为今后从事外贸工作打下坚实基础。

◇ **知识精讲**

任务一　出口单证审核

一、单据审核的要求

（一）企业审单的要求

出口企业审核单据时的基本要求如下。

（1）及时性。它是指出口企业应及时对有关单据进行审核，如果发现单据上存在差错，可以及时发现并更正，以避免因单据审核不及时而导致各项工作陷入被动局面。

（2）全面性。它是指出口企业应当从安全收汇和全面履行合同的高度来重视单据的审核工作。一方面，应对照信用证和合同认真审核每一份单证，不放过任何一个不符点；另一方面，要善于处理所发现的问题，加强与各有关部门的联系和衔接，使发现的问题得到及时、妥善地处理。

（3）单单相符，单证相符。这是出口企业安全收汇的前提和基础。所提交单据中的任何不符，哪怕是细小的差错，都会造成难以挽回的损失。

（二）银行审单的要求

银行审单的要求包括：①遵照跟单信用证统一惯例的规定。②遵照信用证所规定的条件、条款。③结合银行的经营策略、操作规程。④遵循普遍联系的观点。⑤合情、合理、合法。⑥了解单据的功能及用途。

二、单据审核的方法

（一）企业审单的方法

企业审单的方法包括纵向审核法和横向审核法两种方法。

（1）纵向审核法。纵向审核法是指以信用证条款为基础，对规定的各项单据进行逐字逐句地审核，要求有关单据的内容严格符合信用证的规定，做到“单证相符”。在进行纵向审核时，应注意以下两点：①仔细分析信用证。信用证中每涉及一种单据，即按单据条款核对相对应的单据，以达到单证一致。如果发现与信用证不一致之处，应做好记录，以免遗漏。②按信用证审核完所有的单据后，剩下的则属于交单人交来的信用证未规定的单据，应选择退还交单人。

（2）横向审核法。横向审核法是在纵向审核法的基础上，以商业发票为中心审核其他规定的单据，使单据与单据之间所有的项目相互一致，做到“单单相符”。在进行横向审核时，要注意以发票为中心，将其他单据与发票的相同资料及有关项目予以核对。

【注意】上述审核一般由制单员或审单员进行，为第一道审核。为安全起见，应当对有关单据进行复审。

（二）银行审单的方法

银行在收到信用证受益人提交的单据后，也要对这些单据进行全面、细致地审核。银行审单的方法主要有以下五种：①“先数字后文字”法。②“先简后繁”法。③按“装运日期”审单法。④分地区客户审单法。⑤先读后审法。

银行对单据的种类、签署时间和签署人的要求：

动漫视频

议付信用证

（1）单据的种类。在受益人提交的种类繁多的各种单据中，商业发票是全套单据的中心单据。运输单据中以海运提单居多，作为一种物权凭证，海运提单是银行审单中的重点。受益人是否需要提交保险单据，视价格条件而定，在CIF、CIP价格条件下需提交保险单据。是否需要提交汇票视信用证的付款方式而定，承兑信用证必须提交汇票，延期付款信用证不需要提交汇票，即期付款和议付信用证可带汇票，也可不带汇票。

（2）单据的签署时间。一般来说，信用证会规定4个日期：开证日期、有效期、最迟交货期和最迟交单期。UCP 600对商业发票、保险单据、运输单据和汇票的签署时间有相应的规定。其中，发票的开立日期可以早于信用证的开立日期；检验证书和保险单的日期在发票日期之后但在提单的日期之前；提单的日期应早于信用证和合同规定的最迟装运期；汇票的签署日期应当在最迟交单期之前，无论如何应当早于信用证的有效期。

（3）单据的签署人。根据单据的签发单位不同划分为出口商自制单据，其他企业签发的单据及政府机关和社会团体签发的单据。由出口商自行缮制签发的单据包括跟单汇票、商业发票、装箱单、重量单和制造商证明等；由其他企业签发的单据包括由承运人签发的各种运输单据和由保险公司签发的保险单等；由政府机关和社会团体签发的单据主要是一些公务证明文件，如有关部门签发的出口许可证，贸促会签发的产地证明和商检局签发的商检证书等。应当特别注意的是，由于提单代表商品的物权，因此，在信用证条款中对承运人的资格要求很高，不接受运输行提单。

【做中学8—1】　　开证行拒付的道理

我国某公司以信用证方式向国外某公司进口一批钢板，货物分两批装运，每批分别由中国银行开立一份信用证。第一批装运后，买方在有效期内向银行交单议付，议付行审单后，即向该行议付货款，随后中国银行对议付行作了偿付。我方在收到第二批货物后，发现货物品质不符合合同规定，因而要求开证行对第二份信用证项下的单据拒绝付款，但遭到开证行的拒绝。你认为开证行这样做是否有理？

分析：开证行拒绝有理。开证行在单证相符时必须付款，不管货物是否与合同相符。对于品质不符，进口方应直接向出口方索赔。

三、单据不符的处理

（一）单据相符的重要性

信用证作为迄今为止最受世界各国进出口贸易商青睐、使用最广泛的国际结算工具，能够大大提高收汇的安全性。

（二）单据不符的概念及原因

所谓单据不符，是指出口商即信用证受益人向银行提交的单据包含有不符合信用证条款规定的内容，致使单证不符、单单不符或单据本身内容不完整。

发生单据不符的原因有很多，概括起来主要有以下几种：

（1）制单员的业务知识局限和操作疏忽。（2）信用证本身的缺陷。信用证本身的缺陷往往会引起致命的不符点，包括以下三种情形：①信用证含有软条款。②信用证本身的含糊或自相矛盾。③信用证的修改。④信用证条款与实际操作有冲突。（3）受益人在经营过程中的脱节。

(4)过分信赖银行。

(三)单据不符的处理办法

(1)议付行对单据不符的处理有以下几种方法:①将单据退回受益人修改。②担保议付。③向开证行发电要求授权议付。④寄单行将单据寄开证行,款项收妥后再付给受益人。⑤照常议付。(2)开证行对单据不符的处理。作为开证行,收到议付行(或付款行、承兑行)寄来的单据后也要进行审核,若有不符点,决定拒付时要注意以下几点:①开证行提出的不符点必须明确,且以单据为依据,没有提出具体不符点的拒付不能构成完整的拒付通知。②开证行提出的不符点必须是合理的,即开证行提出的不符点必须是实质性的不符点。③开证行必须以自身的名义提出不符点拒付,以开证申请人认为单证有不符点为由提出拒付。④开证行必须在合理的时间内提出拒付,即在收到单据次日起的 5 个银行工作日内提出拒付。⑤开证行必须一次性地提出所有不符点。⑥拒付电必须包含拒绝接受的字样,并声明代为保留单据听候处理。

(四)信用证遭拒付后的处理

受益人应按以下步骤进行处理:(1)判断银行拒付是否成立,判断银行拒付的行为是否正当,判断银行拒付的理由是否成立。一般来说,银行拒付的理由可能会有以下几种:①与 UCP 600 的相关规定有出入。②要求受益人提交信用证未要求提交的单据。③故意行为。(2)银行拒付成立时的妥善处理。如果信用证遭拒付确实是由受益人提交的单据不符造成的,则出口商此时应视其具体情况进行适当地处理:①改正不符点并重新寄单。②说服进口商和开证行接受单据。③了解货物情况。④随证托收。

四、主要单据的审核要点

(一)商业发票的审核

(1)商业发票的审核要点。其包括:①确保商业发票的签发人是信用证的受益人。②除非信用证另有规定,应确保发票的抬头为信用证的申请人。③商品的描述必须完全符合信用证的要求。④不能冠名为“形式发票”或“临时发票”。⑤确保没有会对货物状况或价值引起怀疑的任何附加的、不利的描述。⑥未被信用证准许时,银行不接受发票上对货物的批注是“用过的”“旧的”“重新改造的”“修整的”。⑦信用证中提及的货物、价格和条款等细节必须包含在发票中。⑧确保发票上提供的其他资料,如唛头、号码、运输资料等与其他单据相一致。⑨确保发票上的货币与信用证货币相一致。⑩发票的金额不得超出信用证的金额。⑪发票的金额必须与汇票金额相一致。⑫如不允许分批装运,确保发票必须包括信用证要求的整批装运货物价值。⑬确保信用证要求,发票已被签字、公证人证实、合法化、证明等。⑭提交正确的正本和副本份数。

(2)商业发票的常见不符点。其包括:①发票名称不符合信用证规定。②发票的开立人不是信用证的受益人。③发票的抬头人与信用证要求不符。④进口商名称与信用证上的开证申请人不同。⑤货物数量、发票金额及单价与信用证不一致或不在信用证允许的增减幅度之内。⑥发票对货物的描述与信用证对货物的描述不相符。⑦发票上的装运港或目的港与提单不一致。⑧发票上的贸易术语与信用证不一致。⑨发票上的佣金或折扣与信用证或合同的规定不一致。⑩遗漏信用证要求、表明和证明的内容,或缮制发票时照抄照搬来证中的证明词。⑪货物包装注有“用过”“旧货”“重新装配”等字样。⑫发票未按信用证规定签名盖章。

（二）汇票的审核

（1）汇票的审核要点。其包括：①确保汇票有正确的信用证参考号。②确保汇票有当前的日期。③汇票的出票人签字和/或名称应与受益人的名称一致。④确保汇票付款人的正确性，不应以申请人作为汇票付款人。⑤汇票上金额的大小写必须一致。⑥付款期限要符合信用证或合同规定。⑦汇票金额不得超出信用证金额。⑧汇票金额应与发票金额相符。⑨确保收款人的名称已被验明。⑩确保已按需要正确地背书。⑪没有限制性背书。⑫确保汇票包含信用证要求所必需的条款。⑬除非信用证授权，否则不开立“无追索权”的汇票。

（2）汇票的常见不符点。其包括：①汇票的出票日期迟于有效期。②汇票的金额大于信用证金额。③汇票上金额的大小写不一致或汇票大写金额不准确，大写金额最后漏填“ONLY”。④货币名称与发票或信用证不一致。⑤汇票的付款期限与信用证规定不符，或未明确付款日期。⑥出票人未签字。⑦汇票提交的份数不正确。⑧未按规定列明“出票条款”。⑨漏列或错列了信用证号码。⑩汇票的内容被更改。

（三）运输单据的审核

（1）运输单据的审核要点。其包括：①确保提交全套的正本单据。②除非信用证另有规定，确保它不是“租船合约”的运输单据。③应符合 UCP 600 相关运输条款的一切其他条件。④运输单据的收货人名称必须符合信用证的要求。⑤在运输单据需要背书时正确背书。⑥确保运输单据上载明托运人或其代理人的名称。⑦确保当运输单据有通知人时，其名称与地址按信用证要求填写。⑧确保货物的描述与信用证上的内容总体一致；如果出现唛头、数量以及其他规格，则必须与其在其他单据上的内容相一致。⑨运输单据上的“运费预付”或“运费到付”要与信用证内容相符。⑩确保运输单据不出现使其成为“瑕疵”或“不清洁”单据的条款。

（2）运输单据的常见不符点。其包括：①运输单据提交的种类与信用证规定不符。②未提交全套有效的提单。③托运人的名称与信用证不一致。④收货人的名称与信用证不一致。⑤被通知人的名称与信用证规定不符。⑥未按信用证规定正确背书（如果需要的话）。⑦提交了“不清洁”的单据。⑧运输单据中所列货物的名称、包装、数量等信息与信用证的规定不符。⑨未按信用证的规定证明运费已付或运费到付。⑩未注明承运人的名称。

（四）保险单据的审核

（1）保险单据的审核要点。其包括：①确保按照信用证规定提交保险单、保险凭证和保险声明书。②提交全套正本保险单据。③确保保险单的签发人是保险公司、保险商或其代理人。④确保保险单的签发日期或保险责任生效日期最迟在已装船或已发运或接受监管之日。⑤确保货物投保金额符合信用证要求或符合 UCP 600 第 28 条 f 款规定。⑥除非信用证另有要求，保险单据必须使用与信用证相同的货币表示。⑦确保保险单据上的货物描述与发票上的描述相一致。⑧承保的风险区间至少涵盖从信用证规定的货物接管地或发运地开始到卸货地或最终目的地为止。⑨已按信用证要求投保了规定的险别并有相应明确表示。⑩确保保险单据上对货物的描述与运输单据上的内容相一致。⑪若被保险人的名称不是保兑行、开证行或进口商，则应进行相应的背书。⑫保险单据上的所有其他资料与其他单据内容相符。⑬如果单据内容有修改，应被适当地证实。

（2）保险单据的常见不符点。其包括：①保险单的种类不符合信用证规定。②不是由规定的保险公司或保险商出具。③保险货币或金额与信用证规定不符。④保险单上对货物的描述与信用证不符。⑤保险金额的大小写不一致或大写金额不正确。⑥启运港或卸货港与信用证规定不符。⑦保险单的投保险别与信用证规定不符，如误把交货不到险当成偷窃、提货不着险。⑧未提供全套保险单据。⑨保险单未经背书或背书不正确。⑩保险日期迟于提单日期。

（五）其他单据的审核

其他单据的审核要点是：①所提交单据的种类不齐或份数不足。②单据的名称与信用证要求不符。③单据的出单日期与信用证或惯例不符。④单据未按 UCP 600 要求由授权人签字或盖章，未标有可以证实的符号等。⑤单据的内容不够详尽。⑥交单日期晚于信用证交单到期日，或晚于信用证规定的从装运日后必须提交单据的时间，或如无此时间规定，交单日期晚于装运日后 21 天，导致信用证逾期。

任务二　进口单证审核

进口货物单据的审核，是进口合同履行过程中的一个重要环节。货物单据不仅是进口人凭以付款的依据，也是进口人核对卖方所提供货物是否与合同相符的凭证。所以做好进口单据的审核工作尤为重要。审单的一般过程如下。

一、开证行审单

我国进口业务大多采用信用证付款方式，国外出口人将货物装运后，即将全套单据和汇票交出口地银行转我方进口地开证行或指定付款行收取货款。按照我国现行的做法，开证行收到国外寄来的全套单证以后，应根据信用证条款全面地、逐项地审核单据与信用证之间、单据与单据之间是否相符。为了减少不必要的风险，开证行的审核应严格进行，特别注意以下问题：①所收单据的种类、份数与信用证要求的是否相符，与议付行寄单回函中所列的是否相符。②汇票、发票上的金额是否一致，与信用证规定的最高金额相比是否超额，与议付行寄单回函所列金额是否一致。③所有单据中对货名、规格、数量、包装等的描述是否与信用证要求相符。④货运单据的出单日及内容是否与信用证相符。⑤核对货运单据、保险单据等其他单据的背书是否有效。

【职场指南 8—1】　　　　开证行审单的处理

目前，大部分银行在审单结束后会通知申请人审单结果。若申请人同意接受单据，开证行则付款放单或承兑放单，一般会在第六个或第七个工作日付款。在 UCP 600 实施以后，特别是条款中的 MAXIMUM 一词，可能会根据不同的操作产生不同的意思理解。

①开证行审单，认为单证相符，则立即付款/承兑。这种做法问题不大。

②开证行审单，认为单证相符，然后保留单据到第五天付款。这样，议付银行可向开证行催讨从审单结束到付款之间的利息。

③开证行审单，认为单证不符，但开证行及申请人接受不符点，开证行立即付款/承兑。这种做法问题不大。

④开证行审单，认为单证不符，开证行立即电提。这种做法问题也不大。

⑤开证行审单，认为单证不符，开证行及申请人接受不符点，开证行保留单据，但到第五天电提。这种做法很危险，可能会被认为是故意拖延时间导致信用证超过有效期，使得受益人无法及时更改单据。

⑥开证行不审单，直到第五天才审。这种做法也很危险，会被认为没有及时处理单据而导致受益人收款延误。

二、进口企业审单

进口企业收到开证行交来的全套货物单据和汇票后，应根据合同和信用证的规定认真审核单据，首先应审核各种单据的内容是否符合信用证要求，单据的种类和份数是否齐全，即单证(单同)是否一致。同时，以商业发票为中心，将其他单据与之对照，审核单单是否一致。进口企业审单后，如没有提出异议，开证行即按即期汇票或远期汇票履行付款或承兑的义务。进口企业凭开证行的付款通知与收货单位结算。

三、主要单据的审单要点

审单原则：单证相符、单单相符。审核内容主要包括：①提单的审核。②汇票的审核。③发票。④保险单据。

四、不符点单据的处理

对于不符点单据，开证行和进口企业有权拒付。对于程度轻微的不符点，进口企业可以采取以下措施：①部分付款，部分拒付。②验货合格后付款(先报关提货后付货款)。③凭担保付款(卖方出具货物与合同一致的担保)。④更正单据后付款。

UCP 600 第十六条“关于不符单据及不符点的放弃与通知”的内容包括：

1. 当按照指定行事的被指定银行、保兑行(如有)或开证行确定提示不符时，可以拒绝兑付或议付。

2. 当开证行确定提示不符时，可以依据其独立的判断联系申请人放弃有关不符点。然而，这并不因此延长 14 条(b)款中述及的期限。

3. 当按照指定行事的被指定银行、保兑行(如有)或开证行决定拒绝兑付或议付时，必须一次性通知提示人。

通知必须声明：

(1)银行拒绝兑付或议付；及

(2)银行凭以拒绝兑付或议付的各个不符点；及

(3)①银行持有单据等候提示人进一步指示；或

②开证行持有单据直至收到申请人通知弃权并同意接受该弃权，或在同意接受弃权前从提示人处收到进一步指示；或

③银行退回单据；或

④银行按照先前从提示人处收到的指示行事。

④第十六条第 3 款中要求的通知必须以电讯方式发出，或者，如果不可能以电讯方式通知时，则以其他快捷方式通知，但不得迟于提示单据日期翌日起第五个银行工作日终了。

⑤按照指定行事的被指定银行、保兑行(如有)或开证行可以在提供第十六条第 3 款第(3)、第 1 款或第 2 款要求提供的通知后，于任何时间将单据退还提示人。

6. 如果开证行或保兑行未能按照本条款的规定行事，将无权宣称单据未能构成相符提示。

7. 当开证行拒绝兑付或保兑行拒绝兑付或议付，并已经按照本条款发出通知时，该银行

将有权就已经履行的偿付索取退款及其利息。

进口单证审核，如果没有问题，即可向银行付款赎单；如果有问题，应将审核出的问题汇总后及时反馈给银行，并协商妥善的解决办法。

【学中做 8—1】 根据合同内容审核信用证，指出不符之处并提出修改意见。

SALES CONTRACT

NO. YH21039

THE SELLER:

SHANDONG YIHAI IMP. & EXP. CO. ,LTD. DATE:DEC. 1,2021

NO. 51 JINSHUI ROAD,QINGDAO,CHINA SIGNED AT:QINGDAO,CHINA

THE BUYER:

LINSA PUBLICIDAD,S. A.

VALENCIA,195 BAJOS. 21011. BARCELONA,SPAIN

This Sales Contract is made by and between the Sellers and the Buyers, whereby the sellers agrees to sell and the buyers agrees to buy the under—mentioned goods according to the terms and conditions stipulated below:

Commodity & Specification	Quantity	Price Terms	
		Unit price	Amount
CARDHOLDER DYED COW LEATHER BLACK BROWN	5000PCS 8000PCS	FOB QINGDAO USD1. 45/PC USD1. 50/PC	USD 7250. 00 USD12000. 00 USD19250. 00
Total amount: U. S. DOLLARS NINETEEN THOUSAND TWO HUNDRED AND FIFTY ONLY.			

Packing: 1PC/POLYBAG, 500PCS/CTN

Shipping Mark: L. P.

BARCELONA

NOS. 1—26

Time of Shipment: DURING JAN. 2022 BY SEA

Loading Port and Destination: FROM QINGDAO TO BARCELONA

Partial Shipment and Transshipment: ALLOWED

Insurance: TO BE EFFECTED BY THE BUYER.

Terms of Payment: THE BUYER SHALL OPEN THROUGH A BANK ACCEPTABLE TO THE SELLER AN IRREVOCABLE SIGHT LETTER OF CREDIT TO REACH THE SELLER 30 DAYS BEFORE THE MONTH OF SHIPMENT AND TO REMAIN VALID FOR NEGOTIATION IN CHINA UNTIL THE 15th DAY AFTER THE FORESAID TIME OF SHIPMENT.

ISSUE OF DOCUMENTARY CREDIT

27: SEQUENCE OF TOTAL: 1/1

40A: FORM OF DOC. CREDIT: IRREVOCABLE

20:DOC. CREDIT NUMBER:103CD137273

31C:DATE OF ISSUE:211215

40E:APPLICABLE RULES:UCP LATEST VERSION

31D:DATE AND PLACE OF EXPIRY:DATE 220202 PLACE IN SPAIN

51D:APPLICANT BANK:BANCO SANTANDER,S. A.

28660 BOADILLA DEL BARCELONA,SPAIN

50:APPLICANT:LINSA PUBLICIDAD,S. A.

VALENCIA,195 BAJOS. 21011. BARCELONA,SPAIN

59:BENEFICIARY:SHANDONG YIHAN IMP. & EXP. CO. ,LTD.

NO. 51 JINSHUI ROAD,QINGDAO,CHINA

32B:AMOUNT:CURRENCY EUR AMOUNT 19250. 00

41A:AVAILABLE WITH/BY:ANY BANK IN CHINA BY NEGOTIATION

42C:DRAFTS AT:30 DAYS AFTER SIGHT

42A:DRAWEE:LINSA PUBLICIDAD,S. A.

43P:PARTIAL SHIPMTS:NOT ALLOWED

43T:TRANSSHIPMENT:NOT ALLOWED

44E:PORT OF LOADING:ANY CHINESE PORT

44F:PORT OF DISCHARGE:VALENCIA,SPAIN

44C:LATEST DATE OF SHIPMENT:220115

45A:DESCRIPTION OF GOODS:GOODS AS PER S/C NO. YH21036 DATED ON DEC. 1,2021

CARDHOLDER DYED COW LEATHER

BLACK COLOUR/8000PCS AT USD1. 45/PC FOB QINGDAO

BROWN COLOUR/5000PCS AT USD1. 50/PC FOB QINGDAO

PACKING:200PCS/CTN

46A:DOCUMENTS REQUIRED

1. SIGNED COMMERCIAL INVOICE IN 3 COPIES

2. CERTIFICATE OF ORIGIN GSP FORM A ISSUED BY OFFICIAL AUTHORITIES

3. PACKING LIST IN 3 COPIES

4. FULL SET CLEAN ON BOARD BILLS OF LADING MADE OUT TO ORDER MARKED FREIGHT PREPAID AND NOTIFY APPLICANT

5. INSURANCE POLICY/CERTIFICATE IN DUPLICATE ENDORSED IN BLANK FOR 110% INVOICE VALUE COVERING ALL RISKS AND WAR RISK AS PER CIC.

47A:ADDITIONAL CONDITIONS:BILL OF LADING ONLY ACCEPTABLE IF ISSUED BY ONE OF THE FOLLOWING SHIPPING COMPANIES:KUEHNE－NAGEL (BLUE ANCHOR LINE) VILTRANS (CHINA) INTL FORWARDING LTD. OR VILTRANS SHIPPING (HK) CO. ,LTD.

71B:CHARGES:ALL CHARGES ARE TO BE BORN BY BENEFICIARY

48：PERIOD FOR PRESENTATION：WITHIN 5 DAYS AFTER THE DATE OF SHIPMENT，BUT WITHIN THE VALIDITY OF THIS CREDIT

49：CONFIRMATION INSTRUCTION：WITHOUT

【学中做 8—2】根据已知资料指出下列单据中错误的地方。

已知资料

（1）：

SALES CONTRACT

Contract No.：NJT220218

Date：FEB. 18，2022

Signed at：Nanjing，China

The Seller：NANJING JINLING TEXTILE CO.，LTD.

Address：UNIT A 18/F，JINLING TOWER，NO. 118 JINLING ROAD，NANJING，CHINA

The Buyer：DEXICA SUPERMART S. A.

Address：BOULEVARD PACHECO 44，B—1000 BRUSSELS，BELGIUM

This Sales Contract is made by and between the Sellers and the Buyers，whereby the sellers agrees to sell and buyers agrees to buy the under—mentioned goods according to the terms and conditions stipulated below：

Commodity and specifications	Quantity	Unit Price	Amount
GIRLS GARMENTS	10800PCS	CIF BRUSSELS EUR5.00/PC	EUR54000.00

10% more or less in quantity and amount are acceptable.

Packing：IN CARTON Shipping Mark：N/M

Time of Shipment：Within 30 days after receipt of L/C.

From NINGBO PORT CHINA to BRUSSELS，BELGIUM

Transshipment and Partial Shipment：Allowed.

Insurance：to be effected by the Seller for 110% of full invoice value covering all risks up to port of destination and war risks included with claim payable at destination.

Terms of Payment：By 100% Irrevocable Letter of Credit in favor of the Sellers to be available by sight draft to be opened and to reach China before APRIL 1，2022and to remain valid for negotiation in China until the 21 days after the fore—said Time of Shipment. L/C must mention this contract number L/C advised by BANK OF CHINA JIANGSU BRANCH. ALL banking Charges outside China are for account of the Buyer.

The Seller	The Buyer
NANJING JINLING TEXTILE CO.，LTD.	DEXICA SUPERMART S. A.
钟山	ALICE

已知资料（2）：

1. 装运信息：指定 APL 承运，装期 2022.04.19；船名 PRINCESS；航次 V.018
2. 装箱资料：合计 108 箱，装入 1×20' 集装箱。
3. 商业发票号：NJT220218－09，签发日期 2022 年 4 月 10 日。
4. 信用证号：CMKK9180205

（1）一般原产地证

<table>
<tr><td colspan="2">1. Exporter(full name address and country)
DEXICA SUPERMART S. A. BOULEVARD PACHECO 44B－1000 BRUSSELS, BELGIUM</td><td colspan="3" rowspan="2">Certificate No. CCPIT 221810528

CERTIFICATE OF ORIGIN OF
THE PEOPLE'S REPUBLIC OF CHINA</td></tr>
<tr><td colspan="2">2. Consignee(full name address and country)
NANJING JINLING TEXTILE CO. , LTD.
UNIT A 18/F, JINLING TOWER, NO. 118
JINLING ROAD, NANJING, CHINA</td></tr>
<tr><td colspan="2">3. Means of transport and route
FROMNANJINGPORT, CHINA TO BRUSSELS, BELGIUM BY AIR</td><td colspan="3" rowspan="2">5. For certifying authority use only</td></tr>
<tr><td colspan="2">4. Country/region of destination
CHINA</td></tr>
<tr><td>6. Marks and Numbers
DEXICA
S/C NJT220218</td><td>7. Number and kind of packages; Description of Goods
LADIES GARMENTS PACKED IN (108) TWO HUNDRED AND EIGHT CARTONS ONLY.
* * * * * * * * * * * * * *</td><td>8. H. S code

6204430090</td><td>9. Quantity
10080
DOZEN</td><td>10. Number and date of invoices NJT220218
APR. 9, 2022</td></tr>
</table>

（2）保险单

中国人民保险公司江苏省分公司

THE PEOPLE'S INSURANCE COMPANY OF CHINA JIANGSU BRANCH

货物运输保险单

CARGO TRANSPORTATION INSURANCE POLICY

发票号(INVOICE NO.) NJT220218－09 保单号次 PYIE2006080

合同号(CONTRACT NO.) NJT220218 POLICY NO.

信用证号(L/C NO.)：CCPIT 221810528

被保险人：Insured：NANJING JINLING TEXTILE LTD.

中国人民保险公司(以下简称本公司)根据被保险人的要求，由被保险人向本公司缴付约定的保险费，按照本保险单承保险别和背面所载条款与下列特款承保下述货物运输保险，特立本保险单。

THIS POLICY OF INSURANCE WITNESSES THAT THE PEOPLE'S INSURANCE COMPANY OF CHINA(HEREINAFTER CALLED "THE COMPANY") AT THE REQUEST OF THE INSURED AND IN CONSIDERATION OF THE AGREED PREMIUM PAID TO THE COMPANY BY THE INSURED, UNDERTAKES TO INSURE THE UNDERMENTIONED GOODS IN TRANSPORTATION SUBJECT TO THE CONDI-

TIONS OF THIS POLICY AS PER THE CLAUSES PRINTED OVERLEAF AND OTHER SPECIL CLAUSES ATTACHED HEREON.

标　记 MARKS&NOS	包装及数量 QUANTITY	保险货物项目 DESCRIPTION OF GOODS	保险金额 AMOUNT INSURED
DEXICA S/C NJT090218	10800 DOZEN	LADIES GARMENTS	USD54000.00

总保险金额 TOTAL AMOUNT INSURED:US DOLLARS FIFTY FOUR THOUSANDS ONLY

保费　启运日期　装载运输工具

AS ARRANGED DATE OF COMMENCEMENT:APR 09,2022 PER CONVEYANCE:PRINCESS V.018

自　经　至

FROM:NANJING PORT CHINA　VIA ——　TO BRUSSELS,BELGIUM

承保险别:

CONDITIONS:Covering F.P.A up to PORT OF DESTINATION.

所保货物,如发生保险单项下可能引起索赔的损失或损坏,应立即通知本公司下述代理人查勘。如有索赔,应向本公司提交保单正本(本保险单共有 3 份正本)及有关文件。如一份正本已用于索赔,其余正本自动失效。

IN THE EVENT OF LOSS OR DAMAGE WITCH MAY RESULT IN A CLAIM UNDER THIS POLICY,IMMEDIATE NOTICE MUST BE GIVEN TO THE COMPANY'S AGENT AS MENTIONED HEREUNDER. CLAIMS,IF ANY,ONE OF THE ORIGINAL POLICY WHICH HAS BEEN ISSUED IN 3 ORIGINAL(S) TOGETHER WITH THE RELEVENT DOCUMENTS SHALL BE SURRENDERED TO THE COMPANY. IF ONE OF THE ORIGINAL POLICY HAS BEEN ACCOMPLISHED. THE OTHERS TO BE VOID.

赔款偿付地点　中国人民保险公司江苏省分公司

CLAIM PAYABLE AT Nanjing,CHINA　THE PEOPLE'S INSURANCE COMPANY OF CHINA JIANGSU BRANCH

出单日期 ISSUING DATE APR.20,2022　王天华　Authorized Signature

应知考核

一、单项选择题

1. 申请开证前,要落实的事情是(　　)。

A. 进口批准手续及外汇来源　B. 货物入境通关手续

C. 货物检验手续　D. 货物的保险手续

2. 信用证开立后,应由一家通知行进行通知,确定通知行的做法是(　　)。

A. 由进口商和出口商商定　B. 由受益人选择

C. 由开证行指定　D. 由开证申请人指定

3. 没有归入进口到货单证类别中的单据是(　　)。

A. 保险单据　B. 运输单据

C. 入境货物通关单　D. 进口货物报关单

4. 填写开证申请书,应写明对信用证的各项要求,内容要明确、完整,无词意不清的记载,与合同条款的具体规定(　　)。

A. 必须严格一致　　B. 可以略加修改
C. 可以抛开　　D. 可以超越

5. 进口企业审单时,单证一致的同时还必须单单一致,在单据中处于中心地位的单据是(　　)。

A. 提单　　B. 汇票　　C. 商业发票　　D. 保险单

6. 信用证的开证时间,如果合同只规定最后装运期,那么买方应在合理的时间内开证,这个时间是(　　)。

A. 在发票日之前
B. 装运期的最后一天
C. 不晚于保险单日期
D. 一般掌握在合同规定的交货期前半个月或一个月开到卖方

7. 由于银行是凭单付款,不管货物质量如何,也不受买卖合同约束,因此为保障货物质量符合合同规定,进口商可采取的措施是(　　)。

A. 要求出口商在交单时附带样本
B. 填写一份合同质量声明
C. 买方可在合同中并相应地在信用证中要求卖方提供商品检验机构出立的装船前检验证明,并明确规定货物的规格品质,指定检验机构
D. 委托议付行进行实地考察

8. 在信用证支付方式下,只要单据表面与信用证条款相符合,开证行就必须按规定付款,所以,进口人应尽量做到(　　)。

A. 在申请开证时,按合同有关规定转化成有关单据,具体规定在信用证中
B. 只要在信用证申请书中详细阐明即可,不用列明应提交与之相应的单据
C. 与出口人建立深厚的友谊
D. 委托一个机构全权监督出口方的行为

9. 不可撤销信用证开出后,对其中条款的修改,下列说法正确的是(　　)。

A. 不允许任何形式的修改
B. 只能在一定范围内修改
C. 在信用证有效期内,任何一方的修改都必须经买卖双方协商一致后,由申请人通过开证行修改
D. 买卖双方都可直接要求开证行修改

10. 进口货物单据的审核,是进口合同履行过程中的一个重要环节。如果用信用证支付,审核单据的单位一般是(　　)。

A. 只由开证行审核即可
B. 只由进口企业审核即可
C. 只由议付行审核即可
D. 由开证银行和进口企业共同对货物单据进行审核即可

二、多项选择题

1. 保险单生效日期原则上不得迟于货物单据上的日期，这些日期是(　　)。

A. 装货日期　　B. 发货(或在联合货运场)日期

C. 承运日期　　D. 检验日期

2. 审核信用证和审核单据的依据是(　　)。

A. 开证申请书　　B. 合同及 UCP 600 的规定

C. 一整套单据　　D. 信用证

3. 按照我国现行的做法，开证行收到国外寄来的全套单证以后，应根据信用证条款全面地、逐项地审核(　　)。

A. 单据与信用证之间是否相符

B. 单据与单据之间是否相符

C. 单据是否符合信用证的实际情况

D. 单据是否符合审证人的经验

4. 关于审核单据的要求，下面说法正确的是(　　)。

A. 必须单单一致　　B. 必须单证一致

C. 必须单同一致　　D. 必须证同一致

5. 单证的完整性包括(　　)。

A. 单证签署的完整　　B. 单证种类的完整

C. 单证份数的完整　　D. 单证内容的完整

6. 制单的依据包括(　　)。

A. 买卖合同和信用证　　B. 有关商品的原始资料

C. 相关国际惯例　　D. 相关国内惯例规定

7. 制单和审单依据的相关国际惯例主要有(　　)。

A. UCP 600　　B. URR 725　　C. ISBP 745　　D. URC 522

8. 国际贸易单证员必须达到的要求包括(　　)。

A. 良好的职业道德　　B. 必要的专业知识和技能

C. 扎实的外语基础　　D. 丰富的实践经验

9. 对于下列单据，(　　)是银行有权拒受的。

A. 迟于信用证规定的到期日提交的单据

B. 迟于装运日期后 15 天提交的单据

C. 内容与信用证内容不相符的单据

D. 单据之间内容有差异的单据

10. 审核 L/C 金额和货币时，需要审核的内容包括(　　)。

A. L/C 总金额的大小写必须一致

B. 来证采用的货币与合同规定的货币必须一致

C. 发票和/或汇票的金额不能超过 L/C 总金额

D. 若合同订有溢短装条款，L/C 金额应有相关的规定

三、判断题

1. 单证缮制必须做到正确、完整、及时、简明、整洁，其中正确是单证工作的前提。（　　）

2. 单证的签发日期应当符合逻辑性和国际惯例，通常提单日期是确定各种单证日期的关键。（　　）

3. 海关发票是根据某些进口国海关特定的格式，由出口人填制，供进口人凭以向进口海关报关时使用的一种特别发票。各国的海关发票可以相互替代。（　　）

4. 银行对于信用证未规定的单据将不予审核。（　　）

5. 对于单证不符的，开证行若要拒付，必须在5个工作日内拒付。（　　）

6. 汇票在提示时，遭遇付款人拒绝付款或承兑，或者付款人拒不见票、死亡、宣告破产，致使付款（承兑）成为不可能，通称拒付，又称退票。（　　）

7. 在航空运输中，收货人提货是凭航空公司的提货通知单。（　　）

8. 在进出口业务中，进口商收货后发现货物与合同规定不符，在任何时候都可向出口商提出索赔。（　　）

9. 汇票金额大小写不一致时，为了维护出口商的利益，应以数字大的为准。（　　）

10. 开证行在得知开证申请人将要破产的消息后，仍需对符合其所开的不可撤销信用证的单据承担承兑、付款的责任。（　　）

应会考核

■ 观念应用

沈阳某进出口公司对外出口1 000吨大豆，国外开来信用证规定：不允许分批装运，装运港：天津/新港。我方公司在规定的期限内分别在大连、新港各装500吨于第213航次的“北风”号轮，提单也注明了不同的装运地和不同的装船日期，但在向银行交单时遭拒付。问：银行是否有权拒付？

■ 技能应用

国内A公司与外商签订了一项进口钢材的合同，货物价值为504万美元，合同规定以信用证方式结算。A公司依约对外开出信用证后，在信用证装运期内，外商发来传真称货物已如期装运。不久开证行即收到议付行转来的全套单据，提单表明货物于东欧某港口装运，在西欧某港口转运至国内港口。单据经审核无不符点，开证行对外承兑。A公司坐等一个多月，货物依然未到，深感蹊跷，遂向伦敦海事局进行查询，反馈回来的消息是：在所述的装船日未有属名船只在装运港装运钢材。此时信用证项下单据已经开证行承兑，且据议付行反馈回的信息，该行已买断票据，将融资款支付给了受益人。开证行被迫在承兑到期日对外付款，A公司损失惨重。

【考核要求】

请分析伪造单据进行的信用证诈骗带来的启示。

■ 案例分析

我国某出口公司G收到国外来证，其中在“DOCUMENT REQIRED”中要求如下：“BENEFICIARY'S SIGNED DECLARATION STATING THAT：1/3 ORIGINAL MARINE B/L AND ONE SIGNED ORIGINAL OF EACH OTHER DOCUMENT PRESENTED AT

THE BANK WERE SENT DIRECTLY TO BLL HAIFA BY SPECIAL COURIER（IF SHIPMENT EFFECTED BY SEA）OR PHOTOCOPY OF ORIGINAL CERTIFICATE OF ORIGIN AND ONE SIGNED ORIGINAL OF EACH DOCUMENT PRESENTED AT THE BANK WAS ATTACHED TO ATD ACCOMPANYING THE GOODS（IF SHIPMENT EFFECTED BY AIR）"（受益人签署的声明书，证明1/3正本提单和其他正本单据通过特别快件直接寄给BLL HAIFA（如果是通过海运）或原产地证书的副本和其他正本单据已随货物（若通过空运））

G公司将全套单据（3份）正本提单及所要求的发票、装箱单及其他REQUIRED DOCUMENTS交给中国深圳通知行，后经中行复审无异后，然后交全套单据寄往国外开证银行承兑。

中行于到期日收到开证行通知："因所交单据与信用证要求不符，拒付货款。

不符之处为：信用证在所需单据第（7）款中要求，若为海运，1/3的正本单据需用特快专递直接寄往BLL HAIFA."

因此，G公司立即与客户联系，说明由于工作疏忽没有按信用证要求办理，请其尽快付款赎单。不日客户办理了付款赎单，终于顺利解决了此案。

【考核要求】

请问：此案给我们带来哪些启示？

项目实训

【实训项目】

外贸单证审核

【实训情境】

根据下列资料进行单据审核。

2022年4月23日，浙江金苑进出口公司外贸单证员制作好信用证项下的单据后，请根据信用证及UCP 600审核结汇单据。

1. 信用证

MT 700		ISSUE OF DOCUMENTARY CREDIT
SENDER		EMIRATES BANK INTERNATIONAL，DUBAI
RECEIVER		HANGZHOU CITY COMMERCIAL BANK，HANGZHOU，CHINA
SEQUENCE OF TOTAL	*27：	1/1
FORM OF DOC. CREDIT	*40A：	IRREVOCABLE
DOC. CREDIT NUMBER	*20：	FFF07699
DATE OF ISSUE	31C：	220225
APPLICABLE RULES	40E：	UCP LATEST VERSION
EXPIRY	*31D：	DATE 220510 PLACE CHINA
APPLICANT	*50：	JAFZA BASED TRADING COMPANY 2ND FLOOR，No. 128 NADD AL HAMAR ROAD，AL WAHA COMMUNITY CENTRE，UAE

续表

BENEFICIARY	* 59:	HANGZHOU GARDEN ENTERPRISE 7/F. ,SANXIN MANSION,No. 33－35,XINTANG ROAD,HANGZHOU,CHINA			
AMOUNT	* 32B:	CURRENCY USD AMOUNT 54000,00			
AVAILABLE WITH/BY	* 41D:	ANY BANK IN CHINA, BY NEGOTIATION			
DRAFTS AT	42C:	30 DAYS AFTER SIGHT			
DRAWEE	42A:	EMIRATES BANK INTERNATIONAL,NEW YORK			
PARTIAL SHIPMTS	43P:	PROHIBITED			
TRANSHIPMENT	43T:	ALLOWED			
LOADING IN CHARGE	44A:	CHINA MAIN PORT			
FOR TRANSPIRT TO…	44B:	DUBAI,UAE			
LATEST SHIPMENT	44C:	220425			
DESCRIPTION OF GOODS	45A:	4500 PIECES OF LADIES JACKET, SHELL: WOVEN TWILL 100% COTTON,LINING:WOVEN 100% POLYESTER,ORDER No. SIK 768,AS PER S/C No. ZJJY0739			
		STYLE No.	QUANTITY	UNIT PRICE	AMOUNT
		L357	2 250 PCS	USD 12,00/PC	USD 27 000. 00
		L358	2 268 PCS	USD 12,00/PC	USD 27 216. 00
		AT CIF DUBAI,UAE			
DOCS. REQUIRED	46A:	+ COMMERCIAL INVOICE SIGNED IN TRIPLICATE.			
		+ PACKING LIST IN TRIPLICATE.			
		+ FULL SET(3/3)OF CLEAN ON BOARD MARINE BILL OF LADING MADE OUT TO THE ORDER,MARKED FREIGHT PREPAID AND NOTIFY APPLICANT.			
		+ CERTIFICATE OF CHINESE ORIGIN CERTIFIED BY CHAMBER OF COMMERCE OR CCPIT.			
		+ INSURANCE POLICY / CERTIFICATE IN DUPLICATE ENDORSED IN BLANK FOR 110% INVOICE VALUE,COVERING ALL RISKS AND WAR RISKS OF CIC OF PICC(1/1/1981)INCL. WAREHOUSE TO WAREHOUSE AND I. O. P AND SHOWING THE CLAIMING CURRENCY IS THE SAME AS THE CURRENCY OF CREIT.			
		+ SHIPPING ADVICE SHOWING THE NAME OF THE CARRYING VESSEL, DATE OF SHIPMENT, MARKS, QUANTITY, NET WEIGHT AND GROSS WEIGHT OF THE SHIPMENT TO APPLICANT WITHIN 3 DAYS AFTER THE DATE OF BILL OF LADING.			
ADDITIONAL CONDITION	47 A:	+ DOCUMENTS DATED PRIOR TO THE DATE OF THIS CREDIT ARE NOT ACCEPTABLE.			
		+THE NUMBER AND THE DATE OF THIS CREDIT AND THE NAME OF ISSUING BANK MUST BE QUOTED ON ALL DOCUMENTS.			
		+MORE OR LESS 5 PCT OF QUANTITY OF GOODS IS ALLOWED.			
		+TRANSHIPMENT ALLOWED AT HONGKONG ONLY.			
		+SHORT FORM / CHARTER PARTY / THIRD PARTY BILL OF LADING ARE NOT ACCEPTABLE.			

续表

		+ SHIPMENT MUST BE EFFECTED BY 1 × 40' FULL CONTAINER LOAD. B/L TO SHOW EVIDENCE OF THIS EFFECT IS REQUIRED.
		+ THE GOODS SHIPPED ARE NEITHER ISRAELI ORIGIN NOR DO THEY CONTAIN ISRAELI MATERIALS NOR ARE THEY EXPORTED FROM ISRAEL, BENEFICIARY'S CERTIFICATE TO THIS EFFECT IS REQUIRED.
		+ ALL PRESENTATIONS CONTAINING DISCREPANCIES WILL ATTRACT A DISCREPANCY FEE OF USD 60.00 PLUS TELEX COSTS OR OTHER CURRENCY EQUIVALENT. THIS CHARGE WILL BE DEDUCTED FROM THE BILL AMOUNT WHETHER OR NOT WE ELECT TO CONSULT THE APPLICANT FOR A WAIVER
DETAILS OF CHARGES	71 B:	ALL CHARGES AND COMMISSIONS OUTSIDE UAE ARE FOR ACCOUNT OF BENEFICIARY EXCLUDING REIMBURSING FEE.
PRESENTATION PERIOD	48:	WITHIN 15 DAYS AFTER THE DATE OF SHIPMENT, BUT WITHIN THE VALIDITY OF THIS CREDIT.
CONFIRMATION	*49:	WITHOUT
INSTRUCTIONS	78:	ALL DOCUMENTS ARE TO BE REMITTED IN ONE LOT BY COURIER TO EMIRATES BANK INTERNATIONAL, TRADE SERVICES, DUBAI BRANCH, BUILDING BANIYAS STREET DEIRA UNITED ARAB EMIRATES DUBAI, UAE.

2. 商业发票

<table>
<tr><td colspan="5">COMMERCIAL INVOICE</td></tr>
<tr><td colspan="2" rowspan="3">EXPORTER:
HANGZHOU GARDEN ENTERPRISE
7/F., SANXIN MANSION, No. 33－35, XINTANG ROAD, HANGZHOU, CHINA</td><td>INVOICE No.:</td><td colspan="2">JY22018</td></tr>
<tr><td>INVOICE DATE:</td><td colspan="2">APR. 11, 2022</td></tr>
<tr><td>L/C No.:</td><td colspan="2">FFF07699</td></tr>
<tr><td colspan="2" rowspan="4">TO:
JAFXA BASED TRADING COMPANY
2ND FLOOR, No. 128 NADD AL HAMAR ROAD, AL WAHA COMMUNITY CENTRE, UAE</td><td>L/C DATE:</td><td colspan="2">FEB. 25, 2022</td></tr>
<tr><td>ISSUED BY:</td><td colspan="2">EMIRATES BANK INTERNATIONAL, DUBAI</td></tr>
<tr><td>S/C No.:</td><td colspan="2">ZJJY0739</td></tr>
<tr><td>S/C DATE:</td><td colspan="2">FEB. 15, 2022</td></tr>
<tr><td colspan="2">TRANSPORT DETAILS: ROM SHANGHAI, CHINA TO DUBAI, UAE</td><td colspan="3">TERMS OF PAYMENT: CIF DUBAI, UAE</td></tr>
<tr><td>唛头
MARKS & NUMBERS</td><td>货名
DESCRIPTION OF GOODS</td><td>数量
QUANTITY</td><td>单价
UNIT PRICE</td><td>总值
AMOUNT</td></tr>
</table>

续表

J. B. ZJJY0739 L357/ L358 DUBAI, UAE	LADIES JACKET			
	SHELL: WOVEN TWILL 100%			
	COTTON, LINING: WOVEN 100%			
	POLYESTER, ORDER No. SIK768			
	STYLE No. L357	2 250 PCS	USD 12.00/PC	USD 27 000.00
	STYLE No. L358	2 268 PCS	USD 12.00/PC	USD 27 216.00
	PACKED IN 9 PCS/CTN, TOTALLY			
	FIVE HUNDRED AND TWO			
	CARTONS ONLY			
	TOTAL:	4 518 PCS		USD 54 216.00
TOTAL AMOUNT IN WORDS: U. S. DOLLARS FIFTY FOUR THOUSAND TWO HUNDRED AND SIXTY ONLY				
HANGZHOU GARDEN ENTERPRISE 吴灵				

3. 装箱单

PACKING LIST			
EXPORTER: HANGZHOU GARDEN ENTERPRISE 7/F., SANXIN MANSION, No. 33－35, XINTANG ROAD, HANGZHOU, CHINA	INVOICE No.:	JY22018	
	INVOICE DATE:	APR. 11, 2022	
	FROM: SHANGHAI, CHINA	TO: DUBAI, UAE	
	SHIPPED BY QING YUN HE VOY. No. 132S		
TO: JAFXA BASED TRADING COMPANY 2ND FLOOR, No. 128 NADD-AL-HAMAR ROAD, AL WAHA COMMUNITY CENTRE, UAE	SHIPPING MARK: J. B. ZJJY0739 L357/ L358 DUBAI, UAE C/No.: 1－502		

C/Nos.	No. AND KINDS OF PKGS.	GOODS & PACKING	QTY.	G. W.	N. W.	MEAS.
No. 1－250	250 CTNS	LADIES JACKET				
No. 251－502	252 CTNS	STYLE No. L357	2 250 PCS	2 500 KGS	2 250 KGS	29.363 M^3
		STYLE No. L358	2 268 PCS	2 520 KGS	2 268 KGS	29.597 M^3
		PACKED IN 9 PCS/CTN,				
		SHIPPED IN 1×40'FCL.				
TOTAL:	502 CTNS		4 518 PCS	5 020 KGS	4 518 KGS	58.96 M^3
TOTAL PACKAGES IN WORDS: FIVE HUNDRED AND TWO CARTONS ONLY						
HANGZHOU GARDEN ENTERPRISE 吴　灵						

4. 一般原产地证

<table>
<tr><td colspan="2">1. Exporter(full name and address)
HANGZHOU GARDEN ENTERPRISE
7/F. , SANXIN MANSION, No. 33 — 35, XINTANG ROAD, HANGZHOU, CHINA</td><td colspan="3" rowspan="3">Certificate No. CCPIT051921964

CERTIFICATE OF ORIGIN
OF
THE PEOPLE'S REPUBLIC OF CHINA</td></tr>
<tr><td colspan="2">2. Consignee(full name, address, country)
JAFZA BASED TRADING COMPANY
2ND FLOOR, No. 128 NADD—AL—HAMAR ROAD, AL WAHA COMMUNITY CENTRE, UAE</td></tr>
<tr><td colspan="2">3. Means of transport and route
SHIPPED FROM SHANGHAI TO DUBAI, UAE BY SEA</td></tr>
<tr><td colspan="2">4. Country/ region of destination UAE</td><td colspan="3">5. For certifying authority use only</td></tr>
<tr><td>6. Marks and numbers of packages</td><td>7. Description of goods: Number and kind of packages</td><td>8. H. S. code</td><td>9. Quantity or weight</td><td>10. Number and date of invoices</td></tr>
<tr><td>J. B.
ZJJY0739
L357/ L358
DUBAI, UAE
C/No. :1—502</td><td>FIVE HUNDRED AND TWO(502) CARTONS OF LADIES JACKETS AS PER L/C No. FFF07699
L/C DATE: FEB. 25, 2022
NAME OF ISSUING BANK: EMIRATES BANK INTERNATIONAL, DUBAI</td><td>6204320090</td><td>4 518 PCS</td><td>JY22018
APR. 11, 2022</td></tr>
<tr><td colspan="2">11. Declaration by the exporter
The undersigned hereby declares that the above details and statements are correct; that all the goods were produced
in China and that they comply with the rules of origin of People's Republic of China.
HANGZHOU GARDEN ENTERPRISE
林娜</td><td colspan="3">12. Certification
It is hereby certified, on the basis of control out, that the declaration by the exporter is correct.
杭州市海关
张良</td></tr>
<tr><td colspan="2">HANGZHOU, APR. 09, 2022</td><td colspan="3">HANGZHOU APR. 09, 2022</td></tr>
<tr><td colspan="2">Place and date, signature and stamp of certifying authority</td><td colspan="3">Place and date, signature and stamp of certifying authority</td></tr>
</table>

5. 海运提单

Shipper Insert Name, Address and Phone	B/L No. 2651
HANGZHOU GARDEN ENTERPRISE 7/F., SANXIN MANSION, No. 33－35, XINTANG ROAD, HANGZHOU, CHINA	中远集装箱运输有限公司 COSCO CONTAINER LINES TLX: 33057 COSCO CN FAX: ＋86(021)6545 8984 ORIGINAL Port To Port Or Combined Transport Bill of lading
Consignee Insert Name, Address and Phone	
TO ORDER	
Notify Party Insert Name, Address and Phone(it is agreed that no responsibility shall attach to the carrier or his agents for failure to notify) JAFZA BASED TRADING COMPANY 2ND FLOOR, No. 28 NADD-AL-HAMAR ROAD,	RECEIVED in external apparent good order and condition except as otherwise noted. The total number of packages or unites stuffed in the container, the description of the goods and the weights shown in this bill of lading are furnished by the merchants, and which the carrier gas no reasonable means of checking and is not a part of this bill of lading contract. The carrier has issued the number of bills of lading stated below, all of this tenor and date. One of the original bills of lading must be surrendered and endorsed of signed against the delivery of the shipment and whereupon any other original bills of lading shall be void. The merchants agree to be bound by the terms and conditions of this bill of lading as if each gad personally signed this bill of lading. See clause 4 on the back of this bill of lading(terms continued to the back hereof, please read carefully). * Applicable only when document used as a combined transport bill of lading
AL WAHA COMMUNITY CENTRE, UAE TEL: 971－50－4583807	
FAX: 971－4－3618316	

Combined Transport* Pre-carriage by	Combined Transport* Place of receipt
Ocean Vessel Voy. No. QING YUN HE, VOY. No. 132S	Port of Loading SHANGHAI
Port of Discharge DUBAI, UAE	Combined Transport Place of dilivery

Marks & Nos. Container/Seal No.	No. of Containers or Packages	Description of Goods	Gross Weight Kgs	Measurement
J. B. ZJJY0739 L357/ L358 DUBAI, UAE C/No.: 1－502 CN: GATU8585677 SN: 3320999	502 CARTONS 1×40 'FCL	LADIES JACKET L/C No.: FFF07699 DATE: FEB. 28, 2022 NAME OF ISSUING BANK: EMIRATES BANK INTERNATIONAL, DUBAI	4 518 KGS	58.96 M^3
		Description of Contents for Shipper's Use Only(Not Part of This B/L Contract)		

Total Number of containers and/or packages(in words) Subject to clause 7 limitation	FIVE HUNDRED AND TWO CARTONS ONLY

Freight & Charges Declared value charge FREIGHT COLLECT	Revenue Tons	Rate	Per	Prepaid	Collect

Ex. Rate:	Prepaid At	Payable At	Place and Date of Issue
	SHANGHAI		SHANGHAI APR. 17, 2022
	Total Prepaid	No. of Original B(s)/L	Signed for the Carrier
		THREE(3)	COSCO CONTAINER LINES 李原
Laden on Board the Vessel Date	By		

6. 保险单

中保财产保险股份有限公司

The People's Insurance (Property) Of China, Ltd.

发票号码 保险单号次

Invoice No. JY22018 Policy No. NJ123456

海洋货物运输保险单

MARINE CARGO TRANSPORTATION INSURANCE POLICY

被保险人 Insured: HANGZHOU GARDEN ENTERPRISE				
中保财产保险有限公司(以下简称本公司)根据被保险人的要求,及其所缴纳约定的保险费,按照本保险单承担的险别和背面所载条款与下列特别条款承保下列货物运输保险,特签发本保险单。				
This Policy of Insurance witnesses that the people's insurance(property)company of China, ltd., at the request of the insured and in consideration of the agreed premium paid by the insured, undertakes to insure the under mentioned goods in transportation subject to the conditions of Policy as per the clauses printed overleaf and other special clauses attached hereon.				
保险货物项目 Descriptions of Goods	包装 Parking	单位 Unit	数量 Quantity	保险金额 Amount Insured
LADIES JACKET THE DATE OF L/C: FEB. 25, 2022 THE NAME OF ISSUING BANK: EMIRATES BANK INTERNATIONAL, DUBAI	502 CTNS			USD 54 216.00
承保险别 Condition				货物标记 Marks of Goods
COVERING ALL RISKS OF CIC OF PICC(1/1/1981)INCL. WAREHOUSE TO WAREHOUSE AND I. O. P				J. B. ZJJY0739 L357/ L358 DUBAI, UAE C/No.: 1—502
总保险金额				
Total amount insured: SAY U. S. DOLLARS FIFTY FOUR THOUSAND TWO HUNDRED AND SIXTEEN ONLY				
保费 运输工具 开航日期				
Premium as arranged Per conveyance S. S QING YUN HE, VOY. No. 132SSlg. On or abt APR. 17, 2022				
起运港 目的港				
FROM SHANGHAI TO DUBAI, UAE				
所保货物,如发生本保险单项下可能引起索赔的损失或损坏,应立即通知本公司下述代理人勘察。如有索赔,应向本公司提交保险单正本(本保险单共有 2 份正本)及有关文件。如一份正本已用于索赔,其余正本则自动失效。				
In the event of loss or damage which may result in a claim under this policy, immediate notice must be given to the company's agent as mentioned hereunder. Claims, if any, one of the original policy which has been issued in two original(s) together with the relevant documents shall be surrendered to the company, if one of the original policy has been accomplished, the others to be void.				
赔款偿付地点 Claim payable at DUBAI IN USD 日期 在 Date APR. 19, 2022 at SHANGHAI General Manager.				中保财产保险股份有限公司 The People's Insurance(Property) of China, Ltd. 蔡芳

7. 装船通知

SHIPPING ADVICE

TO:JAFZA BASED TRADING COMPANY 2ND FLOOR,No. 128 NADD AL HAMAR ROAD, AL WAHA COMMUNITY CENTRE,UAE	DATE:APR. 21,2022
RE:S/C No. ZJJY0739	
WE HEREBY INFORM YOU THAT THE GOODS UNDER THE ABOVE MENTIONED INVOICE HAVE BEEN SHIPPED. THE DETAILS OF THE SHIPPMENT ARE AS FOLLOWS:	
INVOICE NUMBER:	JY22018
BILL OF LOADING NUMBER:	2651
OCEAN VESSEL:	QING YUN HE,VOY. No. 132S
PORT OF LOADING:	SHANGHAI
DATE OF SHIPMENT:	APR. 17,2022
PORT OF DESTINATION:	DUBAI,UAE
ESTIMATED DATE OF ARRIVAL:	MAY 4,2022
CONTAINERS/SEALS NUMBER:	GATU8585677/3320999
DESCRIPTION OF GOODS:	LADIES JACKET
SHIPPING MARKS:	SIK
	ZJJY0739
	L357/L358
	DUBAI,UAE
	C/No. :1—502
QUANTITY:	4 518 PCS
GROSS WEIGHT:	5 020 KGS
NET WEIGHT:	4 518 KGS
TOTAL VALUE:	USD 54 216.00
L/C No. FFF07699	L/C DATE:FEB. 25,2022
NAME OF ISSUINGBANK:EMIRATES BANK INTERNATIONAL,DUBAI	
THANK YOU FOR YOUR PATRONAGE. WE LOOK FORWARD TO THE PLEASURE OF RECEIVING YOUR VALUABLE REPEAT ORDERS. SINCERELY YOURS,	
	HANGZHOU GARDEN ENTERPRISE 吴　灵

8. 受益人证明

BENEFICIARY'S CERTIFICATE

MESSERS:	DATE: APR. 21, 2022
WHOM IT MAY CONERN.	PLACE: HANGZHOU
RE: INVOICE No. JY22018	
WE HEREBY CERTIFY THAT THE GOODS SHIPPED ARE NEITHER ISRAELI ORIGIN NOR DO THEY CONTAIN ISRAELI MATERIALS NOR ARE THEY EXPORTED FROM ISRAEL.	
L/C No. FFF07699 L/C DATE: FEB. 25, 2022 NAME OF ISSUING BANK: EMIRATES BANK INTERNATIONAL, DUBAI.	
HANGZHOU GARDEN ENTERPRISE 吴 灵	

9. 汇票

凭

Drawn under HSBC BANK PLC, DUBAI, UAE ________信用证 第 号

L/C No. FFF07699

日期

Dated FEB. 25, 2022

按息付款

Payable with interest @______% per annum1

号码 汇票金额 中国,南京 年 月 日

No: JY22018 Exchange for USD 54,216.00Nanjing, China APR. 21, 2022

见票 日后(本汇票之副本未付)

At * * * Sight of this FIRST of Exchange (Second of exchange being unpaid)

pay to the order of HANGZHOU CITY COMMERCIAL BANK, HANGZHOU 或其指定人

金额

The sum of U. S. DOLLARS FIFTY FOUR THOUSAND TWO HUNDRED AND SIXTEEN ONLY

To: EMIRATES BANK INTERNATIONAL, DUBAI

HANGZHOU GARDEN ENTERPRISE

吴 灵

【实训要求】

1. 结合所学知识，完成上述外贸单证的审核。

2. 撰写“外贸单证审核”实训报告。

“外贸单证审核”实训报告		
项目实训班级：	项目小组：	项目组成员：
实训时间： 年 月 日	实训地点：	实训成绩：
实训目的：		
实训步骤：		
实训结果：		
实训感言：		
不足与今后改进：		

项目组长评定签字： 项目指导教师评定签字：

项目九　外贸单证业务中的计算

◇ **知识目标**

理解：佣金、折扣的相关概念及计算；

熟知：出口总成本、出口外汇净收入、出口换汇成本；

掌握：费用核算、成本核算。

◇ **技能目标**

能够进行成本计算；能够对贸易术语（FOB、CFR、CIF）间的价格进行换算。

◇ **素质目标**

能够正确掌握进出口业务成本核算方法，并在深入了解出口费用、运费及保险费计算方法的基础上，确定具有竞争力的进出口商品价格，适当地应用佣金和折扣，避免交易风险，促进对外贸易的发展，保证和提高对外贸易的经济效益。

◇ **思政目标**

能够正确理解"不忘初心"的核心要义和精神实质；树立正确的世界观、人生观和价值观，做到学思用贯通、知信行统一；通过外贸单证业务中的计算知识，提高自身专业知识的综合应用能力，善于接受新挑战并具备不断激发自己上进的动力，规划完美的职业生涯，提高职业成绩。

◇ **课程思政**

计算失误——损失利润

我国某公司出口箱装货物一批，报价为每箱 40 美元，FOB 大连，现英国商人要求改为 CFR 利物浦报价，已知该批货每箱尺码为 45 厘米×40 厘米×25 厘米，每箱毛重 35 千克，该商品的运费计费标准为 W/M，每运费吨基本运费为 150 美元，各种附加费率合计为 30%。我方工作人员误按商品的重量计算出每箱运费 6.825 美元，给对方的 CFR 利物浦报价为每箱 46.83 美元。英国商人当即同意，并签订了合同。而我方在办理运输业务时，却以每箱 8.775 美元支付运费。每箱损失利润 1.95 美元。

思政反思　通过此案例我们知道，在进出口业务中计算结果的准确与否直接影响预期利润。因此，我们必须要熟悉和掌握有关进出口业务中的相关计算，避免利润损失。

正确掌握外贸业务中的计算是每个大学生应具备的基本技能，是今后从事外贸业务活动高质量的业绩能力的表现，因此，作为新生代的大学生要注重自身学习的态度和业务的提升，为今后的职业生涯创造职业成就感和职业认同感。

◇ **知识精讲**

任务一　佣金和折扣

一、佣金

(一)佣金的概念

佣金(Commission)是买方或卖方支付给中间商的报酬。价格条款中包含佣金的价格称为“含佣价”,不含佣金的价格称为“净价”。

(二)佣金的表示方法

佣金的表示方法包括:①文字说明。如:“每吨 200 美元 CIF 旧金山,包括 2%佣金”(USD 200 per M/T CIF San Francisco including 2%commission)。②用贸易术语表示。如:“每吨 200 美元 CIFC 2%旧金山”(USD 200 per M/T CIF San Francisco including 2% commission)。③绝对数表示。如:Commission:USD25 Per Metric Ton。

【提示】如中间商为了从买卖双方获取“双头佣金”或为了逃税,有时要求在合同中不规定佣金。而另按双方暗中达成的协议支付。佣金的规定应合理,其比率一般掌握在 1%至 5%之间,不宜偏高。

(三)佣金的计算

在实际业务中,一般将成交额(发票金额)作为计算佣金的基数。佣金的计算公式为:

单位货物佣金额=含佣价×佣金率

佣金总额=成交量×单位货物佣金

=成交量×含佣价×佣金率

含佣价=净价+佣金额

净价=含佣价-单位货物佣金额

=含佣价×(1-佣金率)

含佣价=净价÷(1-佣金率)

【做中学 9-1】　　佣金的计算

某商品的 CIF NEW YORK 净价为 USD 9.50,若客户要求改报 CIFC5% NEW YORK,应如何报价,佣金额为多少?

精析:CIF C5% NEW YORK=9.50÷(1-5%)=USD 10.00

佣金额=含佣价×佣金率=10.00×5%=USD 0.50

【学中做 9-1】某公司向香港客户出口水果罐头 200 箱,每箱 132.6 港元 CIF 香港,客户要求改报 CIF 香港 5%佣金价(在保持原报价格不变的情况下)。问:(1)CIFC 5%香港佣金价应报多少?(2)出口 200 箱应付给客户多少佣金?

【职场指南 9-1】　　佣金的应用

在实际业务中,有时为了增加成交量奖励中间商,往往按累计佣金计算。累计佣金又可分为金额累进佣金和超额累进佣金两种。金额累进佣金是指按一定时期内推销金额所达到的佣金等级计算佣金。而超额累进佣金是指对各等级的超额部分,分别按其适用等级的佣金率计算,然后将各级佣金额累加起来,求得佣金总额。

二、折扣

（一）折扣的概念

折扣(Discount Rebate)是卖方按原价给予买方一定百分比的减让。

（二）折扣的表示方法

折扣的表示方法包括：①用文字表示。如："CIF 伦敦每吨 200 美元，折扣 3%"(US＄200 per metric ton CIF London including 3% discount)。此例也可这样表示："CIF 伦敦每吨 200 美元，减 3%折扣"(USD 200 per metric ton CIF London less 3% discount)。②用绝对数表示。如："每吨折扣 6 美元"。

【提示】在实际业务中，也有用"CIFD"或"CIFR"来表示 CIF 价格中包含折扣。这里的"D"和"R"分别是"Discount"和"Rebate"的缩写。鉴于在贸易往来中加注的"D"或"R"含义不清，可能引起误解，故最好不使用此缩写语。

【注意】交易双方采取暗扣做法时，则在合同价格中不予规定。有关折扣的问题，按交易双方暗中达成的协议处理，这种做法属于不公平竞争。公职人员或企业雇佣人员拿"暗扣"，应属贪污受贿行为。

（三）折扣的计算

折扣通常是以成交额或发票金额为基础计算的。折扣的计算公式为：

折扣额＝成交金额×折扣率

折实售价＝原价×(1－折扣率)

【做中学 9－2】　　**折扣的计算**

某商品的 CIF NEW YORK 原价为 USD 8.00，若客户要求给予 3% 折扣，应如何报价？

精析：折实售价＝原价×(1－折扣率)＝8.00×(1－3%)＝USD 7.76

【学中做 9－2】某商品报每吨 2 500 港元，折扣 2%。问：折实售价是多少？

解：折扣额＝含折扣价×折扣率＝2 500×2%＝50(港元)

折实售价＝2 500－50＝2 450(港元)

任务二　海运运费

一、海洋运输

当前，全球 2/3 以上国际贸易货物是通过海洋运输来完成的，海洋运输已成为目前国际贸易中最重要的运输方式。

班轮运输

海洋运输船舶的经营方式主要有两种：①班轮运输(Liner Transport)。又称定期船运输，它是在一定航线上，有一定的停靠港口，定期开航的船舶运输。②租船方式。它只适宜于大宗商品的出口，应用范围较小。租船费用的高低受当时国际租船市场上的船、货供求情况影响，波动幅度较大，在实际工作中，往往由租船双方协商而定。班轮运价则比较固定，由班轮公司以运价表的形式公布。在此主要介绍班轮运费的计算方法。

租船运输

【职场指南 9—2】 **班轮运输**

班轮运输(Liner Transport)又称定期船运输,是指船舶按照预定的航行时间表,在固定的航线和港口往返航行,从事客货运输业务并按事先公布的费率收取运费。它具有"四固定"的特点,即航线固定、港口固定、船期固定和运费相对固定。运费中包含装卸费,不需要单独计收。班轮运价表一般将商品分为 20 个等级,第一级货物运费最低,第二十级货物运费最高。

二、班轮运费

班轮运费=基本运费+附加运费

(一)班轮运费的计收标准

基本运费按班轮运价表规定的计收标准收取。在班轮运价表中,根据不同的商品,对运费的计算标准,通常采用以下几种:

(1)按毛重计算,即重量吨(Weight Ton)。在运价表上用"W"表示,按货物毛重计算,适合价值不高、体积较小、重量较大的货物,如钢材、电焊条等。

(2)按体积计算,即尺码吨(Measurement Ton)。在运价表上用"M"表示,按货物体积计算,适合价值不高、重量较轻、体积较大的货物,如棉花、家具等。

【注意】1 尺码吨一般以 1 立方米或 40 立方英尺为计算单位,

【提示】重量吨和尺码吨统称为运费吨或计费吨。

(3)按毛重或体积计收,按两者中收费高的计算。在运价表上用"W/M"表示,这是最常见的一种选择性计费标准,班轮公司根据高收费的原则选择其中一种作为计收标准。

(4)按商品价格计收,又称从价运费,即按 FOB 价格的一定百分比收取,在运价表上用"Ad. Val 或 A. V. "(Ad Valorem freight)表示,以货物价值作为运费计收标准,适用于黄金、手工艺品等贵重商品。

(5)按商品毛重、体积或从价计收,选择其中一种收费较高者计收运费,用"W/M "或"Ad. val"表示。

(6)按货物毛重或尺码选择其较高者,再加上从价运费计算,用"W/M plus A. V. "来表示。

(7)按货物的个数收取。如活牲畜和动物,按"每头"(per head)计收;车辆有时按"每辆"(per unit)计收;起码运费按"每提单"计收等。

(8)由船方与货方临时议价。它适用于粮食、豆类、矿石、煤炭等运量较大、货值较低、装卸容易、装卸速度快的大宗货物。议价货物的运费率一般较低。

在实际业务中,基本运费的计算标准以按货物的毛重("W")和按货物的体积("M")或按重量、体积选择("W/ M")的方式为多。贵重货物较多的是使用货物的 FOB 总值("A. V. ")计收。上述计算运费的重量吨和尺码吨统称为运费吨(Freight Ton),又称计费吨。国际上一般都采用公制,其重量单位为吨(Metric Ton,M/ T),尺码单位为立方米(Cubic Meter,M)。

(二)班轮运费的计算步骤

①根据货物的英文名称从货物分级表中查出有关货物的计费等级和其计算标准。

如:通过查找货物等级表(见表 9—1),发现品名为 Beans 的计费标准是 W,等级为 5 级。

表 9—1　　货物等级表

货物名称	计费标准	等级
Agricultural Machine	W	10
Beans	W	5
Beans	W/M	8
⋮	⋮	⋮

②根据货物等级和计费标准，在航线费率表中查出货物的基本运费费率。

如：通过查找航线费率表（见表 9—2），品名为 Beans，等级 5 级，其基本费率为 100 美元/运费吨。

表 9—2　　广州—伦敦航线费率表

货物等级	基本费率（美元/运费吨）
1	50
5	100
10	200
⋮	⋮

③查找各项需支付的附加费率（额）表。

④汇总求出单位货物的运费。

单位运费＝基本运费率×（1＋附加费率之和）＋附加费额之和

⑤将单位运费乘以计算重量吨或尺码吨等运费计收单位，算出总运价。如果是从价运费，则按规定的百分率乘以 FOB 货值即可，无须再计算附加运费。

总运费＝单位运费×总运费吨

（三）附加费

附加费是班轮公司在基本运费之外加收的费用，一般是班轮公司根据不同情况，为抵补运输中额外增加的费用开支或在遭受一定损失时收取的费用。

【提示】 常见的附加费主要有超重附加费、超长附加费、转船附加费、燃油附加费、直航附加费、港口附加费、港口拥挤费、绕航附加费、货币贬值附加费等。

（四）班轮运费的计算

单位基本运费＝每重量吨运价×单位重量/每体积吨运价×单位体积

从价运费＝货物 FOB 价值×从价费率

总运费＝基本运费×（1＋附加费率）×计费数量

【做中学 9—3】 设由天津新港运往莫桑比克首都马普托门锁 500 箱，每箱体积为 0.025 立方米，毛重为 30 千克，计收标准为 W/M，经东非航线运往马普托每运费吨为 450 港元，另收燃油附加费 20%，港口附加费 10%。问：该批门锁的运费为多少？

解：W＝30×500÷1 000＝15（运费吨）

M＝0.025×500＝12.5（运费吨）

因为 W>M，所以采用 W 计费。

运费＝[基本运费×(1＋附加费率之和)＋附加费额之和]×运费吨

　　＝[450×(1＋20%＋10%)＋ 0]×15

　　＝8 775(港元)

【学中做 9－3】我国某公司装运 50 箱农业机械到汉堡港，每箱毛重 62 千克，体积为 120×45×32 厘米，该运费计算标准为 W/M，10 级，基本费率为 230 港元，另加燃油附加费 20%，港口拥挤费 15%，应付运费多少？

精析：62 千克＝0.062(吨)；120 厘米×45 厘米×32 厘米＝0.1728(立方米)，应按 M 计收。

运费＝230×(1＋20%＋15%)×0.1728×50＝2 682.72(港元)

所以应付运费 2 682.72 港元。

【职场指南 9－3】　　航空运费与铁路运费

1. 航空运费

国际航空运价主要有普通货物运价、等级货物运价、指定货物运价和集装箱货物运价四类。国际贸易运输业务以普通货物运输为主，其运费的计算公式为：航空运费＝运价×计费重量。其中，计费重量是指用以计算货物航空运费的重量。货物的计费重量在货物总的实际毛重与总的体积重量中择高计算，一般来说，对高密度货物(俗称重货)，计费重量为实际毛重；对低密度货物(俗称轻泡货)，计费重量为体积重量。根据国际航协的规定，将货物的体积按一定比例折合成的重量，称为体积重量。计算时以 0.006 立方米作为 1 千克，相关计算公式为：体积重量(千克)＝货物体积(立方米)/0.006(立方米/千克)。

2. 铁路运费

国际铁路货物运输的运费计算有三条原则：第一，发送国和到达国的铁路运输费用，按发送国和到达国国内铁路运价规则计收。第二，过境路的铁路运输费用，按“国际铁路货物联运协定统一过境运价规程”的有关规定计收。第三，未参加国际货协铁路的运送费用，按这些铁路所参加的其他联运协定的规定计收。

对中国香港铁路运输的费用，按内地段和香港段分别计算，内地段按人民币计算，香港段按港元计算。内地段运费包括铁路运费、深圳过轨租车费和深圳外运公司劳务费，香港段运费包括铁路运费、香港段终点站卸货费、香港段调车费及劳务费等。

任务三　保险费

保险费取决于保险金额和保险费率等因素。

一、保险金额的确定

保险金额是被保险人对保险标的的实际投保金额，是保险人依据保险合同所应承担的最高赔偿金额，也是计算保险费的基础。按照国际惯例，保险金额应按发票上的 CIF、CIP 价格的总值另加 10%的预期利润计算，即保险金额＝CIF(CIP)价×(1＋10%)。如外商要求提高加成率，也可接受，但由此而增加的保险费原则上应由买方承担。

二、保险费的计算

保险费＝保险金额×保险费率＝CIF(CIP)价×(1＋投保加成率)×保险费率

【做中学 9－4】　　保险费的计算

某出口货物，发票总金额为 CIF20 000 美元，信用证规定按发票金额加 10%投保一切险和战争险，费率分别为 0.5%和 0.1%，试计算这批货物的保险费。

精析：保险费＝20 000×(1＋10%)×(0.5%＋0.1%)＝132(美元)

如果报价中含折扣，除非合同规定或信用证规定，保险金额应以减除折让后的净价为基数计算，计算公式为：保险金额＝CIF 价×(1－折扣率)×(1＋投保加成率)。

任务四　出口货物价格

一、出口商品的价格构成

出口商品价格包括出口成本、运费、保险费、佣金和预期利润。

(一)出口成本

出口成本包括商品本身的成本和货物直至装运出口前的所有费用即国内总费用。商品本身的成本，分为生产成本、加工成本和采购成本三种类型。对于从事贸易的出口商而言，商品本身的成本即为采购成本，是贸易商向供货厂商购买货物的支出。一般来讲，供货厂商所报的价格就是贸易商的采购成本。然而，供货厂商报出的价格一般包含增值税。许多国家为降低出口商品的成本，增强其商品在国际市场上的竞争力，往往对出口商品增值税款全额或按一定比例退还。出口商在核算价格时，为了增强其商品在售价上的竞争力，往往会将含税的采购成本中的出口退税部分予以扣除，从而得出实际购货成本。

【提示】国内总费用包括国内运输费、包装费、仓储费、认证费、港区港杂费、商检费、捐税、贷款利息、业务费用和银行费用等。

出口货物涉及的各种国内费用在报价时大部分还没有发生，因此该费用的核算实际上是一种估算。其方法有两种：①将货物装运前的各项费用根据以往的经验进行估算并叠加。②根据以往经营各种商品的经验，采用定额费用率的做法，即对货物装运前发生的费用按公司年度支出规定一个百分比，一般为公司购货成本的 3%～10%。

【职场指南 9－4】　　出口退税

出口退税是指对出口产品退还其在国内生产和流通环节中实际缴纳的增值税和消费税。出口退税制度是国家税收的重要组成部分，它主要是通过退还出口产品的国内已经缴纳税款来平衡国内产品的税收负担，使本国产品以不含税价进入国际市场，与国外产品在同等条件下进行竞争，从而增强其竞争能力，扩大出口规模。

出口退税额的计算公式：

出口退税额＝净价×出口退税率

净价＝购货成本÷(1＋增值税率)

实际成本＝购货成本－出口退税额

（二）运费、保险费、佣金

运费是货物出口时支付的海运、陆运或空运费用。保险费是出口商向保险公司购买保险或信用保险所支付的费用。佣金是出口商向中间商支付的为介绍交易提供服务的酬金。

（三）预期利润

利润是交易的最终目的，是价格的重要组成部分，也是出口商最为关心的要素。

二、出口商品的价格计算

明确了价格构成，将各部分加以合理汇总即可得出报价。实际业务中，经常报 FOB、CFR 和 CIF 价格，这三种价格的计算分别为：

FOB 价＝实际购货成本＋国内总费用＋预期利润额

或：FOB 价＝实际购货成本＋国内总费用＋预期利润额＋佣金

CFR 价＝实际购货成本＋国内总费用＋预期利润额＋出口运费

或：CFR 价＝实际购货成本＋国内总费用＋预期利润额＋出口运费＋佣金

CIF 价＝实际购货成本＋国内总费用＋预期利润额＋出口运费＋出口保险费

或：CIF 价＝实际购货成本＋国内总费用＋预期利润额＋出口运费＋出口保险费＋佣金

【做中学 9－5】　　　　出口商品价格的计算

某出口公司欲出口一批商品，共计 10 吨，可装一个 20 米集装箱。该商品每吨的进货价格为人民币 6 000 元（含增值税 13%）；出口包装费每吨 500 元；该批货物国内运杂费 1 200 元；出口商检费 300 元；报关费 100 元；其他各种费用共计 1 500 元。该商品的出口退税率为 2%；海洋运费从装运港大连至新加坡一个 20 米集装箱的费用是 2 200 美元，用户要求按成交价的 110%投保，保险费率 0.6%；买方要求在报价中包括 2%的佣金，若该出口公司的预期利润是 10%（以成交金额计算），人民币对美元汇率为 6.36∶1，试报出该商品每吨的 FOB、CFR 和 CIF 价格。

精析：实际购货成本＝购货价格－出口退税额

＝购货成本－净价×出口退税率

＝6 000－6 000÷（1＋13%）×2%

＝6 000－106.19

＝5 893.81（元人民币/吨）

费用：

国内费用＝500＋（1 200＋300＋100＋1 500）÷10＝810（元人民币/吨）

客户佣金＝报价×2%

出口运费＝2 200÷10

＝220（美元）

＝220×6.36（元人民币）

＝1 399.2（元人民币）

出口保费＝CIF 价×110%×0.6%

利润＝报价×10%

（1）FOB 报价

FOBC2%＝实际购货成本＋国内费用＋佣金＋预期利润

=5 893.81+810+报价×2%+报价×10%

FOBC2%=(5 893.81+810)÷(1-2%-10%)

≈7 617.97(元人民币/吨)

≈1 197.79(美元/吨)

(2)CFR 报价

CFRC2%=实际购货成本+国内费用+佣金+预期利润+出口运费

=5 893.81+810+报价×2%+报价×10%+1 399.2

CFRC2%=(5 893.81+810+1 399.2)÷(1-2%-10%)

≈9 207.97(元人民币/吨)

≈1 447.79(美元/吨)

(3)CIF 报价

CIFC2%=实际购货成本+国内费用+佣金+预期利润+出口运费+出口保险费

=5 893.81+810+报价×2%+报价×10%+1 399.2

+报价×110% ×0.6%

CIFC2%=(5 893.81+810+1 399.2)÷(1-2%-10%-110%×0.6%)

=8 103.01÷0.873 4

≈9 277.55(元人民币/吨)

≈1 458.73(美元/吨)

【职场指南 9-5】 **盈亏核算**

外贸企业的盈亏核算是出口总成本与出口销售外汇净收入的比较,它是考核企业经营管理水平的重要指标。成本小于收入则为盈利,成本大于收入则为亏损。对外报价或磋商前,应做好盈亏核算,以便决定是否组织成交。盈亏核算的主要指标有以下两种:

1. 换汇成本,指出口某商品收入一美元需要多少人民币的总成本,也可以理解为多少元人民币能换回一美元。换汇成本高于银行外汇牌价,出口为亏损,反之则为盈利。其计算公式为:

换汇成本=出口总成本(元人民币)÷ 出口销售外汇净收入(美元)

2. 出口盈亏额,指出口销售人民币净收入与出口总成本的差额,前者大于后者为盈利,反之为亏损。其计算公式为:

出口盈亏额=出口销售人民币净收入-出口总成本

出口盈亏率=(出口销售人民币净收入-出口总成本)÷ 出口总成本×100%

任务五 贸易术语价格换算

在进出口业务中,往往根据成交的条件不同需要在不同的价格术语之间进行换算。主要是在 FOB、CFR、CIF 间换算。

一、FOB 价的换算

FOB=CFR-国外运费

FOB＝CIF×(1－投保加成 ×保险费率)－国外运费

FOB＝CIF－国外运费－保险费

二、CFR 价的换算

CFR＝FOB＋国外运费

CFR＝CIF×(1－投保加成 ×保险费率)

三、CIF 价的换算

CIF＝CFR＋保险费

CIF＝FOB＋国外运费＋保险费

CIF＝CFR÷(1－投保加成×保险费率)

【做中学 9－6】　贸易术语价格换算的计算

一批出口货物 CFR 报价为 250 000 美元，现客户要求改报 CIFC3％价，若投保海运一切险，投保加成为 20％，保险费率为 0.6％，我方应向客户报价多少？

解析：CIF＝CFR＋保险费＝CFR＋CIF×(1＋20％)×0.6％

CIF＝CFR/(1－120％×0.6％)＝251 813.05

CIFC3％＝251 813.05/(1－3％)＝259 601.09(美元)

答：我方应向客户报价 259 601.09 美元

【学中做 9－4】　贸易术语价格换算的应用

我方出口某商品，FOB 价为 38 600 美元，该批货物的运费为 4 580 美元，投保一切险加战争险，两者保险费率合计为 1.2％，加成 10％投保。请分别计算 CFR、CIF 价格。

应知考核

一、单项选择题

请在下列选项中选出一个正确答案写在括号内。

1. 根据国际惯例，保险金额的计算公式为(　　)。

A. CIFC5×110％　　B. FOB 价×110％

C. CIF 价×110％　　D. CFR 价×110％

2. 某合同以 CIFC3 成交，总价为 50 000 美元，则佣金额为(　　)美元。

A. 1 500　　B. 150　　C. 3 000　　D. 500

3. 出口服装 2 000 箱，合计 48 立方米，目的港为日本神户，经查询，计费标准为 M，基本运价为 USD18.60，则运费为(　　)。

A. USD 892.80　　B. USD 89.28

C. CNY 892.80　　D. CNY 89.28

4. 出口某商品 100 吨，报价每吨 USD 1 850 FOB 上海，客户要求改报 CFR 伦敦价，已知该货为 6 级货，计费标准为 W，每运费吨运费 USD 70。若要保持外汇净收入不变，应对外报(　　)。

A. USD 1 920　　B. USD 1 900

C. USD 1 850　　D. USD 1 930

5. 如果某商品出口价格为每吨 1 000 美元 CIFD2%香港，折实售价为(　　)。

A. 20 美元　　B. 200 美元　　C. 980 美元　　D. 98 美元

6. 进口某商品需用汇 60 000 美元，设购汇当日外汇牌价为 USD1＝RMB¥6.812 5/6.839 9，需用人民币(　　)元。

A. 410 394　　B. 408 750　　C. 4 103 940　　D. 4 087 500

7. 某商品原报价每吨 800 英镑 FOBC2%上海，现客户要求佣金增至 5%，若不减少外汇收入，应改报为每吨(　　)英镑。

A. 784　　B. 825　　C. 785　　D. 824

8. 我方报价为 CIF NEW YORK 2 500/MT，对方要求 5%的佣金，改报后的含佣价为(　　)。

A. USD 2 361　　B. USD 2 631　　C. USD 2 613　　D. USD 2 658

9. 我方报价 CIF 安特卫普 USD 2 000/MT，对方要求 2%折扣，则折实价为(　　)。

A. USD 1 960　　B. USD 1 690　　C. USD 1 069　　D. USD 40

10. 海运出口货物 1 500 包，每包净重 78 千克，毛重 80 千克，体积 60 厘米×40 厘米×50 厘米，W/M，每运费吨基本运费 USD 150，燃油附加费 35%，则该批货物总运费为(　　)。

A. USD 36 450　　B. USD 34 560　　C. USD 35 460　　D. USD 30 546

11. 出口货物 225 箱，每箱毛重 12 千克，纸箱尺码 45 厘米×30 厘米×25 厘米，上海空运至香港，运价为每千克 11.20(100 千克起)，则空运费为(　　)元。

A. 30 420　　B. 32 040　　C. 30 240　　D. 34 020

12. 某公司代表美商垫付 20 万日元运费，该商要求以美元结付。若银行以每 10 万日元卖出人民币 8 588 元，每百美元买入价为人民币 867 元，则该商应付(　　)。

A. USD 1 918.08　　B. USD 1 980.18　　C. USD 1 988.08　　D. USD 1 981.08

13. 出口货物总值 10 万美元，对方要求远期 180 天付款，并愿意承担远期利息，若年利率为 6%，则利息为(　　)。

A. USD 2 859.8　　B. USD 2 589.9　　C. USD 2 958.9　　D. USD 2 985.8

14. 以下出口单价只有(　　)是正确的。

A. 250 美元/桶　　B. 250 美元/桶 CIF 纽约

C. 250 美元/桶 CIF 广州　　D. 250 美元/桶 CFR 德国

15. (　　)是含佣价。

A. FOBS　　B. FOBT　　C. FOBC　　D. FOB net

应会考核

1. 某公司对外报价 CIF HAMBURG USD 100/DOZ.，对方回复要求改报 CIFC5%价，在保证我方原收入不变的前提下应报价多少？

2. 我方与外商以 CIF 价成交，成交金额为 2 000 美元，含 3%的佣金。现在外商要求改报 CIF 净价，并要求相应降低价格。在保持我方净收入不变的前提下，应如何报价？

3. 我方对外出口某商品，CIFC2%价为 5 000 美元，现在外商要求改报 CIFC5%价。在保持我方净收入不变的情况下，应如何报价？

4. 某商品的原对外报价是 FOB 360 美元/吨，共计 30 吨，协商后给予客户 2%的折扣，折后价为多少？

5. 一批棉织品，毛重 3.6 吨，尺码 3.04 立方米，目的港为一基本港，基本费率为每运费吨 480 元人民币，计费标准为 W/M，燃油附加费为每运费吨 18 元人民币，港口附加费按基本运费的 10%收取，该批货的运费是多少？

6. 一批货物出口价为 CFR 1 980 美元，现客户来电要求按 CIF 价加 10%投保海上一切险，我方照办，如保险费率为 1%，我方应向客户补收多少保险费？

7. 我国某外贸公司出口卡拉奇小五金 100 箱，每箱净重 25 千克，毛重 28 千克，体积 0.026 立方米，出口成本每箱 700.00 人民币，外销价每箱 120.00 美元 CFR 卡拉奇。海运费按照 W/M 计算，基本运费每运费吨 80.00 美元，外加燃油附加费 15%。若收汇当天人民币对美元的银行换汇牌价是 630:100，试计算该商品出口销售换汇成本及盈亏率（计算过程保留四位小数，答案保留两位小数）。

8. 某公司对外报价每箱 330 美元 FOB 天津新港，后外国商人要求改报 CIF 伦敦价，假设运费每箱 40 美元，投保加成为 10%，保险费率为 0.6%，试计算我方应报的 CIF 伦敦价。

9. 合同规定由我方供应某商品 60 000 打，每打的 CIF 西欧某港价为 1.8 美元，自装运港至目的港的运费总计为 5 000 美元，投保金额为发票金额的 110%，保险险别为水渍险和战争险。该商品至该港口的水渍险费率为 0.3%，战争险费率为 0.4%，问我方净收入多少美元（FOB 价）？

10. 我国某公司出口一批货物，CIF 发票金额为 45 500 英镑，按合同规定加一成投保，险别为水渍险，保险费率 0.5%，现客户要求改报 CFR 价，如我方同意，为不影响收汇，应报 CFR 价为多少？

项目实训

【实训项目】

外贸单证业务中的计算。

【实训情境】

我国某进出口公司向国外某公司出口一批探测器，具体资料如下。

探测器的出口资料

名称	货号	只/纸箱	每个纸箱毛重（千克）	国内费用合计（元）
探测器	WK-566	6	20	6 000
纸箱尺码（厘米）	含税价格（元/只）	增值税率	退税率	银行买入价
36×40×50	60	13%	9%	1 美元=6.38 元人民币
订货数量	一切险费率	投保加成率	DALIAN 到达 DUBAI 运费	毛利润率
380 箱，可装 1 个 20 米集装箱	1%	10%	1 个 20 米集装箱为 USD1 500.00	15%

■ 实训要求

1. 根据实训情境，结合本项目内容，计算 FOB DALIAN、CFR DUBAI、CIF DUBAI 价格。

2. 撰写“外贸单证业务中的计算”实训报告。

“外贸单证业务中的计算”实训报告		
项目实训班级：	项目小组：	项目组成员：
实训时间：　　年　月　日	实训地点：	实训成绩：
实训目的：		
实训步骤：		
实训结果：		
实训感言：		
不足与今后改进：		

项目组长评定签字：　　　　　　　　　　项目指导教师评定签字：

参考文献

[1] 崔玮.国际贸易实务操作教程[M].北京:清华大学出版社,2006.

[2] 余世明.国际商务单证实务[M].广州:暨南大学出版社,2007.

[3] 中国商业企业管理协会.国际商务单证教程[M].北京:科学技术文献出版社,2007.

[4] 薛刚,阮坚.国际贸易合同操作实务[M].广州:广东经济出版社,2009.

[5] 宋振龙,陈丽燕,王庄严.国际贸易单证岗位就业实训教材[M].北京:中国计量出版社,2010.

[6] 程颖慧.外贸单证实务[M].3版.大连:东北财经大学出版社,2015.

[7] 李贺,姚磊、田南生.报检实务[M].上海:上海财经大学出版社,2016.

[8] 全国国际商务单证专业培训考试办公室.国际商务单证理论与实务[M].北京:中国商务出版社,2018.

[9] 李贺,夏立娟,李纲.外贸英语函电[M].2版.上海:上海财经大学出版社,2023.

[10] 李贺,夏立娟.国际商务英语会话[M].2版.上海:上海财经大学出版社,2023.

[11] 李贺,李纲.外贸单证实务[M].3版.上海:上海财经大学出版社,2019.

[12] 章安平,牟群月.外贸单证操作[M].5版.北京:高等教育出版社,2019.

[13] 李贺.国际贸易理论与实务[M].2版.上海:上海财经大学出版社,2020.

[14] 李贺.国际贸易实务[M].2版.上海:上海财经大学出版社,2020.

[15] 杨玉真.外贸单证实务[M].2版.北京:电子工业出版社,2020.

[16] 李亚.国际经济与贸易专业综合实训:函电与单证[M].大连:东北财经大学出版社,2020.

[17] 王群飞,苏定东.国际商务单证实务[M].北京:北京大学出版社,2021.

[18] 徐丹丹.外贸单证实务[M].2版.北京:电子工业出版社,2021.

[19] 莫运襟,崔蕾.最新外贸单证实务[M].大连:东北财经大学出版社,2021.

[20] 李贺.报关实务("单一窗口"标准版)[M].上海:上海财经大学出版社,2022.

[21] 李贺.报检与报关实务[M].5版.上海:上海财经大学出版社,2022.

[22] 李贺.报关实务[M].2版.上海:上海财经大学出版社,2023.